TERAPİDE HİPNOZ UYGULAMALARI DERLEMESİ

Derleyen
Uz. Dr. Tahir ÖZAKKAŞ

Psikoterapi Enstitüsü Eğitim Yayınları: 14
Hipnoz Serisi: 6

Terapide Hipnoz Uygulamaları Derlemesi

ISBN: 978-605-9137-86-7
Copyright© Psikoterapi Enstitüsü

Tüm hakları saklıdır. Yayıncının izni olmaksızın tümüyle veya kısmen yayımlanamaz, kısmen de olsa çoğaltılamaz ve elektronik ortamlarda yayımlanamaz.

Birinci Baskı: Nisan 2018

Derleyen:
Uz. Dr. Tahir ÖZAKKAŞ

Baskı: Acar Matbaacılık Prom. ve Yayın. San. ve Tic. Ltd. Şti.
Osmangazi Mahallesi Mehmet Deniz Kopuz Caddesi No: 20/1
Esenyurt - İSTANBUL

PSİKOTERAPİ ENSTİTÜSÜ EĞİTİM ARAŞTIRMA SAĞLIK ORG. VE DANIŞMANLIK LTD. ŞTİ.
Eğitim ve Kongre Merkezi: Fatih Sultan Mehmet Caddesi No:285
Darıca / KOCAELİ Tel: 0262 653 6699

PSİKOTERAPİ ENSTİTÜSÜ LTD. ŞTİ. BEYOĞLU ŞUBESİ
Asmalı Mescit Mah. İstiklal Cad. No:120 Galatasaray İşhanı Kat: 5
Beyoğlu / İSTANBUL Tel: 0212 243 2397

www.psikoterapi.com - www.psikoterapi.org - www.hipnoz.com

SUNUŞ

Değerli dostlar,

Elinizdeki derleme kitap çalışması uzun yıllar boyunca uluslararası hipnoz kongrelerinde sunulan bazı metinlerin bir araya getirilmesinden oluşmuştur. Özellikle Uluslararası Hipnoz Birliği'nin ve Amerika'daki iki hipnoz derneğinin kongrelerinde anlatılan konuların, dağıtılan materyallerin toparlanarak bir araya getirildiği çok değerli metinlerdir.

Bu metinleri kıymetli kılan şey özelikle gelişmiş ülkelerde ve Amerika Birleşik Devletleri'nde hipnoz ve hipnoterapinin ne kadar kıymetli bir çalışma alanı olduğu, üniversitelerde ne denli ciddiye alındığı ve üniversitelerin ders müfredatlarında ne denli yoğun olarak kullanıldığını göstermesidir. Dileriz ki ülkemizdeki üniversiteler, araştırma merkezleri veya bağımsız çalışan kurumlar hipnoz ve hipnoterapi ile ilgili benzer uygulama, araştırma ve çalışmaları burada da oluştursun. Özellikle bu kitabı bir araya getirme ve derlememin amacı, son yıllarda sağlık bakanlığının hipnoz konusundaki yasal alt yapıyı oluşturması, üniversitelerde geleneksel ve tamamlayıcı tıp bağlamında hipnoz eğitimlerinin verilmesi nedeni ile bir kez daha önem kazanmaktadır. Yurt dışındaki hipnoz eğitimlerinin müfredatı, içerikleri, saatlerinin dağılımı, kısa, orta ve uzun veyahut başlangıç, orta ve ileri seviye olmak üzere hipnoz uygulayıcılarının ders içerikleri çok net bir şekilde ortaya konmaktadır. Yıllardır Psikoterapi Enstitüsü olarak verdiğimiz hipnoz eğitimlerinde bu müfredatlar hep göz önünde bulundurulmuş, ülkemizin şartları da düşünülerek eğitim içerikleri bu müfredatlara uygun olacak şekilde yapılandırılmıştır.

Bu kitabın diğer bir hususiyeti, hipnoz çalışmaları ve kitapları çoğu zaman tarihçe, indüksiyon çeşitleri, teorik ve araştırma uygulamalarını içermektedir. Bunların yanında hipnozla ilgilenen uygulayıcıların esas ulaşmak istedikleri bilgi, deneyim ve tecrübe kısmıdır. Bu derlemenin en önemli özelliği doğrudan pratik uygulamalar yapabilecek uygulama çeşitliliğini, deneyimleri çok net bir şekilde ortaya koymasıdır. Hipnozla uğraşan ruh sağlığı profesyonelleri buradaki teknik uygulamaları araştırmacıların deneyime dayalı olarak ortaya koymuş olduğu uygulama çeşitliliğini zengin bir menü olarak burada bulabilecektir. Sahasında uzman olan dünyaca tanınmış değerli bilim insanları, çeşitli üniversitelerdeki akademisyenler kendi bireysel çalışmaları ile ortaya koymuş olduğu hipnoz uygulamalarını burada bize net bir şekilde vermektedir. Özellikle belirli rahatsızlıklarda belirli hipnoz uygulamalarının nasıl yapılacağı, ne tür yöntemlerle yapılacağı ve hangi geniş bir zihinsel metaforlar sistemine dönüştürüleceği yaratıcılık açısından çok önem arz etmektedir.

Dilerim ki ülkemizde hipnozla uğraşan uygulayıcılar, araştırmacılar ve eğitmenler için, ülkemizin kültürel kodlarına uygun yeni uygulama şekilleri, yeni metaforlar, birtakım hipnodramaların oluşturulduğu ego güçlendirmesi, ego analizi, ruhsal aygıtın irdelenmesi ve yönlendirilmesi, davranışsal öğrenme ilkelerinin hipnotik trans altında canlandırılması, bilişsel şemaların yapılandırılması ve son kertede kişilik bozukluklarının psikanalitik psikoterapisinde hipnozun da eklemlenerek sürecin kısaltılması, duygusal değişim, dönüşüm ve düzenlemenin hipnoz altında yapılmasını bu kitap sağlamış olacaktır. Önünüzde ziyafetlerle dolu metinler vardır. Kısa, öz, anlaşılır ve uygulamada çok yararlı olan bu metinlerin sizler tarafından hakkıyla değerlendirileceğine inanıyorum. 30 yıldır yanımda bulunan bu metinleri zaman zaman tekrar tekrar okuyarak pratik uygulamalarımda çok yarar sağladığımı ifade etmek isterim. Dilerim ki benzer yararları siz de temin edebilirsiniz. Buyurun metinleri birlikte okumaya...

Sağlıcakla kalın.

Uz. Dr. Tahir ÖZAKKAŞ
Hipnoz Derneği Kurucu Başkanı

İÇİNDEKİLER

1 HİPNOZ EĞİTİMİNİN MÜFREDAT İÇERİĞİ 1
2 MEDİKAL HİPNOZ DERS TASLAĞI GENEL KONULAR VE BAŞLIKLAR 16
3 METODOLOJİ 19
4 KLİNİK HİPNOZ 22
5 PSİKOLOJİK HİPNOZ 31
6 ÖĞRETİM UYGULAMALARI İÇİN ALTERNATİFLER 42
7 KÜÇÜK GRUP UYGULAMA SEANSLARI İÇİN SEÇENEKLER 52
8 KATALEPSİ VE KALDIRMA İNDÜKSİYONLARI 55
9 SEANS STRATEJİLERİNİN PLANLANMASI 59
10 GRUP GERİBİLDİRİM EGZERSİZİ 61
11 BİRLEŞEN ENGELLER 63
12 TELKİNLERİ OLUŞTURURKEN ESNEKLİK GELİŞTİRMEK 64
13 GÖZLEMLEME & UYGULAMA EGZERSİZLERİ 65
14 GÖZLEMLEME VE UYGULAMA
   EGZERSİZLERİ: "EŞLİK ETMEK VE YOL GÖSTERMEK" 67
15 ÇEVRESEL SESLERİ ADAPTE ETME EGZERSİZİ 74
16 SORULARI İNDÜKSİYON OLARAK KULLANMAK 78
17 SORULARI DOLAYLI TELKİN OLARAK KULLANMAK 81
18 BÜTÜN SEÇENEKLERİ İÇEREN TELKİNLERİ KULLANMA EGZERSİZİ 84
19 DOLAYLI TELKİN OLUŞTURMA UYGULAMASI 89
20 KARMAŞIK HİPNOTİK OLGU: UYGULAMA EGZERSİZİ 91
21 TERAPÖTİK METAFORLARI OLUŞTURMADA UYGULAMA 95
22 HİPNOZ HAKKINDAKİ YANLIŞ ANLAŞILMALAR ve KORKULAR 98
23 HİPNOZ OLGUSU 100

İÇİNDEKİLER

24 HİPNOTERAPİ 103

25 KLİNİK HİPOZ BİLİMSEL YASALAR VE KAVRAMLAR 110

26 HİPNOZ EDİLEBİLİRLİK ÖLÇEKLERİ 111

27 TRANS YENİDEN YAŞAMA PRENSİBİ 120

28 ÇOCUK PSİKOTERAPİSİNDE HİPNOTİK STRATEJİLER 124

29 ÇOCUKLAR İÇİN HİPNOTİK İNDÜKSİYONLAR 127

30 ARTAN RAHATLAMA İNDÜKSİYONU 142

31 KATALEPSİ İNDÜKSİYONU 146

32 KOL KALDIRMA İNDÜKSİYONU 150

33 İMGELERİN İNDÜKSİYON VE DERİNLEŞMEDE KULLANIMI 171

34 İZLEMCİLİĞİ VE DİKKAT DAĞINIKLIĞINI AZALTMA METODLARI 174

35 HİPNOTİK TELKİNLER İÇİN CÜMLELER KURMA 177

36 DOLAYLI HİPNOZ TELKİNLERİNİN TÜRLERİ 181

37 HAYAT DENEYİMLERİNDEN, İLGİLERİNDEN VE DEĞERLERİNDEN YARARLANMAK İÇİN DENETİM LİSTESİ 189

38 HAYAT TECRÜBELERİ, İLGİ ALANLARI VE DEĞERLERDEN FAYDALANMAK İÇİN KONTROL LİSTESİ 191

38 OTOHİPNOZUN ANA HATLARI 201

39 İDEOMOTOR İNCELEME 202

40 ALTERNATİF MEMNUNİYET GEREKSİNİMİ 209

41 UÇDEĞERLERİN BİRLEŞMESİ TEKNİĞİ 214

42 FİLİPİN KARTALI 217

43 WATKİNS'İN SESSİZ DIŞAVURUMU 234

44 KENDİLİK DEĞERİNİ ARTTIRMA ÖNERİLERİ 240

45 EGO GÜÇLENDİRME: Barnett'in Onaylatma Metodu 244

İÇİNDEKİLER

46 HUZUR YERİ 249

47 STEIN'IN SIKILMIŞ YUMRUK TEKNİĞİ 252

48 ÖZ-SAYGI, KENDİNE GÜVEN & SOSYAL BECERİ EĞİTİMİ İÇİN TELKİN ÖRNEKLERİ 258

49 AĞRI YÖNETİMİ İÇİN HİPNOTİK STRATEJİLER 266

50 AĞRINIZI ANALİZ ETME VE TARİF ETME 274

51 KORUYUCU KALKAN 277

52 BİBLOGRAFYA 304

53 ERICKSON'UN KENDİ KENDİNE TELKİN TEKNİĞİ 308

54 ERICKSON'UN DİRENEN HASTALAR İÇİN GELİŞTİRDİĞİ TEKNİK 310

55 TAVSİYE EDİLEN OKUMALAR 317

56 TEMEL HİPNOTERAPİ KURSU – KIŞ 1988 326

1

HİPNOZ EĞİTİMİNİN MÜFREDAT İÇERİĞİ

GİRİŞ

Birkaç yıldır, Amerikan Klinik Hipnoz Derneği idari komitesi, hipnoz eğitiminin müfredat içeriği ile ilgili tavsiyelerde bulunmaları için usta eğitmenler ve alanının otoriteleriyle bir mavi kurdele paneli organize etmeyi düşünüyor olsa da, lojistik gerektirdiğinden ve bu nüfuzlu insanların aralarında uzlaşmaya varamamasından dolayı böyle bir toplantı maalesef organize edilememiştir. Sonuç olarak, yazar, hipnoz alanında saygın 75 yerli ve yabancı uzmana kapsamlı bir anket dağıtmış, bunların 33'ü tamamlanmış (%44.4), kalanıysa son teslim tarihine kadar yetiştirebilecek zamanları olmadığı için görevi tamamlayamamışlardır.

Bu anketin sonuçlarına kesin gözüyle bakılamaz. Ancak, bize kesin olmayan, deneysel talimatlar sağlar. İlerleyen sayfalarda bu anketin sonuçlarını özetleyeceğiz, bu sayede olası müfredat konularını gözden geçirebilecek ve alanınızdaki en tecrübeli insanların bu farklı konulara ne kadar zaman tahsis ettiğini görebileceksiniz. Konulara ayrılan zamanların farklılıklarından şüphesiz çok etkileneceksiniz. Anketin en ilgi çekici sonucu ise öğretmede neyin önemli olduğu konusunda en kaliteli eğitmenlerin arasındaki büyük farklılıklara şahit olunmasıdır.

Akademideki bir çok dersin aksine, klinik hipnoz dersleri ve uygulaması, teorik bilginin yanında, teknik bilgiler de verebilecek beceride kalifiye bir eğitmen gerektirir. Kanaatime göre, klinik hipnoz öğrencilerinin sayacağım maddeleri içeren dengeli bir donanıma ihtiyacı vardır:

1. Temel bilgi (Teori, tarih, prensipler, deneysel edebi bilgi)
2. Temel vasıflara örnek teşkil edebilecek teknik demonstrasyon çeşitliliği
3. Çeşitli tedavi edici prosedürlerin ve indüksiyonun nasıl yapılacağı hakkında pratik bilgi, aynı zamanda bu tekniklerin kullanımının klinik endikasyon ve kontrendikasyonları
4. Yapıcı geribildirim ve güven aşılayacak başarılı deneyimler sağlayan uygulama seansları
5. Gelişmiş derslerle birlikte devam eden eğitimi tamamlamak için hazırlık, yanı sıra eğitim ve teşvik sağlayacak profesyonel derneklere üye olma konusunda cesur davranmak.

Muhakkak ki bu kitap, kısmen yazarın eklektik hipnoterapiye eğilimini yansıtacaktır. Psikoterapist olan öğrencilerimin teorik yönelmelerde büyük farklılıklar yansıtacağını varsayıyorum. Öğrencilerimi (veya arkadaşlarımı) herhangi bir teoriye yönlendirmek benim vazifem değil. Derslerimde öğrencilerime hipnozun temel prensiplerini öğretmeye ve müdahalede kullanabilecekleri çok çeşitli seçenekleri tanıtmaya çabalıyorum. Bu, öğrencilerime değişik seçenekleri ve yaklaşım tarzlarını tanıtma felsefem, derslerimde kullandığım kitapçıklara da yansıyor. Bu kitapta da size farklı öğretme seçeneklerini tanıtacağız.

Şüphesiz kendi kendimizin tek otoritesiyiz, gerek tedavi ederken, gerekse öğretirken, kişiliğimize ve inançlarımıza en uygun yaklaşım tarzını bulmalıyız. Hipnozun en büyük otoritelerinden ankete gelen cevaplarda da, neyin önemli olduğu veya ne öğretilmesi gerektiği konusunda herkesin farklı, kendine özgü sistemler uyguladığını gördük. Sizin de kendi dersleriniz ve uygulamalarınızda kişisel tercih ve yönelimlerinizi yansıtmanız kaçınılmaz. Bazı dersler teorileri kavrama ve akademik araştırmalar doğrultusunda, bazıları da oldukça pragmatik ve pratik olacaktır. Bazıları ise her zaman olduğu gibi bir takım özel yönelimleri vurgular nitelikte olacaktır. (örn. "Ericksoncu hipnoterapi, hipnoanaliz, tıbbi hipnoz, diş hekimliğinde hipnoz).

Hipnoz konusundaki bu tutarsızlık ve farklılıklara rağmen, benim fikrim, eğiticiler olarak tek bir yaklaşımı kabul ettirmeye çalışmamalıyız. Bu, hipnozu daha cazip kılacaktır. Ben, Erickson, Crasilneck, Cheek, Wolberg, Wright, Thompson, Watkins, Rodgers, Stein, J. Barber, Kroger, Diamond, Fromm, Meares, LaScola, Pearson, Spiegel, T.X. Barber, Hartland, Rossi gibi birbirinden farklı ve usta klinisyenlerden zaman içerisinde edindiğim bilgilerin çok değerli olduğuna inanıyorum.

Tek bir doğru yoktur, benim dileğim öğrencilerimi her türlü kaynaktan öğrenmeye açık olmaya teşvik edebilmektir. Umuyorum ki bu yaklaşım ve metot çeşitlilikleri öğrencilerimize geniş bir bakış açısı kazandıracak ve ileride çok çeşitli hastaların kişisel beklentilerine cevap vermede esnekliklerini arttıracaktır.

Temel Derslerin ve Uygulama Derslerinin Programı

Tablo 1 anket araştırmamızın temel dersler için olan bölümünü özetlemektedir. Hipnoz uzmanlarının her bir potansiyel ders programında bölümlere tahsis ettikleri ortalama süreler 33 saatlik ders ve 21 saatlik uygulama dersi içersinde dakika olarak belirtilmiştir. Standart deviasyoni (SD) listede ortalama sürelerin altında bulunmaktadır. Kendi tahsis ettiğiniz sürelerle kıyaslama yapabilmek açısından bunu enteresan bulabilirsiniz.

Teknik demonstrasyonları, indüksiyon prensipleri, hipnoz fenomeninin açıklaması, denetimli grup çalışması gibi bölümlere daha fazla, hipnozun tarihi bölümüne ise minimum süre tahsis edildiğini gözlemleyeceksiniz. Birçok eğitmen, hipnotik telkinlerin formülasyon prensipleri hakkındaki görüşlere, derinleştirme tekniklerinin detaylandırılmasına ve ağrı uygulamalarına da oldukça fazla zaman ayırmıştır. Bir başka anlaşmazlıksa; yaş geriletmesi, ideomotor incelemesi ve ego güçlendirmesi gibi konularda hangi öğrencilerin özellikle eğitileceğidir. Çoğu Ericksoncu olan en tecrübeli eğitmenler, temel seviye derslerinde metaforlar veya kafa karıştırıcı tekniklere girmemişlerdir.

TABLO 1
Temel dersler için ders programı

Konu	21 Saatlik Derste (dakika)	33 Saatlik Derste (dakika)
1. Hipnozun tanımı	X: 24.6 SD: 18.5	X: 41.3 SD: 28.0
2. Mitler ve yanlış bilinenler	X: 29.3 SD: 16.2	X: 41.3 SD: 28.0
3. Hastayı hazırlama ve eğitme	X: 33.4 SD: 23.6	X: 34.9 SD: 31.0
4. Hipnotik fenomenler ve potansiyel faydaları (örn. Katalepsi, negatif halüsinasyon Anestezi, amnezi, kaldırma, Zaman çarpıtması)	X: 77.4 SD: 81.7	X: 61.5 SD: 42.8
5. İndüksiyon prensipleri (örn. Tersine etki kuralı, Yoğunlaşmış Dikkat kuralı, Dominant etki kuralı Pozitif telkin kullanma, Kullanım Prensibi)	X: 60.9 SD: 62.8	X: 58.6 SD: 45.0
6. Farklı hipnotik indüksiyon demonstrasyonları	X: 93.3 SD: 50.8	X: 64.1 SD: 53.6
7. Hipnozun tarihi	X: 23.4 SD: 14.3	X: 61.1 SD: 51.5
8. Hipnoz teorileri	X: 27.7 SD: 47.2	X: 62.7 SD: 51.2
9. Hipnotik indüksiyon denetimli grup çalışması	X: 310.7 SD: 146.2	X: 409.0 SD: 219.0
10. Hipnoz seviyeleri	X: 20.7 SD: 11.8	X: 28.0 SD: 16.3
11. Derinleştirme teknikleri	X: 97.9 SD: 65.7	X: 58.8 SD: 26.9
12. Hipnotik telkinlerin formülasyonu prensipleri	X: 94.7 SD: 65.7	X: 61.3 SD: 29.0

13. Kendi kendine hipnoz: hastaya neyin nasıl yapılacağını öğretme	X: 39.1 SD: 19.2	X: 58.8 SD: 28.8
14. Çocuklara hipnotik indüksiyon	X: 38.6 SD: 19.7	X: 61.7 SD: 30.7
15. Ego güçlendirme metotları	X: 36.9 SD: 21.1	X: 53.4 SD: 34.6
16. Ağrı kontrolünde hipnotik stratejiler	X: 54.6 SD: 27.3	X: 88.5 SD: 43.3
17. Dolaylı telkin teknikleri (Erickson)	X: 31.8 SD: 30.3	X: 61.5 SD: 46.7
18. Yaş geriletmesi teknik ve prensipleri	X: 27.3 SD: 24.4	X: 50.2 SD: 42.4
19. İdeomotor incelemesi (sinyal verme)	X: 20.2 SD: 16.0	X: 34.6 SD: 27.2
20. Alışkanlık bozukluklarının hipnozla tedavisi	X: 33.5 SD: 23.9	X: 71.3 SD: 36.4
21. Hipnotik duyarlılık ölçekleri	X: 30.7 SD: 24.7	X: 52.2 SD: 40.3
22. Hipnozda metaforların kullanımı	X: 16.0 SD: 25.6	X: 37.8 SD: 42.4
23. Sözsüz hipnotik indüksiyonlar	X: 14.1 SD: 12.5	X: 29.5 SD: 33.1
24. Psikosomatik bozuklukların hipnozla tedavisi	X: 41.4 SD: 35.7	X: 46.3 SD: 48.0
25. Etik ve profesyonel organizasyonlar	X: 23.8 SD: 13.2	X: 31.7 SD: 14.9
26. Karışık teknikler	X: 6.1 SD: 12.0	X: 23.8 SD: 19.7
27. Hipnozda direnç kontrolü stratejileri	X: 39.6 SD: 30.5	X: 54.8 SD: 35.6
28. Riskler ve negatif etkiler	X: 22.9 SD: 14.5	X: 26.6 SD: 12.9

Dahil Edilen Diğer Muhtelif Konular

Temel seviye derslerinde sık sık olmasa da farklı konulara değinilir. Aşağıda sayacağım konular orta ve ileri seviye derslerin konuları olup, temel seviye derslerde de kimi zaman değinilir: Hipnozu kişiselleştirme; istemci odaklı deneyim; hipnozun özü; geleneksel/ eski hipnoz; hipnotize edebilirlik/ hipnotize edilebilirlik; hipnozun psikoterapiyle entegrasyonu; ek biyo- geri bildirim cihazları; ilintili benlik ayarlama araştırmaları incelemesi; hipnoz kullanımının endikasyon ve kontrendikasyonları; diş hekimliğinde hipnozun genel uygulaması; ilaç ve psikoloji; post travmatik stres bozukluğu; anksiyete kontrolü; fobilerin tedavisi; hipnoz kullanımının strateji ve teknikleri (örn. Hipnoanaliz, davranış terapisi); hipnozun klinik olmayan kullanımı; sözel kalıplar; yerleşmiş telkinlerin prensipleri; metodoloji araştırması; hiperamnezinin adli kullanımı; acil durumlarda hipnoz kullanımı; kanser tedavisinde hipnoz kullanımı; anestezide hipnoz kullanımı; ameliyatta hipnoz kullanımı; kanama kontrolü; hipnoz istemcisinin zihinsel ve fiziksel karakteristikleri; imajinasyon görüşleri; çoklu kişilik bozukluğu; gerçek hastalarla büyük buluşma demonstrasyonları; uyku incelemesinde ideomotor metotları; grup hipnotik indüksiyonu; hipnotik duyarlılıkta kişisel farklılıklar; otoimmün hastalıklar; sporda hipnozun etkililiği; çeşitli psikoterapilerle hipnozun ilişkisi; kortikal laterilizasyon ve hipnoz.

Orta seviye derslerin ve uygulama derslerinin programı

Anketimizde tecrübeli eğitmenlerimizden belirledikleri temel seviye derslerinden sonra orta seviye derslerinin ne olacağı ve her birine ne kadar süre ayrılacağı bilgisi istendi.

Bir kez daha, pratik konulara daha fazla zaman ayrıldığını gördük: gelişmiş indüksiyon teknikleri demonstrasyonları; denetimli grup çalışması; hipnotik telkinlerin formülasyonu; vaka konsültasyon görüşmesi ve gerçek hastalarla büyük buluşma demonstrasyonları en fazla değerlendirilen konulardı.

Bilinen temel tekniklere (Yaş geriletme, ego güçlendirme, ideomotor incelemesi, terapötik metaforlar, dolaylı telkin teknikleri, derin trans çalışması, hipnoprojektif teknikler) orta seviye dersler için makul miktarda süre belirlenmişti. Aynı şekilde temel uygulama dersleri de orta derecede değerlendirilmişti: ağrı; anksiyete; post travmatik stres bozukluğu; şoklar ve acil durumlar; kanser ve uyku bozuklukları.

Eğitmenlerimizin diğer bir ortak görüşü, öğrencilerin temel bilgilere de halen gereksinimi olduğu yönündeydi. Çok özel teknikler ise ileri seviye derslerde, orta seviye derslere oranla daha fazla ele alınmıştı (örn. Karışık teknikler, otomatik yazma, ego-durum terapisi, grup hipnozu, hipnodrama, spora yönelik uygulamalar, içsel danışman tekniği ve otojenik eğitim).

Orta seviye ders programını ve her bir derse ayrılan süreleri tablo 2 de görebilirsiniz.

TABLO 2
Orta seviye dersler için ders programı

Konu	21 Saatlik Derste (dakika)	33 Saatlik Derste (dakika)
1. Gelişmiş hipnotik indüksiyon demonstrasyonu	X: 75.7 SD: 38.3	X: 76.0 SD: 52.2
2. İndüksiyon ve derinleştirme grup çalışması	X: 130.5 SD: 96.8	X: 134.0 SD: 131.2
3. Hipnotik telkinlerin formülasyon çalışması (direkt veya dolaylı)	X: 95.2 SD: 85.0	X: 83.0 SD: 68.4
4. Ego güçlendirme metotları	X: 26.4 SD: 23.2	X: 64.0 SD: 57.8
5. Yaş geriletme teknikleri ve prensipleri	X: 42.6 SD: 27.3	X: 61.4 SD: 38.7
6. Ağrı kontrolü için hipnotik stratejiler	X: 70.2 SD: 40.4	X: 87.6 SD: 44.3
7. Dolaylı telkin metotları (Erickson)	X: 38.0 SD: 28.6	X: 64.8 SD: 41.5
8. Çocuklara hipnotik indüksiyon	X: 44.0 SD: 28.1	X: 57.6 SD: 36.2

9. Alışkanlık bozuklukları tedavisi	X: 46.3 SD: 32.1	X: 63.4 SD: 46.5
10. Ideomotor incelemesi (sinyal verme)	X: 30.3 SD: 24.2	X: 23.8 SD: 24.9
11. Terapötik metaforların yapılandırılması	X: 35.5 SD: 41.3	X: 55.6 SD: 53.6
12. Psikosomatik bozuklukların ve tıbbi durumların tedavisi	X: 57.0 SD: 41.3	X: 82.7 SD: 61.0
13. Karışık teknikler	X: 14.4 SD: 21.9	X: 24.7 SD: 30.0
14. Hipnoza direnci kontrol stratejileri	X: 12.2 SD: 70.2	X: 50.5 SD: 35.9
15. Otomatik yazma	X: 8.6 SD: 11.8	X: 17.8 SD: 21.7
16. Eyleme geçen rüyalar	X: 16.9 SD: 16.2	X: 25.5 SD: 19.6
17. Diğer hipnoprojektif teknikler (örn. Tiyatro tekniği, kristal küre, bulut tekniği, otomatik çizme, hipnoplasti, rehberli düşlem)	X: 29.3 SD: 29.5	X: 44.0 SD: 37.6
18. Ego-durum terapi	X: 14.0 SD: 18.5	X: 19.5 SD: 22.0
19. Çoklu kişilik	X: 19.4 SD: 30.0	X: 32.1 SD: 33.7
20. Derin trans fenomeni (ve demonstrasyonu)	X: 40.4 SD: 34.5	X: 48.0 SD: 34.4
21. Ağır psikopatolojisi olan hastaların tedavisi (psikotik, borderline)	X: 18.9 SD: 29.5	X: 35.8 SD: 35.8
22. Zaman Çarpıtması(zaman algısında değişme) kullanımı	X: 15.8 SD: 15.5	X: 31.1 SD: 28.2
23. Yaş ilerletme (gelecek zamana yalancı-gösterim (sahte yönlendirme))	X: 15.8 SD: 15.6	X: 33.5 SD: 30.4
24. Post travmatik stres bozukluğu	X: 33.0 SD: 35.1	X: 54.8 SD: 43.2
25. Adli ve araştırıcı hipnoz	X: 25.9 SD: 30.3	X: 37.4 SD: 42.4

26. Grup hipnozuyla çalışma	X: 13.5 SD: 18.9	X: 22.9 SD: 25.0
27. Hipnodrama	X: 6.0 SD: 11.2	X: 9.7 SD: 17.1
28. Spor ve atletik performansta hipnoz kullanımı	X: 11.5 SD: 18.4	X. 19.1 SD: 28.0
29. Seks terapisinde hipnoz	X: 17.1 SD: 21.8	X: 57.0 SD: 55.5
30. Çiftler ve/veya aileler için hipnoz	X: 11.4 SD: 15.8	X: 28.4 SD: 41.6
31. Yeme bozukluklarında hipnoz (Anoreksiya, blumia)	X: 15.6 SD: 18.0	X: 36.5 SD: 22.2
32. İçsel danışman tekniği	X: 8.3 SD: 10.5	X: 9.6 SD: 11.7
33. Anksiyete durumları ve fobilerin tedavisi	X: 24.6 SD: 29.5	X: 61.0 SD: 40.2
34. Otojenik eğitim	X: 7.0 SD: 10.9	X: 10.0 SD: 15.7
35. Cerrahi hazırlık, doğum ve hipnoanestezi	X: 18.0 SD: 21.5	X: 40.8 SD: 29.3
36. Yanıklar ve acil durumlarda hipnoz	X: 31.2 SD: 27.2	X: 18.5 SD: 16.0
37. Kanser hastalarına hipnoz	X: 42.4 SD: 36.8	X: 22.4 SD: 20.5
38. Nörolinguistik programlama teknikleri	X: 19.2 SD: 49.2	X: 15.2 SD: 38.3
39. Uyku bozukluğunda hipnoz	X: 27.9 SD: 25.4	X: 19.8 SD: 19.7
40. Klinik araştırmanın tasarlanması ve yürütülmesi	X: 32.0 SD: 39.2	X: 16.2 SD: 20.9
41. Vaka konsültasyon görüşmesi	X: 122.3 SD: 150.9	X: 50.8 SD: 44.7
42. Gerçek problemlerle Büyük Görüşmeler demonstrasyonları	X: 82.3 SD: 59.6	X: 45.1 SD: 44.5

Dahil Edilen Diğer Muhtelif Konular

Orta seviye derslerde kimi zaman değinilen diğer konular şunlardır: Tıp ve diş hekimliği; epileptik hastalarla çalışma; ek biyo- geri bildirim, terapist için terapi; geriatrik hastalarda hipnoz; hipnozda başarısızlıklar; hipnoz ve psikoterapi entegrasyonu; hipnoz teorileri; videolar hakkında tartışmalar; terapi süreci; depresyon için hipnoz; istemcinin tepki stilini teşhis ve hipnozu kişiye uyarlama; klasik psikosomatik sendromlar için hipnoz; otoimmün hastalıklar için hipnoz; hipnozda yapılandırma; alt sistemler ve üçlü disosiasyon.

Temel Derslerde Kullanılan Ders Kitapları

Tecrübeli eğitmenlerimiz tarafından halihazırda kullanılmakta olan ders kitapları da onların kişiliklerini ve bakış açılarındaki farklılıkları yansıtmakta. Çoğunluğu sadece bir kere olmak üzere toplam yirmi dört kitabın adı geçti. Bunlardan en çok kullanılan sekiz tanesi aşağıdadır.

Crasilneck, H.B. , & Hall, J. (1985). Clinical Hypnosis: Principles & Applications (second edition). Orlando: Grune & Stratton

Bowers, K.S. (1977). Hypnosis for the Seriously Curious . New York: Aaronson

Kroger, W. (1977). Clinical & Experimental Hypnosis (second edition). New York: Lippincott.

Wester, W.C. , & Smith, A. (1984). Clinical Hypnosis: A Multidisciplinary Perspective. New York: Lippincott.

Erickson, M.H. , & Rossi, E.L. (1979). Hypnotherapy: An Exploratory Casebook. New York: Irvington.

Erickson, M.H. & Rossi, E.L. (1976). Hypnotic Realities. New York: Irvington

Hammond, D.C. (1987). Manual For Self-Hypnosis. Chicago: American Society of Clinical Hypnosis.

Zilbergeld, B. , Edelstein, M.G. & Araoz, D.L. (1986). Hypnosis: Questions & Answers. New York: W.W. Norton.

Orta Seviye Derslerde Kullanılan Ders Kitapları

Orta seviye derslerde halen kullanılmakta olan toplam yirmi sekiz adet kitap belirtildi. Eğitmenlerimiz ağırlıklı olarak Crasilneck & Hall ve Kroger'ın kitaplarını önerdi, yanı sıra üç yeni kitabı listemize ekledi.

Rossi, E.L. (Ed.) (1980). The Collected Papers of Milton H. Erickson. New York: Irvington

Brown, D. , & Fromm, E. (1986). Hypnotherapy & Hypnoanalysis. Hillsdale, New Jersey: Lawrence Erlbaum Associates.

Wester, W.C. (1987). Clinical Hypnosis: A Case Management Approach. Cincinnati: Behavioral Science Center Publications.

Yeni olduğu için fazla kullanılıyor olmasa da, ümit vaad eden en son kitap John G. Watkins'in The Practice of Clinical Hypnosis, Volume I. (New York: Irvington, 1987). Watkins'in bu kitabı, komple test soruları ve eğitim için çok değerli öneriler içeren bir eğitmen elkitabı da içeriyor.

Ders Taslakları

Anket sonuçlarımızdan çıkan olası ders programlarına ek olarak, başka eğitmenlerin ders taslaklarını incelemek de siz eğitmen adayları için ilginç olabilir. Araştırdığımız kişilerden bir kaçı kitabımıza ders ve workshop'larının müfredat özetleri ile katıldılar. Sonraki sayfalarda hem üniversite başlangıç dersleri için, hem de üç günlük workshop için saat saat belirlenmiş taslakları bulacaksınız.

Tıp, Diş Hekimliği ve Psikoloji Bölümleri İçin, Kapsamlı, Başlangıç Dersleri Taslağı

Süre: 50 saat

Hipnotik Modül

Bölüm 1

1. Giriş, Hipnozun tarihi: anlatım
2. Hipnotik fenomen demonstrasyonu
3. Hipnotik fenomen demonstrasyonu (devamı)

4. Hipnoz teorileri: anlatım

5. Hipnotik duyarlılık testi: demonstrasyon

6. Hasta incelemesi: pratik egzersizi no. 1

7. Hipnotik duyarlılık testi: pratik egzersizi no. 2

8. Stanford hipnotik duyarlılık cetveli: demonstrasyon

9. Stanford hipnotik duyarlılık cetveli:: pratik egzersizi no. 3

10. Stanford cetveli, form C; Profil cetvelleri; Harvard cetveli; Çocuklar için cetveller.

11. Hipnotik indüksiyon başlangıç teknikleri: anlatım, demonstrasyon

12. Hipnotik indüksiyon başlangıç teknikleri: pratik egzersizi no. 4

13. Hipnotik indüksiyon başlangıç teknikleri: demonstrasyon (devamı)

14. Hipnotik indüksiyon başlangıç teknikleri: pratik egzersizi no. 5

15. Hipnotik indüksiyon gelişmiş teknikleri: demonstrasyon

16. Hipnotik indüksiyon gelişmiş teknikleri: pratik egzersizi no. 6

17. Derinleştirme teknikleri: demonstrasyon

18. Derinleştirme teknikleri: pratik egzersizi no. 7

19. Direnç gösteren hastalarla hipnotik indüksiyon: pratik egzersizi no. 8

20. Kişisel hipnotik deneyim (grup indüksiyonu) ve indüksiyon prosedürü incelemesi

21. Hipnotik telkin prensipleri: anlatım, demonstrasyon

22. Basit hipnotik fenomen: demonstrasyon

23. Basit hipnotik fenomen: pratik egzersizi no. 9

24. Kompleks hipnotik fenomen: demonstrasyon

25. Kompleks hipnotik fenomen: pratik egzersizi no. 10

26. Görülen bölümlerin tekrar gözden geçirilmesi

27. Ara sınav

Hipnoterapi

28. Bir hipnoterapötik seansın videosu veya ses kaydı
29. Terapötik telkin prensipleri ve hipnotizmacının rolü: anlatım
30. Hastanın hipnoterapiye yönelimi: anlatım, tartışma
31. Ameliyatta hipnoz, anesteziyoloji ve ağrı kontrolü: anlatım, demonstrasyon
32. Ameliyatta hipnoz, anesteziyoloji ve ağrı kontrolü (devamı)
33. Obstetriks (doğum uzmanlığı, ebelik) ve jinekolojide hipnoz: anlatım, tartışma
34. Obstetriks ve jinekolojide hipnoz (devamı)
35. Dahiliye'de hipnoz ve genel uygulama: anlatım, tartışma
36. Dahiliye'de hipnoz ve genel uygulama (devamı)
37. Dahiliye'de hipnoz ve genel uygulama (devamı)
38. Özel problemlerde hipnoz: anlatım, tartışma
39. Özel problemlerde hipnoz (devamı)
40. Özel problemlerde hipnoz (devamı)
41. Çocuklarla hipnoz: anlatım, tartışma
42. Çocuklarla hipnoz (devamı)
43. Diş hekimliğinde hipnoz: anlatım, tartışma
44. Diş hekimliğinde hipnoz (devamı)
45. Diş hekimliğinde hipnoz (devamı)
46. Tedbirler, riskler ve kontrendikasyonlar: anlatım, tartışma
47. Tedbirler, riskler ve kontrendikasyonlar (devamı)
48. Hipnozda deneycilik ve araştırmacılık, problemler, eğilimler: anlatım, tartışma
49. Tüm eğitimin genel incelemesi
50. Final sınavı

   Kaynak: Watkins, J.G. (1988). <u>Instructor's Manual for The Practice of Clinical Hypnosis</u>. New York. Irvington. Yayımcının izniyle tekrar basılmıştır.

Hekim, Diş Hekimi, Psikolog ve Diğer Kalifiye Sağlık Uzmanları İçin Üç Günlük Genel Başlangıç Workshop Taslağı

Süre: 21 saat

Hedefler:

1. Hipnoz, hipnozun background ve teorisi hakkında geniş bilgi vermek
2. Hipnoz tekniklerini öğretmek
3. Psikoloji, tıp ve diş hekimliğinde, hipnotik telkinlerin terapötik uygulamaları konusunda bilgilendirme

1. Gün

8:30 – 9:45 a.m.	Bölüm 1. Giriş, Hipnozun tarihi. Bölüm 4. Hipnoz teorileri
9:45 – 10:00	15 dk. ara
10:00 – 12:00	Bölüm 2 ve 3. Hipnotik fenomen. Videolar ve demonstrasyonlar
12:00 – 1:30 p.m.	Öğle yemeği
1:30 – 2:30	Bölüm 5. Hipnotik duyarlılık
2:30 – 3:30	Bölüm 7. Hipnotik duyarlılık: uygulama
3:30 – 3:45	15 dk. ara
3:45 – 5:00	Bölüm 11 ve 13. Hipnotik indüksiyon başlangıç teknikleri

2. Gün

8:30 – 9:45 a.m.	Bölüm 12 ve 14. Hipnotik indüksiyon başlangıç teknikleri: pratik egzersizleri no.4 ve 5
9:45 – 10:00	15 dk. ara
10:00 – 11:00	Bölüm 15. Hipnotik indüksiyon gelişmiş teknikleri Bölüm 17. Derinleştirme teknikleri
11:00 – 12:00	Bölüm 16. Hipnotik indüksiyon gelişmiş teknikleri ve Bölüm 18. Derinleştirme teknikleri pratik egzersizleri

12:00 – 1:30 p.m.	Öğle yemeği
1:30 – 2:00	Bölüm 20. Kişisel hipnotik deneyim (grup indüksiyonu)
2:00 – 3:00	Bölüm 21 ve 29. Hipnotik telkin prensipleri ve hipnotizmacının rolü
3:00 – 3:15	15 dk. ara
3:15 – 4:15	Bölüm 28. Bir hipnoterapötik seansın videosu veya ses kaydı
4:15 – 5:00	Bölüm 31 ve 32. Ameliyatta hipnoz, anesteziyoloji ve ağrı kontrolü

3. Gün

8:30 – 9:00 a.m.	Bölüm 33 ve 34. Obstetriks ve jinekolojide hipnoz
9:00 – 9:45	Bölüm 35, 36, 37. Dahiliye'de hipnoz ve genel uygulama
9:45 – 10:00	15 dk. ara
10:00 – 11:00	Bölüm 35, 36, 37. Dahiliye'de hipnoz ve genel uygulama(devam)
11:00 – 12:00	Bölüm 38 ve 39. Özel problemlerde hipnoz
12:00 – 1:30 p.m.	Öğle yemeği
1:30 – 2.15	Bölüm 41 ve 42. Çocuklarla hipnoz
2:15 – 3:30	Bölüm 43, 44, 45. Diş hekimliğinde hipnoz
3:30 – 3:45	15 dk. ara
3:45 – 4:30	Bölüm 46 ve 47. Tedbirler, riskler ve kontrendikasyonlar
4:30 – 5:00	Bölüm 49. Tüm eğitimin genel incelemesi ve özet

Kaynak: Watkins, J.G. (1988). <u>Instructor's Manual for The Practice of Clinical Hypnosis</u>. New York. Irvinton. Yayımcının izniyle tekrar basılmıştır.

2

MEDİKAL HİPNOZ DERS TASLAĞI
GENEL KONULAR VE BAŞLIKLAR

Marcia Greenleaf, Ph. D.

BÖLÜM 1:

Tanımlar
Hipnozun kısa tarihi
Terapistin ve hastanın rolü
Teorik konseptler: Durum ve karakteristik
Hipnozda İşaretler, davranışlar ve deneyimler
Hipnotik rahatlama grup deneyimi

BÖLÜM 2:

Biçimsel değerlendirme-Hipnotik indüksiyon profili
Karşı aktarım
Hipnozun kontrendikasyonları
İndüksiyonlar: Direkt/ serbest / rahatlama
Hipnotik indüksiyon grup deneyimi
İkili gruplar halinde uygulama

BÖLÜM 3:

Rapor kurma: eşleştirme ve izleme
İnanç ve işbirliğini rasyonel geliştirme
Trans seviyelerinin kontrolü
Tedavi hedefleri ve stratejileri formülasyonu
Vaka örnekleri & Akut ve kronik sorunlar: semptom kontrolü/ davranışsal değişiklikler
Hasta için ödev

BÖLÜM 4:

Vaka tartışması
Hızlı ve doğal indüksiyonlar
Fizyoloji değiştirme telkinleri
Sezgisel cevapları değiştirme telkinleri
Vaka örnekleri:
    -Acil durumlarda tedavi
    -Tedavi prosedüründen duyulan korkuyu hafifletmek
    -Tedavi yan etkilerini azaltmak
İkili gruplar halinde hızlı indüksiyon uygulaması
Hasta için ödev

BÖLÜM 5:

Vaka tartışması
Resmi ve gayri resmi
Medikal hipnoz ders taslağı
Farklı terapötik modellerde hipnoz
Hipnoz için destek kadro oluşturmak
Vaka sunumları
Ego güçlendirme / Grup deneyimi
Tartışma

BÖLÜM 6:

Zor hasta ve/veya aile
Tekniklerin gözden geçirilmesi:
 -Rahatlama
 -Betimleme
 -Yeniden yapılandırma
 -Metafor
 -Post-hipnotik telkinler
 -Gerileme ve ilerleme
 -Gözlem
 -Zihinsel prova (tekrarlama)
 -Zaman çarpıtması (zaman algısında değişme)
 -"Evet" kalıbı
 -Rüyaları uyandırma
 -Bilinçli solunum
 -Gerilim boşalımı
Oto hipnoz / Grup deneyimi
Tartışma

3

METODOLOJİ

Marcia Greenleaf, Ph.D.
Montefiore Medical Center Bronx, NewYork

Konsültasyon-Liyezon (K-L) psikiyatrisi departmanı tarafından, tıp öğrencilerine, uzmanlık öğrencilerine ve departmanın üç K-L servisinin üyelerine, altı haftalık bir kurs verildi. Her bir yıl, tıp öğrencilerinin yaklaşık üçte biri ve 20 PGY-2 psikiyatrik uzmanlık öğrencisinin hemen hepsi bu kursu aldı. Kurs aşağıdaki konuları içermekteydi:

1. Haftalık toplantılar, bir buçuk saatlik

    A. Anlatımlar

    B. Hasta demonstrasyonları

    C. Rahatlama ve hipnoz grup deneyimi

    D. Vaka tartışması

    E. Hastanedeki hastalarla gözetimli uygulama

2. Temel seviye: Minimum sayıda indüksiyon ve tedavi stratejileri

3. İleri seviye: Teknik ve strateji bilgisinin genişletilmesi ve rötuşlanması, karakteristik hasta çalışması veya özel bir proje (örn. Pediatri klinikleri, nöroloji / onkoloji)

DERS MATERYALLERİ

1. Çok çeşitli kaynaklardan makale ve kitap alıntıları. Temel kitaplar:

   Spiegel, S., & Spiegel, D. Trance and treatment. New York, Basic Books, Inc., 1978

   Wester, W.C. & Smith, A.H. (Eds.) Clinical Hypnosis: Multidisciplinary Approach. Philadelphia: J.B. Lippincott Co., 1984

2. Hipnoz ve rahatlama telkinlerini içeren metinler
3. Müdahale ve tedavi stratejileri için stres kontrolü / rahatlama teknikleri kitapçığı
4. Tıp, cerrahi ve psikoterapide hipnoz hakkında özel kitaplar.

TIPTA KLİNİK HİPNOZ

Müfredat özeti

ÖĞRETİM FORMATI:	İkişer saatlik altı ders. Anlatım, demonstrasyon / pratik, tartışma, vaka sunumları.
OKUMALAR:	Önerilen kitap: Crasilneck, H.B. & Hall, J. Clinical Hypnosis: Principles and Applications, New York: Grune & Stratton, 1985.
EĞİTMEN: DERS TASLAĞI:	İlgili kitapçık ve makaleler. Gary R. Elkins, Ph. D. , Psikiyatri Departmanı
1. HAFTA	Klinik hipnoza giriş

                1. Hipnozun tarihi
                2. Hipnoz teorileri
                3. Telkinler ve telkin edilebilirlik
                4. Hastayı hazırlama
                5. Endikasyon ve kontrendikasyonlar
                6. Etik faktörler
                7. Tıpta hipnoz

2. HAFTA Demonstrasyon

İndüksiyon ve sonlandırma teknikleri

1. Artan rahatlama
2. Göz sabitlenmesi
3. Görsel betimleme
4. Kol kaldırma
5. Chaisson tekniği
6. Bozuk para tekniği
7. Diğer indüksiyonlar ve teknikler
8. Direnç gösteren hastaya yaklaşım

3. HAFTA Demonstrasyon
Derinleştirme teknikleri ve derin trans fenomeni

1. Hipnotik fenomen
2. Post-hipnotik telkin
3. Hipnozda ideomotor teknikleri
4. Hipnoz araştırmaları

4. HAFTA Demonstrasyon
Tıpta hipnoz

1. Film: "Hypnosis as Sole Anesthesia for Cesarean Section"
2. Tartışma

5. HAFTA Uygulama
Psikosomatik bozukluklarda hipnoz

1. Konversiyon bozuklukları
2. Gerilim tipi baş ağrıları (tansiyon-tipi baş ağrıları)
3. Ağrı kontrolü
4. Seksüel işlevsizlikler

6. HAFTA Uygulama
Klinik hipnoz ve tedavi
Uygulama

4

KLİNİK HİPNOZ

Eğitmen: Michael D. Yapko, Ph.D.

2525 Camino Del Rio South Suite 225 San Diego, Ca. 92108

(619) 295-1010

Giriş:

Klinik hipnoz, istemcinin hedeflerine güvenilir ve hızlı bir şekilde varmasını sağlayabilecek kapasitede, çok güçlü bir terapötik araçtır. Bu kursta, hipnoz bir iletişim ve etkileme örneği, fikirleri anlamlı bir şekilde organize etme ve sunmada bir yol olarak ele alınacaktır.

PSİKİYATRİ

KLİNİK ve GÖZLEMSEL HİPNOZ

Mart 31, Salı	Giriş
Nisan 2, Perşembe	Hipnotik Yatkınlık Testi (Hipnotik İndüksiyon Profili: HIP)
Nisan 7, Salı	HIP kullanarak Sunum ve Uygulama
Nisan 9, Perşembe	Acı kontrol videokaset
Nisan 14, Salı	HIP kullanımının sunumu
Nisan 16, Perşembe	Tedavi Stratejisi Geliştirmek ve Oto-hipnozu Öğretmek: Sigara Kontrolü
Nisan 21, Salı	Psikosomatik Problemler
Nisan 23, Perşembe	Videokaset: Histerik yalancı nöbetler

Nisan 28, Salı	Endişe Kontrolü
Nisan 30, Perşembe	Fobiler
Mayıs 5, Salı	Acı I
Mayıs 7, Perşembe	Acı II
Mayıs 12, Salı	Video kaset: Mezar ve Kek (PTSD)
Mayıs 21, Perşembe	Teşhis farklılıkları ve Hipnotik Yatkınlık Video kaset: Histerik Psikoz
Mayıs 26, Salı	Teşhis farklılıkları ve Hipnotik Yatkınlık Video kaset: Histerik Psikoz
Mayıs 28, Perşembe	Tekrar
David Spiegel	
Yaz, 1983	
Temmuz 14	Okumalar
Temmuz 21	Okumalar
Temmuz 28	Okumalar
	Referanslar
Ağustos 4	Okumalar
Ağustos 11	Okumalar
Ağustos 18	Okumalar
Ağustos 25	Okumalar
Eylül 1	Okumalar
Eylül 8	Okumalar

Hipnozun Tanımı: Efsaneler ve Gerçekler

Hilgard E.R., Hilgard J.R: Hypnosis in the Relief of Pain. Los Altos, CA: William Kaufmann, Inc. 1975. 1. Bölümü okuyun

Hipnozla Semptom Odaklı Stratejiler

Vaka örneği: Sigara Kontrolü

Trance and Treatment: Bölümler 11,12& 13.

Hipnotik Yatkınlığı Ölçmek

Mevcut ölçme araçları:

Stanford Ölçekleri, Harvard Grup Ölçekleri, Hipnotik İndüksiyon Profili

Klinik uygulamalarda Hipnotik yatkınlık ölçümü

Hipnotik yatkınlığın klinik ölçümü

Spiegel H, Spiegel D. Induction Techniques in GD Burrows & L. Dennerstein (eds): Handbook of Hypnosis and Psychosomatic Medicine. New York: Elsevier/North Holland Biomedical Pres, 1980. s.133-147

Sternal D.B, Spiegel H, NeeJCM: The Hypnotic Induction Profile: Normative Observations Reliability and Validity. Amerikan Klinik Hipnoz Journal 21: 109-132, 1978-79

Orne M.T. ve meslektaşları: The Relation between the Hypnotic Induction Profile and The Stanford Hypnotic Susceptibility Scales, Forms A ve C. International Journal of Clinical and Experimental Hypnosis 27:85-102, 1979

Neden ölçüm? Hipnotik Yatkınlık ve Psikopatoloji arasındaki ilişkiler

Spiegel D, Fink R: Hysterilca Psychosis and Hypnotizability. American Journal of Psychiatry 136:777-781,1979.

Spiegel D, Detrick D, Frischolz"E: Hipnotik yatkınlık ve psikopatoloji. American Journal of Psychiatry 139: 431-437

Lavoie G., Sabourin M: Hypnosis and Schizophrenia: Areview of Experimental and Clinical Studies in GD Burrows and L Dennerstein (eds.): Handbook of Hypnosis and Psychosomatic Medicine. New York: Elsevier/ North Holland Biomedical Pres, 1980, s.377-419

Post-travmatik Stres Bozukluğu Tedavisinde Hipnoz

Videokaset: Mezar ve Kek: Psikoterapide Hipnoz

Spiegel D: Vietnam Grief Work Using Hypnosis. American Journal of Clinical Hypnosis 24:33-40,1981 (bir Vietnam gazisi anılarını özetliyor ve yeniden yapılandırıyor)

Lindemann E: Symptomatology and Management of Acute Grief: American Journal of Psychiatry 101:141-148, 1944

Alışkanlık ve acı Kontrolü

Trance and Treatment: Bölüm 14

Anksiyete ve Fobilerde Tedavi

Trance and Treatment: Konular 15 &16

Spiegel D ve meslektaşları: Hypnotic Responsivity and the Treatment of Flying Phobia. American Journal of Clinical Hypnosis 23: 239-247, 1981

Psikosomatik Bozukluklar ve Konversiyon Semptomları Tedavisi

Spiegel D: Hypnosis in the Treatment of Psychosomatic Symptoms and Pain. Psychiatric Annals 11:24-30, 1981

Disosiyatif Kimlik mevcut olan yüksek derecede hipnoza yatkın hastanın psikoterapisi

Ludwig A. Ve meslektaşları. Are Four Heads Better Than One? General Psychiatry Archives 26, Nisan 1972

Spiegel D.: Multiple Personality as a posttraumatic stres disorder.

Submitted to Psychiatry Clinics of North America, 1983.

HİPNOTERAPİ ve HİPNOANALİZ

İleri Düzey Workshop (2 Günlük)
Erika Fromm, Ph.D,
Chicago Üniversitesi

1. Gün: 09:00 - 12:00

I. Hipnoz Uygulamanın Bilimi ve Sanatı

    A. Ortam

    B. Düzen

    C. Hipnoz sırasında dikkati odaklamak

    D. İletişim kurmak

    E. Telkinlerin dili

    F. Hipnotik bir telkinin yapısı

        i. Dikkati odaklamak

        ii. Ani deneyimleri gözlemlemek

        iii. Deneyimde yeni bir şey gözlemlemek / süjeye liderlik yapmak

iv. Telkinin ana hedefini koymak
v. Tekrar ve değişiklik
vi. Disosiasyon ve gönülsüzlüğü pekiştirmek
vii. Olumlu bir cevap beklentisini pekiştirmek

Iı. **Bazı İleri Düzey İndüksiyon ve Derinleştirme Teknikleri**

A. Sıkı kavranmış bilek tekniği
B. İndüksiyon ve derinleştirme için değişik sayım ve nefes teknikleri
C. İmgelem yöntemleri
  i. Merdiven Tekniği
  ii. Asansör ve Yürüyen Merdiven Tekniği
  iii. Tekne Tekniği
  iv. Sahil Fantezisi
  v. Bulut Fantezisi
  vi. Bir müzede dolaşmak ya da hayali bir konseri dinlemek
  vii. Derin Deniz Tekniği
D. Kafa karıştırma Tekniği

12:00-13:30 - Öğle Yemeği

15:00-17:00

III. **Hipnozun Değişik Psikiyatrik Bozukluklara Uygulanması**

A. Nevroz
B. Psiko-Fizyolojik Bozukluklar
C. Alışkanlık Sorunları
D. Kişilik problemleri ve bozuk ilişkilerin örnekleri
E. Çoğul kişilik
F. Post-travmatik Stres Bozukluğu (PTSD)
G. Psikotik ve Borderline Durumlar
H. Narsisizm

IV. **Bireysel Hipnoterapide Tedavi Yaklaşımları**

A. Semptomatik Hipnoterapi
B. Destekleyici Ego-Güçlendirici Hipnoterapi
C. Psikanalitik Odaklı Hipnoterapi ve Hipnoanaliz
D. Gelişimsel Hipnoterapi

2. Gün: 09:00 12:00

V. Hipnoanaliz: Teori ve Uygulama

A. Hipnoanaliz: Teorik Meseleler

  i. Psikanalitik teorinin dört bağlamının uzantıları
  Ego Aktivitesi, Ego Pasifliği ve Ego Ulaşılabilirliği

  ii. Egoyu denetimlemenin ve gözlemlemenin bölünmesi
  Egoyu denetimlemek
  Transferans ve Kontratransferans

B. Hipnoanaliz: Kullanışlı Teknikler

  i. Manzara görselleştirmek, fantezi tekrarı, yönlendirilmiş imgelem (kaset sunumu)

  ii. Ideomotor sinyalleşme ve diğer üstü kapalı iletişimler

  iii. Hipermenezi ve Yaş Gerilemesi

  iv. Baş etme mekanizması olarak Yaş İlerlemesi

  v. Değişimin artması ve değişim toleransı

  vi. Otomatik Yazma ve anagramlar

12:00- 13:30 Öğle Yemeği

13:30- 14:30

C. Sunum: Yaş Gerileme Kasedi

VI. Gelişimsel Tutsaklıkların Tedavisinde Hipnozun Eklenmesi: Şizofren, Sınır Kişilik Patolojisi ve Narsisizm

A. Tekniğin tartışılması

  i. Gelişimi, entegrasyonu ve Nesne-Benlik imgelerinin sabitliğinin pekiştirilmesi

15:15-17:00

B. Uzun vadeli bir hipnoanalizin vaka sunumu. Çocuk tacizi ve erken tecavüz.

PROGRAM

HİPNOTERAPİ ve HİPNOANALİZE GİRİŞ

Erika Fromm, Ph.D.
Marlene Eisen, Ph.D.
Ekim 22-24, 1984

Pazartesi, Ekim 22 (09:00-12:00)

08:00-09:00 Kayıt

I. Giriş

Çalışma Grubu Düzeni
Genel İndüksiyonlar ve Ters İndüksiyonlar
Hipnoz Öncesi görüşme ve Anamnez
Yatkınlık

II. Grup Uygulaması

III. Teknikler- İndüksiyon ve Derinleştirme

Kohnstaumm Olgusu
Chevreul Sarkaç
Göz Kapanması
El Kalkması ve alternatifleri
Elleri birlikte hareket ettirmek
Kol hareketsizliği ve alternatifleri
Bozuk para düşmesi

Pazartesi, Ekim 22 (13:30-17:00)

IV. Küçük Grup Uygulaması

Tartışma
Teknikler- İndüksiyon ve Derinleştirme (devamı)
Artan Rahatlama
Görselleştirme (Benlik-imgesi, manzaralar, kara tahta, vs…)
(merdiven, asansör, nehirdeki tekne)
Bölünmeler

Salı, Ekim 23 (09:00- 12:00)

V. Hipnoterapötik Teknikler (uygulama, kısıtlamalar)

Yatkınlığın ölçümleri
Hipnozda görüşme
Yansıtıcı teknikler (bulut imgeleri, aynaya bakmak, tiyatro, TV ekranı, ayrı ekran vs.)
İdeomotor Sinyalleme
Post Hipnotik Telkinler
Amnezi ve Hipermenezi
Yönlendirilmiş İmgelem
Yaş Gerileme, İlerleme ve Yeniden Yaşama

VI. Gösterim (Bireysel)

Salı, Ekim 23(13:30-17:00)

Affect Köprüsü- Kaset Sunumu

VII. Küçük Grup Uygulaması

Tartışma

VIII. Hipnotik Deneyimin Kullanımı

Acı veren anıları tekrar deneyimlemek ve onların üzerinde çalışmak

i. Üzücü çalışma, mutsuzluk ve suçluluk hisleri

Fobilerle çalışmak

Problem çözümü: Zihinsel araştırmayı pekiştirmek, yetenekleri uygulama, eski davranışları ve düşünce örnekleri, " eski kasetleri" elemek.

Davranış kontrolü

Çarşamba, Ekim 24 (09:00-12:00)

IX. Hipnoanaliz

Teori
Hipnoz ego aktivitesinde ve ego alımındaki ego Transferans ve kontratransferans

Teknikler:

1. Dört klasik Psikanalitik teknik
   Serbest Çağrışım
   Savunma ve Dirençlerin yorumu
   Transferans Analizi
   Rüya Yorumu

Ek olarak:

a. Hipnotik indüklenmiş rüyalar
b. Rüyayı unutmamak ve onun anlamını anlamak için post-hipnotik telkin
c. Çatışma çözümlerini arttırmak için ardıl rüyalar kullanma telkini

2. Sözel ve sözel olmayan iletişimde birincil süreç sembollerinin kullanılması
3. Gözlemleyici egoyu deneyimleyici egodan ayrıştırmak
4. Diğer değişik ego durumlarını, süreçlerini ya da fonksiyonlarını ayrıştırmak ve hastanın tekrardan yeni ve sağlıklı biçimde onları birleştirmesi için yardımcı olmak.
5. Yaş gerilemesi ve ego organizasyonunun değişik gelişimsel kademeleri
6. Hipnozdaki fantezi gerçeklik testi
7. Artan güçlükte ego-güçlendirici görevler vermek
8. Hastaya kendi bütünleştirici ve ego savunma mekanizmalarını kullanması için telkin vermek
9. İdeal benlik tekniği

Çarşamba, Ekim(13:30- 17:00)

X. Küçük Grup Uygulaması

Destekleyici psikoterapide hipnoz
Semptomatik Girişim (Tıbbi ve Psikolojik)
Acı Kontrolü
Semptom yeniden yapılandırmak ve kaldırmak
Vücut ağrılarının değişen algısı. Isı değişiklikleri vs.
Abreaksiyon
Desentisizasyon

5

PSİKOLOJİK HİPNOZ

Psikoloji 544
R. Lundy

I. Hipnozun Doğası
   Bowers
II. İndüksiyon
    Edmonston
III. Hipnotik Yatkınlığın Ölçümü
     Hilgard
     Barber & Spiegel
     Tellegen & Glossary
IV. Özetle tarihçe
    Pattie
V. Psikanalitik teoriler
   Gill & Brenman
   Gill
   Shor
V. Neodissosiasyon
   Hilgard
VI. Barber'in bakışı
    Barber

VII. Sosyal psikolojik analiz
Sarbin & Coe

VIII. Gerçek- etkileşim model
Sheehan & Perry
Orne

IX. Videokasetler
Hipnoz ve iyileştirme
Hipnoz:zihnin acıyı kontrol edebilir mi?
Hipnoz

X. Metodoloji
Orne
Sheehan &Perry

XI: Çocuklar
Gardner & Hinton
Bowers, Konu 1-4
Edmonston, Konu 6
Gordon, Konu 13
AJCH, 21, s.84-133
AJCH, 21, s.219-246
Gordon, Konu 1
Gordon, Konu 10
IJCEH, 20, s.224-237
IJCEH, 20, s.23-28
Fromm & Shor, Konu 3
Fromm & Shor, Konu 3
Sarbin & Coe, Konu 3-4
Sheehan & Perry, Konu 6
Fromm & Shor, Konu 16
MVCS-1722
MVCS-1723
MVCS-1724
MVCS-1725 (PSU- İşitsel-görsel- servisler)
Burrows & Dennerstein, Bölüm 3

Sheehan & Perry, Bölüm 8
Sheehan & Perry, Bölüm 9 (s. 284-297)
Burrows & Dennerstein Konu 13

XII. Acı
Hilgard & Hilgard

XIII. Hipermenezi ve yabancı meseleler
Smith
Reiser

XIV. Bianchi
Watkins
Orne

XV. Amnezi & Yaş Gerileme
Foenander & Burrows
Evans
Coe
Kihlstrom

XVI. Klinik Hipnoz
Wadden & Anderton
Crasilneck & Hall
Hilgard & Hilgard, Bölüm 4,9,10
Psych. Bull, 94, 387-407
AJCH, 17, 84-87
AJCH, 23, 71-93
IJCEH, 32, 67-99
IJCEH, 32, 118-167
Burrows & Dennerstein, Konu 5
Burrows & Dennerstein
IHCEH, 26, 218-245
IJCEH, 26, 246-267
Psych. Bull, 91,220-243
Crasilneck & Hall, Konu 3,4,5,11 & 12

EĞİTİM PROGRAMI

Robert Jedrey, M.D., Gloucester, MA, AMA, MA Med. Soc., A.S. C.H., S.C.E.H.; Treas. N.E.S.C.H.; Kadro, Addison Gilbert Hastanesi, Internal Medicine, Özel Muayenehane

Bertha Offenbach, M.D., Newton Centre, MA, Diplomate, Am. Board Ophthamology, Asst. Cerrah, Mass. Eye and Ear Ind.; A.S.C.H.; Eski Başkan., N.E.S.C.H., Eski Başkan, Amer. Women's Med. Assoc.; Kadro, Newton Wellesley Hastanesi, Özel Muayenehane

Susan P. Pauker, M.D., Boston, MA, A.M.A.; Am. Pediatri Kurulu; Üye, amerikan Pediatri Akademisi; İnsan Geni Derneği; N.E.S. C.H.; Yönetici, Genetik Klinisyen ve Asst. Pediatrist, M.G.H; Eğitmen, Pediatri Harvard Tıp Okulu; Yönetici, Boston Downtown Şubesi, Harvard Halk Sağlık Merkezi

Simon W. Roosenberg, D.M.D., New York, NY, A.D.A.; NY Diş Derneği; A.Acad. Ağız Tedavi; Am. Coll. Prosth.; A.G.D.; N.E.S.C.H; Emekli kadro, Lahey Klinik; Kadro, N.E. Deaconess ve Baptist Hastaneleri

Andrew St. Amand, MD. Boston, MA, Am ve Mass. Soc of Aneas.; Int. Aneaxs.; Research Soc.; Üye, A.S.C.H., Eski Başkan N.E.S. C.H.; Eski kadro, Lahey Klinik; Kadro, N.E. Deaconess ve Baptist Hastaneleri.

Alan C. Turin, Ph.D., Lexington, MA, A.P.A., M.P.A. B.S.N.E., B.S.A.; Eski başkan, N.E.S.C.H.; Eski Başkan, Biofeedback Society of Mass.; Assoc. Adv. Of Behavior Therapy; Klinik Psikolog, Özel Muayenehane

Jay Vazifdar, M.D. Meredith, NH, Aktif Kadro, Lakes Region Gen. Hastanesi., L.R.C.P. (Londra), M.R.C.S. (İngiltere); D.Obst R.C.O.G. (İngiltere); Üye, Royal So. Of Med., Assoc. Fam. Pract., A.S.C.H., Eski Başkan., N.E.S.C.H., Özel Muayenehane

Terapide hipnozun kullanımında çok fazla eğitim deneyimi olan ve aktif olarak hipnoz uygulayan, uzman eğitmenler tarafından verilecek olan bu eğitim, yoğun bir program olacaktır. Başlangıç seviyesindekilere hipnozu kendi alanlarına nasıl adapte edecekleri öğretilecektir ve ayrı bölümlerde orta ve ileri seviyedeki öğrenciler daha fazla bilgi ve içgörü kazanma şansına sahip olacaktır ve bunlar da klinik yeteneklerine eklenecektir. Kurs hipnotik telkinlerin ve bunların hasta tedavisinde kullanımının anlatımlarını içerecektir. Program; derslerden, tartışmalardan, gösterimlerden, klinik vaka hikayelerinin sunumlarından, görsel işitsel sunumlardan ve trans indüksiyonu için süpervizyon eşliğinde küçük grup uygulama seanslarından meydana gelecektir.

Perşembe, Nisan 10, 1986, Güney Binasında, 4. kat anfi

08:30 Kayıt

09:00-09:05 Hoş geldiniz: Philip Maloney, D.M.D. Chief, Dept. Of Dentistry and Oral Surgery, B.C.H.

09:05-09:45 HİPNOZ TERAPİDE BİR YARDIM Dr. Golan

00:40-09:45 Sorular ve Cevaplar

KURS HEDEFLERİ, SUNUMU, TARİHİ

Hipnozun birçok insan için çok fazla anlamı vardır. Erickson'un tanımına göre: "yoğunlaşmış bir dikkat ve açıklık hali ve bir fikre ya da birçok fikre karşı artmış tepkisellik." Hull'ın tanımına göre: "aşırı telkin edilebilirlik hali, bilinçdışı zihni telkine açık olarak kabullenilmiş bir fikri gerçekleştirecektir". Bilinçli ya da bilinçdışı seviyede birçok kişi tarafından kullanılarak doğal bir psikolojik olgu gibi gözüken hipnoz olgusunu, tek bir tanım açıklayamaz. Bilincin değişik bir halidir. Fizyolojik tepki, hastanın kişiliğindeki psikolojik ve duygusal içeriklerle etkileşim halindedir. Hastaya duygusal etkisi büyüktür, sıklıkla fizyolojik değişime sebep olur. Hipnoz; farmakoterapinin, diş hekimliğinin, psikolojinin uygulamasına katkı sağlayan bir ektir. Asla bir son ya da çözüm değildir. Tamamen ya da kısmi olarak psikolojik ya da duygusal problemler olduğunda uygulanabilir.

Teoriler çoktur. Hepsi hipnozun bir açısını içermektedir, ancak hiç biri tam açıklamayı tanımlayamaz.

Hipnoz, insanlığın başından beri vardı. Yüzyıllar boyunca önce efsane olarak, büyülü bir şey olarak, sonra onsekizinci yüzyılda bilimsel bir topluluk olarak, daha sonra ondokuzuncu yüzyılda ameliyatlarda kullanılarak, yirminci yüzyıldaki uygun yerini aldı. A.M.A., A.D.A., A.P.A günümüzde hipnozu uygun talimatlar verildiğinde yasal bir araç olarak kabul ediyor.

09:45 - 10:20   TELKİN & YATKINLIK   Dr. St. Amand

10:20 - 10:30   Sorular ve Cevaplar

TELKİNLER ve YATKINLIK

Telkin, birinin eleştirmeden ve istekli olarak kabul etmesi sonucu uygun davranış ile sonuçlanması fikridir. Telkin edilebilirlik ya da yatkınlık hastanın kabulünün derecesidir.

İyi bir zihinsel ve fiziksel yapı sağlamak için profesyonel kişiler hastalara birçok şey zaten telkin ediyordur. Nazik, rahat, sorunu rahatlatarak yapılan hipnotik telkin, beklenen sonuçları öne getirecektir.

Telkinlerle ilgili bazı psikolojik prensipler:

1. Odaklanmış Dikkat Kanunu – bir fakir kendini fark edecektir.

2. Ters Etkinin Kanunu- imgelem ve akılcı istek çatışmada olduğunda, imgelem etkili olacaktır.

3. Baskın Etkinin Kanunu – Eğer hastanın zihninde iki fakir varsa, duygusal açıdan daha da güçlü olan devam edecektir.

Telkin hipnoza anahtardır. O olmadan, hipnoz muhtemelen oluşmaz.

Telkinler şu şekilde olabilir:

A. Sözel ya da sözel olmayan

B. Hetero (dış uyaran) ya da Oto (benlik uyaran)

C. Direkt ya da dolaylı

D. Sayaç

E. Pozitif ya da Negatif

Telkinlerin dört kademesi:

1. Telkini vermek
2. Telkini anlamak
3. Telkinin kabulü
4. Telkinin bitirilmesi

Telkin edilebilirliği arttıracak faktörler:

1. Doğru Tutum
2. Motivasyon ya da ihtiyaç
3. İş birliği
4. Hayal Gücü
5. Doktora İnanç
6. Rapor

10:30 – 10:45 Ara

10:45 – 11:00 Hastayı **Hazırlamak, Yanlış Anlaşılmalar   Dr. Vazifdar**

11:10 – 11:15 Sorular ve Cevaplar

HASTAYI HAZIRLAMAK, YANLIŞ ANLAŞILMALAR

1. Uygun Tıbbi geçmişin alınması
2. Aile yaşantısının, işinin, sevdiklerinin ve sevmediklerinin geçmişi
3. Hastaya hipnozun özetle anlatılması

A. Hasta başından sonuna kadar bilinçli. Görecek ve duyacak.

B. Hasta aptalca davranmayacak ya da garip şeyler yapmayacak (sahne hipnozunun utancını kaldırın)

C. Hastanın zihni güçlenecek

D. Hasta sırlarını ya da herhangi kişisel bir şeyini açıklamayacak

E. Hasta yapmak istemediği hiçbir şeyi yapmayacak

F. Hipnoz bilincin mutlu değişik bir halidir.

4. Hastaya hipnoz hakkında herhangi bir sorusu olup olmadığını sorun.

5. Kısıtlamalar

Hipnoz kendi kendine hiçbir şeyi iyileştirmez, tıpkı anestezinin iyileştirmediği gibi.

Ameliyat iyileştirir. Her derde deva değildir, tıbbi tedavi, diş hekimliği ya da psikolojik uygulama ile kullanılır.

6. Tehlikeler:

Çok az sayıdadır, genellikle eğitimsiz ya da çok az eğitimli bireylere maruz kalanlarda. Kendi alanlarında kalan profesyonellerin hiçbir sorunu olmayacaktır. Şaperonlar için olan kurallar genel uygulama ile aynı olacaktır.

11:15 – 11:55 Hipnotik İndüksiyon Tekniklerindeki Prensipler ve Adımlar

11:55 – 12:00 Sorular ve Cevaplar

HİPNOTİK İNDÜKSİYON TEKNİKLERİNDEKİ PRENSİPLER VE ADIMLAR

Hipnotik trans oluşturmakta birçok şeyin yardımı vardır;

1. Dikkati odaklayarak konsantrasyon

   A. Bilinci sınırlamak ya da daraltmak

   B. Duyumsal içe alışı ve motor dışa çıkışı sınırlamak

   C. Gönüllü aktiviteyi engellemek- rahatlamanın arttırılması

Hasta sadece terapistin sesine odaklanıyor.

Anlık trans sıklıkla meydana gelir. Onu gözlemle, özellikle stresli durumlarda.

Prosedürler:

1. İndüksiyon öncesi:

Hastanın hazırlanması sürecinde tartışılır

2. İndüksiyon

Direkt: A. Gözler açık

　i. Göz sabitlenmesi

　ii. Göz sabitlenmesi ve artan rahatlama

　iii. Kol kalkması

　iv. Bozuk para tekniği

　v. Görsel İmgelem

　vi. Kombinasyonlar

Gözler kapalı

　i. Artan Rahatlama

　ii. Gözler yukarı gider

　iii. Yatkınlık testlerinin devamı

　iv. Mekanik araçlar (parmak vuruşu, kalem, metronom, vs...)

Dolaylı: A. Ev, ağaç, basit sandalye

　B. Erickson'un kafa karıştırıcı sayması 1-20

　C. Kamuflaj edilmiş ya da saklanmış

　D. Normal Sayım

Fiziksel, psikolojik ya da ikisinin karışımı

İndüksiyonlar basit: bilinçdışında ihtiyacı olan birçok hasta onu fark eder ve iyi yanıt verir.

3. Uygulaması (*Listenin bir kısmı*)

　i. Psikiyatri- gerileme, terapi

　ii. Anestezi- ameliyat

　iii. Psikosomatik hastalık

　iv. İtilmiş korkular, endişeler

　v. Kadın doğum, jinekoloji

　vi. Diş hekimliği

vii. Kan kontrolü

viii. Acı kontrolü

ix. Alışkanlık kontrolü

x. Yanık Terapi Yardımcısı

xi. Dermatoloji

xii. İlaç

xiii. Forensic

Derinleştirme- hasta transta yaptığı herhangi bir şey ile derinleşecektir.

5. Sayma, kaldırma, halüsinasyon, bölme.

1. Transın sonlandırılması

2. Hastayı tebrik edin

3. Bir sonraki seans daha da derine

4. Sadece tıbbı ve diş hekimliğinde ilgili sebepler için kullanılabilir

5. Vücudun bütün kısımlarında normalliği geri getirir.

6. Seansı ilginç bir deneyim olarak hatırlayın

7. Hastayı uyanması, yenilenmiş hissetmesi için yeterli zaman tanıyın.

6. İndüksiyona değişkenler ve engeller

1. Hastanın mevcut tutumu

2. Yetersiz motivasyon

3. Dikkat dağılması

4. Rapor eksikliği

5. Doktorun mevcut tutumu

12:00- 13:00 Öğle yemeği

13:00- 13:30 Film: Ralph August, MD. " Hipnoz ile Sezaryen"

13:30- 13:45 Tartışma Dr. Vazifdar, Jinekolog

13:45- 14:00 Trans Kademeleri- Yatkınlık Testleri

Tam ayrışmış trans basamakları yoktur. Akışkandırlar ve birbirleri ile çakışan kademeleri vardır. Bir basamak ötekine liderlik edebilir ya da değişik bireylerde başka bir tanesi takip edilebilir. Derin trans bir gerekli değildir, daha hafif basamaklarda daha fazla başarılabilir. Birçok hasta derin transa girmekte yetenekli değildir.

Bir fikir üzerinde odaklanmak için ya da terapistin imgelem deneyimler ya da telkin edilme herhangi bir duygudan ne ima ettiğini anlamak için kendi hayal gücünü kullanması için hastanın yeteneğini ve isteğini vurgulamakta bazı testler ya da prosedürler kullanılabilir.

Örneğin, "ağır el" testi ile hastadan ellerinden birini uzatması istenir ve o elin çok çok ağırlaştığı söylenir, sanki üzerine onun aşağı doğru hareket etmesine sebep olan ağırlıklar yerleştirilmiş gibi, ötekisi sabit dururken o çok çok ağırlaşıyor, belki de öteki yukarı doğru hareket etmeye başlıyor sanki hidrojen balonlar bağlanmış gibi.

6

ÖĞRETİM UYGULAMALARI İÇİN ALTERNATİFLER

Dr. Corydon Hammond Ph.D.
Utah Üniversitesi Tıp Okulu

Aşağıda net olarak belirtilen uygulamalar, eğitimcilerin değerlendirmesi için telkinsel seçenekler olarak sunulmuştur. Sizin kullanacağınız uygulamalar doğal olarak dersin konusuna, mümkün olan zaman, değişik prosedürler ve tekniklerle sizin çalışma rahatlığınıza ve kişisel tecrübelerinize ilintili olacaktır.

Hipnotik İndüksiyon Uygulamaları

Öğrenciler için değişik türde hipnotik indüksiyon modellemek faydalıdır. Yazar genellikle göz sabitlemesi, artan rahatlama, katalepsi ve imgelem indüksiyonlarını göstermeye çalışır. Direnci en aza indirgeme metodu olarak, daha önce hipnotize edilmiş birinin gönüllü olmak isteyip istemediğini sorabilirsiniz. Bu tarzda gönüllüleri sormak genellikle istekli ve yetenekli süjeleri ortaya çıkartır. Başta sadece belirli sayıda indüksiyonu modellemek ve her biri için kullanılabilecek sözlerin yazılı olduğu kağıtları dağıtmak yardımcı olur. Üç değişik eğitim görevlisinin kendi tekniklerini göstermesi faydalı olur, böylece öğrenciler stillerin farklılığını görebilir. Bir sonraki derste ya da aradan sonra, öğrencileri küçük gruplar oluşturarak uygulama yapmaları için zaman tanınabilir. Yazar yeni başlayan öğrencilere uygulamalarını göz sabitlemesi rahatlamanın arttırılması ve imgelem örnekler (kol düşmesi, göz açılması ve kapanmaması ve Chiasson indüksiyonu, bozuk para tekniği, sözsüz ve şaşırtıcı indüksiyon şeklinde önerilerde bulunur. İndüksiyon teknikleri hakkında yayın dağıtılır ve süpervizyonu uygulama için daha fazla zaman tanınır.

Bir sonraki derse gelmeden önce, öğrencilere indüksiyon teknikleri hakkında çalışmaları tavsiye edilir. Çocuklarla hipnoz çalışan bir uzmanının da katılımcılardan birinin çocuğu ile tekniği göstermesi faydalı olur. Öğrencilerin kayıt cihazı getirerek uygulamayı ve modellemeleri kaydetmeleri önemlidir.

Uygulama ile ilintili olarak, öğrenciler için dramatik bir denetimleme yaşatma paha biçilmezdir. Yeni öğrenciler, ilgilerine rağmen, genellikle şüpheci bir yaklaşıma sahiptirler. Hipnotik açıdan yetenekli bir gönüllü bulduğunuzda transı derinleştirmek ve eldiven anestezisi yapmak isteyebilirsiniz. Hatta bunu bir tırnak törpüsü ya da iğne ile gösterebilirsiniz. Yazar, genellikle katalepsi indüksiyonunu gösterir ardından da bu tekniğin detaylarını tartışır. Daha sonra öğrencilerden yanlarındaki kişi ile birkaç dakikalığına uygulama yapmaları istenebilir. (Katalepsi İndüksiyonu) Tekniğin detaylarını özetleyen ve uygulama için gerekli olabilecek cümleleri içeren rehber dağıtılabilir. Kaldırma indüksiyonu öğretirken de benzer bir prosedür uygulanabilir: Uygulama, uygulamanın ilerlemesi; çalışmak için indüksiyon cümlelerinin özeti ve son olarak, öğrencilerin küçük gruplara ayrılarak bu indüksiyonun uygulanması.

Hipnotik Olgunun Uygulaması

Hipnotik olgunun üretimini gösteren videokasetler vardır. Kişisel bir uygulama, esasında öğrenciler için daha ikna edicidir. İyi bir süje değişik şekillerde seçilebilir: 1)Öğrencilere Harvard Hipnotik Yatkınlık Ölçeğini verip sonra da yüksek yatkın süjeleri (Puanları 11-12 arası olan) seçmek. 2) Harvard ölçeğini (muhtemelen de ardından Stanford Ölçek Form C'yi) psikoloji giriş sınıfına uygulamak ve sınıf uygulaması ve öğrenci deneyimlemeleri için yetenekli öğrencileri gönüllü olarak seçmek.) sınıftan herhangi bir testten geçmemiş gönüllülerle çalışmak ve yetenekli gözüken ile değişik hipnotik olguları çalışmak. 3) yatkın olduğu bilinen bir meslektaşı ya da sekreteri sınıfa getirerek uygulama.

Aşağıdaki hipnotik fenomenler yeni ve orta seviye öğrencilere göstermek için önemlidir; amnezi, eldiven anestezisi, otomatik hareketler ve kompülsiyonlar, gevşek katılık, hareket edememezlik, zaman çarpıtması, çocukluktaki güzel bir şeye yaş geriletmesi, uyanmadan transta gözlerini açmak ve muhtemel pozitif ve negatif halüsinasyonlar.

Gayri Resmi Grup Yatkınlık Testi

Sınıftaki daha yatkın kişileri belli edecek, ikna edebilir limitli bir deneyim içeren başka bir grup aktivitesidir. Öğrencilerden gözlerini kapatmaları, kollarını omuz hizalarında öne doğru uzatmaları istenir. Sol kollarına onu daha da hafifletecek uçan balonlar bağlandığını ve sağ koluna da ıslak kumla dolu ağır bir kova verildiğini hayal ettirin. Bunları net olarak hayal etmelerini isteyin ve sağ kol daha da ağırlaşırken, sol kolun daha da hafiflediğini söyleyin. İki dakika sonra, sınıftan kollarını oldukları yerde uzatmalarını ve gözlerini açmalarını isteyin. Birçok kişinin iki kolu arasında fark olacaktır. Bu imgelemin hipnozda nasıl kullanıldığını göstermek için kullanılabilir. Bir alternatif prosedür ve öğrencilerden avuçları birbirine bakar şekilde kollarını omuz hizalarında tutmaları istenir ve sonra da ellerini birbirine çeken iki mıknatıs olduğunu hayal etmeleri söylenir.

Sarkaç İle Ideomotor Sinyaller Oluşturmanın Uygulaması

Genel Ideomotor tekniklerinin uygulanmasından sonra, belirli sinyaller oluşturmak için sarkaç kullanma uygulaması öğrenciler için etkileyicidir. Süjeye sınıfa ya da çalışma grubunda problemi hakkında hiçbir şey açıklamayacağını söyledikten sonra bir gönüllü seçilebilir. Tekrar, diğer öğrenciler etrafında toplanır ve böylece süjeyi net olarak görebilirler. Süre: 5-10 dakika.

Alternatif İhtiyaç Tatmini Uygulaması

Genellikle, Ideomotor araştırması uygulaması yapılırken, süjenin problemi doğal olarak bilinçdışı ile işbirliği gösterebilir. Diğer vakalarda, eğitmen bunu ayrı bir uygulama olarak göstermeyi de tercih edebilir. Genellikle, yazar bu tür bir uygulama için 15-30 dakika ayırıyor.

Yaş Geriletme Uygulaması

Yaş geriletme, riski olmayan bir tekniktir. Bu yüzden, kişisel yanılsama ve negatif deneyimlerin olasılığı sebebiyle, gerilemeyi geçmişteki güzel bir anı canlandırma ile sınırlandırılmalıdır. Bir süjeye hipnozdan önce ilkokulunu sevip sevmediği sorulabilir. Eğer cevap olumluysa, birinci ya da ikinci sınıftaki anıları ile ilgili bilgi alın. Hipnotik indüksiyonu takiben, hastanın bilinçdışına, ideomotor sinyaller aracılığı ile, birinci sınıftaki bir deneyimine gerilemenin uygun olup olmayacağını sorun. Uygun bir cevaptan sonra, hasta sınıfına geriletilebilir ve etrafı hakkında bilgi toplanabilir; duvarlar, değişik sıralardaki arkadaşlarının isimleri, nesneler, öğretmenin adı. Hipnozdan önce hatırlananlarla, gerileyince ortaya çıkanlar daha sonra karşılaştırılabilir. Gözlemlenenler hakkında yorum ve sorular için iki- beş dakika izin verin. Toplam gerekli zaman 30 dakikadır.

Olumlu Affect Köprüsü: Bir Yaş Geriletme Uygulaması

Affect & Somatik köprü tekniği hakkındaki bir dersi takiben [ders notu kısmına bakın], eğitimci bu tekniğin daha ileri bir uygulamasını olumlu bir süjeyle gerçekleştirmek isteyebilir. Gönüllü süje kendini çok rahat, mutlu ve huzurlu hissettiği yakın zamandaki bir olaya geriletilebilir. Bu olumlu hisleri tekrar deneyimledikten sonra, hasta şu anki durumda ayrıştırılabilir ve olumlu hissin affect köprüsüne yaş geriletilir. " Bu şekilde hissettiğin ilk zamana geri" tahmini gereken süre 20-30 dakikadır.

Dolaylı Yaş Geriletmenin Grup Uygulaması

Deneyimlerin gösterdiğine göre, bir grup ile yaş gerilemesi yaparken, kontrolün daha az olmasından dolayı dikkatli olunmalıdır. Aslında yazar, öğrenciler için oldukça bilgilendirici ve eğlenceli olan hipermnezinin kısa bir uygulamasını başarılı bir şekilde kullanmıştır. Kısa bir (3-5 dakika) indüksiyonu takiben aşağıdaki telkinler verilebilir: " Çocukluğuna gerilemesi rahat olacaklar, bilinçdışınızın sizi çocukluğunuzdaki mutlu anılara ve mutlu deneyimlere geri götürmesine izin verebilirsiniz... Sadece kendine zamanda gerilemesi için izin vererek, daha genç ve daha genç yaşlara... bilinçdışın seni olumlu, mutlu anılara ve deneyimlere geri götürürken... Ve tam olarak senin ne hatırlayacağından emin değilim. Fakat muhtemelen eski bahçenin ya da oyuncaklarının mutlu anılarının keyfini çıkartacaksın......... Mutlu şeylerin olumlu anıları ve deneyimleri zihninde süzülürken, birkaç saniyeliğine tam gözükebilirler, sanki daha fazla zaman geçirmiş gibi. Muhtemelen tatildeki ya da en iyi arkadaşlarınla olan mutlu zamanları hatırlayacaksın... Ya da, ailenin bir araya geldiği zamanlara ait anılar olabilir, ya da bayram sabahlarına ya da küçüklerin büyüklerin ellerini öptüğü o bayram günlerine.... Ya da, bazı güzel doğum günülerine doğru.... Geri gidip gitmediğini merak ediyorum, ya da belki de en sevdiğin televizyon programını hatırlayacaksın.... Küçük yemek pişirme anıları olabilir ya da uyku zamanı masalları ya da hikaye kitapları.... ya da saklambaç, misket, ya da futbol, evcilik oyunları, ya da çata pat sesleri... Sadece imgelerin zihninde uçuşmasına izin ver, mutlu imgeler, çok eski zamanda... belki pamuk şekeri ya da oyuncak silahlar ya da sek sek.... ve bu anılardan şu anki hayatında ihtiyacın olan özel bir şeyi hatırlayacak mısın merak ediyorum. Belki bir bakış açısı ya da his ya da daha fazla ihtiyacın olan bir şeyin farkına varmak. Ve bu deneyimden onu **alabilirsin**. İstediğin kadar zamanın var, sahip olduğumuz kısa zamanda, sonra kendi liderliğinde ve hızınla, kendine uyanması için izin ver, çok çok iyi hissederek. Bu uygulamadan sonra, sınıf üyelerinin deneyimlerini paylaşmaları için 5-10 dakika süre tanıyın. Bu uygulama olumlu bir his anlamında ve aynı zamanda öğrencileri hipnotik yaş gerilletmenin gücü konusunda ikna etme konusunda, oldukça etkili bir araçtır. Öğrencilerin hatırladıkları şeyler genellikle onların hoşuna gitmiştir, uzun süredir akıllarına gelmeyen şeyleri hatırlamışlardır.

Ego Güçlendirme Telkinleri Modelleme İçin Grup İndüksiyonu

Yazar, genellikle 5-10 dakikalık bir grup indüksiyonunu takiben, ego güçlendirme prosedürlerini kullanır. Huzur yeri kendini bir grup uygulamasında iyi gösteren tekniktir. Direkt telkinler önerilebilir, öğrencilerin hipnotik çalışmalara karşı artan güvenlerini hızlandırmak için şekillendirilmiştir. Yazar, sıklıkla dolaylı ego güçlendirme prosedürünü kullanıyor. Örneğin, süjeyi nasıl konuştuğunu ve okuduğunu hatırlaması için gayri resmi geriletilerek. İlerleyen zamanlarda,öğrenciler daha önceden başarısız olduklarını düşündükleri konularda, şimdi daha başarılı olduklarını fark ederler. ve yeni hipnotik yeteneklerini sayesinde geçmişteki zorlanmalarını hatırlamayacaklardır. Ego güçlendirici metaforlar, grup indüksiyonunda kullanmak için uygundur.

İleri Düzey İndüksiyon Telkinlerinin Uygulanması

Yeni başlayan öğrencilerinkine ek olarak, orta seviye kurslar katalepsi ya da kaldırma indüksiyonlarını görmek (ders notu toplamak) açısından faydalıdır. Birçok öğrenci temel seviyede bu prosedürleri tam olarak öğrenmemiştir. Bir önceki transı, indüksiyon tekniği olarak çağırmak; sorularla birincil indüksiyon uygulamak; Erickson'un direnç için çift taraflı indüksiyonu; ilerleyen anestezi indüksiyonu ve fazla sözel, interaktif bir hipnotik indüksiyon göstermek çok faydalıdır.

Derinleştirme Tekniklerinin Uygulanması

Hipnotik bir halde tüm indüksiyon tekniklerinin aynı zamanda derinleştirme tekniği olarak da kullanılabileceği öğrencilere açıklanmıştı. Yazar aşağıdaki derinleştirme yöntemlerini modellemeyi bazı uygulamaların içinde kullanmayı tercih ediyor: sözelleştirme ve sesin kullanımı (ör., "daha derine" derken sesin alçaltılması); bağımlı telkinler; vurgulu yönergelerin kullanımı; bölmeler; hasta motivasyonlarını ve ihtiyaçlarını serpiştirmek; aşağı hareketinin kullanımı (ör.merdiven, yürüyen merdiven, asansör); tekrar hızlı indüksiyon için post hipnotik bir ipucu; sessizlik aralıkları; nefes ve sayma teknikleri; ikili görevler (aşırı yükleme); görsel imgelem; eli hastanın omzuna koymak (verilen telkinlerle birlikte) ve nazikçe süjeyi daha da derine çekmek (nefes veriş sırasında); otomatik hareketlerin indüksiyonu; sözsüz ve çevresel uyaranların kullanımı ("hızlandırma ve yol göstermek"); katalepsi ve kaldırma.

Grup İndüksiyonları

Gruplar, indüksiyonları genellikle eğlenceli ve öğretici bulurlar. Aslında, temel bir kursun ilerleyen bölümlerinde, kullanılmaları tavsiye edilir (orta düzey ve ileri düzey basamaklarda da). Grup uygulamalarını eğitimin ilerleyen zamanlarında kullanma fikri, öğrencilerin deneyimledikçe çözülen korkularını ve şüpheciliklerini ortadan kaldırmak içindir. Göz açma ve kapama taktiği, artan rahatlama, nefes ve sayma ve izin verici imgelem grup uygulamalarında oldukça kullanışlıdır. Gruptaki öğrencilerin doğal yeteneklerindeki farklılık ve tercihlerinden dolayı, izin verici indüksiyon yaklaşımları genelde daha da hoş karşılanır. Grup indüksiyonu sırasında kendi kendine hipnoza girmenin yöntemi için post hipnotik telkin verilebilir.

Hipnotik Yatkınlık Ölçeğinin Uygulanması

Daha fazla araştırma odaklı kurslarda, eğitmen gönüllü bir bireye Stanford Ölçeğini uygulamak isteyebilir. Alternatif olarak, bütün sınıfa Harvard Grup Ölçeği uygulanabilir.

Ideomotor Araştırmanın Uygulanması

A) Bu tekniği göstermek için bilinçdışı sinyallerin kurulmasına izin vermek isteyen bir gönüllü var mı diye sorun. Süjeye sadece sinyallerin kurulacağından ve araştırma yapılmayacağından bahsedilinebilir. Geri kalan öğrencilerden daha yakına gelmeleri istenir, böylece uygulamayı ve cevapları daha iyi gözlemleyebilirler. Kısa bir uygulamadan sonra tekniğin cümleleri üzerinde tartışılabilir ve ders notu dağıtılabilir. Gerekli süre:5-10 dakikadır.

B) Başka bir seçenek olarak, kişisel bir problemi ya da meseleyi araştırmak isteyen bir gönüllü var mı diye sorulabilir. Doğal olarak, kişisel uygulamada eğitmenin de bilmediği problemin üstünü örttüğü bazı riskler olabilir. Yazar bir gönüllüye ihtiyaç olacağını ve bu yüzden sınıf üyelerinin bu tür bir uygulamaya gönüllü olmak isteyip istemediklerini sormayı tercih eder. Daha sonra, bir aranın ardından, gönüllüler istenebilir. Riski azaltmanın bir yolu, her gönüllüye halen izleyicilerin arasında otururken, araştırmak istedikleri problem hakkında biraz bilgi vermelerini istemektir. Daha sonra eğitmen, altında yatan başka problemler olmayan sınırlı ve ilginç bir problemi seçebilir. Bu tür bir uygulama sırasında, " söylemek istemiyorum" için de bir sinyal kurduğunuzdan emin olun, ve bu sinyalin ne zaman isterse kullanılabileceğini ve grup önünde açıklamak istemediği bir şeyde başvurulabileceğini belirtin. Gerekli süre: 20-30 dakikadır.

Ego-Güçlendirme Prosedürlerinin Bireysel Uygulaması

Öğrenciler, grup indüksiyonu kullanmaya ek olarak, ego-güçlendirme ve telkinler hakkındaki bireysel prosedürleri izlemekten çok keyif alıyorlar. Bu yüzden biz genellikle bükülmüş bilek tekniğini sıklıkla gösteririz ve metaforik ve direkt telkinlerin kullanımını gösteririz.

Acı Dindirmeye Hipnotik Yaklaşımların Uygulanması

Hipnoz ve acı üzerinde ders verirken, istisnasız mutlaka ağrısı olan bir öğrenci gönüllü olacaktır. Ağrısı olan biri ile uygulama yapmak genellikle izleyici için etkileyicidir.

Bireysel İmgelemin Değerini Uygulamak

Sınıfa gözlerini kapamalarını ve baş ağrıları olduğu zamanı hatırlamalarını söyleyin. Acılarının neye benzediğini hayal etmelerini isteyin, şekli, rengi, boyutları. "Zihninizde acınızı sembolize eden bir imge yaratın." Bir dakika sonra, bu imgeyi kendilerini daha iyi hissetmek için nasıl değiştirebileceklerini sorun. Bir dakika daha sonra, öğrencilerden gözlerini açmalarını ve deneyimlerini diğer arkadaşları ile paylaşmalarını isteyin. Bu egzersiz hızlı bir şekilde imgelemin farklılığını gösterir ve onlara başka imgeler empoze etmektense kendi imgelerini yaratmanın önemini belirtir. Ayrıca, tam bir hipnotik indüksiyon olmamasına rağmen ağrılarının geçtiğini söyleyen öğrenciler de çıkacaktır.

Dirençli bir Süje ile Hipnotik İndüksiyon

Orta ve ileri seviye kurslarda, daha önceki denetimlemelerde hipnotik duruma gelemeyen bir öğrenci ile eğitmenin çalışmasını gözlemlemek, öğrenciler için öğretici olacaktır. Direncin sebeplerini araştırırken bir sarkaç kullanmak da faydalı olabilir.

Rüya ve Yaş İlerletme Uygulamak için Grup İndüksiyonu

Kurs içeriğinde indüklenmiş rüyalar ve yaş gerilemesi varsa grup üyelerine kişisel deneyim yaşatmak için grup çalışması yapılabilir. Kişisel bir problem ya da sorunla ilgili rüyalar telkin edilebilir, rüyanın onlara çözümle ilgili içgörü kazandıracağından bahsedilebilir. Esasında, yazarın deneyimlerine göre, indüklenmiş rüyalar oldukça zordur ve sınıfın sadece bir kısmı ilginç rüyalar görebilir. İndüklenmiş rüyaları uygulamak için daha derin bir trans gereklidir.

Aslında, bir çok öğrenci yaş ilerletme ya da zihinsel gözden geçirme prosedürlerini deneyimleyebilirler. Yazar sıklıkla öğrencilerine ilerde sahip olmak istedikleri kişisel bir değeri ya da başarmak istedikleri bir şeye odaklanmalarını söyler. Hipnoz sırasında öğrencilerden arzu ettikleri değerleri gösteren ya da başarmayı istedikleri bir model hayal etmeleri istenir. Daha sonra, kendilerini istediklerini başardıkları zamanda ilerlerken hayal ederler. Şunu hatırlatmamız gerekiyor ki ileri depresyonda olan öğrenciler sadece rahatlama kısmının keyfini çıkartmalı ve ilerleme kısmına katılmamalıdır. Bu, depresyonda olan öğrencilerin geleceği çok olumsuz olarak yansıtmalarına ve daha da ümitsiz ve depresif olmalarına karşı bir önlemdir.

Derin Trans Eğitimi ve Olgusunun Uygulaması

Öğrenciler aşırı isteksiz bir şekilde derin trans olgusunun uygulamasına karşıdırlar. Yazar genellikle uzun indüksiyon uygular ve derinleştirme ve sonra şu sıraladıklarımızı gösterir: yaş geriletme, kompülsiyonlar, hastayı transtayken konuşması için eğitmek ve gözlerini açması ve transta kalması, pozitif ve negatif görsel halüsinasyonlar, tadsal ve işitsel halüsinasyonlar, zihinsel çarpıtmalar (ör. Resimdeki birinin yumuşakça onlarla konuşması ve bir resimdeki başka birinin ağlaması), zaman çarpıtması (zaman içinde hızlanmak ve yavaşlamak) amnezi ve otomatik yazım.

Büyük Buluşmalar

Gerçek hastalarla olan çalışmaları gözlemlemek öğrenciler için oldukça etkileyicidir. Orta ve ileri düzeylerde bazı uygulayıcıları kendi hastaları ile çalışmaları için davet edebilirsiniz. Daha sonra, öğrenciler soru sorabilirler ve hastalar gittikten sonra yapılan iş üzerindeki mantık konuşulabilir.

Çiftlerde Hipnozun Uygulanması

Konulardan birisi çiftlerin hipnoterapisi olan ileri düzey kurslarda, öğrencilerden birisinden çift hipnoz uygulaması için eşini getirmesi istenebilir Eşlerden biri sıklıkla öğrenci olan, önce hipnotize edilir.

Hipnotik durumu derinleştirdikten sonra, öğrenci halen transta iken eşini hipnotize etmesi istenir. Her iki eşi de eğitmen ile iletişim halinde tutacak telkinler verilir ve eğitmen çiftlere birbirlerinin hipnotik seviyesini derinleştirmeleri için yönergeler verir. Hipnoz sırasında birbirine çok adanmamış olan ilişkideki eşlerle çalışırken, eğitmenin dikkatli olması gerekir çünkü bu deneyimde duygu karışıklıkları olabilir.

7

KÜÇÜK GRUP UYGULAMA SEANSLARI İÇİN SEÇENEKLER

D. Corydon Hammond, Ph.D.

Utah Üniversitesi Tıp Fakültesi

Deneyimli öğretmenler ve temel ya da orta seviye öğrencilerin çoğunluğu, küçük grup uygulama seanslarında gerçekleşen eğitimler sırasında çok isteklidirler. Uygulama zamanı oluşturmak için bir çok alternatif vardır.

Utah Üniversitesindeki kursum, her hafta bir gece üç saat sürüyor. Yaklaşık 3. ve 4. haftalarda zamanın %75'i uygulamaya ayrılmıştır. Sürenin son çeyreğinde de uygulamalara daha fazla zaman verilmektedir. Camiadan meslektaşlar öğrencilere süpervizyon için çağrılırlar ve genellikle her gece 8 süpervizörümüz olur. Süpervizörler sınıfa bireysel olarak tanıştırılırlar. Ziyaretçi süpervizörlere bir sonraki sayfadaki takip formu ve öğrencilere yazılı geri bildirim vermeleri için de bir defter verilir.

Başlangıçta, öğrenciler küçük gruplarda uygulama yapmakta daha rahattırlar. Diğer öğrencilerin hatalarından öğrenebilirler ve diğerlerinden kişisel geri bildirim alabilirler. Daha sonraki çeyrekte öğrencilere iki şekilde daha fazla çalışma imkanı verilir bu sırada eğitmen de aralarında turlayarak gözlemler.

Öğrencilerden seanslara kayıt cihazı getirmeleri istenebilir ve sonra da onları çok dikkatli biçimde dinlenmeleri muhtemelen sınıftan bir arkadaşları ile. Bu geri bildirim almaları için çok etkili bir araçtır.

Eğitimlerinizi ve kurslarınızı planlarken, öğrencilerin küçük gruplar halinde yaptıkları çalışmaları en değerli zaman olarak değerlendiklerini unutmayın. Bu aktivite için gerekli zaman ayarlayın. Sınıf dışından süje bulma imkanı varsa bu daha çok istenen bir şeydir. Diğer bölümlerin sınıflarından öğrencileri gönüllü olarak çağırabilirsiniz. Gönüllerle Harvard Grup Ölçeği uygulanabilir, böylece hipnotik açıdan en başarılı öğrencilerin sınıfa geleceğini garantilemiş olursunuz. John G. Watkin's The Practice of Clinical Hypnosis kitabının Eğitmenin El Kitabı Ekine bakmanız tavsiye olunur (Irvington Publishers, 1988). Yeni basılmış olan cildi, uygulama süjeleri için mükemmel telkinler içermektedir.

KÜÇÜK GRUP SÜPERVİZÖRLERİ İÇİN YÖNERGELER

1. Grupları 5-6 öğrenciyle sınırlandırın. Birinci süjenin bir başka grup üyesine uygulamak için bir sonraki uygulayıcı olmasını sağlayın.

2. Süpervizör olarak, indüksiyonu yapma isteğinize direnin. Grubu tek düzeleştirmeyin. İndüksiyon diyaloglarının özet parçalarını modellemeye yardımcı olur. Ancak, öğrencilere denemeleri için izin verin ve geri bildirim verme üzerine odaklanın. İndüksiyonları 5 dakika ile sınırlayın ve uygulama için daha fazla zaman ayırın.

3. Öğrenciler uygulama yaparken yazılı notlar hazırlayın, böylece ne dedikleri ya da yaptıkları hakkında daha detaylı bir geri bildirim verebilirsiniz. Notları öğrenci ile birlikte gözden geçirdikten sonra, daha ileri gözden geçirme için notları ona verin.

4. Şu noktalara dikkat edin ve üzerinde geri bildirimde bulunun:

    A) Duraklamaların ve konuşmanın ritmik tarzda kullanımı. Uygulayıcı çok hızlı mı yoksa çok yavaş mı gitti?

    B) Duyulacak kadar yüksek sesle konuşmak

    C) Süjenin sözsüz hareketinin kullanımı (eşlik etmek ve liderlik etmek)

D) Ses tonu ya da kalitesi

E) Sesin kullanımı. Örneğin, daha derine derken sesin alçaltılması, daha hafif derken sesin indirgenmesi.

Pozitif olun, etkileyici ve yapıcı eleştirilerde bulunun. Unutmayın ki cesaretlendirmek istiyorsunuz. Geri bildirim vermeden önce, süje olarak o öğrenciye yardım eden kişiye uygulamayı yapan arkadaşına geri bildirimde bulunmasını isteyin.

8

KATALEPSİ VE KALDIRMA İNDÜKSİYONLARI

D. Corydon Hammond, Ph.D.

Utah Üniversitesi Tıp Okulu

Biz de sıklıkla, kısa bir sunumdan sonra öğrencilerin belirli bir indüksiyonun içeriklerini net olarak öğrenmelerini istiyoruz. Yazar bir indüksiyonun modellenmesini, onu uygulamanın önemli noktalarının tartışılmasını ve onlara birlikte tekrarlarken yardımcı olacak bir ders notu verilmesini öneriyor.

Katalepsi İndüksiyonunu Öğrenmek

Modelleme ve katalepsi indüksiyonu hakkında tartışmadan sonra, bunu uygulama sırasında öğrenciler iki kademeli süreçten geçerler. Öncelikle, öğrencilere ikili gruplar oluşturmaları söylenir. Sonra da indüksiyonun sözsüz kısımlarını tekrar ve tekrar uygulamaları ve partnerlerinden geri bildirim almaları istenir. Sonra roller değiştirilir, böylece öğrenciler tekniğin ayrıntılarını deneyimleme imkanına sahip olur.

İkinci olarak, öğrencilere "Katalepsi İndüksiyonu" başlıklı dört sayfalık bir ders notu dağıtılır, bunu ekte ders notu kısmında bulunabilir. 2-4. sayfalardaki sözelleştirmeleri tekrarlamaları istenir ve bunu yapmak için 4-5 dakika verilir. Sonra öğrenciler ikili gruplara ayrılır ve sadece bu indüksiyonu uygulamaları istenir. Yeterli zaman tanınır, böylece her grup üyesi hem süje hem de uygulayıcı olarak görev alabilir.

Kaldırma İndüksiyonunu Uygulama

Yazar öğrencilere kol kaldırma tekniğini kullanırken aynı formatı kullanır. Öğrenciler katalepsi indüksiyonunu çalıştıktan sonra, ayrılmaları istenir ve kol kaldırma indüksiyonu onlar için modellenir. Bir kez daha, uygulamanın ardından öğrencilere tekrar anlatılır. Başlığı " kol kaldırma indüksiyonu olan" ders notu verilir. Tekniğin tartışmasını yapmak üzere öğrenciler ve öğretmen tekrar üzerinden geçer. Bir kez daha öğrenciler ikili ya da küçük gruplara bölünür ve bu süre içinde sadece kaldırma indüksiyonunu uygulamaları istenir.

BASİT HİPNOTİK OLGU: BİR UYGULAMA EGZERSİZİ

[Bu egzersiz sınıf içinde ya da çalışma grubunun uygulama seansında kullanılabilir ya da ufak gruplar halinde sınıf içi ya da sınıf dışı olarak. Ed.]

Seçenek A:

1. Süjeyi seçtiğiniz herhangi tekniklerin kombinasyonlarını kullanarak hipnotize edin ve hipnotik durumu derinleştirin

2. Hipnoz altında aşağı telkin davranışlarını uygulayın

    a. Kol katılığı ve anestezi. İğne ile test edin.

    b. Kompülsif işaret. (el titremesi)

    c. Transta kalarak gözlerini açın. Sinyal ile bazı hareketler yaptırın, örneğin pencereye gitmek, dışarı bakmak sonra da oturmak için geri dönmek ya da benzerleri.

    d. Tekrar hipnotize etmek için bir sinyal verin (kalem vuruşu, omuza elle dokunmak, ya da benzerleri)

3. Aşağıdaki telkin hareketlerini post hipnotik olarak uygulayın

    a. Sinyal ile tekrar hipnotize olmak

    b. Post hipnotik olarak sağlanan anestezi ile kol katılığı

    c. Post hipnotik olarak kalan bir kompülsif işaret ile rahatlama

    d. Daha önceki telkinleri kaldırın ve süjeyi endişeden uzak ve iyi bir hisle bırakın. Süjeyi tamamen uyanık ve tamamen hipnotize edilmemiş halde bırakın.

Seçenek B:

1. Süjeyi seçtiğiniz herhangi tekniklerin kombinasyonlarını kullanarak hipnotize edin ve hipnotik durumu derinleştirin

2. Hipnoz altında aşağı telkin davranışlarını uygulayın:

    a. İşaret parmağı anestezisi. İğne ile test edin.

    b. Koltuktan kalkamaz hale gelmek

    c. Gözleri aç ancak transta kal. Sinyal ile başka bir hareket yap, örneğin elleri birbirine kompülsif halde sürtmek.

    d. Hipnozdan çıkmak için bir sinyal ver (kendi çenenize dokunmak, süjenin kolunu düşürmek ya da benzeri)

3. Aşağıdaki telkin hareketlerini post hipnotik olarak uygulayın

    a. Sinyal ile tekrar hipnotize olmak

    b. İşaret parmağına post hipnotik anestezi. Hastanın anestezi edilmiş parmağını diğer kolunda bir noktaya sürterek anestezi.

    c. Başka bir post hipnotik kompülsiyon ya da uygulama (koltuktan kalkamamak)

    d. Hipnozdan çıkmak için bir sinyal ver (kendi çenenize dokunmak, süjenin kolunu düşürmek ya da benzeri)

Seçenek C:

1. Süjeyi seçtiğiniz herhangi tekniklerin kombinasyonlarını kullanarak hipnotize edin ve hipnotik durumu derinleştirin

2. Hipnoz altında aşağı telkin davranışlarını uygulayın:

    a. Vücudun herhangi bir yerinde kaşıntı. Yumuşatıcı "krem" ile kaldırın

    b. Kompülsif bir hareket (masaya parmakla ritm tutmak ya da ayakla ritm tutmak)

    c. Transta kalarak gözlerini açın. Sinyalleşme ile bazı hareketler yaptırın, örneğin pencereye gitmek, dışarı bakmak sonra da oturmak için geri dönmek ya da benzerleri.

d. Tekrar hipnotize etmek için bir sinyal verin (kalem vuruşu, omuza elle dokunmak, ya da benzerleri)

3. Aşağıdaki telkin hareketlerini post hipnotik olarak uygulayın

   a. Sinyal ile tekrar hipnotize olmak

   b. Post hipnotik olarak kaşıntının durması. Yumuşatıcı "krem" ile gitmesi

   c. Kompülsif bir hareketin (yukarıdakiler gibi) post hipnotik olarak verilmesi.

   d. Hipnozdan çıkmak için bir sinyal ver (kendi çenenize dokunmak, süjenin kolunu düşürmek ya da benzeri)

KAYNAK: Watkins, J. G. (1988). Instructor's Manual for The Practice of Clinical Hypnosis. New York. Irvington. Yayımcının izni ile basılmıştır.

9

SEANS STRATEJİLERİNİN PLANLANMASI

Michael D. Yapko, Ph.D.

San Diego, California

Hedef: Hasta verisine uygun ve anlamlı hipnoz seansının oluşturulmasına yönlendirecek bir çerçeve içinde, organize edebilme yeteneği geliştirmek.

Yapı: Üçerli gruplarda, birisi terapist, birisi hasta ve diğeri de gözlemci olur. Terapist özetle hastayı inceler (yaklaşık 10 dakika) problemi hakkında mümkün olduğunca çok bilgi edinmeye çalışarak. Hasta daha sonra 15 dakikalığına ayrılır ve terapistle gözlemci gözlemlediklerini paylaşırlar. Hasta dönünce düşünülenlerin verilmesi için bir sıra ve stil geliştirmeleri, daha organize olmuş etkili bir süreç yaratabilir. Grup üyeleri daha sonra rol değiştirir, herkes bir kere terapist ve hasta olana kadar devam eder.

Yönergeler: Üçerli gruplarda, birisi terapist olacaktır, birisi hasta, eğer istenirse gerçek bir problemi de paylaşabilir ya da başka bir hastanın problemini oynayabilir. Gerekli bilgi topladıktan sonra, hasta odadan ayrılır. Terapist ile gözlemci toplanan bilgiyi inceler ve bir süreç planlarlar. Hastanın taleplerini karşılaması açısından, seansın planlamasına toplanan bilgiler ışığında önem gösterin. Hasta döndüğü zaman, seansı uygulayın. Seansın sonunda, hasta terapiste geçirdiği deneyimin yapısı ve içeriği ile ilgili geribildirimde bulunabilir.

Not: Bu egzersiz aynı zamanda sınıfta da uygulanabilir. Öğretmen terapist olarak ve sınıfın diğer geri kalanı da gözlemci ve planlayıcı olur. Hastaya cevap olarak terapistin kendi bakış açısını da açıklaması, öğrenciler için çok faydalıdır. Eğer öğrenciler hipnozu uygulayabiliyorlar, seans sırasında stratejinin açığa çıkmasını izleyin. Etkili bir hipnoz uygulaması için planlamanın ne kadar önemli olduğu ortaya çıkmaktadır.

10

GRUP GERİBİLDİRİM EGZERSİZİ

Michael D. Yapko, Ph.D.

San Diego, California

Hedef: Uygulanan hipnotik sürecin kalitesini ve uygunluğunu değişik açılardan belirleyici geribildirim vermektir. İnkar edilemez biçimde, hipnotist bir bireyle iyi çalışan yöntemin, diğerleriyle iyi çalışmayacağını fark edecektir ve etkili olması açısından bireysel farklılıklara adapte edilebilecek esnekliğin gerekliliğini anlayacaktır.

Yapı: En az üçerli gruplarda, hipnotist bir ya da tüm grup üyeleri üzerinde bir trans süreci gerçekleştirir. Diğer grup üyeleri objektif olarak detaylar üzerinde not alırlar ve aşağıda listelenmiş yönler üzerinden geri bildirimde bulunurlar. Benzer şekilde, hipnotize edilmiş süje de hipnotize edilme hakkındaki deneyimleri hakkında geribildirimde bulunur.

Yönergeler: Lütfen hipnozu uygulayan kişiye aşağıdaki bakış açılarını göz önünde bulundurarak geribildirimde bulunun.

Seansı genel kalitesi ve etkisi.

Telkinlerin uygunluğu

Telkinlerin netliği

İçerik bütünlüğü

Yapısal elementler

Telkinlerin sıralanması

Telkinlerin yapısı

Çalışma seçenekleri

Konuşma oranı ve konuşma hızı

Anlık hasta geribildiriminin kullanımı

Genel olarak sürecin tamamı

Ses tonlaması

Kurulan raporun derecesi

11

BİRLEŞEN ENGELLER

Michael D. Yapko, Ph.D.

San Diego, California

Hedef: Çoğu klinisyen çalışma ortamında engellemelerle karşılaşır. Hipnoz seansı sırasında engellemelerle nasıl işbirliği yapılacağının öğrenilmesi, seansı daha da yumuşak ve etkili kılar.

Yapı: Öğrencilere çalıştıkları ortamlarda çıkan engellemeleri listelemeleri istenir. Dikkat dağıtıcı etmen çevreden gelebilir (ör. Bir hapşırık) öğrenciler daha sonra trans sürecine işbirliği yapan engellemeler için telkinler yaratırlar.

Engelleme Örneği: Bir uçak yukarıdan yüksek sesle geçiyor. Telkin "… ve zihnin nereye isterse oraya seyahat ederken bilinçdışı zihnin değerli bir şey öğreniyor…"

Yönergeler: Engellemeler çalıştığınız ortamdan ya da hastanın cevaplarından dolayı olabileceğinden, bu tür engellemelerle birlikte çalışmayı öğrenmek, hipnoz seansının bölünmemesini sağlar. Sık karşılaşılan engellemeleri listeleyin , örneğin telefon çalması ya da hastanın öksürüğü, ve her madde için telkinler yaratın.

12

TELKİNLERİ OLUŞTURURKEN ESNEKLİK GELİŞTİRMEK

Michael D. Yapko, Ph.D.

San Diego, California

Hedef: Hastanın cevap stiline göre telkinleri her iki yönde oluşturabilme yeteneğini geliştirmek.

Örnek: İstenen hedef: Hastanın oturmasını sağlamak

Direkt Telkin: Lütfen oturun.

Dolaylı Telkin: Bu sandalye çok rahat.

Yönergeler: Aşağıda istenen cevabı alacak şekilde en az üç dolaylı ve direkt telkin oluşturun. (bireysel olarak ya da küçük gruplar halinde)

Oturmak

Rahat bir durum düşünmek

Her iki ayağı yere basmak

Birinin gözlerini kapatmak

Derince nefes almak

Rahatlatıcı bir yeri düşünmek

Önemli bir anıyı çağırmak

Rahatlamak

O anki ortamdan kopmuş hissetmek

İçsel bir odaklanma geliştirmek.

13

GÖZLEMLEME & UYGULAMA EGZERSİZLERİ

Eğitmenler için bir Giriş
D. Corydon Hammond, Ph.D.
Utah Üniversitesi Tıp Fakültesi

Öğrenciler için dikkatli gözlemci olmak, ne kullanacağını görebilmek ve ne gördüğünü kullanmak önemlidir. Bu yetenek "eşlik etme ve yönlendirme" olarak adlandırılır. Eşlik etme ve yönlendirme; süjenin davranışı üzerinde yorum yapabilme (kabul etme ya da eşlik etme) ve sonra bu davranışı süjeyi terapötik olarak yönlendiren telkinlere adapte etme yeteneğine denir. İleriki sayfalardaki egzersizler dikkatli gözlem ve süjenin davranışının başarılı adapte yeteneği üzerine dizayn edilmiştir. 30-35 dakikalık bir süre gereklidir.

Bu egzersizlere hazırlık olarak, eğitimci adaptasyon kavramı üzerinde ders vermelidir. Yazar sık olarak Erickson'un vaka örneklerini ve onun adaptasyon makalelerini önermiştir (egzersizlerin son örneğine bakın). Bu egzersize geçmeden önce, öğrenciler hipnotik indüksiyon uygulamalarını gözlemleme imkanına sahip olmalı ve indüksiyonları yapmayı denemelidirler.

Sınıfı ikiye bölerek egzersize başlayın. İlk grubu koridora çıkartın ve onlara beş dakikalık indüksiyon kısmında süje rolünü oynayacaklarını söyleyin. Onlara aşağıdaki ders notunun sadece birinci ve ikinci sayfası verilir. İlk sayfada listelenmiş davranışlardan beş tanesini indüksiyon sırasında uygulamalarını söyleyin. Beş dakikalık indüksiyonun sonunda, beş davranışın ne olduğu ve onlara yorum yaptılar mı yoksa telkinlere mi sadık kaldılar uygulayıcıya açıklanır . Eşlerine geri bildirimde bulunduktan sonra, her davranış için verilebilecek olan cevapların modellendiği örnekleri birlikte okumalıdırlar. Bu grup uygulayacakları beş davranışı benimsemeleri açısından koridorda bırakılır.

Eğitmen sonra sınıfın diğer geri kalanı ile buluşur. Bu grup da ders notlarının son dört sayfasını alır. Uygulayıcı rolünü oynayacakları söylenir. İstedikleri herhangi bir indüksiyon tekniği ile partnerlerini hipnotize edecekleri ancak indüksiyonun beş dakika ile sınırlı olduğu söylenir. Süjenin bazı davranışlarda bulunacağı söylenir ve onların hedefinin dikkatlice gözlemlemek, yorum yapmak ve süje tarafından geliştirilen davranışları adapte etmektir. Partnerlerini uyandırdıktan sonra onlara geri bildirimde bulunacağı, birlikte okuyacakları belirtilir. Daha sonra da ders notundaki beş davranışı modellemek için süjelerle uygulayıcıların rollerini değişeceği söylenir.

Egzersiz başlamadan önce bu davranışları birkaç dakikalığına gözden geçirmeleri istenir.

Egzersizin her iki kısmının da tamamlanmasından sonra, sınıfı tekrar birleştirin ve soruları cevaplaması için beş dakika harcayın. Bütün sınıf üyeleri sonra ders notunun geri kalan kısımlarını almalıdır.

14

GÖZLEMLEME VE UYGULAMA EGZERSİZLERİ: "EŞLİK ETMEK VE YOL GÖSTERMEK"

Copyright 1984, D.Corydon Hammond, Ph.D.

Utah Üniversitesi Tıp Fakültesi

Hedef: Bu egzersizin amacı size ve partnerinize dikkatli gözlemlemenin ve hastanın davranışı üzerinde yorum yapmanın ve daha sonra bunu adapte etmenin öğretilmesidir.

Süje 1:

Lütfen aşağıdaki davranışların listesini çalışın. İndüksiyon ve derinleştirmede hipnotik bir süje gibi davranırken bunları uygulayın

A. Kafanı bir yöne daha fazla ve daha fazla yasla, sanki daha rahat bir konuma hareket ettiriyormuş gibi.

B. Bir bacaktaki kasların bazılarını yavaşça salla sanki gerginlik gidiyor. Bunu 30 saniye içinde tekrarlayın ve böylece sanki partnerin onun farkına varmıyor ve bir daha uygula

C. Zaman zaman yutkun

D. Orta derecede gül, huzurlu ancak belirli bir mesafeden.

E. Bir ayağını daha ileri uzat: Düz yerde bırakmaktansa sanki onu rahat ve dinlenmiş bir durumda uzatıyormuş gibi. Eğer partnerin bunu fark etmezse ve adapte etmezse diğer ayağı da ileri uzat.

İndüksiyondan sonra tekrar uyandırıldığınızda, bu listeye tekrar bakın ve uygulayıcınıza bu davranışları ne dereceye kadar olduğu hakkında geri bildirimde bulunun. Aşağıda yukarıdaki her madde için kullanılabilecek bazı yorumlar var. Bu telkinlerin her binin üzerinde beraber gidin ve diğer yapılması mümkün seçenekler üzerine beyin fırtınası yapın.,

A. " ve başını daha rahat olarak ayarlarken, rahatlamanın nasıl da daha derine gideceğini fark edin, yüzüne, boynuna, bütün vücuduna."

"gece başının bir kenara doğru nazikçe dinlenmesi olağandır, sen rahatlarken, çok huzurlu, uykuya. Çok rahat."

Farkına varacağın şeylerden birisi de ne kadar derince rahatladığınındır, kafan bir kenara doğru nazikçe dinlenirken."

"sen daha da rahat bir konuma kendini ayarlarken, acının zihinsel imgelemini de ayarlayabilirsin, daha da rahat olan bir imgelem."

B. "ve sen bacağında seyiren küçük kasları fark ederken, ki bu gerginliğin gerçekten gittiğinin işaretidir, kasların rahatlıyor… gevşiyor … ve dinleniyor."

"Gece, oldukça rahat dinlenirken… bir kasın nasıl seyirdiğini sıklıkla fark ederiz, vücudumuz uykuya girerken… oldukça huzurlu ve sakin.",

"gerginlik uzaklaşır ve küçük kasların seyirmesine sebep olurken… fark etmeden duramazsınız, bütün vücudunuzun nasıl gerçekten… gerçekten çok rahatlamış … ve rahat olduğunu.

C. "ve zaman zaman yutkunurken, bu rahatlığın batmasının keyfini çıkartabilirsin, daha fazla… ve daha fazla…

"zaman zaman yutkunmak tamamen doğaldır, siz çok derin hipnotik bir hale çekilirken..."

"yutkunduğunuz zaman, rahatlığın nasıl aşağı aktığını hiç fark ettiniz mi, bütün vücuttan aşağı?"

D. "deneyimleme sırasında özel mutluluk ve huzur bulacaksın, transın içine daha derine … ve daha derine giderken."

"ve gerçek bir mutluluk, neredeyse eğlendirici, nasıl hissettiği, sen daha derine … ve daha derine giderken..."

"ve sen özel bir türde keyif bulabilirsin... ya da belki daha da karmaşık tarzda bir sürpriz... sen kendini daha fazla ... ve daha fazla transa adarken... Ve şunu fark et; sanki içindeki gülüş, bir şekilde bir kaydırağın daha derin ... ve derin bir halini açıyor; gerçekten ne kadar rahat olabileceğini fark ederek."

"ve bu egzersiz yüzüne gülüş getiren bir tane olmasına rağmen... bilinçdışı zihnin bunları zihnine getiriyor... mutlu... gülen zamanlar ve mekanlar."

E. Vücudunu ayarlaman tamamen normaldir, böylece daha fazla rahatlamış hale geleceksin.

"Bacağını daha rahat bir konumda dinlendirdiğin zaman, bu senin vücudun üzerinde daha az ... ve daha az fikir sahibi olmanı sağlıyor, sen geri çekildikçe ... ve bir yerler hayal ettikçe... uzakta...."

"ve bacakların daha rahat yerleştirdikçe, kendine ne kadar derine gidebileceğini keşfetmesi için bir fırsat sunuyorsun."

ROLLERİ DEĞİŞTİRİN VE İKİNCİ SÜJEYE YÖNERGELERİ GÖZDEM GEÇİRMESİ İÇİN ZAMAN TANIYIN

Süje 2:

Lütfen aşağıdaki davranışların listesini çalışın ve indüksiyon ve derinleştirmede hipnotik bir süje gibi davranırken bunları uygulayın

A. Yorgun bir halde bir ya da iki kere esneyin.

B. Büyük, fazlasıyla derin ve iç geçiren tarzda bir nefes alın.,

C. Başınızın kademeli olarak bir yana dinlenmesine izin verin.

D. Elini konumunu ayarlayarak yavaşça hareket ettir. Bir süre sonra ellerinden biri ile tekrarla.

E. Sandalyede bir yana dönün, sanki daha rahat ve daha rahat bir pozisyona dönüyormuş gibi. Bir süre sonra aksi yöne dönün.

İndüksiyondan sonra tekrar uyandırıldığınızda, bu listeye tekrar bakın ve uygulayıcınıza bu davranışları ne dereceye kadar olduğu hakkında geri bildirimde bulunun. Aşağıda yukarıdaki her madde için kullanılabilecek bazı yorumlar var. Bu telkinlerin her birinin üzerinde beraber gidin ve diğer yapılmamış mümkün seçenekler üzerine beyin fırtınası yapın.,

A. "esnemeden sonra vücudunun ne kadar daha fazla derine rahatladığını fark ettin mi?

"esnemek oldukça sıklıkla karşılaşılan bir olgudur, uykuya girmeden az öce. Ve nedense esnemek bizi oldukça rahatlatır.

"ve esnemek güzel bir hipnotik duruma göstergesidir"

B. (duyulacak kadar bir nefes vermek)" ve nefes verirken, kendine rahatlaması için izin ver."

"Derin bir nefes aldıktan sonra, daha derine gömülmeye engel olmazsın."

"ve bu tür bir huzurlu iç geçirme, mükemmel bir işarettir, şimdi daha derin bir hipnotik duruma giriyorsun. Sadece nasıl daha da rahatladığının göstergesi."

C. "ve başın bir yana doğru nazikçe dinlenmeye başlıyor, bütün vücudunun ne kadar rahatladığını göstererek."

"ve başının bir yana yaptığı her ufak harekette, vücudun rahatlıyor, sen gerginliği dışarı atarken ve rahat huzurlu anıların zihninde gezinmesine izin verirken."

D. "ve şimdi elin biraz daha rahat bir konuma hareket ediyor. Ve bu tamamen normal, istediğini yapmak, daha fazla rahatlık deneyimlemek için, ve kendine bakmak için, böylece başka şeylere dikkat etme ihtiyacın daha fazla azalacak, sadece rahatlık."

"sağ elin bir parça hareket ederken, o elde değişik bir his hissetmeye başladın mı? Ve o el daha da hafif hissetmeye başladı mı [hafif nefes veriş ile zamanlansın] ve daha hafif, öyle ki şimdi daha da rahat... Ve yukarı doğru çekiliyor mu?"

E. "ve sen vücudunu ayarlarken, hafiflik, ve rahatlama ağırlık hislerini fark etmeni istiyorum. Sanki yeni bir durumu alıyor gibi… sanki uçuyormuş gibi hissettiriyor. Sanki kibarca ve huzurluca taşınıyorsun gibi… güvenle, bulutların üzerinde… çimenlerin üzerinde uçuyor."

"ve sen daha rahat bir duruma dönüşürken, senin ne kadar çok derin hipnotik duruma girmeye hazır olduğunu gösteriyor."

" kendini özgür ve rahat hissetmen gerçekten güzel. Sanki gece, rahatını arttırmak için daha da rahat bir pozisyon almak gibi, uyku ile uyanıklık arasındaki zaman; o huzurlu zaman , vücudun oldukça rahat... oldukça huzurlu ve oldukça sessiz. Sanki, vücudun uykuya girecek gibi. Ve sonra sessizlik, o sakinlik zihninde yayılmaya başlıyor. Bu sefer hiçbir şey yapma ihtiyacının olmamasının keyfini çıkartarak, sadece dinlenerek..."

Yazar aşağıdaki tümceleri indüksiyon sırasında devam eden hasta davranışlarında kullanmayı faydalı bulmuştur.

"Bu iyi bir işaret..."

"Bu iyi bir işaret..."

"Bu tipik bir özellik..."

"Bu tipik bir gösterge..."

"Bu mükemmel bir işaret..."

"Bu güvenilir bir gösterge..."

"Bu yeterli bir gösterge..."

"Bu mükemmel bir örnekleme..."

"Bu şunu gösteriyor ki..."

"Bu bir işaret..."

"Bu bir manifesto..."

"Bu şunun göstergesidir..."

"Bu şunun temsilcidir..."

"Eğer .... Fark edersen, bu normaldir."

".... Olması tamamen normaldir."

"ve şimdi şu fark ediyorum ki..."

Erickson, özellikle dirençli süjelerle indüksiyon sırasında, hastanın çok küçük bir hareketine bile yorumda bulunurdu. Aşağıdaki örnek işlemi derinliğine göstermektedir: "şimdi sandalyede otururken... bir parça değişiklik olduğunu fark edeceksin. Ve sol parmağının biraz çekilmeye başladığını fark edeceksin... ve tekrar ne zaman değişiklik olacağını tam olarak bilmiyorsun. İşte böyle, şimdi sandalyede hareket ediyorsun... ve başında yavaşça sol tarafa doğru düşüyor... Ve sen başının yavaşça sola doğru düştüğünü fark edince, göz kapaklarının daha da ağırlaştığını hissetmeye başlayabilirsin... ve yorgun ve oldukça uykulu hissetmeye başlıyorsun. Ancak uyumayacaksın. Bütün hareketlerini fark etmeye başlayacaksın. Ve sol ayağının azıcık kıpırdadığını fark ettin mi? Ve sol ayağının nasıl daha da rahat bir konuma hareket ettiğini fark ettin mi, vücuduna daha fazla rahatlamasına izin vererek... Ve belki de fark etmedin bile, nefes alman yavaşladı, kan basıncın düştü, ve sen hareketsizlik anların yaşamaya başladın. Ve sen orada dinlenirken, çeneni bir parça hareket ettirmeye başladığını fark ettin..."

Erickson'un (1959) şimdi ve burada tekniğini uygulamadaki profesyönelliği aşağıda gösterilmiştir: "sen o sandalyede rahatça otururken, kolçaklarda dinlenen kollarının ağırlıklarını hissedebilirsin. Ve gözlerin açık ve masayı görebilirsin, ve belki farkına bile varamayacağın sıradan göz kırpmaların var sadece. , birinin ayağındaki bir ayakkabı hissini fark edebilirsin ve sonra onu unut. Ve şunu gerçekten biliyorsun ki,kitaplığı görebilirsin ve bilinçdışı zihninin herhangi bir kitap başlığını fark edip etmediğini fark edebilirsin. Ancak şimdi ayakların yerde dinlenirken tekrar ayakkabılarını hissedebilirsin ... ve yani zamanda alçalan göz kapaklarını fark edebilirsin... sen yere bakmaya devam ettikçe... ve kolların halen dinlenirken ve bütün bunlar gerçek... ve bunlara dikkat edebilirsin ve onları hissedebilirsin... Ve bileğine bakarsan, sonra da odanın köşesine, muhtemelen görsel alanındaki farklılığı görebilir... ve fark edebilirsin... ve muhtemelen bir çocukken ne zaman bir nesneye bakmanın keyfini çıkarttığını hatırlayabilirsin, sanki çok uzakta sonra da çok yakındaymış gibi, zihnindeki çocukluk anılarında... basit anılardan yorucu hislere doğru sıralanabilirler, çünkü anılar gerçektir. Soyut olsalar bile anılar... sandalye ve masa kadar gerçektir ve yorucu hisler kıpırdamadan oturmaktan gelir... ve bunu kompense etmek için birisi gerinir, vücudunun ağırlığını hisseder ve gözkapaklarının ne kadar ağırlaştığını fark eder ve daha fazla... ve daha fazla rahatlık. Ve söylenenlerin hepsi gerçektir... ve dikkatin gerçektir, daha fazla hissedebilir ve daha fazla algılayabilirsin... ve eline doğru daha fazla... ve daha fazla dikkatini verebilirsin ya da ayağına ya da masaya ya da nefes almana ya da gözlerinin odaklanmasını rahatlatmak için gözlerini kapattığındaki rahatlama hissinin anısına. Ve şimdi rüyaların gerçek olduğunu bildiğine göre, biri sandalyeler görür, ağaçlar ve insanlar ve duyar ve değişik şeyleri hisseder rüyasında... ve bu görsel ve işitsel imgeler sandalye ve masa gibi gerçektir."(s.9). [Erickson, M.H. (1959). Daha ileri klinik hipnoz teknikleri için: Utilization Techniques. American Journal of Clinical Hypnosis, 2, 3-21. İzin ile yayımlanmıştır].

Bu egzersizdeki eşlik etme ve yol gösterme esas olarak hipnotik indüksiyon sırasındaki sürece odaklanmıştır. Şu fark edilmeli ki, esasında Erickson (1980; Hammond,1985) terapinin tüm sürecini göz önünde bulundurarak. Benzer şekilde, sadece hastanın sözsüz davranışlarını da adapte etmiştir, ve aynı zamanda psikolojik ve zihinsel setleri, arka plan ilgilerini ve konuşma türlerini de vurgulamıştır. Hipnoterapi adaptasyon rolleri aşağıdaki referans listesinde bulunabilir.

15

ÇEVRESEL SESLERİ ADAPTE ETME EGZERSİZİ

D.Corydon Hammond, Ph.D.

Utah Üniversitesi Tıp Fakültesi

Bir çok öğrenci hipnoz yapabilmek için dış seslerden muaf ses geçirmez bir oda olması gerektiği korkusunu yaşar. Adaptasyon konseptini genişleterek arka fon seslerini bağlama konseptini de içerebilir. Aşağıdaki egzersiz bu amaç için dizayn edilmiştir. Gerekli zaman 45 dakikadır.

Öğrenciler 5-7 kişilik küçük gruplara bölünür. Eğitmen sınıfa her grubun beyin fırtınası yapacağını ve değişik tipteki arka plan seslerini adapte etmek için dizayn edilmiş telkinler oluşturacaklarını söyler. Grupların yarısı listenin başından başlarken, diğer grupla listenin sonundan başına doğru ilerlemesi söylenir. Grupların her madde için 5-7 dakika harcamaları istenir. Daha sonra grupların yazdıkları telkinler paylaşmak için bütün olarak tekrar düzenleyecekleri söylenir. Daha sonra tahtaya aşağıdaki liste yazılır:

1. Konuşma [arkadan gelen konuşma sesleri, ör. Koridorda ya da diğer ofisten gelen ses]
2. Kapı çarpması
3. Daktilo, bilgisayar sesi
4. Gülüşmeler

5. Elektrik süpürgesi sesi

6. Klimanın sesi

Bu egzersiz sırasında, sorular sorarak, geri bildirim alarak ve cevaplara sınırsız modellemeler yaparak değişik gruplarla çalışmak eğitmene yardımcı olur, . Yaklaşık 30-35 dakika sonra, sınıf tekrar birleşir. Her sefer yukarıdaki başlıklardan birisini alarak, grupların yazdıkları okunması istenir. Eğitmen iyi cevaplara olumlu yorumlar yapabilir ve cevap için diğer seçenekleri de belirtebilir. Herkesin kendi ortamındaki sesleri göz önünde bulundurması ve onlarla ilintili cevaplar üretmek de faydalıdır.

Aşağıda eğitmenlere daha da yardımcı olması açısından birkaç modellenmiş cevap sunulmuştur.

Adapte Telkinler Örnekler

Konuşma

"ve arkadan gelen silik konuşma sesleri sana doğanın seslerini anımsatabilir, sen dağların patikalarında yürüme anı gibi."

"zaman zaman arka plandaki sesleri fark edebilirsin, belirirler... ve kaybolurlar... ve daha yakına... ve daha uzağa... sen daha derine... ve daha derine giderken."

"ve bilinçdışı zihnin arka planda konuşulanları merak ediyor olabilir, ancak bu normal çünkü bilinçdışı zihnin halen sana söylediğim her şeyi duyabilir."

"dışsal seanslar sana mutlu konuşmaları anımsatabilir... ve sesler azaldıkça [ör., bir koridorda yürürken gelen sesler gibi] kendini daha derine... ve derine inerken kendini bulacaksın."

"Dışarıdan gelen sesler sanki kuşların şakıması gibi."

"ve arka plan sesleri mırıldanan ağaçlar gibi gelebilir...kayaların su akışı, daha derine çekilirken... ve daha sakince ve daha rahat durumda."

"ve nasıl duyacağın konusunda daha da şaşırabilirsin, ancak dinlemiyorsun?"

Kapı Çarpması

"kapının çarpmasını duyduğundan, kapanacak gibi gözükebilir ... ve zihnine sen daha derine giderken."

"ve o kapının sesinden sonra, sessizlik derinleştirici gözükebilir."

"Ve şimdi manzaradaki kapıyı kapatabilirsin ... ve zihninin gitmesine izin verebilirsin..."

"bazen biraz dikkatin dağılmış gibi hissedebilirsin ... ve sonra istediğimiz şekilde daha da derine gitmesine."

Daktilo ya da Bilgisayar Sesi

"ve arka plan sesleri sana şunları hatırlatabilir... [kuru yaprakların ezilme sesi; tavuğu pişirme sesi, yağmurun damlama sesi; ateşin çatırdaması; ağaçkakanın sesini; damlayan suyun sesi.]

"daktilonun her sesi ile, kendini hisset, daha ... ve daha derine ... derin bir duruma.... ve iyiliğe."

"ve sen daha derine giderken... ve arkadaki daktilo seslerini, hayatımızın yazılmasındaki öğrenimdeki sesleri...." [benzer bir yazma metaforu ile devam edin, örneğin hatalar]

Gülüşmeler

Koridordaki gülüşmeler, sana ... ve sana sıcaklık ve mutlulukla doluşmuş anıları .

"Sahil kenarında yürürken... bazen insanların keyifli kahkahalarını işitirsin."

İyi bir kahkahadan sonra ne kadar rahat... ve iyi hissettiğini anımsa.

Rahatlamanın ve gerginliği atmanın doğal yollarlından birisinin gülmek olması ne ilginç değil mi?

Elektrik Süpürgesi Sesi

"çocukluğunu hatırla... elektrik süpürgesinin çekişi nasıl da dikkatini çekerdi"

"ve diğer odadaki elektrik süpürgesi sesi, çocukluğundaki bilinçdışı zamanları hatırlatabilir, sen oyun oynarken annenin elektrik süpürgesi yaparken ki sesinin gelmesi gibi."

" ve sen uzakta yapılan elektrik süpürgesini duyarken, bazen daha yüksek sesli, bazen daha yumuşak... bir şekilde sendeki gerginliğin gittiğini hissedebilirsin.

Araba Sesi

"Bana hoşuna giden şeylerden birsinin araba ile gezintiye çıkmak olduğundan bahsetmiştin. Böyle zihnine seni daha uzaklara götürmesi için izin ver, kendine çok manzaralı bir yer bulması için. Ve sen arabanı sürdükçe, etrafındaki güzelliklerin keyfini çıkartabilirsin, genellikle etrafından geçen bir arabanın farkına vararak."

" ve arka plandaki sıradan sesler basitçe süreci tetikleyebilir, sen daha derine ve daha derine seyahat ederken. Özellikle bazı zamanlarda, başka bir yere yetişme telaşın olmadığı zamanlarda—sadece şu andaki gibi yapma ihtiyacını duyduğun hiçbir şey yok, sadece dinlenmek ve rahatlamak."

"ve arka plandaki sesler basitçe süreci tetikleyebilir sen daha derine ve daha derine seyahat ederken."

Klima Sesi

"ve sen daha derine giderken, arka plandaki klimanın sesi sana yumuşak bir meltemi hatırlatabilir, bir ılıklık ve rahatlık yaratabilir."

"sen klimanın sesini duyarken... yumuşak bir meltem hissedebilirsin, yumuşak seni daha derine götüren cinsten."

"ve eminim ki sıcak olan zamanları da hatırlayabilirsin ... ve yüzünü klimanın önüne doğru uzatabilirsin... o rahatlığı hissederek... yumuşak hava alnına ve yüzüne doğru üflüyor ...ve sen arka plandaki klimanın sesini duydukça, bilinçdışın serin bir alnı tekrar hatırlayabilir. ... Sanki sen uçuyormuş gibi hissedebilirsin... havanın akımında, uzaklara süzülüyor."

16

SORULARI İNDÜKSİYON OLARAK KULLANMAK

D.Corydon Hammond, Ph.D.

Utah Üniversitesi Tıp Fakültesi

Bu egzersizin amacı, öğrencilere telkinleri soru halinde verirken, kendi içsel rahatsızlıklarının üstesinden gelmelerine yol göstermektedir. Sorular dolaylı telkin olarak değerlidir. Dikkati ve farkındalığı odaklamak, ilintileri uyarmak, cevap verirliği arttırmak ve transı indüklemek için kullanılabilir. Soru bilinçdışı zihin tarafından yanıtlanmadığı zaman değerlidirler. Soruları, esasında katı bir tavırda kullanılmamalıdır. Ancak devam eden hasta davranışını adapte etmelidir. Örneğin, her soru gözlemlenebilir bir cevap telkin edecektir. Eğer hastanın cevap seviyesini ve yeteneklerini bilmiyorsan, sorular daha fazla güvenilir yaklaşımlardır.

Başlangıçta, eğitmen hipnotik indüksiyon ve derinleştirmede ve değişik hipnotik olguları uygulamada özel olarak anlatılmalıdır.

Ders ve modellemeden sonra, öğrencilere üç- dört sayfalık bu egzersizin ders notu verilmelidir. Ders notu öğrencilere telkin olarak kullanmak için soruları beyin fırtınası yapma imkanı verir. Format, tekrar onlar için değişik bir örnekle modelleyerek, öğrencilerle birlikte gözden geçirilir. Sınıf sonra ikişerli gruplara bölünür ve başka bir şey kullanmadan sadece sorularla beş- yedidakika boyunca birbirleri üzerinde uygulamaları söylenir. Yaklaşık yedi dakika sonra, roller degiştirilir. Tüm indüksiyon için sıradan sorular hiç kullanılmayacaktır. Aslında, bu egzersizin öğrencilere bu tip telkin kullanırken, kendi içsel sorunlarıyla baş etmede yardımcı olacağı açıklandı. Ders ve egzersiz için gerekli süre otuz dakika.

Modellenmiş örnekler

"Ve uyuşma, bunun başladığını fark ediyor musun?

Ve o el orada süzülerek dururken, ya da yüzüne doğru süzülüyor mu?

Rahatlamanın ve hatırlanacak hiçbir şey olmamasın keyfini çıkarabiliyor musun

"parmaklardaki uyuşukluğu deneyimlemeye başladın mı? Ya da elinin üzerine ya da avuç içine doğru yayıldı mı

"rahat olarak bakabileceğin bir nokta bulmak ister misin? Noktaya bir süreliğine bakmaya devam ederken, göz kapakların kırpışmak istiyor mu? Bu kapaklar birlikte kırpışıyor mu ya da ayrı olarak? Yavaşça ya da hızlı şekilde? Bir anda kapanacak mı yoksa kendi kendilerine titreşecek mi? Gözlerin sen daha fazla ve daha fazla rahatlarken, daha fazla ve daha fazla rahatlayacak mı? Bu iyi. Rahatlık derinleşirken sanki uyuya gidecekmiş gibi gözlerini kapalı tutabilir misin? Bu rahatlık daha fazla devam edebilir mi ve daha fazla böylece gözlerini açmaya bile çalışmazsın. Ya da denersin ve açamadığını fark edersin. Ve yakında hepsini unutacaksın çünkü bilinçdışın rüya görmek istiyor?" [Erickson, M.H., & Rossi, E.L. (1979). Hypnotherapy: An Exploratory Casebook. New York: Irvington, s.29. Yayımcının izni ile basılmıştır].

Bacaklarının üzerinde dinlenen ellerinin rahatlığını hissedebilir misin? [Terapistin gösterdiği üzere] İşte böyle, birbirlerine dokunmalarına izin vermeden. Onların daha da rahatlamasına izin verebilir misin böylece parmak uçların bacaklarına hafifçe dokunacak. İşte böyle. Onlar hafif şekilde dinlenirlerken, her aldığın nefeste kendi kendilerine daha da hafiflediğini fark edecek misin... Daha fazla yukarı ve daha kolayca kendi kendilerine kalkmaya başladılar mı... vücudunun geri kalanı dinlenirken... Bu devam ederken bir el ya da belki ikisi de kalkmaya devam ediyor mu? Azar azar, kendi kendine. Diğer el onu yakalamak istiyor mu, ya da diğer el bacağında dinlenmek mi istiyor. İşte bu iyi. Ve el bu küçük hareketlerle ya da daha yumuşak bir şekilde yüzüne doğru kalkmaya devam ediyor mu? Daha hızlı mı yoksa daha yavaş mı hareket ediyor böylece yüzüne ulaştığında rahatlığını derinleştirecek. Yüzene dokunduktan sonra elin belki duraklamak isteyebilir rahatlamanı daha da derinleştirmek için. Bu iyi. Ve artan rahatlamanın sayesinde elinin yavaşça dizine düşmesine şahit olacaksın kendi kendine... ve sen dinlenirken bilinçdışın bir rüya görmeye başlayacak mı"?" [Erickson, M.H., & Rossi, E.L. (1979). Hypnotherapy: An Exploratory Casebook. New York: Irvington, s.30-31. Yayımcının izni ile basılmıştır].

"ve kilo kaybetmenin etkili yöntemi nedir? Sadece yemek yemeyi unutman ve yemek saatlerinde sabırlı olman mı yoksa seni daha ilginç şeyler yapmaktan alı koyması mıdır? Her ne sebepten olursa olsun bazı yiyecekler sana daha çekici mi gelecektir? Yemeklerin keyfini çıkartacak mısın yoksa yeni yiyecekler ve yeni yemek hazırlama yöntemleri ve yeme yöntemleri karşısında şaşıracak mısın böylece kilo vermeye başlayacak mısın? Hiçbir şeyden eksik kalmadan kilo vermek seni şaşırtacak mı? [Erickson & Rossi, (1979), p.31. yayımcının izni ile basılmıştır].

17

SORULARI DOLAYLI TELKİN OLARAK KULLANMAK

D.Corydon Hammond, Ph.D.

Utah Üniversitesi Tıp Fakültesi

Sorular dikkati ve farkındalığı odaklamak için çağrışımları uyarmak için, cevap verirliği arttırmak için ve transı indüklemek için kullanılabilir. Sorular dolaylı telkin olarak değerli bir tiptir ve bu dikkati ve farkındalığı odaklamak, ilintileri uyarmak, cevap verirliği arttırmak ve transı indüklemek için kullanılabilir. Soru bilinçdışı zihin tarafından yanıtlanmadığı zaman değerlidirler. Soruları, esasında katı bir tavırda kullanılmamalıdır ancak devam eden hasta davranışını adapte etmelidir. Örneğin, her soru gözlemlenebilir bir cevap telkin edecektir. Eğer hastanın cevap seviyesini ve yeteneklerini bilmiyorsan sorular daha fazla garantili yaklaşımlardır.

Örnekler: "ve uyuşukluk, başladığını hissediyor musun?", "ve el orada süzülmeye devam edecek mi, ya da göz kapakların kırpışmak mı ister?" " rahatlamanın keyfini çıkartabiliyor musun ve hatırlamayabilir misin? "parmaklarında uyuşukluk hissetmeye başladın mı ya da elinin arkasında ya da avuç içine doğru yayılıyor mu?"

"rahatça bakabileceğin bir nokta bulmak ister misin? Bir süreliğine o noktaya bakmaya devam etmek ister misin , göz kapakların kırpışmak ister mi? Göz kapakların birlikte mi ayrı mı kırpışmak ister? Yavaşça ya da hızlıca? Bir anda mı kapanacak yoksa kırpışarak mı? Sen daha fazla ve daha fazla rahatlarken göz kapakların daha fazla ve daha fazla ve daha fazlka rahatlayacak mı? Bu iyi. Uykuya giderkenki gibi rahatlığın artarken dinlenmen de artacak mı? Ya da deneyecek ve yapamadığını mı fark edeceksin? Ve ne kadar kısa bir zamanda bunları görmeyi unutacaksın çünkü bilinçdışın rüya görmek isteyecek. [Erickson, M.H., & Rossi, E.L. (1979). Hypnotherapy: An Exploratory Casebook. New York: Irvington, s.29. Yayımcının izni ile basılmıştır].

Bacaklarının üzerinde dinlenen ellerinin rahatlığını hissedebilir misin? [Terapistin gösterdiği üzere] İşte böyle, birbirlerine dokunmalarına izin vermeden. Onların daha da rahatlamasına izin verebilir misin böylece parmak uçların bacaklarına hafifçe dokunacak. İşte böyle. Onlar hafif şekilde dinlenirlerken, her aldığın nefeste kendi kendilerine daha da hafiflediğini fark edecek misin... Daha fazla yukarı ve daha kolayca kendi kendilerine kalkmaya başladılar mı... vücudunun geri kalanı dinlenirken... Bu devam ederken bir el ya da belki ikisi de kalkmaya devam ediyor mu? Azar azar, kendi kendine. Diğer el onu yakalamak istiyor mu, ya da diğer el bacağında dinlenmek mi istiyor. İşte bu iyi. Ve el bu küçük hareketlerle ya da daha yumuşak bir şekilde yüzüne doğru kalkmaya devam ediyor mu? Daha hızlı mı yoksa daha yavaş mı hareket ediyor böylece yüzüne ulaştığında rahatlığını derinleştirecek. Yüzene dokunduktan sonra elin belki duraklamak isteyebilir rahatlamanı daha da derinleştirmek için. Bu iyi. Ve artan rahatlamanın sayesinde elinin yavaşça dizine düşmesine şahit olacaksın kendi kendine... ve sen dinlenirken bilinçdışın bir rüya görmeye başlayacak mı" ?" [Erickson, M.H., & Rossi, E.L. (1979). Hypnotherapy: An Exploratory Casebook. New York: Irvington, s.30-31. Yayımcının izni ile basılmıştır].

"ve kilo kaybetmenin etkili yöntemi nedir? Sadece yemek yemeyi unutman ve yemek saatlerinde sabırlı olman mı yoksa seni daha ilginç şeyler yapmaktan alı koyması mıdır? Her ne sebepten olursa olsun bazı yiyecekler sana daha çekici mi gelecektir? Yemeklerin keyfini çıkartacak mısın yoksa yeni yiyecekler ve yeni yemek hazırlama yöntemleri ve yeme yöntemleri karşısında şaşıracak mısın böylece kilo vermeye başlayacak mısın? Hiçbir şeyden eksik kalmadan kilo vermek seni şaşırtacak mı? [Erickson & Rossi, (1979), p.31. yayımcının izni ile basılmıştır].

Soruları Kullanma Düzeneği

……….. bilir misin?

……….. mısın?

……….. ister misin?

Fark etmek

Hissetmek

Duyumsamak

(senin) bilinçdışın

Duymak

Tadmak

Koklamak

Tadmak

Dinlemek

Hatırlamak

Hayal Etmek

Görmek

Deneyimlemek

Dikkatini vermek

Meraklanmak

Seçmek

İzin vermek

Kendine izin vermek

……………. farkında mısın?

……………. (yap) acak mısın?

18

BÜTÜN SEÇENEKLERİ İÇEREN TELKİNLERİ KULLANMA EGZERSİZİ

Lee Charles Overholster, Ph.D.

Süjenin bireysel tepkilerini incelerken, bütün olası cevapları göz önünde bulunduran telkinler kullanabilirsiniz. El kaldırma ile çalışırken, eldeki bazı hisler olduğuna dair telkinlerden sonra, hareketi için telkinlerini eklemek istersiniz, her imkanda kenar, aşağı basma, yavaşça kaldırma ya da hızlıca. Hislerin mümkün alanında kaba taslak yapabilirsiniz.

Elin ılık ya da oldukça soğuk, gıdıklayıcı, hissiz, hafif ya da başka türde hissedebileceğini vurgulayın. Kısmı olarak doğruculuk kullanıyorsanız, el ciddi olarak yaralı değilse, belirli bir his olacak ve bunu vurguladığınız zaman bilinç o alana yönlenecektir. Sonuçta elin hareketinde bazen değişiklikler olacaktır ya da tamamen hareketsiz olarak kalırsa bunu trans derinliğinin bir kanıtı olarak da kabul edebilirsiniz. Sizin cevap kabulünüz, sizinle hastanın bilinçdışı arasındaki iletişimi oluşturur. Vücudunun değişik kısımlarındaki hisler için bütün olası sonuçları içeren birkaç telkin oluşturun. Telkinleri şunlar için oluşturun:

1. Ilıklık ya da serinlik
2. Göz kırpma oranlarındaki değişimler
3. Göz kapama

4. Nefes alma oranındaki değişimler
5. El kaldırma
6. Zihinsel imgelerin oluşumu
7. Vücutta herhangi bir yerde belirsiz hisler
8. Uykulu ya da tamamen ayık hissetmek
9. Sana ilginç gelen bir olgu
10. Başka ilginç bir olgu

Eşleşin ve yukarıda oluşturduğunuz telkinlerden bazılarını kullanarak ufak bir seans oluşturun. Partnerinize telkinlere cevap vermesi için yeterli, zamanı tanıdığınızdan ve her cevabı konfirme ettiğinizden emin olun. Eğer kaldırma telkinlerinde cevap olarak el yükselmeye başlarsa yüze dokunana kadar daha da yukarı ve daha yukarı kalkacağını belirtin ve sonra alçalırken partneriniz daha derin ve daha derin transa girebilir. Daha sonra derin trans ile imgelerin oluşumunu gözlemleyebilir ya da diğer olguları

Kaynak: Overholster, L.C. (1985). Ericksonian Hypnosis: Handbook of Clinical Practice. New York: Irvington, s. 225-226. Yayımcının izni ile basılmıştır.

Değişik Uygulama Egzersizleri

Küçük grup süpervizyonu: Dr. Graham Wics Avustralya'daki hipnoz eğitimi sırasında genellikle süpervizyon grubunda kendi hastalarını getiren daha ileri düzeyde öğrenciler vardı. Dr. William Wester bu ileri düzey kursun bir parçası olarak süren terapi seanslarının videoya kaydeden ve sonra haftalık bir grup konferansında gözükmesi için getirirlerdi.

Rol Oynamanın Yetişkin ve Çocuk Hipnoterapi Problemleri

Bazı deneyimli hipnoz eğitmenleri, uyarılmış hasta problemlerini, geri bildirim yöntemi olarak öğrencilere rol oyunu yaptırır.

Yapısal Amnezi için telkinler oluşturmak: Genellikle yazar Erickson'un yapısal amnezi tekniğinde ileri düzeyde belirli bir konuda hipnoza başlamadan önce hasta ile belirli bir konuda konuşmaya başlıyor. Sonra, hastayı uyandırdıktan sonra, terapist hastanın dikkatini dağıtıyor ve aynı konuda konuşmaya devam ediyor. Öğrenciler yapısal amnezinin bütün detaylarını yaşamak için küçük gruplara ayrılıyorlar.

TIBBİ PSİKOLOJİ UYGULAMASINDA KLİNİK HİPNOZ

Fakülte: Gary R. Elins, Ph.D.

Psikoloji Departmanı

Scott and White Clinic

Texas A&M College of Medicine

Temple, Texas 76508

Format: Vaka örnekleri ile ders

Deneylenen egzersizler ve canlı gösterimler

Hipnoterapi Videokasetleri

Plan

I. Giriş

II. Tıbbi görüşmelerde hipnoterapötik yaklaşımlar

  A. Hipnoterapötik ilişkiyi ve iletişimi anlamak

  B. Hipnozun psikosomatik ilaçta kullanımı

  C. Endikasyonlar ve kontra endikasyonlar

  D. Hipnozun ve psikoterapinin entegrasyonu

  E. Vaka örneği- psikogenik amnezi

Hipermenezi

III. Hastalıkta ve koruyucu sağlıkta doğal telkin

  A. Semptom oluşumunda telkin mekanizması

  B. Belirsiz terapötik faktörler; beklenti etkileri ve dolaylı telkin

  C. Psikolojik danışma ve katı hipnoterapi arasında paraleller

  D. Vaka örneği- yoğum psikogenetik hastalık

IV. Hipnoterapi yaklaşımları oluşturmak
   A. Hastayı hipnoza hazırlamak
   B. Hipnoterapi için başvurulan klinisyeni hazırlamak
   C. Çocuklarla hipnozun kullanımında özel durumlar
   D. Vaka örneği- çocukluk psikogenik öksürük
V. Sonuç ve tartışmalar

Kapanış

Tartışma İçin Vakalar

1. Hasta 34 yaşında bir kadın, ilerleyen rahim kanseri ile teşhis edilmiş. Kemoterapi seanslarını takiben, aşırı derecede bulantısı oluyor ve kusuyor. Şimdi kemoterapi seanslarının önünde ve arkasında kusuyor ve bu da 20 kilo vermesine sebep oldu. Daha ileriki kemoterapiye dayanamayabilir haldeyken size hipnoterapi için başvurdu. Yaklaşımınız ne olurdu?

2. 10 yaşında bir oğlan çocuğu bir soğuk algınlığını takiben kronik öksürük geliştirdi. Öksürüğü pediatrik girişimlere rağmen devam etti ve okula devamını etkiler hale geldi. Şimdi eve bağımlı programında. Göğüs x-ray, bronoskopi ve laboratuar testlerini içeren tıbbı değerlendirmesi tamamen normal. Şimdi size yönlendirilmiş.

3. Hasta 14 yaşında bir kız. Hastane acil servisine, iki bacağındaki felçten dolayı geldi. Tıbbı değerlendirme ve laboratuar testleri normaldi. Daha ileriki değerlendirme ve terapi yaklaşımı nedir?

4. Hasta 27 yaşında polis, bir iş kazası geçirmiş araba kazasında sağ bacağı incinmiş. Ortopedik ameliyattan sonra az bir iyileşme olmuş. Şimdi bir sene sonra, halen kaza ile ilgili öfkeli ve ciddi ağrıdan şikayetçi ve yürümekte ya da bacağını uzatmakta zorlanıyor. Daha fazla tıbbi ameliyat gerekli görülmemiş. Ancak genel anestezi altında, bacağını uzatabiliyor. Size hipnoterapi için başvurdu. Sizin yaklaşımınız nedir?

5. 40 yaşında bir kadın akut ses kaybından dolayı başvuruyor, kocası ile gerçekleşen bir münakaşadan sonra sadece fısıldayarak konuşabiliyor. Otolaryngologic değerlendirmede saptanan bir şey yok. Hangi tür bir yaklaşım uygulardınız?

6. 52 yaşında kronik uykusuzluk problemi olan bir hasta. Ailesi yatıştırıcılara bağımlı hale gelmesinden endişeleniyor ve daha fazla Hulcion reçetesi yazılmasına karşı çıkıyorlar. Yaklaşımınız nedir?

7. 66 yaşında bir kadın, tümör ile başvuruyor. hipnozun daha iyi çalışmasına yardım edip edemeyeceğini soruyor. Daha ileri teşhis ve terapi açısından yaklaşımınız ne olur?

8. 46 yaşında bir adam işle ilgili bir kaza sonrasında kronik sırt ağrısı çekiyor ve daha önce 2 laminectomisi var. Şimdi zamanının büyük bir bölümünü evde yatakta ya da televizyon seyrederek geçiriyor. Depresyonda. Yaklaşımın ne olursu? Hipnoterapi bu tedavi planında yardımcı olur muydu?

9. 20 yaşında bir kadın sol kolunda ve omzunda yanıklardan dolayı hastaneye kaldırılıyor. Oksijen odası terapiye ve kıyafet değiştirmeye karşı endişe duyuyor ve acıdan dolayı direniyor. Size hipnoterapi için geldi. Ne yapılabilir?

19

DOLAYLI TELKİN OLUŞTURMA UYGULAMASI

D.Corydon Hammond, Ph.D.

Utah Üniversitesi Tıp Fakültesi

Bu egzersiz orta ve ileri seviye öğrenciler için dizayn edilmiştir. Bu deneyimi dolaylı telkin içeren kasetli eğitimden sonra verilmelidir ve öğrencinin elinde " Dolaylı Telkin Türleri" isimli ders notu olmalıdır.

Sınıf 5-7 kişilik küçük gruplara bölünür, her grup için görev aşağıdaki telkinleri oluşturmak ve başlamadan önce maddeler sınıfın önünden gözden geçirilmelidir.

1. Gerçekçilik
2. Cevabın bütün seçeneklerinin içermek
3. Ardıl telkinler
4. Kıyaslanabilir alternatifler bağlantısı
5. Bilinçli-bilinçdışı çifte bağlantılar
6. Çifte disosiyatif bilinçli-bilinçdışı bağlantı

Öğrencilerden beyin fırtınası yapması istenir ve altı telkinden her birini aşağıdaki yedi olgudan birine yazmaları istenir.

A. Anestezi

B. Yaş gerilemesi

C. Kol kaldırma

D. Zaman çarpıtması

E. Amnezi

F. Olumlu halüsinasyon

G. Olumsuz halüsinasyon

Bir gruba beyin fırtınasına başlaması söylenir ve altı maddeyi A olgusundan başlayarak oluşturmaları istenir ve sonra da maddelerin listelerinde ilerlemeleri. Başka bir gruba da C maddesinden başlayarak ilerlemesi, diğeri E maddesinden ve öteki de G maddesinden. Ve bu şekilde bir döngü ile liste tamamlanır.

Yazar bu egzersizi 3 saatlik bir blok zaman imkanı olan çalışma gruplarında ve sınıflarda kullanıyor. 15 dakika 6 maddeyi gözden geçirmek için ayrılıyor. Grup en fazla 30 dakika boyunca her maddeyi tartışır. Sonra 2 tam saat boyunca küçük gruplar halinde, ekstra zaman verilebilir. Böylece çoğu grubun dört değişik fenomende kullanmak için telkinleri olacaktır. Eğitmen küçük gruplar arasında dolaşarak onların sorularını cevaplamalı, geribildirim vermeli ve modellemeli.

3 saatin son 30 dakikasında her küçük grup sözel olarak yazdıkları fikirleri beyan ederler. Öğrencilerden sınıfa ses kayıt cihazı getirmeleri istenir böylece dersin bir kısmı ileriki çalışmalara için kayıt edilebilir. Bu egzersiz akademik ortamda uygulandığında öğrencilere takip ödevi verilir. Öğrencilerin ödevi verilen 6 telkinden iki örnek yazmaları istenir. Böylece öğrenciler toplamada 7 olgu kullanarak 84 telkin yazıyor. Esasında, sınıf içi küçük grup egzersizleri genellikle öğrencilerin üçte ikisini tamamlaması ile sonuçlanıyor. Öğrenciler ödevleri hakkında bilgilendirildiklerinde, genellikle küçük gruplara daha da katılımcı oluyorlar, dikkatlice notlar alırlar ve diğer grupların telkinlerini kaydederler.

20

KARMAŞIK HİPNOTİK OLGU: UYGULAMA EGZERSİZİ

John G. Watkins, Ph.D.

Montana Üniversitesi

[bu deneme egzersizini öğrencileri ile kullanmayan eğitimciler içeriği sınıf içi uygulamasında kullanmak üzere faydalı bulabilirler. Ed.]

Her zamanki gibi küçük takımlar oluşturulur. Bu egzersiz seansı için en yatkın süjeleri seçin ki öğrenciler başarılı olsun.

Kompleks (Derin Trans) Olgusu

Değişik telkinler, algısal çarpıtmalar

a. Hipnozu indükleyin ve derinleştirin.

b. Süjelerin bir rakamı, örneğin 3, göremeyeceklerini telkin edin.

c. Bu telkini rahatlama ile post-hipnotik olarak verin ("senin omzuna dokunana kadar….")

d. Süjelerden kolonları toplamalarını isteyin: 5   2   3   7

3   4   2   2
1   6   4   4
4   <u>5</u>   <u>1</u>   <u>3</u>

Seçenek: değişik bir görünmez olacak rakam kullanarak bir toplama seti verin.

GERİLEME VE HİPERMENEZİ

Seçenek A

a. Süjeden çocukluğundaki bir anıyı canlandırmasını isteyin. Raporu kelimesi kelimesine yazın.

b. Hipnozu indükleyin ve derinleştirin (eğer isterseniz tekrar hipnotize etmek için ipucu ile)

c. Hastayı zaman ve mekan açısından dağıtın ("bütün burada olduğunu ve zamanda olduğunu unutuyorsun ve hangi yılda olduğunu)

d. Hastayı daha önceki bir zamana götürün, olayın zamanına (daha genç ve daha genç oluyorsun, 15 yaşındasın, 14, 13...vs.)

e. Hipermenezi: ona olayı tarif etmesini sorun

ya da

Geriletme: ona olayı tekrar yaşamasını sorun (oradasın neler oluyor?)

f. Materyalin artan zenginliğinin öne çıkmasına dikkat edin

g. Süjeyi günümüzdeki yaşına ve zamana getirin. Hipnozu kaldırın.

Seçenek B

a. Daha önceki okul hayatındaki bir deneyimi belirleyin.

b. Hipnozu indükleyin ve derinleştirin

c. Hastayı zaman ve mekan açısından çarpıtın

d. Okuldaki sınıfına geriletin, olayın olduğu sınıfa kadar

e. Süjeye öğretmenine bakmasını ve adını söylemesini isteyin

f. O sınıftaki sınıf arkadaşları hakkında bilgi alın. Arkadaşlarının isimlerini sorun ve her birinin nerede oturduğunu.

g. Süjeyi tanıtın, muhtemelen sınıfın önünde (Johhny bize biraz kendinden bahsedecek). Hafızanın sözelleşmesini korumaya çalışın.

h. Hastayı şu anki yaşına ve zaman geri getirin, hipnozu kaldırın.

Seçenek C

a. Süjeye birinci (2,3…) sınıfta önünde kimin oturduğunu sorun

b. Hipnozu indükleyin ve derinleştirin

c. Hastayı zaman ve mekan açısından çarpıtın

d. 1.ci (2-3..) sınıfa geriletin. (daha gençleşiyorsun, 8.ci sınıfa gidiyorsun, 7.sınıfa, 6.sınıfa vs..1.sınıfa geri)

e. Süjeye sınıfın önünde duran öğretmene bakmasını söyle (gülüyor). Adı ne?

f. Önünde kimin oturduğunu sorun. O'nun önünde kim var? Vs.. En ön sıraya varana kadar sorun. Sonra süjeden geri doğru ilerleyin. Sonra yandaki sıra vs…

g. Verilen isimleri yazın

h. Hastayı şu anki yaşına ve zaman geri getirin, hipnozu kaldırın. Verilen isimleri bildirin, önceden hatırlayıp hatırlamadığını ve tanıdık gelip gelmediğini görün.

Post Hipnotik Halüsinasyonlar

Seçenek A

a. Süjeyi mükemmel hipnotize edin ve derinleştirmede biraz zaman harcayın

b. Gözlerini açtığında omzuna dokunulana kadar bir arkadaşını ya da meslektaşını görmeyeceği telkinini verin.

c. Hastaya transta kalarak gözlerini açtırın

d. Önünde üç kişinin durmasını sağlayın (biri arkadaşı olsun)

e. Süjeye orada kaç kişinin olduğunu sorun

f. Eğer süje 2 derse 2 kişinin (arkadaşı dışındakiler) ayrılmasını söyleyim.

g. Görünmez arkadaşın eline süje o yöne bakarken bir kitap verin ve arkadaşın kitabı aşağı yukarı sallamasını sağlayın.

h. Süjenin şaşkınlığını fark edin. Süjeye bunun nasıl yorumlandığını sorun.

i. Süjenin omzuna dokunun ve görünmez arkadaş telkinini kaldırın

j. Diğer her tür şaşırtma telkinlerini kaldırın ve hipnozdan kaldırın.

Seçenek B

a. Hipnotize edin ve derinleştirin

b. Süjeye gözlerini açınca önünde büyük bir köpek göreceğini telkin edin

c. Süjenin gözlerini açtırın. Şaşırmasını not edin. Tepkileri ölçün ve sorular sorun.

d. Köpeği omzuna dokunarak kaldırın

e. Karmaşıklığın herhangi bir telkinlerini kaldırın ve hipnozdan çıkarın

Seçenek C

a. Ya A'yı ya da B'yi yapın ancak "halüsinasyonu" post hipnotik olarak kurgulayın, transtan birden beşe kadar sayarak çıkarıp sonra da "arkadaşın ya da köpek ben senin omzuna dokunana kadar görünmez kalmaya devam edecek"

Derin trans ya da karmaşık fenomenleri içeren seanslardan sonra, telkinlerin tamamen kaldırılması önemlidir. Eğitmen bütün süjelerin uyanık, iyi hisseder ve zaman mekan kavramının tam olduğunu kontrol etmelidir.

Kaynak: Watkins, J. G. (1988). Instructors Manual for The Practice of Clinical Hypnosis. New York. Irvıngton. Yayımcının izni ile basılmıştır.

21

TERAPİDE METAFOR OLUŞTURMA UYGULAMASI

D.Corydon Hammond, Ph.D.

Utah Üniversitesi Tıp Fakültesi

Öğrenciler genellikle metafor oluşturmak hakkında düşündüklerinde kendilerini yetersiz hissederler. Ancak ne zaman metaforik seçenekleri küçük bir grupta, gözden geçirme şansları olursa o zaman kendi yeteneklerine olan güvenleri artıyor. Bu yüzden, öğrencilere ders anlatıldıktan ve metaforların değişik örnekleri sunulduktan sonra, onlara metafor oluşturmada bir deneyim sağlanır:

Aşağıdaki egzersizin bir çalışma grubu ortamında ya da sınıfta üç saatlik bir sürede uygulama deneyiminde kullanılır. Sınıf 5-7 kişilik küçük gruplara bölünür. Her gruba 4 farklı konu verilir ve konunun metaforik imkanları hakkında beyin fırtınası yapmaları istenir.

Her bir konuda 15 dakika harcamaları istenir ve en az bir üye sekreter olarak görev alır ve yaratıcı fikirleri yazar. Sekreter çok okunaklı yazmalıdır ki bu fikirler sonra diğer sınıf üyeleri ile paylaşılacaktır.

Bir saat sonunda, her gruptan dört başlıktan birini seçmesi ve onun için tam bir metafor yaratması istenir. Bu metaforu zihinde belirli bir hasta ve o hastanın bir problemini tutarak yapmaları söylenir. Öğrenciler kelime oyunları, serpiştirme teknikleri ve virgülleri nereye koyduklarına dikkat etmeleri istenir; nerede duraklama var, nerede çift anlam var, konusunda cesaretlendirilir.

Küçük gruplar bir saat müddet verilir ve de bir mola için zaman, burada da metaforlar cilalanabilir. Daha sonra, bu sınıf tekrar birleştirilir. Her grubun sekreteri beyin fırtınası sırasında bu dört konu hakkında çıkan metaforik seçenekleri paylaşırlar. Daha sonra, sekreterlerin metaforları tek tek sınıfa sunması istenir. Sekreterlerin notları toplanır ve metaforlar kopyalanır ve metaforik seçenekler bütün sınıfa dağıtılır.

Aşağıdaki başlıklardan bazıları sıklıkla verilmektedir çünkü hastalarla sıklıkla karşılaşılan ilgilileri temsil etmektedir; bisiklet sürmek, tekne ile açılmak, bowling oynamak, kart oynamak, yemek pişirmek, müzikal bir enstrüman, resim yapmak, golf oynamak, teniz oynamak, kayak yapmak, senfoni konserleri, yüzmek, tenis oynamak, dikiş dikmek, buz pateni yapmak ya da paten kaymak, dalış yapmak, televizyon seyretmek, yeni yerlere seyahat etmek ya da yabancı bir ülkeye ve futbol. Bazen yazar hayatı yansıtan konular verecektir. Örneğin; kırık bir kol ya da bacak, bir köpeğin ölümü, sevilen birinin ölümü, en iyi arkadaşının taşınması, çocukken bir ayrışma battaniyesine sahip olmak, randevularda garip hissetmek, yaşına göre çok kısa ya da uzun olmak, inanılmaz derecede hasta olmak.

Yukarıda tanımlanan bütün potansiyel başlıklar yazarın "Checklist for Utilizing Life Experiences, Interests and Values" kitabında bulunan ilgilerin ve deneyimlerin bir parçasıdır. [bir kopyasını ders notları kısmında bulabilirsiniz. Ed.]

Öğrencilere şu vurgulanır: ilgi alanları ve yaşam deneyimleri sadece metaforik olarak kullanılmaz, ancak o basitçe olay hastanın ilgi alanı ile ilintili metaforik tümce ve kavram kullanmak, genellikle iletişim oluşturacaktır ve hastanın düşünce tarzına etki edecektir. Örneğin, her fırsatta balığa giden bir hasta ile çalışırken girişi takılmak.... Şeklinde kullanılabilir

Bir küçük grup tarafından beyin fırtınası yapılan bazı metaforik alternatifler aşağıda bu sürecin daha net gösterilmesi için verilmiştir.

GELİŞİMSEL PROBLEMLER İÇİN METAFOR OLUŞTURMAK İÇİN PRATİK EGZERSİZ

Aşağıdaki egzersiz Barker'ın (1985) metafor oluşturmayı öğretmek için kullandığı yaklaşımdan bir örnektir.

Jeanette K. 13 yaşında ve oldukça hızlı gelişmeye başladı, hem fiziksel hem de aile ve ev dışında ilgilerini geliştirmeye başladı. Ailesinin üç çocuğundan en büyük olanı. Jeanne ve ebeveynleri arasında son altı aydır ya da o kadar bir sürede gitgide artan çatışma sahneleri oluşuyordu. Bay ve Bayan K. O kadar çok endişeliydiler ki ve daha önceleri iyi davranan çocuklarının dediklerine göre "kontrol edilemez hale" gelmesinden şikayetçiydiler. Endişeleri "kızlarının yanlış kalabalık ile birlikte olması ve bu yüzden uyuşturucuya başlayabileceği şeklinde ancak onunla her konuşma çabaları Jeanette tarafından bir problem olmadığı gerekçesi ile ret edilmiş. O da bu sebepten dolayı sinirleniyor, ve onları evi terk etmekle suçluyor.

Aileler yerel bir aile koruma servisinde danışmanlık alıyorlar. Danışman Bay ve Bayan K'ya ergenin normal gelişim süreci hakkında bir anlayış vermeyi amaçlıyor ve onlara çocuklarına bu aşamada nasıl yardımcı olacaklarına dair yardımcı oluyor. Jeanette katılmayı ret etti, ancak durum karmaşıklaşmaya devam etti. Onlara ne söylenirse söylensin ailesi sorunun halen :Jeanette'te olduğuna inanıyor ve onunla ciddi anlamda bir şeyin yanlış olduğuna inanıyorlar.

Bu ailesel gelişim problemine bir metaforik yaklaşım tasarlayın öyle ki, problemi ebeveyn/çocuk ilişkisinin zorluğu olarak yeniden çerçevelendirsin ve hem Jeanette hem de ailesi bu ikilemi çözümlemek için yollar göstersin.

Kaynak: Barker, P. (1985) Psikoterapide metaforları kullanmak. New York: Brunner/Mazel, s88-89. Yayıncının izni ile basılmıştır.

22

HİPNOZ HAKKINDAKİ YANLIŞ ANLAŞILMALAR ve KORKULAR

Hastayı Eğitmek ve Hazırlamak

D. Corydon Hammond, Ph.D.

Utah Üniversitesi Tıp Okulu

Hastayı İkna Etmek İçin Önemli Fikirler

1. Genellikle kontrolün kaybedilmesi, iradenin teslim edilmesi ve baskılanma korkuları ile sıklıkla karşılaşılır. Hipnozun saflık ya da iradesizlik olmadığı konusunda hastanın güvenini tazeleyin. Kendi özgür iradenizi kaybetmiyorsunuz ve hipnoz altındayken değerlerinizi ve etik yapınıza karşı gelecek bir şeyler yaptırılamazsınız. Benzer şekilde, isteğiniz dışında herhangi bir şeyi açıklatılamazsınız. Size dayatılan bir şey değildir, ancak kendi kendinize sizin yaptığınız bir şeydir. Başkası size sadece rehber olarak yardımcı olabilir. Bu yüzden, bu bir takım çabasıdır, savaşın zihinsel sürüklenmesi değil.

2. Hipnoz hakkındaki bir diğer efsane ise bilincin kaybolması ve amnezi geçirilmesidir. Hastalardan çok az bir oranı bu stereotipe uyar çünkü çok derin seviyede hipnoza girerler. İnsanların çoğunluğu, genelde olan her şeyi hatırlarlar. Ve bu kabul edilebilir çünkü biz hipnoz yapmayı istediğimizin çoğunluğunu orta derecede transa alabiliyoruz ve orta derece transta her şeyi hatırlayabiliyorsunuz.

3. Hipnozun tanımı

   A) İçsel bir emilme, yoğunlaşma ve dikkatin odaklanmışlık hali.

Büyüteç metaforu – güneşin ışığı odaklandığı zaman daha da güçlüdürler. Zihnimiz yoğunlaştığında ve odaklandığında, zihnimizin gücünü daha da kuvvetli kullanabiliyoruz.

B) Hipnoz hayal gücümüzü kullandığımız bir odaklanmışlık durumudur. İmgelemin güçlü örnekleri verin.

C) <u>Günlük Trans Kavramı</u>: Herkesin transı defalarca deneyimlediğini ancak bunun hipnoz olarak adlandırılmadığını vurgulayın. Örnekler: 1. Farkında olmadan araba kullanmak, çok fazla yoğunlaşmışızdır ve değişik bir bilinç seviyesi, bizim bilinçdışı zihnimiz, kontrolü ele almıştır. 2. Televizyon ya da bir filme kendini kaptırmak. 3. İçine çekici bir kitap okumak.

D) Bilinçli zihin ile bilinçdışı zihin arasındaki farkı belirtin.

5. Hastayı "sadece hayal gücünüzü kullanın ve size olanları hayal edin" şeklinde cesaretlendirin. Bazı şeylerin olması için çok fazla çalışmayın ve olan şeyleri de durdurmaya çalışmayın. Bir takım şeylere sadece olmak istedikleri gibi gözüktüklerinde, olmaları için izin verin.

6. Yetişkin Hipnotik Yetenekleri Kavramı : Trans deneyimleri oldukça kişiseldir. Bazı insanlar değişik fenomenlerin hepsinde yeteneklidir, ancak çoğumuz bazılarında kusursuzdur ve bazılarında iyiyizdir ve bir ya da iki fenomeni deneyimlemekte başarısız olabiliriz. Bu kavram performans endişesini düşürür, özellikle de telkin edilen hiçbir şeyi deneyimleyemeyen hastalarda. Saygı kavramını vurgulayın, bu kavrama göre sonradan onların fikirlerini alacağınızı ve hipnozu onlara göre biçimlendireceğinizi belirtin. "Şimdi, eğer hipnozu nasıl daha iyi yapabileceğim konusunda bir hissin varsa, beni haberdar et ve bana bildir."

7. Hipnozu şu an geçerli problemden ayırın: Hızlı bir önlem gerektiren bir durum yoksa, " bugün senin problemin üzerine odaklanmayacağız" şeklinde vurgulayın. Sana sadece hipnozu deneyimlemen için izin vereceğiz ve ne kadar güzel olduğunu görmen için, bana hipnotik yeteneklerini ayarlamam için izin vermen için, böylece hipnozu size göre ayarlayabiliriz. Hasta problem üzerinden gitmeye direnecekse bile, hipnoza girmeye direnmeyecektir.

23

HİPNOZ OLGUSU

D. Corydon Hammond, Ph.D.
Utah Üniversitesi Tıp Okulu

1. <u>Katalepsi</u>: Kasların istem dışı esnekliği, öyle ki inhibe edilmiş bir yorgunluk ile uzuvlar konumlandığı yerde kalıyor.

2. Amaçlar: Hipnoza tepkiselliği ölçmek, trans onaylama, indüksiyon ve derinleştirme, anestezi yardımcı olmak.

3. <u>Amnezi</u>: Kendiliğinden ya da telkinle olabilecek zihnin inhibe edilmesi ya da çarpıtılması. Kendiliğinden ani bir amnezi derin trans durumu telkin eder. Amnezinin süresi tahmin edilemez. Amnezi bilinçli "sorgulamayı" azaltarak post hipnotik telkinlerin meydana çıkmasına yardım eder.

4. <u>Disosiasyon</u>: Mevcut çevreden uzaklaşmak, rüya görmeye benzer, kendini vücudunun dışında bir şey yaparken görüyorsun. Disosiasyon, artmış bir derinlik sağlamak, acı azaltmada, bilinçdışı hipnotik keşif amaçları için "otomatik yazma" kullanmakta faydalıdır.

5. <u>Analjezi & Anestezi</u>: Analjezi ışıktaki ayar düğmesini aşağı döndürmek gibidir ve irkilme tepkisi, ürkme ya da yüz ekşitme eksikliği olan daha fazla acı ile özdeşleşmiştir. Tahminlere göre %70-%90 gibi bir seviyeye kadar analjezi oluşturulabili-

yor ve muhtemelen %20 tam anestezi oluşturabiliyor. Bu olgu acı kontrolü için kullanışlıdır, iltihabı azaltmak, daha da hızlık iyileşme sağlamak ve trans onaylama için kullanılır.

6. <u>Hyperesthesia</u>: Dokunmaya karşı aşırı hassasiyet.

7. Ideosensor aktiviteler: Bu, beynin herhangi bir duyumsal biçim üzerine tepki geliştirme kapasitesine denir; işitsel, görsel, tadsal, kokusal, dokunsal.

8. Sonmanbulism: Bu, hipnozun en derin seviyelerinden birisidir ve transta olup gözlerinizin açık olmasına denir.

9. Halüsinasyon: Negatif halüsinasyon, olmayan bir uyaranı hissetmeye ya da görmeye denir. Keskin bir koku ile (anozmi) negatif halüsinasyonu muhtemelen süjelerin %25-%35inde yaratılabilir. Pozitif halüsinasyon orada olan bir şeyi açıklamaktadır. Bütün beş duyuda halüsinasyon olabilir. Tat ve koku halüsinasyonu en kolay olanlarıdır, görsel en zorudur (Hilgard araştırma grubunda sadece %3'ü bunu hayal etmeyi başarmıştır) ve işitsel de hayal etmek için ikinci zor olandır.

10. Hypermnsesia: Zihnin anımsamak için arttırılmış kapasitesine denir.

11. Yaş gerilemesi: A) Yeniden canlandırmak: Tam bir gerileme ya da geçmiş olayın yeniden yaşanması, ses ve yazı çocukça olmaktadır. B) Kısmi gerileme: Hasta bir seviyeye kadar hipnozu uygulayandan ve kendi yetişkin kimliğinden haberdardır, ve böylece geçmiş olaylara bir yetişkin bakış açısını uygulayama kapasitesine sahiptir.

12. İdeomotor Aktivite & Ideomotor Keşif: Bu, kasların ani olarak düşüncelere ve fikirlere cevap vermesinin istem dışı kapasitesine denir. Örneğin, parmakları deneyimlemek ya da uzuvların süzülmesi ve kendi kendilerine hareket ediyor gibi gözükmesi. Ideomotor keşif istem dışı parmak işaretlerini kullanarak bilinçdışının hızla gözlemlenmesi yöntemidir. Bu işaretler aynı zamanda içsel süreçler bittiğinde terapiste işaret vermek için de kullanılabilir (örn, hissizlik olup olmadığını anlamak için)

13. Yaş İlerlemesi: Zamanda geleceğe doğru sözde-yönelimlidir, bazı süjelere gelecek hakkında bir fantezi ya da zihinsel tekrar olarak gözükebilir ancak yetenekli hipnotik süjeler bunu oldukça gerçekçi hissedebilir. Amaçlar: hikayeyi gizleme ve güven oluşturmak, teşhis olarak hastanın gelecek bir durumda nasıl davranacağını saptamak ve bazı durumlarda " iyileşme" için hangi tedavinin olacağını saptamak.

14. Zaman çarpıtması:

A) Zaman genişlemesi: Zamanın çok yavaş gittiğine dair sübjektif bir his ile iki dakika yirmi dakika gibi gözükebilir. Günlük örnek – karlı bir günde bir vasıta beklemek ya da çok yavaş ilerleyen bir sırada beklemek.

B) Zaman çekilmesi: Huzur verici bir aktivite sırasında ya da telkinle, on dakika bir dakika gibi geçebilir. Amaçlar: sporda, ağrı ve migrende, etiyolojik faktörlerin gözden geçirilmesinde ve hastayı bilincin daha değişik bir seviyesinde olduğuna dair ikna etmek için trans onaylamada.

15. Kişisel İlişkilerini Kesmek: Telkin ile bir insan geçici olarak kendi kimliklerini unutabilir ve geçmişteki travmatik deneyimlerini tıpkı objektif bir istihbarat şeklinde görebilir ya da başka bir insanın kimliğini kendi üzerine olarak onunla kimlikleşebilir.

16. İndüklenmiş Rüya: Hipnoz gece görülen rüyanın içeriğini etkileyebilir ve "rüyalar" hipnotik bir durumda oluşturulabilir. Amaçlar: sebeplerin ve çatışmaların keşfi ve belli edilmesi, çözümleri ve iç görüyü belirlemek. Uykusuzluk ya da fizyolojik rahatsızlıklara (örn, ülser rahatsızlığı ya da prematüre doğum) müdahale ederken hipnotik bir halde kavrayış yeteneği araştırılabilir.

24

HİPNOTERAPİ

Harold B. Crasilneck

Texas Üniversitesi, Sağlık Birimleri Merkezi

Hipnoz, bizim esas olarak hastanın bilinçdışı süreçleri ile ilgilendiğimiz, bilincin değişmiş bir halidir. Hipnoz suni bir hal olarak tanımlanabilir, esasında uykuyu her zaman anımsatmamaktadır, uykudan fizyolojik olarak farklıdır. Bu farklılık ise normal bir durumda indüklenmiş belirli duyumsal, motor ya da zihin anormallikleri sonucunda arttırılmış yatkınlıktır.

Eğitimli insanlar bile bunun yeni bir yöntem olup olmadığını soruyor. Tarihçesi uzun ve ilginçtir.

A. **Franz Mesmer**: 1734- hayvan manyetizması kavramını sundu. Teorisini gezegenlerin birbirini etkilediği üzerine kurdu ve evrensel sıvı diye adlandırdığı şey aracılığı ile vücutların her yaşayan şeyi etkilediğini söyledi. Mesmer insan vücudu ile temas eden iki mıknatısın, iyileştirici manyetik sıvı hassasiyetine göre, vücutta sıvının dolanması ve vücudun dünya ile olan uyumunu yenileyerek iyileştireceğini iddia ediyordu. Çok fazla iyileştirme vakaları- Viyana, ancak evinden ayrılmak için zorlanmıştır.

Fransa - 1778 - Paris - halen popüler olmaya devam

Braquet – Yine birçok iyileştirme vakası.

Tekrar soruşturma: 1784

Lavoisir, Ben Franklin, Gullotin – sırrını açıklamayı ret etti.

Tarih sahnesinden silindi.

B. Braid: İngiliz cerrah- 1794-1860- Grekçe uyku anlamına gelen Hypnosis terimini icat etti.

C. John Elliotson: 1791-1868- dahi öğretmen ve eğitici. Londra Üniversitesi Tıp Okulunun ilk profesörüydü. İngiltere'ye steteskopu getiren ilk kişidir- Londra'nın en yetenekli hekimi varsayılırdı- hipnoza ilgi duymaya başlayınca meslektaşları tarafından eleştirildi.

D. Esdaile: 1880- Hindistan'da tıp okudu – 300 büyük ameliyatı ve binlerce küçük ameliyatları oldu. Buluşlarını bildirdi, bir kısmı kabul edildi.

Liebault: 1823- 1904- Fransız kasaba doktoru- Tüm uygulamalarında hipnozla çalışmıştır.

Charcot: 1825-1893- Fransa – Nörotik semptomların kaldırılmasında hipnozla çalıştı.

Freud: 1836-1939- Hipnoza ilgi duymaya başladı ve bir süre için terapilerinin vazgeçilmez bir parçasıydı. Daha sonra kullanımını kaldırdı çünkü;

(1) Her hastayı hipnotize edemiyordu.

(2) Anlamlı olan nörotik semptomları gelişigüzel bir şekilde kaldırmanın tehlikeli olabileceğini hissetti.

(3) Hipnozun kullanımına ilintili inanılmaz bir psikoseksüel enerji olduğunu hissetti.

(4) Psikanaliz- daha sonraki yazılarında belirli durumlarda hipnozun yer alabileceğinden bahsetti.

Kimyasal anestezinin keşfedilmesi ve psikiyatrlar tarafından ret edilmesi ile hipnoz çok nadir kullanılmıştır. Kaynaklarda çok az veri bulunmaktadır.

II. Dünya savaşından yirmi yıl önce- dağınık kayıtlar

II. Dünya savaşı sırasında

Reaksiyon konversiyon

Akut Reaksiyon

Mükemmel toplulukların kurulması- her üye için sicil talep edilerek. Şimdi AMA, APA, ADA tarafından kabul ediliyor. Ulusal ve uluslar arası konferanslar... burada olmasının üç sebebi:

(1) mükemmel öğretme yöntemi

(2) araştırmacıya başka türde deneyimlenebilecek bazı araştırmaları yapma imkanı sunuyor

(3) terapötik avantajları

Hipnoz Neden Oluşur:

1. Fizyolojik teoriler

2. Psikolojik Teoriler

Bazı fizyolojik teorilerin içerikleri şu şekildedir;

Bennett, örneğin, cerebral lobların beyaz maddesinde erteleme olduğunda, geri kalan kısımların aşırı aktive olduğu fikri üzerinde durmuştu.

Heidenhain: Beyindeki gangliyon hücrelerinin inhibe edilmesi sonucunda transın ortaya çıktığını düşündü.

McDugall: Dış dünyadan çekilen istemli dikkatin vaso-motor sistemin üzerindeki güce odaklanması, normal bilinçte mümkün olmayan değişikliklere yol açtığına inanıyordu.

Pavlov: Hipnozun bir uyku hali olduğunda ısrar etti çünkü ikisi de cerebral yarı kürede yayılan inhibe alanlarına bağlıydı.

Kubie ve Margolin: Hipnozun fizyolojik bir uyku-hali olduğunu düşündüler. VAKA ÖYKÜSÜ

Bazı Psikolojik Teoriler

A. Şartlı tepki

B. Telkin edilebilirlik hali, birçok yazar hipnozun abartılmış telkin edilebilirlik hali olduğuna inanıyor. Hull.

C. Gerileme: anne ya da baba çocuğu uyku benzeri bir getirerek sakinleştirmesi.

Role-playing- Barber- ben bunu tamamen ret ediyorum.

Hilgard- laboratuar ve klinik problemler aynı değildir. Muhtemelen laboratuardaki biraz role playing klinik çalışmada ortaya çıkmıyordur.

Muhtemelen bir kombinasyon

Hipnozun çalışmasını ne sağlar:

A. Normal I.Q.

B. Bilinçdışı motivasyon

1. Kekemelik
2. Sigara içmek

Hasta ne kadar rahatsızsa, o kadar iyi cevap verir.

Acı motive edici bir faktör olarak çalışır.

Hipnozun Basamakları:

1. Hafif
2. Orta
3. Derin

Somnambulistik

Daha iyi bir kelimeyi kullanmama uyarısı yapılmalıdır. Eğer uyarı yapılarak gerekli önlem alınmışsa tehlikeler en az seviyededir.

Psikiyatrik görüntüleme

1. Anlamı olan nörotik semptomların gelişigüzel bir şekilde ortadan kaldırılması – hiçbir zaman hasta için anlamı olan nörotik semptomu parçalamayın. VAKA ÖYKÜSÜ

2. Organik bir acının gelişigüzel ortadan kaldırılması semptomları gölgeleyebilir. VAKA ÖYKÜSÜ

3. Sahne Hipnozcuları VAKA ÖYKÜSÜ

Terapötik Konular

1. Termal yaralanma

   A. Acı

   B. Sık anestezi

   C. Alınan gıda

   D. Egzersiz ve yürüyüş

   E. Psikolojik problemler

2. Öldürücü kanser VAKA ÖYKÜSÜ

3. Lösemi VAKA ÖYKÜSÜ

4. Kadın doğum ve jinekoloji VAKA ÖYKÜSÜ

5. Psikoseksüel problemler: psikogenik, iktidarsızlık, cinsel soğukluk VAKA ÖYKÜSÜ

6. Alışkanlıklar VAKA ÖYKÜSÜ

Sigara içmek (boş alışkanlık)

Obezite

Tırnak yemek

Konuşma bozuklukları

Bazı psikiyatrik uygulamaları:

1. Fonksiyonel ve organik problemler arasındaki teşhis farklılıklarına yardım etmek. VAKA ÖYKÜSÜ

2. Bastırılmış materyali almaya yardımcı olmak VAKA ÖYKÜSÜ

3. Semptom değiştirme ve semptom giderme VAKA ÖYKÜSÜ

4. Hipnoanaliz

5. Psikosomatik problemler

Hipnoz bir genel çare (her derde deva) değildir.

Herkes hipnotize edilemez.

Ergenler özellikle iyi süjelerdir.

Başarısızlıklar:

1. Hasta
2. Terapist

Uygun hasta ile indüklendiğinde çok harika bir yöntem olabilir.

SORULAR ve CEVAPLAR

Birkaç öğrenci ile hipnoz gösterisi aşağıdakileri tasvir edecektir:

1. Hipnozun kademeleri
2. Psiko-fizyolojik değişiklikler
3. Depresyon
4. Yaş geriletme
5. Amnezi
6. Oto-hipnoz

SORULAR ve CEVAPLAR

Ego-Psikolojik	Shor (1959) Fromm (1972)	genellenmiş gerçek oryantasyonunun gizlenmesi	S'ın ego süreçleri hipnoz altında ne tür farklılık gösterdi ve nasıl çalışıyor?
	Hilgard (1977) Watkins & Watkins (1979) ve de: Janet (1925); Prince (1929)	ego bölünmesi: pasiflik/ alma yeteneği& aktivite/ katılık bilinç- bilinç öncesi Disosiasyon/ neodissosiasyon ego durumları	

Role-playing	White (1941) Sarbin & Coe (1972)	(bilinçdışı) hedef yönelimli savaş Beklenti Aktivasyon "sanki" davranışı rol kanunlaştırması rol algısı (& rol taleplerine duyarlılık)	Nereye kadar S hipnotize olmuş S'in rolünü kabul ediyor ve oma göre kendini deneyimliyor?
Bilişsel Davranış	Hull (1933) T. Barber (1969) Barber, Spans, Chaves (1974) ve de : Pavlov; Welch (1947); Salter (1949); Êdmonston (1967)	Hiperyatkınlık totoloji olarak "durum" önceki (tutumsal ve sosyal psikoloji) arabulucu (bilişsel, imgesel) sonuç (rapor) değerleri algısal-bilişsel yeniden yapılandırma hedef-yönelimli imgelem imgelemek inanmak koşullu refleks	Değişik uyarıcı etmenler (öncekiler ve ilaçlar) nasıl çalışarak hipnotik davranış üretiyorlar?

25

KLİNİK HİPOZ BİLİMSEL YASALAR VE KAVRAMLAR

Gary R. Elkins, Ph.D.
Scott and White Clinic
Texas A&M Üniversitesi Tıp Okulu Temple, Texas

I. Telkin Prensipleri
   A. Odaklanmış dikkat yasası
   B. Tersine etki yasası
   C. Baskın etki yasası
   D. Motivasyon
II. Kişisel hedef
   A. Ödül kullanımı
   B. Rapor
   C. Hastanın her yaptığını kullanın. Her ne yaparsa ya da hayal ederlerse doğrudur.
III. Terapist Değerleri
   A. İzin verici tutum en iyidir
   B. Olanakları ve yorumları sun
IV. Telkinler
   A. Olumsuz telkinler yerine olumlu telkinler kullanın
   "dene" kelimesini engelleyin
   B. Zorlamayın

26

HİPNOZ EDİLEBİLİRLİK ÖLÇEKLERİ

Dr. Corydon Hammond, Ph.D.

Utah Üniversitesi, Tıp Okulu

Hipnotik hali deneyimlemek bir sürekli dizi üzerindedir ve ya hep ya hiç durumu değildir. İnsanların değişik hipnotik fenomenleri deneyimlemek için hipnotik yeteneklere sahip (bireysel farklılık) olduklarını düşünebiliriz. İnsanların çoğu " hipnotize edilebilir" ancak biz hipnozda yapabileceklerimiz açısından radikal olarak farklıyızdır. Hipnotik yatkınlık şunları içerir: 1) ideomotor olgu; 2)bilişsel yetenekler (imgelem, rüyalar, yaş gerileme ve hipermenezi); 3) duyumsal dışlama ve inkar (analjezi, negatif halüsinasyon); 4) gerçeğin bilişsel-algısal çarpıtması (pozitif halüsinasyonlar, hiperesthesias, anlamın değişmesi) ve 5) post-hipnotik telkinler (amnezi, post hipnotik telkinlere yanıt vermek). Hipnotik yatkınlığı nesnelleştirmek ve ölçmek için hipnotik yatkınlık ölçekleri bir yöntemdir.

Avantajları: Hipnotik yatkınlık ölçekleri içinde süjeleri hipnotize edilmiş ve hipnotize edilmeye kapasitesi var şeklinde sınıflandıran araştırmalar kullanışlı olmuştur. Ölçekler aynı zamanda, araştırmada karşılaştırmak için kullanışlı standardize edilmiş indüksiyon prosedürleri de sağlarlar. Bir ölçek aynı zamanda klinik ortamda bir teşhis test setine (örn;MMPI ile birlikte) eklenerek ön görüşme aracı olarak da kullanılabilir. Bir ağrı kliniğinde ya da zihinsel sağlık kliniğinde, örneğin, her ne kadar teşhis etmese bile, bu tedavi modeline yüksek oranda yatkın olanları ayırt edecektir.

Dezavantajları: Hipnotik yatkınlık ölçekleri standardize edilmiş, oldukça direktif ve doğası gereği otoriter bir indüksiyon prosedürü içermektedir. Bazı "düşük yatkınlıktaki" bireyler kişiselleştirilmiş daha endirekt bir prosedüre daha da uyumlu ya da izin verici olabilirler. Bu tür hastalar standardize edilmiş bir prosedüre cevap vermekte başarısız olduklarında, hipnozun faydalı olacağına dair inançlarını yitirebilirler. Dahası, son yüzyıldaki araştırmalar gösteriyor ki; süjelerin hipnoza cevap verirliği onları kullanılacak olan bilişsel stratejiler hakkında eğitmekle arttırılabilir. Dahası, bu tür ölçekler tarafından ölçülen hipnotik yatkınlık seviyesi, hipnotik tedaviye olan cevabın tam bir tahmincisi değildir. Standardize edilmiş ölçekler hipnotik yatkınlığın sabit özellik olduğu varsayımına dayanır. Esasında, cevap verebilirlik hipnoz hakkındaki inançlardan, beklentilerden, motivasyondan, ve hipnotist ile olan ilişkiden etkilenebilir.

Hipnotik Yatkınlık Harvard Grup Skalası, Form A

Bu ölçek 1962 yılında basılmış, bireylere ya da gruplara kasetten, ya da süjelere direkt olarak okuyarak uygulanabilir. Prosedür bir saat sürmektedir, bu süre süjelerin kendi kendilerine doldurdukları öznel raporu da içermektedir (kendilerini puanlıyorlar). Puanlar 0-12 arasında değişiyor. İçerdiği on iki madde şu şekilde(dokuz tanesi bireysel olarak uygulanan Stanford SHSS:A 'dan alınmış): baş düşmesi, el alçaltılması, kol sabitlenmesi, parmak kitlenmesi, kol katılığı, ellerin birlikte hareket etmesi, sözel engellenme, iletişimsel engellenme, bir sineğin vızıldaması halüsinasyonu, göz katalepsi, post hipnotik telkin ve post hipnotik amnezi. Puanlar, bireysel uygulanan ölçeklerle oldukça yüksek değerde tutarlılık göstermiştir. Güvenirlik ,83. Yayımcı: Consulting Psychologists Pres, 577, College Avenue, Palo Alto, CA 94306

Stanford Hipnotik Yatkınlık Ölçeği, Form A ve B

Bu ölçekler, 1959 yılında yayınlanmıştır ve klinik kullanımdan ziyade araştırma amacı taşımaktadır. Bireysel olarak kullanılıyor ve göz sabitleme indüksiyonu kullanıyor. Puanlar 0-12 arasındadır. İçerdiği maddeler; Harvard Grup Skalasında bahsedilen maddelere ve bunlara ek olarak baş düşmesi yerine bedensel eğilmedir. Güvenilirlik ,83.

Test süresi 50 dakikadır. Bütün Stanford ölçekleri gözlemlenebilir hipnotik hareketleri ölçmektedir, sübjektif deneyimleri değil. Yayımlayıcı: Consulting Psychologists Pres, 577, College Avenue, Palo Alto, CA 94306

Stanford Hipnotik Yatkınlık Ölçeği, Form C

Bu formda ölçülen olguların çeşidi arttırılmış (motor vurgudan daha iyi bir fantezi örneklemlerine ve bilişsel çarpıtma maddelerine geçildi) ve form daha da zorlaşan maddeler içermektedir. Göz kapatmak indüksiyonu çıkartıldı, araştırmacıya hangi indüksiyon tekniği gerekliyse onu kullanma imkanı tanıdı. İndüksiyonu tepkiyi ölçmekten ziyade, telkinlere verilen tepkiyi ve derinliği ölçüyor. Bireysel olarak kullanılıyor ve Form A ya da Form B'den sonra kullanılabilmektedir. Madde içerikleri; el alçaltma, elleri hareket ettirerek birbirinden ayırmak, sivrisinek halüsinasyonu, tad halüsinasyonu, kol katılığı, rüya yaş gerilemesi, kol sabitliği, anozmi, ses halüsinasyonu, negatif görsel halüsinasyon, post-hipnotik amnezi. Güvenilirlik ,85. Uzunluğu ve oluşumu klinik kullanımını zorlaştırıyor. Yayımcı: Consulting Psychologists Pres, 577, College Avenue, Palo Alto, CA 94306

Stanford Hipnotik Yatkınlık Profil Ölçeği

Değişik hipnotik yetenekleri ölçmek için dizayn edilmiştir. Tek bir yatkınlık puanına yığılmaktansa, (6 ana genel kategoride) bireyin ayrımsal hipnotik özelliklerini belirlemek için kullanılmaktadır. Ölçekler çok bilişsel odaklıdır. İki form vardır ancak yapısal olarak birbirlerine paralel değildir, birbirlerinin tamamlayıcıları olarak gözükebilirler. Form I'deki maddeler: el analjezi, müzik halüsinasyonu, anozmi, yemeğin geri çağrılması, ışık halüsinasyonu, rüya, agnozi (ev), aritmetik yetersizlik ve post hipnotik sözel kompülsiyon. Form II'deki maddeler: sıcak halüsinasyonu, bir yaş gününe gerileme, saatin kayıp kolu, rüya, agnozi (makaslar), kişilik değişimi ve post hipnotik otomatik yazma.

Kısıtlamalar: Daha önce başka bir ölçek ile test edilmeli ve hipnotik cevap verebilirliliğin yüksek Yayımcı: Consulting Psychologists Pres, 577, College Avenue, Palo Alto, CA 94306

Çocuklar ve Yetişkinler için Stanford Hipnotik Yatkınlık Ölçeği:

Stanford Ölçeklerinin daha kısa bir versiyonu. 25 dakika sürüyor. Klinik ortamlarda kullanımı için. Bireysel olarak veriliyor ve içeriği; elleri birlikte hareket ettirmek, rüya, yaş geriletme, post hipnotik telkin ve amnezi. Çocuklar için olan(6-16 yaş); klinik ölçeğin içeriği, el alçaltma, kol katılığı, görsel ve işitsel halüsinasyonlar (TV), rüya, yaş gerilemesi ve psikohipnotik cevap. 4-8 yaşları arasındaki çocuklar için de aynı maddeleri içeren bir versiyonu mevcuttur. Yetişkin versiyonu; E.R. Hilgard ve J.R. Hilgars, Hypnosis in the reliefed of pain. Los Altos CA: William Kaufman, 1975, s.209-221. Yetişkin ve çocuk ölçekleri de W.E. Edmonston The Induction of Hypnosis New York: Wiley ,1986 s.344-355'te bulunabilir.

Çocukların Hipnotik Yatkınlığı Ölçeği

Bu uzun, bireysel uygulanan 22 maddelik bir ölçektir. 12 maddesi SHSS:A dan alıntıdır. Diğer on maddenin içeriği: televizyon halüsinasyonu, soğuk halüsinasyonu, anestezi, tad halüsinasyonu, parfüm halüsinasyonu, görsel tavşan halüsinasyonu, yaş gerilemesi, rüya ve post hipnotik telkin. 5-16 yaş arasındaki çocuklar için dizayn edilmiştir. Güvenilirlik ,92dir. Yayımcı: Psychologists Pres, 577, College Avenue, Palo Alto, CA 94306

Hipnotik indüksiyon profili

Bu ölçek klinik ortamlarda kullanmak için dizayn edilmiş altı maddelik bir ölçektir. Sadece 5-10 dakika almaktadır. Geçerlik ,76dır ancak malzeme değişkendir bu yüzden güvenirliğinde bazı engeller vardır. SHSS:A ile korelasyonu sadece 22-32 arasındadır.

Yayımcı: Psychologists Pres, 577, College Avenue, Palo Alto, CA 94306

Barber Telkin edilebilirlik ölçeği:

Sekiz maddelik bir ölçektir (0-3 arasında puanlarla 0-24 arasında toplam bir puan alınabilir). Maddeler: kol alçaltma, kol sabitleme, el kilitleme, susama halüsinasyonu, sözel engelleme, vücut hareketsizliği, post hipnotik benzeri cevap ve seçici anamnez. Çok otoriterdir. Hipnotik indüksiyonla ya da indüksiyonsuz kullanmak üzere tasarlanmıştır ve olgunun katı hipnotik indüksiyon olmadan verilebileceğini göstermek için dizayn edilmiştir. Bir kopyası W.E. Edmonston, Hipnoz İndüksiyonu. New York : John Wiley 1986 s. 369-374.

Yaratıcı Hayal Ölçeği

Bu ölçek bireysel ya da grup olarak uygulanabilir ve klinik ya da araştırma amaçları için uygulanabilir. Barber'in ölçeğinden daha az tehdit edici ve daha izin vericidir. Doğasından bayağı bilişseldir ve temel olarak hayal etme kapasitesini mi yoksa telkine olan tepkiyi mi ölçtüğü tartışılmıştır. 10 madde içermektedir; kol ağırlığı, el kaldırma, parmak anestezisi, su halüsinasyonu, işitsel, tadsal halüsinasyon, zaman çarpıtması, yaş gerilemesi ve zihin-vücut rahatlaması. Kendi puanlaması (0-4) de dahil olmak üzere 0-40 arasında değişen bir puan alır. Güvenilirlik ,82. Ölçek indüksiyon prosedürünü ölçmez. Bir kopyası .E. Edmonston, Hipnoz İndüksiyonu. New York : John Wiley 1986 s. 374-381 bulunabilir.

Wexler- Alman Dolaylı Hipnotik Yatkınlık Ölçeği

Bu ölçek, Stanford hipnotik yatkınlık ölçeği Form A'nın ve Harvard grup ölçeğinin bir uyarlamasıdır. Kendi kendini puanlama ölçeği (toplam puan 0-12 arasında) ve bireysel ya da gruplara uygulanabilir. Direkt dil yerine dolaylı dil kullanılır, otoriter bir dil. Güvenilirlik verisi belli değildir. (Harvard grup araştırması ile yapılan karşılaştırmada bazı bireylerin direkt telkinli yaklaşıma daha yatkın olduğunu ve bazılarının en iyi dolaylı telkine cevap verdiği belirtilmiştir ve bu da normal bir dağılım gibi gözüküyor.

Trans ve Tedavi, Spiegel e Spiegel, Washington; APA Yayınları, 1987

HIP METNİ

İndüksiyon

Kolların sandalyenin kolçağında dinlenirken ve ayakların yukarıdayken mümkün olduğunca rahatla. *Sol kola dokunun.*

Yukarı odaklanmak: Şimdi bana doğru bak. Başını bu konumda tutarken kaşlarına doğru yukarı bak- şimdi de kafanın tepesine doğru.

Göz- yuvarlanması: Yukarı bakmaya devam ederken, göz kapaklarını yavaşça kapat. Tamam… Kapat.. Kapat.. Kapat.. Kapat.

Göz kapaklarını kapalı tut ve yukarı bakmaya devam et. Derin bir nefes al, tut... Şimdi, nefes ver, gözlerinin dinlenmesine gözlerini kapalı tutarken izin ver ve vücudunun uçmasına izin ver. Bir süzülme hissi hayal et, aşağı sandalyeye doğru bir süzülme... Mutlu bir şey olacak ve bu süzülme ile ilgili hoş bir duygu.

Kol kaldırma Yönergeleri: Sen bu süzülme üzerine odaklanırken, ben senin sol koluna ve eline odaklanacağım. Bir süre içinde sol elinin orta parmağına dokunacağım. Bunu yaptıktan sonra, o parmakta hareket duyumları geliştireceksin. Sonra, hareketler yayılacak, sol elinin hafif hissetmesine sebep olacaktır, ve sen ona yukarı doğru süzülmesine izin vereceksin. Hazır mısın? *Parmağa ve kola dokunun.* Önce bir parmak, sonra öteki. Bu sonsuz hareketler gelişirken, elin hafif bir konuma süzülecek. *Bileği işaretleyin..* Elinin bir balon gibi hissetmesine izin ver. Gitmesine izin ver. Ona yukarı doğru süzülmesine izin verme gücün var. İşte böyle. Ona yardım et. Sadece süzülmesine izin ver. Şimdi kolunu bu şekilde yerleştireceğim böyle...Kolu, doğal, rahat bir şekilde yerleştirin, dirsek kolçakta dinlensin, kolu yönlendirin) ve bu halde kalmasına izin ver.

Post hipnotik Yönergeler

Esasında, ben sana gözlerini açma sinyalini verdikten sonra bile o konumda kalmaya devam edecek. Gözlerin açıldığında ve ben elini aşağı koyduğumda bile, şimdi olduğu yere geri süzülecek. Bu duygu hakkında enteresan bir şey bulacaksın. Sonra, ben senin sol bileğine dokunduğum zaman kendi her zamanki hissin ve kontrolün geri dönecek. Gelecekte oto hipnoz için her kendine sinyal verdiğinde birden başlayıp sayarken gözlerin yukarı kayacak, ve 3'e gelince göz kapakların kapanacak ve çok rahat dinlenmiş bir transta hissedeceksin. Bu deneyimi her sefer ve her sefer daha fazla kolay bulacaksın. Şimdi geri saymaya başlayacağım. İki denince gözlerin tekrar yukarı kayacak, göz kapakların kapalı halde. Bir denince çok yavaşça açılmalarına izin ver. Tamam, bu durumda kal ve şu an sol kolunda ve elinde ne tür fiziksel hisler olduğunu tanımla.

Post hipnotik Test

Gıdıklanma: Rahat mı? Herhangi bir gıdıklanma hissinin farkında mısın?

Disosiasyon: Sol elin, sanki sağ elin gibi vücudunun bir parçası değilmiş gibi hissediyor mu? (Sol elin, sağ elinin bileğine bağlılığını hissettiği gibi bir bağlılık hissediyor mu? Bir fark var mı?

Kaldırma: Şimdi şunu fark et. *Sol elin sandalyeye dokunana kadar alçalt ve bir tepki bekle. 5-10 saniye bekle.*

Birinci koşullanma: Şimdi başını döndür. Sol eline bak ve ne olacağını seyret (5-10 saniye bekleyin)

İkinci koşullanma: Sol eline konsantre olurken, onun büyük hafif bir balon olduğunu hayal et (5-10 saniye bekleyin)

Üçüncü koşullanma: Şimdi, onu bir balon olarak hayal ederken sanki bir balonmuş gibi hareket etmesine izin ver. İşte böyle, onun hakkında büyük düşün. (5-10 saniye bekleyin)

Dördüncü koşullanma: Bu bir aktör olmak için şansın. Elini bir balon gibi düşün ve sanki bir balonmuş gibi düşün. İşte böyle, şimdi oraya çıkmasına izin ver. Devam et ve onu yukarı koy. Onu kandır.

Kontrol ayrımı: Yukarı konumda dururken, karşılaştırma için sağ elini kaldır. Şimdi sağ kolunu aşağı koy. Sağ elindeki, sol eline kıyasla, hislerin farklılığından haberdar mısın? Örneğin, biri ötekinden daha ağır mı? Kollarını kontrol etme hissinde herhangi bir değişiklik hissediyor musun?

Eğer evetse, hangi kolunda daha fazla kontrol hissettin?

Eğer hayırsa, şimdi bir daha deneyelim. Kolu sandalyeye geri koyun ve soruyu tekrarlayın, kolun bir balon gibi yükselmesine izin verin. Eğer tekrar hayır derse, yukarı kısmı tekrarlayın.

Sonlanma: Şuna dikkat et. sonlanma sinyali ver. Sıkı bir yumruk yap (*Bileği tutun, kolu alçaltın ve yumruğu açın, dirseği gitmesine izin verin, ön kola dokunun, sonra bileten parmaklara kadar*). Önceden iki kol arasında bir kontrol farkı vardı. Bu farklılık hala var mı, yoksa kayboluyor mu? (*sonu vurgulamak için sert basın*) Eğer hayırsa, birkaç yumruk yap. İşte böyle. Yumruğunu aç ve elini aşağı koy. Şimdi, aynı anda iki elinle birden yumruk yap. Kollarının önünü yukarı kaldır birkaç kere ve bana onları kontrol etmede aynı hissi yaşayınca haber ver.

Amnezi: Gördüğün kadarıyla kontrolde ilintili bir farklılık var. Bunun nedeniyle ilgili hiçbir fikrin var mı? Benim söylediğim ya da yaptığım herhangi bir şey buna sebep olabilir mi?

Süzülme Hissi: Daha önce sol kolun yukarı gittiğinde, herhangi bir fiziksel his algılandın mı sanki bir hafiflik, süzülme hissi ya da zıplama gibi, sol kolunda ya da sol elinde? Bu tür benzer hislerin vücudunun herhangi bir yerinde ; ör. Kafa, boyun, göğüs, karın, kalça, bacak ya da başka herhangi bir yerinde bu histen haberdar oldun mu yoksa sadece sol kolunda ya da sol elinde mi?

İndüksiyon Puanı		Profil Sınıfı
Yüksek	14-16	Intact ER|
Orta	10-13	LEV| > 0
Düşük	6-9	CD|
Yok	0-5	

ER= göz kayması	Hafif LEV = 0
LEV= leviasyon	Decrement CD= 0
CD= kontrol ayrımı	Özel sıfır ER= 0
	CD> 0
	Increment LEV > Erin 1,5 üstünde

Hipnotik İndüksiyon Profili
Değerlendirme Formu

İsim _____ Tarih _____
Yaş _____ Sıra □ Başlangıç _____ Önceki _____ Zaman _____
Süjenin konumu □ Sandalye-tabure □ Koltuk □ Sandalye □ Ayakta

Madde

A   Yukarı odaklanmak   0 - 1 - 2 - 3 - 4

B   Yuvarlanma   0 - 1 - 2 - 3 - 4

C   Squint   0 - 1 - 2 - 3 - 4

D   Göz-yuvarlanma İşareti(yuvarlanma /)   0 - 1 - 2 - 3 - 4

E ___ ($x^{1/2}$)   S. Kol Kaldırma Yönerge   0 - 1 - 2 - 3 - 4

F   Rahat _____ Gıdıklanma _____

G ___   Disosiasyon   0 -   - 1 - 2

H ___   Kaldırma   koşullama yok   3 - 4
        (post indüksiyon)   1.ci koşullanma   2 - 3
                        2.ci koşullanma   1 - 2
                        3.cü koşullanma   1
                        4.cü koşullanma   0-

I ___   Kontrol ayrımı   0 -   - 1 - 2

J ___   Sonlandırma   0 -   - 1
- 2

K ___   Amneziden Sonlandırma   0 -   - 1
- 2
     ya da No-test

L ___   Süzülme Hissi   0 -   - 1 - 2

                              Özet

_____ İndüksiyon Puanı   Profil Seviyesi 0 - 1 - 2 - 3 - 4 - 5

      ___ Hafif   ___ Sıfır   ___ Intact

____ Dakikalar   ____ Decrement   ____ Özel Sıfır   ____ Increment

27

TRANS YENİDEN YAŞAMA PRENSİBİ

D. Corydon Hammond, Ph.D.
Utah Üniversitesi, Tıp Okulu

Hipnozda, hasada olumlu beklenti hissi yaratmak yaşamsal derecede önemlidir. Trans yeniden yaşama bir deneyimi ya da deneyimleri değişik bir bilinç durumunda yeniden yaşanarak hastaya bir ikna edici sürecin sağlanmasına denir. Bazen yüksek derecede hipnotik süjelerin hipnotize edildiklerine dair bir deneyime sahip olana kadar inanmamaları oldukça ilginçtir. Trans yeniden yaşanması temel, sıklıkla inkar edilen bir prensiptir. Değişik hipnotik olgular adapte ederek, hastalar kendi bilinçli kapasitelerinin dışındaki bazı potansiyelleri keşfettiklerini ettiklerini fark edebilirler. Bu farkındalık kişinin değiştirmesi gereken iç kaynaklar olduğuna dair özgüven hissini arttırır (Bandura,1977). Bu yüzden, zaman zaman, bir trans yeniden yaşama deneyimini hastalarınıza uygulamanız tavsiye olunur. Örneğin, bir kilo kontrol hastası ile, terapist eldiven anestezisi geliştirebilir. Sonra, hastanın izni ile, ele sivri bir nesne ile dokunun ya da elin yüzünde katlanmış bir deriye steril bir iğne koyun. İğneyi geçirdikten sonra, hastadan gözlerini açması ve iğneyi görmesi istenebilir. Telkin daha sonra güçlü olarak verilebilir, " Bunu sana zihninin vücudunun üzerindeki gücünü göstermek için yaptık. Şimdi, bilinçdışı zihnin vücudunun hislerini inanılmaz şekildeki kontrol edebilme gücüne şahit oldun. Ve bilinçdışı zihnin orijinal ve temel bir acıyı kontrol edebildiğine göre, vücudunun hislerini de kontrol eder. Farkında olduğundan çok daha fazla potansiyelin var. Ve bu bilinçdışı güç yüzünden, iştahın ve kazınmaların senin kontrolün altında". Bu tür deneyim ümit, inanç ve olumlu beklenti aşılar.

1. Eldiven anestezisi ya da analjezi
2. Zaman çarpıtması
3. Uzuv katalepsi
4. Kol kaldırma
5. Uzuvda ağırlık
6. Amnezi
7. Ideomotor sinyalleşme
8. Post hipnotik telkinlere cevap (ör, acı, ayakta duramama vs.)
9. Unutulmuş ya da belirsiz anıları çağırmak
10. Ideosensor olgular, ılık, tad, koku
11. İşitsel halüsinasyon

Trans Yeniden Yaşama İçin Telkin Örneği

Belirttiğimiz gibi, hipnotik olgunun oluşumu hastayı değişik bir durumda olduklarına dair ikna etmek için hizmet eder. Buna ek olarak, bu tür telkine olumlu tepki de hastanın transın derinliğini takiben ortaya çıkar.

İleriki telkinlerde, Crasilneck ve Hall (1983) bize döküntü tedavisini modelliyor; bir tek tedavi prosedüründe geniş türde trans yeniden canlandırma prosedürlerinin kullanılması; ideosensor oldu (ısı, soğukluk), kol kaldırma, göz kapağı ağırlığı, göz kapağı katalepsi ve uzuv katılığı için verilen post hipnotik telkinlere verilen cevap, eldiven anestezisi ve işitsel halüsinasyon

"Lütfen sağ elini sağ dizinin üzerine elini yerleştir... İşte bu... Şimdi elinin çıkıntılarına bak ve bunu yaparken bütün vücudun genel olarak rahatlamaya başlayacak. Diğer seslere dikkatini verme, sadece sağ eline ve benim sesime odaklan, zihnin gücü dışında hiçbir şey olmadığını fark et... ve vücudunun. Ben konuşmaya devam ederken ve sen elinin arkasına bakmaya devam ederken, avuç içindeki ısı gibi hisleri algılamaya başlayacaksın ve muhtemelen parmaklarının birinde olan hareketi... ve bu olurken yavaşça başını salla... evet... çok iyi... ve şimdi elinin çok çok hafiflediğini hissedeceksin. Sanki alnına gelen bir tüy gibi...elin yukarı hareket etmeye başlıyor... elin yükselmeye devam ederken, elinin sırtına bakmaya devam et... ancak göz kapaklarının çok ağırlaştığı, çok sakince çok rahatladığını fark et...şimdi elin alnına dokunuyor.. gözlerin kapanacak... inanılmaz rahatlamış ve derin bir trans seviyesine girmeye hazır olacaksın. Elin ve kolun yukarı geliyor, yukarı, yukarı, alnına doğru... Şimdi, elin alnına değiyor... gözlerin kapandı... Eline bacağının üzerinde dinlenmesi için izin verebilirsin ve sağ eline ve koluna normal hisler dönüyor. Şimdi daha fazla dingin ve rahatlamış bir duruma gireceksin... çelik gibi... çok sıkı... çok katı... o kaslar demire dönüşüyor...Bir... sıkı... iki... çok katı... çok sıkı... o kaslar demire dönüşüyor...evet...demire dönüştü...işte...artık o kolu ya da parmakları hiçbir şey bükemez [daha ileri gösterim olarak, Crasilneck genellikle diğer kol ile katılığını denettirirdi ve bükemedikleri gösterirdi. Ed.]... sana zihninin ve vücudunun gücünü göstererek...şimdi rahatlar kolunu ve elini... normal hisler geri geliyor ve halen çok derin ve dingin dinlenme durumu.

"Şimdi sana sağ elinin sanki elinde ağır bir eldiven varmış gibi hissedeceği telkinini veriyorum...elin bu hissi gerçekleştirirken sağ elinin orta parmağını oynat...iyi... şimdi orta parmağında biraz baskı hissedeceksin... garip bir bakı hissi...gözlerini aç...şimdi gerçekte benim o parmağı kendi tırnak törpümle sert biçimde bastığımı göreceksin... ancak sen hiçbir şey hissetmiyorsun...doğru mu?...Tamam...eline normal hisler geri geliyor... ve şimdi orta parmağına uyaracağım...bunu hissederken başını salla, evet..gördün mü elini geri çektin ve gayet ani ve normal bit tepki. Bilinçdışı zihninin vücudunun üzerindeki inanılmaz kontrolden artık haberdar... şimdi gözlerini tekrar kapar... sana kendi zevkine göre hoş bir koku alabildiğini telkin ediyorum. Sen bu kokuyu alırken, başını salla, evet...iyi...ve şimdi çok çok derin bir trans seviyesi...güzel koku gidiyor ve halen daha da gevşemiş ve daha derin bir trans hali... bilinçdışı gücünün ötesinde bir şey yok ve bu döküntüler tamamen gidecek ve cildin onlardan arınacak...bu kalemle dokunduğum alan bu döküntülerin olduğu alan çok serin hissetmeye başlayacak...serin...serin...oldukça serin...sen bunu hissederken başını salla...iyi... ben konuşmaya devam ederken düşünceyi düşün... alan soğuk... döküntüler gitmek üzere...alan soğuk, ve döküntüler benim zihnimin vücudum üzerinde olan gücünden dolayı gidecekler... şimdi sadece düşüncelerini dinlendir... sadece huzurlu, dinlenmiş, hafif düşünceler... Beni dinle... benim her sözümü...**Bu döküntüler gidecek...Zihninin vücudun üzerindeki kontrolünü göstermiştik, ve bu döküntüler çok kısa bir zamanda gidecek**...Cildin bu alanda döküntülerin etrafında bir gün ya da o civarlarda serin hissedecek ve serinlik giderken, döküntüler de gitmeye başlayacak... ve böylece, ben ondan bire kadar sayarken, sen tamamen uyanık olacaksın... gerginlikten, sıkıntıdan,stresten uzak. Bu döküntüler kaybolacak". (s. 374-375).

Referanslar

Bandura, A. (1977) Self-efficacy: Toward a unifying theory of Psychological Review, 84, 191-215

Crasilneck, H. B., & Hall, J. A. (1985). Klinik Hipnoz: Prensipler & Uygulamalar. Orlando: Grune& Stratton. Excerpt. Yayımcının izni ile yayınlanmıştır.

Hipnozun değerli olabileceği nörolojik durumlar

28

ÇOCUK PSİKOTERAPİSİNDE HİPNOTİK STRATEJİLER

Gary Elkins Ph.D.

Texas A&M Üniversitesi, Tıp Okulu

I. A. Çocuğun seviyesinde başla

B. Fantezi ile çalışmaya hazırlık

C. İlerleme için dürtü

D. çocuğun cevaplarını, ilgilerini, hedeflerini kullanın

II. Yaş ile hipnotik indüksiyon

III. Hipnotik indüksiyonlarda zihinsel imgelem

A. Gösterim

IV. Çocuk Terapisinde Hipnozun Kullanımı

A. Gösterim- Çocukta somatizasyon

Garry Elkins

Scott ve White Kliniği

Texas A&M Üniversitesi, Tıp Okulu

Zihinsel İmgelemli Hipnotik İndüksiyon Kullanımı

I. Zihinsel imgelem ve Çocuk Hipnozu

Çocuk hipnoterapistler için bir zorluk imgelemin yaratıcılığıdır. Çocuklar genellikle fanteziden keyif alırlar ve hikayeleri yetişkinlere göre daha cevapsaldır. İndüksiyon yöntemi alanlarına ve çocuğun geçmişine ve varılacak hedeflere bağlıdır. Orta çocukluk dönemindeki çocuklar için, görsel imgelem tekniklerinin ve hareket yönelimli imgelem kullanımı genellikle uygundur. Bu yaş dağılımındaki çocuklar güncel filmlerle ve Starwars gibi bilim kurgu medyası ile oldukça tanışıktır. Bu tür filmlerin özel efektleri ve içerikleri, macera ve gelecek temaları göz önünde bulundurulursa yaratıcılığı geliştirmektedir.

Aşağıda, yazar tarafından kullanılan bir zihinsel imgelem tekniğinin tasviri bulunmaktadır.

II. Bilim kurgu imgelen tekniği

Önceki seansta, rapor kuruldu ve çocuğun sevdiği filmler hakkında bir tartışmayı içeren ön indüksiyon konuşması yapıldı. Genellikle bu görülmesi mümkün olan kısa film bölümlerini, işitsel ve videokasetler ya da kitapları içerir. Çocuktan daha sonra bir bilim kurgu hayal etmesi istenir ve bir uzay gemisinde bir gezintiye çıkması. Eğer çocuk gözleri kapalıyken rahatsa, aşağıdaki telkin genel rahatlama ile verilir ve dikkat üzerine odaklanılır. Sonra da aşağıdaki yaklaşım uygulanılır:

Senden rahatlamanı ve uzay gemisi içinde bir gezintiye çıkmak için hazırlanmanı istiyorum. Sadece geminin kokpitine otur arkana yaslan. Şimdi uzay kemerini bağla ve oksijen maskeni tak. Şimdi maskenden derin bir nefes al. Her nefes aldığında daha fazla rahatlayacaksın ve uzayda bir macera için kalkışa hazırlanabilirsin. Maceraya başlamak için hazır olduğunda gözlerini kapatabilirsin. Çok güzel.	Katılım için imgelem Rahatlamanın derinleşmesi Birlikte çalışmayı güçlendiriyor ve olumlu cevap beklentisi. Görsel imgelem transı derinleştirmeye yardımcı Kol kalkması ve dissosiasyon Dolaylı telkin, genel hedefi belirlemek Merak uyandırmak

Şimdi önünde kontrol panelini görebilir ve motorların kükremesini duyabilirsin. Hazır olduğun zaman, kontrol paneline uzanabilir ve "roketleri ateşler" ve uzaya tırman. Sen kalkarken koltuğun basıncını hisset. Çok iyi. Camdan dışarı uzaya bakabilirsin ve yıldızları yanından geçerken görebilirsin. Bak, güzel yıldızlar ve ilginç gezegenler.

Şimdi, uzayda yer çekimi yok ve bundan dolayı çok eğlenebilirsin. Vücudun çok hafifliyor ve ellerin yukarı doğru çekilmeye başladı çünkü ağırlıksız hissediyorsun. Çok iyi. Şimdi, arkadaş canlısı bir gezegene inebilirsin ve güzel bir macera yaşayabilirsin ve "yeni bir şey öğrenebilirsin". Gemiyi gezegene indirirken daha fazla rahatlayabilirsin ve kollarını sandalyenin kolçaklarına geri getirebilirsin. Şimdi kendini uzay geminsin kapısına çıkıp gezegene bakarken görebilirsin.

(Burada terapist problemle baş etmek ve problemi çözmek için yardımcı terapötik yaklaşım olarak istediği kadar hayali karakter, araçlar ve manzaralar çağırabilir).

Acısın olan çocukların tedavisinde, aşağıdaki yöntem kullanılmıştır:

Şimdi bu gezegendeki ağaçlara ve binalara bak. Birisi ile tanışmanı istiyorum. Orada "Dr. Zargon'u" görebilirsin. Çok ünlü bir uzay gezginidir ve bu galaksinin doktorudur. Ve senin elini sıkarken onun iyi olduğunu görebilir ve hissedebilirisin. Şimdi, Dr. Zargon acı ile ilgili bir problemin olduğunu biliyor ve O sana bir şekilde

| Aktif katılımı desteklemek-zihinsel imgelem |
| Olumlu bir cevap beklentisini arttırmak |
| Semptom değiştirmek |
| Koşullama |

yadım edebilir. Dr. Zargon'un süper bir makinesi var ve buna acının üzerine tutunca acıyı hissizleşip gıdıklanmış hissettiriyor. Acı giderken, biraz gıdıklanıcı bir his hissedebilirsin ya da acının olduğu yerde ılık bir his. Şimdi Dr. Zargon makinesini acının üstüne odaklıyor, gıdıklayıcı his ya da ılıklık başlıyor. Çok iyi. Değişik duygu başlarken, Dr. Zargon!a bunu sağ elini kaldırarak haber verebilirsin. İşte böyle.

(O seanstaki hedefe ulaşılana kadar benzer telkinler verilir. Seansı sonlandırırken, çocuğa şu söylenir)

Şimdi çok iyi ve rahatlamış hissediyorsun ve uzay gemine ve dünyaya dönme zamanı geldi.

| Pozitif tekrar yönlendirme telkini |

29

ÇOCUKLAR İÇİN HİPNOTİK İNDÜKSİYONLAR

Yayımcının izni ile yayınlanmıştır:
*Gardner, G., & Olness, K. (1981). Hypnosis & Hypnotherapy with Children, New York: Grune & Stration
[İkinci baskısı Bahar, 1988'de basılacaktır]*

Giriş: Aşağıdaki materyaller çocuklar için hipnotik indüksiyonların sözel örneklerdir. Hipnotik indüksiyonun seçimi, bir çocuğun gelişimsel kademesine, öğrenme stiline, kültürüne, sevdiklerine, sevmediklerine ve ilgilerine bağımlı olduğunu gösteren rehberler olma niteliğindedir. Terapistlere, sadece daha önce profesyonel olarak çocuklarla çalışmayı deneyimlemiş ve çocuk gelişimi hakkında bilgileri varsa aşağıdakileri kullanmaları önerilir.

Görsel İmgelem Teknikleri,

En Sevdiğin Yer İndüksiyonu: "Daha önceden olduğun ve tekrar olmak istediğin favori bir yer hakkında düşün. Eğer gözlerini kapatırsan bu daha da kolay olabilir ancak eğer istiyorsan açık kalabilirler ya da kapayana kadar açık bırakabilirsin". (Çocuğun size mekanla ilgili detayları vermesini sağlayın, böylece imgelemi teşvik etmek için yardımcı olabilirsiniz. Eğer çocuk en sevdiği yeri düşünemiyorsa, hayalinden bir tane yaratmasını isteyin).

"Kendini gör, o sevdiğin, kendi seçtiğin yerde kendini hisset. Etrafına bak ve şekilleri renkleri gör, sesleri duy. Kendine gerçekten orada olması için izin ver. Herkes için zaman zaman en sevdiği yerde olması iyidir. Olmak istediğin bir yer, nasıl hissettiğini sevdiğin bir yer. Şimdi o iyi hisleri hissedebilirsin. Biraz zaman al ve onların keyfini çıkart. Gerçekten orada olduğunu hissettiğinde, " evet" demek için parmağını kaldırarak bana haber verebilirsin.

Çoğul Hayvanlar: "Hayvanları sever misin? İyi. Hangisini en çok seversin? İyi. Kendini çok güzel bir yerde bir yavru köpek ile (ya da çocuk hangi hayvanı seçtiyse onunla) otururken hayal et. Gözlerini kapamana yardım edebilir. Yavru köpeğin yumuşak tüylerini hisset ve rengine bak. Şimdi, sadece eğlenmek için onun renginin başka renk olduğunu fark et ya da çizgili ya da benekli. İstediğin şekilde olsun ve yavru köpek de çok mutlu. Ne zaman istersen rengi değiştirebilirsin ve tıpkı ilki gibi aynı renklerde ve aynı yumuşak tüylere sahip ikinci bir yavru köpek düşünebilirsin. İki yavru köpek, ve sen kendini onlarla oynarken görebilirsin. Şimdi, üçüncü yavru köpeği oluşturmayı tercih edebilirsin ve onların rengini ilk renge değiştirmeyi ya da başka renge. Eğer istersen bana köpek yavrularını anlatabilirsin".

Çiçek Bahçesi: "Çiçekleri sevdiğini söylemiştin. Güzel ve büyük bir çiçek bahçesinde en sevdiğin çiçeklerle hayal etmek için kendine izin ver. Seninle beraber pelüş hayvanların ya da en sevdiğin oyuncağın olabilir. Canlı renklere bak. Tatlı güzel kokuları kokla. Eğer istersen, onlara dokunabilir ve ne kadar yumuşak olduğunu hissedebilirsin. Bu büyük çiçek bahçesinden, eğer senin için uygunsa istediğin kadar çok çiçek toplayabileceğini hayal et. Kendin için toplayabilirsin ya da özel biri için biraz toplayabilirsin. Kollarını daha büyük ve daha büyük bir buket yapmak için açabilirsin, ta ki istediğin kadar çiçeğe sahip olana kadar. Eğer onları birine veriyorsan, çiçekleri verdiğin zaman o kişinin ne kadar sevineceğini görebilirsin. Sen de mutlu hissediyorsun."

En Sevdiğin Aktivite: "Bana yapmayı sevdiğin bir şeyden bahset (bekle) İyi. Sadece kendini onu yaparken hayal et. Onun keyfini çıkartmak için kendine izin ver." (bu yöntem aktif katılımı vurgular ve bazı çocuklar aktiviteyi fiziksel olarak yaşarlar)

Bulut Seyretmek: "Sevdiğin bazı renkler nelerdir? Peki. Şimdi, kendine bazı gökyüzünde güzel bulutları hayal etmesi için izin ver ve onların sevdiğin renge dönüştüğünü gör. İyi. Şimdi başka bir değişmelerine izin ver ya da muhtemelen birkaç değişik renge. Sen onları izlemeye devam ederken, bulutlar şekil de değiştirebilirler. Neye benzeyeceklerini görmek ilginç olacak. Sen eğer istersen bu bulutların bir parçası olabilirsin, çok rahat hissederek, çok iyi". (Bu tekniği ölmek üzere çocuklar ya da birini ya da hayvanının ölümünü yeni deneyimlemiş bir çocukla kullanmakta çok dikkatli olun)

Harfler: "Bana yazı yazmak istediğini söylemiştin. Kendine üzerinde A olan bir kara tahta ya da bir kağıt parçası görmesi için izin ver. Ve gördüğün zaman bana haber vermek için parmaklarından birini havaya kaldır. Şimdi, A'nın B'ye dönüşmesini seyret. Sonra da B'nin C'ye dönüşmesine izin ver. İstediğin kadar çok harf gör. Kendini çok iyi hissettiğinde, bana tekrar parmağını kaldırarak haber ver." (bu rakamlarla da yapılabilir. Eğer çocuk zor durumda gözükürse, rakamların ve harflerin sembolik bir anlamı olabileceğini göz önünde bulundurun. Örneğin, harfler notlar ve rakamlar da yaşlar olarak. Birisi rakamlar yöntemi ile ani yaş gerilemesi ya da ilerlemesi yaşayabilir ve bu terapötik hedeflere bağlı olarak istenebilir ya da istenmeyebilir.

Televizyon (ya da film): Bana TV seyretmeyi sevdiğinden bahsetmiştin ve en sevdiğin programın _____ olduğundan. Sadece kendini o filmi seyretmeye hazırlanırken hayal et. Seyrettiğin televizyon nerede. Sadece rahatla ve hazır olduğun zaman, televizyonu aç. İstediğin kanalı açarken çıkan tık sesini dinle. Şimdi en sevdiğin programı görebilirsin. Ses ve görüntü senin için uygun olduğu zaman bir parmağını kaldırarak bana haber verebilirsin. İyi. Sadece izlemeye ve dinlemeye devam et, rahat çok rahat ve iyi hissederek. (eğer çocuk tıbbi bir süreçte ise, telkinleri izlemeye devam etmesi için tekrarlayarak verin. Eğer hipnotik ya da post hipnotik telkin vermek istiyorsanız bunlar programın içeriğini yönlendirebilir. Örneğin, çocuk ağızdan ilaç almayı ret ettiyse, televizyon kahramanının hastalığı iyileştirmek için ilaç almaktan memnun olduğunu telkin edebilirsiniz, ya da çocuğun en sevdiği yemeği sorun ve televizyon karakteri o yemeği yesin ve çocukla paylaşmak istesin. Daha sonra ilaç en favori yemek şeklinde halüsinasyon ettirilir.

İşitse İmgelem Yöntemleri

En sevdiğin şarkı: "Bana şarkı söylemeyi sevdiğinden bahsetmiştin. Bunu en çok nerede yapmak hoşuna gidiyor. Şimdi kendini orada hayal et, en sevdiğin şarkıyı söylüyorsun. Şarkıyı zihninden söyle. Bunu çok iyi yapmanın, tam istediğin sesleri çıkartmanın keyfini yaşa. Şarkının sonuna geldiğin zaman parmağını kaldırarak bana haber ver. Ya da onu eğer istersen tekrar söyleyebilirsin (hastaya ritmi ya da birkaç parmağı ile ritmi vurgulaması da söylenebilir, böylece şarkının ne zaman bittiğini bilebilirsiniz.

Müzik Aletleri Çalmak: Çocuğun keyif aldığı bir müzik aletinde en sevdiği şarkıyı çalma yöntemini uygulayın.

Müzik Dinlemek: "Müziği sevdiğinden bahsetmiştin. Ne tür müzik dinlemeyi seversin? Şu an tam olarak ne tür bir müzik duymak istersin? İyi. Şimdi kendini onu çok net olarak, senin istediğin yüksek seste ya da alçak seste dinlerken hayal et. Müzisyenleri seyretmeyi de hayal edebilirsin. Müzik bittiği zaman bana haber ver (esasında bazı çocuklar bir kasedi dinlerken daha iyi yapacaklardır ve hastalardan gelirken en sevdikleri müzik kasedini getirmeleri istenebilir.

Hareket İmgelem Teknikleri

Uçan Battaniye: (yükseklik ya da uçuş korkusu olan çocuklara bu tekniği uygulamayın). "En sevdiğin kişi ile özel bir yere piknik için gideceğini hayal et. Yanında en sevdiğin yiyecek ve içecekler var. Onları görebilir, koklayabilir ve tadabilirsin. Ailenle ve arkadaşlarınla oyunlar oynamanın keyfini çıkart. Yemeyi, içmeyi oyunlar oynamayı bitirdiğin zaman yerde serilmiş bir battaniye görebilirsin. Bu senin en sevdiğin renkte, pürüzsüz ve yumuşak. Üzerine oturabilir ya da uzanabilirsin. Onun uçan bir battaniye olduğunu hayal et ve sen pilotsun. Kontrol sende, yerden birkaç santim yukarı, çimlerin üzerinde uçabilirsin ya da daha yukarılarda, eğer istersen gidebilirsin, ister hızlı ister yavaş, istediğin gibi gidebilirsin sadece onu düşünerek. İnebilir ve arkadaşlarını ziyaret edebilirsin ya da bir hayvanat bahçesine inebilirsin ya da istediğin başka bir yere. Pilot sensin ve kumanda sende. Bir ağacın hizasında uçabilir ve kuş yuvasındaki kuşları görebilirsin.

Hızlanabilir ya da yavaşlayabilirsin. Nereye istersen oraya gitmenin keyfini çıkart. Rahat etmek için ne kadar zaman gerekiyorsa, zamanın var. Hazır olduğun zaman güzel ve rahat bir iniş noktası bulabilirsin ve uçan battaniyeni indirebilirsin. İndiğin zaman, parmağını kaldırarak bana haber ver.

Bisiklet ya da At binmek: "Bir bisiklete binmek ya da bir ata binmek gibi şeyler yapmaktan hoşlanır mısın? En çok hangisini seviyorsun? Pekala. Sadece rahatla ve şimdi onu yaptığını hayal et. Nerede olmak istiyorsan oradasın ve çok mükemmel bir gün. Gitmek istediğin yere, istediğin hızda gittiğini hayal et. Kontrol sende ve nereye istersen oraya gidebilirsin. Gördüklerinin keyfini çıkart. Bu hissin tadını çıkart. İstediğin herhangi bir hızda gidebilmenin keyfini sür ve her sefer hız ya da yön değiştirdiğinde, bunu senin öncekinden daha da rahatlaman için sinyal olduğunu düşün. Çok, çok rahatladığında adım adım yavaşlayabilirlisin,. Güzel bir duraklama ya da dinlenme yeri bul ve dinlen. Çok rahatça" (terapötik telkinler gezinti sürecinde verilebilir)

Spor Aktivitesi: "Bana futbol oynamaktan hoşlandığından bahsetmiştim. Şimdiki yaşta ya da daha da büyükken, en sevdiğin takımda, onların formasını giyerek, en sevdiğin pozisyonu oynadığını hayal ederken, kendine çok rahatlaması için izin ver. Takımına kazanması için yardım ediyorsun. Kaslarını söylediğin şekilde hareket ederken, koşarken, top atarken ve tekmelerken kendi kontrolünü hisset. Kazanan takımla birlikte olmayı hisset ve oyun kazanılana kadar devam et. Oyun bittiğinde bana parmağını kaldırarak haber ver." (özellikle çocuklarla uygundur, eğer sporu seviyorlarsa, kas kontrolü ile hedef pekiştirilir.)

Zıplayan Top: "Bazen nereye istersen gidebileceğini düşünmek eğlencelidir. Kendini zıplayan bir top olarak hayal et, belki de büyük bir tane, ve senin istediğin bir renkte olabilir, hatta çizgili ya da noktalı. Eğer gözlerini kapatırsan daha da kolay olabilir. O zıplayan top ol ve nereye istersen oraya zıpla. Nereye istersen gidebilirsin. Bir ağacın üzerine ya da bir dalına zıplayabilirsin. Nereye istersen gidebilirsin. Evinizin tepesine ya da hastanenin üstüne zıplayabilirsin. Ormanlıktaki bir patika ya da kaldırım üzerinde zıplayabilirsin. Eğer seni herhangi bir şey rahatsız ederse, hemen zıplayıp gitmesini sağlayabilirsin. Kendine durmak için uygun yeri bulana kadar zıplamaya devam et ve durduğun zaman, bana haber ver.

Oyun parkı aktivitesi: Oyun parkına gitmeyi sevdiğini biliyorum ve salıncakta sallanmayı ve kaydıraktan kaymayı. Şimdi oradaymış gibi davranabilirsin. Salıncağa binmiş gibi kendini hayal et ve ileri geri sallanmaya başlıyorsun, başta azıcık sonra ileri ve geri ne kadar hızlı ya da yavaş istiyorsan o kadar. Geri ve ileri. Geri ve ileri. Çok iyi hissederek çok basit. Ve kaydırağa gitmek için hazır olduğunda, salıncağın yavaşlamasına izin ver ve kendini güzel, uzun pürüzsüz bir kaydırağın tepesinde hayal et, tam sana göre bir kaydırak, kaydıraktan aşağı gittikçe daha fazla ve daha fazla rahat hissedebileceksin. Vücudunun yavaşça ve nazikçe aşağı doğru gittiğini hisset. Oldukça yumuşak, çok basit, aşağı ve aşağı, en aşağı vardığında, çok sevdiğin bir şeyi bulabilirsin, çok rahat, aşağı vardığında, en aşağı vardığında, çok sevdiğin bir şeyi bulabilirsin. Çok rahat, aşağı vardığında orada bulduğunun keyfini çıkart, aşağı vardığında, parmağını kaldır. Eğer istersen, bana orada ne bulduğunu söyleyebilirsin.

Ideomotor İndüksiyon Yöntemleri

Bu yöntemler çocuğu kontrolünün dışında gibi gözüken durumlarda acı ya da fiziksel tepkilerde kontrolünün artmasını kazanabileceğine dair ikna etmede oldukça faydalı olabilir. Bunlar aynı zamanda birinin tutumlarının iyileşme sürecine etki edeceği fikrine yardımcı olabilirler. Bu yöntemler genellikle okul çağı çocuklarına en iyi şekilde uyar.

Birlikte hareket eden eller: "kollarını düz şekilde önünde tut, avuç içlerin birbirine baksın, yaklaşık bir karış kadar uzak olsunlar. İyi. Şimdi iki güçlü mıknatıs hayal et, her biri bir elinde. Mıknatısların nasıl da birbirlerini çektiğini biliyorsun. Bu iki güçlü mıknatıs hakkında düşün ve ellerinin kendi kendine hiçbir şey yapmadan birbine daha da yakın hareket etmeye başladıklarını fark edebilirsin. Mıknatıslar ne kadar yakınsa, o kadar güçlü çektiklerini fark et. Ve ne kadar güçlü çekerlerse, ellerinde o kadar birbirine yakınlaşıyor. Yakında birbirlerine dokunacaklar. Bu olduğu zaman, bu hayali mıknatısların gitmesine izin ver, ellerinin ve kollarının rahat bir pozisyona çekilmesine izin ver, derin bir nefes al ve kendine tamamıyla rahatlaması için izin ver.

El kaldırma: Ellerinin ve kollarının sandalyenin kolçağında dinlenmesine izin ver. Parmaklarının altındaki kumaşın malzemelerine dikkat et. Şimdi bileğine bir ipin bağlı olduğunu düşün ve büyük, uçan balonlarda ipin öteki ucuna bağlı, balonlar kendi kendine uçan cinsten. Çok fazla balon, senin en sevdiğin renkler, sadece uçuyorlar, çok hafif, çok basit, çaba harcamadan, sen bu balonların hafifliğine dikkat ettikçe, o elin ne kadar hafiflediğini hissedeceksin (artık "senin elin" yerine el kullanın, disosiasyona yardımcı olur) Yakında parmaklar oldukça hafif hissetmeye başlayabilir. Parmaklardan biri havaya kalkabilir (parmak hareketlerini yakından izleyin ve yorum yapın) İyi. O parmağın hareket ettiğini görüyorum. Sonra hangisi hareket edecek merak ediyorum. Ever. Şimdi bir tane daha hareket ediyor. Şimdi de bütün el. Sadece balonlara odaklan ve eldeki hafiflik hissine ve yükseldikçe, daha hafif hissediyor. Daha hafif hissettikçe, daha da havalanıyor kendi kendine süzülüyor. Yukarı çekiliyor ve daha hafif ve daha yukarı ve daha hafif. Şimdi yumuşak bir esinti hayal et. O el bacağının üzerinde süzülebilir ya da daha da yukarıda ya da şu an olduğu yerde kalabilir, çok rahat, tamamen gevşemiş sonra ele(ya da kola) süzülmesi için izin verebilirsin ya da eğer tercih edersen, ipin çözülmesine ve balonların uçmasına izin verebilirsin ve elin yavaşça geri aşağı rahat bir dinlenme haline çekilmesine izin ver, çok basit, hiç çaba harcamadan (eğer çocuk zorlanırsa daha ileri hareket telkin etmeden katalepsi indükleyebilirsiniz)

Kol alçaltma: Bir kolunu avuç için yukarı bakacak şekilde önüne doğru düze şekilde uzat (gerekliyse çocuğa yardımcı olun) iyi. Şimdi benim o ele bir sözlük (ya da kaya) koyduğumu hayal et. Ağır hissetmeye başladığını fark edebilirsin. Şimdi birinci sözlüğün üstünde, ikinci bir sözlük hayal et. O kol daha da ağırlık hissedebilir. Yakında aşağı doğru çekilmeyi isteyecek. Ağır hissettiğinde, aşağı çekilmesine izin ver. Daha ağır ve daha ağır, aşağı ve aşağı. Şimdi aşağı hareket ettiğini görebiliyorum. Bunun olmasına izin ver (gerekirse daha fazla sözlük ya da kaya ekleyebilirsiniz. Bu tekniği reddeden az sayıda çocuk için, kol katılığı ya da kol katalepsi tekniğine geçin.

Parmak alçaltma: (Bu yöntem ufak çocuklara hitap eder, muhtemelen fiziksel rahatsızlıktan dolayı kol alçaltması zor olan çocuklarda da kullanılabilir. Çocuğa diğer parmakları havaya kaldırırken parmağını sandalyenin kolçağına ya da yatakta dinlendirmesi için izin verin)

" Bu küçük parmağın sandalyenin kolçağında dilendiğini farz et. Diğer parmaklar da dinlenmek istiyorlar. Onları izle, yakında onlarda aşağı ve aşağı çekilmek isteyecekler, dinlenene kadar. Hangi parmağın ilk aşağı çekileceğini merak ediyorum. Bak, şimdi şu bir tanesi dinleniyor. Hepsi dinlendiğinde, tamamıyla rahat hissedeceksin. Eğer istersen gözlerini kapatabilirsin. Daha fazla ve daha fazla rahat.

Kol katılığı: "Bir kolunu bir yana doğru uzat ve bileğini ger. Kolun bir ağacın dalı gibi gergin ve kuvvetli olduğunu düşün. Daha kuvvetli ve daha güçlü. O kadar güçlü ki onu bükemiyorum. Kol çok kuvvetli. İstediği kadar güçlü ve kuvvetli olabilir (bu yöntemin ne kadar kolay ego güçlendirme telkinlerine yönlendirilebileceğini fark edin)

Esrarengiz kavak ağacı: (bu yöntem özellikle gruplarda çok kullanışlıdır, ayrıca yerinde oturamayan küçük çocuklar için de ilgi çekicidir). Ayağı kalk, uzun ve dik tıpkı bir ağaç gibi. İşte bu iyi. Kollarının dallar olmasına izin ver ve gökyüzüne doğru uzat. Ayaklarının köklerin, yerin altına gidiyor. Ne kadar güçlü olduğunu hisset. Çok güçlü, hareket ettirilemezsin. Güneşi hisset ve havayı ve seni daha da güçlü yapmak için dalların arasından gelen yağmuru. Hazır olduğun zaman, gerçekten gücü bir ağaç gibi hissettiğin zaman, seni kaldırmayı deneyeceğim.

Kol katalepsi: Bu eli kaldırırsam senin için uygun olur mu? İyi. Sadece dinlenmesine izin ver. İşi benim yapmama izin ver (eğer çocuk elini ve kolunu kaldırarak işbirliği yaparsa, bu tür bilinçli bir işbirliğinin gerekli olmadığını belirtin ve bilinçli iş birliği olmayana kadar bunu tekrarlayın) " iyi. Sadece elin dinlenmesine izin ver. Onu kaldırma işini benim yapmama izin ver. Tamam. Şimdi o ele sanki bir heykelin bir parçası gibi bak, orada kendi kendine süzülebiliyor." (katalepsiye ulaşabildiğini hissedince adım adım tutmanızı hafifletin) "iyi. El şimdi kendi kendine süzülüyor. Bilinçli olarak öteki elini de kaldır ve farka dikkat et. Şimdi kuvvetli bilinçdışı zihninin istediğini yapmana sana nasıl yardım edebileceğini anlamaya başlayabilirsin.

Artan Rahatlama Yöntemleri

Çocuklar bu yöntemlere yetişkinlerden daha hızlı yanıt verecektir, yanıt oranını gözlemleyin ve tam bir rahatlamanın basit bir telkinle indüksiyonunun sonlandırmaya hazır olun.

Nefesi takip etmek: Gözlerini bacağında herhangi bir yere ya da istediğin bir yere odakla ve her nefes verdiğin sefere dikkat et. Bu his rahatlamadır. Nefes verdiğin zaman kaslarını gevşet. Bunu her birimiz dakikada 10-12 kez yapıyoruz. Nefes vermeye dikkat et ve her sefer rahatlamanı biraz daha ileri götür. Karın kaslarını gevşet. Bir sonraki nefes verişinde, rahatlatıcı hisleri üst bacak aslarına doğru genişlet. Alt bacak kaslarını rahatlat ve bir rahatlık akışını hisset, gevşeme,göğüs kaslarından ayak parmaklarına kadar rahatlama. Kendi rahatlığında ve kendi hızınla ilerle. Hazır olduğun zaman, aşağı sırt kaslarına odaklan, çok rahat hissetmelerine izin ver, üst sırt kaslarını gevşet. Bir gevşeme akışının yayılmasına izin ver, omuzlarından üst kollarına doğru, sonra da alt kol kaslarına, elinin küçük kaslarına ve parmaklarına. Hazır olduğun zaman, boyun kaslarına rahatlaması için izin ver. Onları gevşet ancak kafanı çok rahat tutacak kadar. Bu rahatlama akımının yanak kaslarına, alnına, gözlerinin etrafına, hatta kafatasının minik kaslarına doğru hareket etmesine izin ver. İyi ve tamamen rahat olduğun zaman lütfen bana kafanı sallayarak ya da parmağını kaldırarak işaret ver. Vücudunda henüz rahatlamamış gibi gözüken herhangi bir yer varsa bana söyleyebilirsin ve biz de tamamen rahatlamasını sağlayacak başka şeyler yapabiliriz.

Oyuncak ayı: (özellikle uyuması gerekli çocuklar için faydalıdır, örneğin ameliyat öncesi ve sonrası durumlarda, ancak direkt telkin olarak uyku direnç uyandırabilir. Oyuncak ya da pelüş hayvan çocuğun tercihe göre çıkartılabilir),"oyuncak aynının uykusu gelince ne yapıyor? Nasıl tutulmayı seviyorsa onu o şekilde tut. Kafasının çok rahat olmasını sağla. Belki de onu kibarca okşamalısın, çok kibarca. Bu çok iyi. Uyku geliyor mu? Kollarının huzurlu ve rahat olmasını sağla.

Karnını da unutma, rahat, uykulu. Ayaklarının rahatça olmasını sağla, çok yakında bütün ayıcık uykulu olacak, rahat, uykulu. Eğer istersen onu sallayabilir, çok rahatça çok güzel.. çok güzel bir uyku. Oldukça basit.. çok sessiz"

Bez Oyuncak: Bez bir oyuncakmış gibi yap, tamamen esnek, çok gevşek ve rahat. Tıpkı bez oyuncak gibi olalım ve esnek hissedelim. Şu kolu bir kontrol edeyim. İyi. Şimdi ben onu kaldırdığımda nasıl aşağı gevşediğine bak. Tıpkı bir bez oyuncak gibi. Şimdi de öteki kola bakayım. İyi. Bu da oldukça gevşek. Şimdi her yerinin tamamen

Artan Rahatlama Yöntemleri

Çocuklar bu yöntemlere yetişkinlerden daha hızlı yanıt vereceklerdir, yanıtın oranını gözlemleyin ve tam bir rahatlamayı basit bir telkinle indüksiyonu sonlandırmaya hazır olun.

Nefes Takip Etmek

Gözlerini bacağında herhangi bir yere ya da istediğin bir yere odakla ve her nefes verdiğin sefere dikkat et. Bu his rahatlamadır. Nefes verdiğin zaman göğüs kaslarını gevşet. Bunu her birimiz dakikada 10-12 kez yapıyoruzdur. Nefes vermeye dikkat et ve her sefer rahatlamanı biraz daha ilerlet. Karın kaslarını gevşet. Bir sonraki nefes verişinde rahatlatıcı kaslarını üst bacak kaslarına doğru genişlet. Alt bacak kaslarını rahatlat ve bir rahatlık akışı hisset, gevşeme, göğüs kaslarından ayak parmaklarına kadar rahatlama. Kendi kendine kendi hızına ilerle. Hazır olduğun zaman aşağı sırt kaslarına odaklan, çok rahat hissetmelerine izin ver. Üst sırt kaslarını gevşet. Bir gevşeme akışının yayılmasına izin ver, üst kollarına doğru, sonra da alt kol kaslarına, elinin küçük kaslarına ve parmaklarına. Hazır olduğun zaman boyun kaslarına rahatlaması için izin ver. Onları gevşet ancak kafanı çok rahat tutacak kadar. Bu rahatlama akışının yanak kaslarına, alnına, gözlerinin etrafına, hatta kafa tasının minik kaslarına doğru hareket etmesine izin ver. İyi ve tamamen rahat olduğun zaman lütfen bana kafanı sallayarak ya da parmağını kaldırarak işaret ver. Vücudunda henüz rahatlamamış gibi gözüken herhangi bir yer varsa bana söyleyebilirsin ve biz de tamamen rahatlamanı sağlayarak başka şeyler yapabiliriz.

Oyuncak Ayı: (özellikle uyuması gerekli olan çocuklar için faydalıdır, örneğin ameliyat öncesi ve sonrası durumlarda, ancak direkt telkin uykuya direnç uyandırabilir. Oyuncak ya da bez hayvan oyuncak çocuğun tercihine göre çıkartılabilir)

"Oyuncak ayının uykusu gelince ne yapıyor? Nasıl tutulmayı seviyorsa o şekilde tut. Kafasının çok rahat olmasını sağla. Belki de onu kibarca okşamalısın, çok kibarca. Bu çok iyi. Uykusu geliyor mu? Kollarının ılık ve rahat olmasını sağla, karnını da unutma, rahat, uykulu. Ayaklarının rahatça olmasını sağla. Çok yakında bütün ayıcık uykulu olacak, rahat, rahat, ılık. Eğer istersen onu sallayabilir, çok rahatça, çok güzel, çok güzel bir duygu. Oldukça basit, çok sessiz.

Bez Oyuncak

Bez bir oyuncakmış gibi yap, tamamen yumuşak, çok gevşek ve rahat. Tıpkı bez oyuncak gibi olalım ve yumuşak hissedelim. Şu kolu bir kontrol edeyim. İyi. Şimdi ben onu kaldırdığımda nasıl yumuşak hissettiğine bak. Tıpkı bez oyuncak gibi. Şimdi de öteki kola bakayım. İyi. Bu da oldukça yumuşak. Şimdi her yerinin tamamen yumuşak olmasına izin ver, her yer gevşek ve tamamıyla çok rahat."

GÖZ SABİTLEME TEKNİKLERİ

Bozuk Para Tekniği

Bir bozuk para göster ve çocuktan onu baş ile işaret parmağı arasında tutmasını iste. Bazı çocuklar için baş parmaklarının tırnak kısmına renkli kalemle gülen bir surat çizmek dikkati daha da arttırmaktadır. Küçük çocuklar genellikle en sevdikleri bez hayvanın parayı tutmasını tercih eder, bazen de bir pençe içinde, bazen de burunlarının altında. Gözlerini kendileri tarafından tutulan paraya odaklamaları alakasız gibi gözükür. "Şimdi sadece gülen suratın olduğu parmağın tuttuğu paraya bak. Bu iyi. Bir süre sonra parmaklar (ya da pençe) onu tutmaktan biraz yorulacak ve bir süre sonra para yere kayarak düşecek (ya da koltuğa ya da yatağa). Orada güvende olacak. Onu sonra oradan alabilirsin. Düştüğü zaman sadece gözlerini kapat."

Eldeki Bir Noktaya Bakmak

Rahat bir durumda olana kadar hareket et ve gözlerinin aşağı bakmasına izin ver, kolayca, ellerinin ya da parmaklarının orada bir noktaya, yüzüğünde ya da boyanmış parmağında ya da herhangi başka bir nokta. Sadece beş derin, uzun, rahat nefes alırken orada kolayca tut. Beşinci nefesten sonra, gözlerinin kolayca ve rahatça kapanmasına izin ver.

Stereoskopik Gösterge

(sevdiklerinden bir şeyin resmini seçin)

"Bu görüntüyü gözlerinin önünde kolayca tut. Işığı açacağım. Yaprakların arasında yürüyen yavru kediyi görebiliyor musun? Belki de Oynayacak birisini arıyordur. Renklere bak. Başka ne görüyorsun?"

Biyo-geribildirim

3 ya da 4 yaşlarındaki küçük çocuklar termal bir ekranda değişen rakamları seyrederek etkilenirler ve makine için gözle görülür derece uzun bir dikkat aralıkları vardır. Bazı çocuklardan da sadece değişen rakamları izlemesi istenebilir. Diğerlerinden de sıcak ya da soğuk düşünerek parmak ısılarını değiştirmeleri. Sonuncu yöntem vücut kontrolünü vurgular ve ilgili terapötik telkinler için iyi bir giriş olabilir.

ERICKSON TARZI DİKKAT DAĞITMA VE UTILIZATION TEKNİKLERİ

Bu yöntem özellikle korkmuş çocuklarda ve ciddi ağrısı olan çocuklarda oldukça yardımcıdır. dikkat durumunun negatiften pozitif yönüne çeken mantık kısıtlaması ilgi çekebilir. Terapist bir kez çocuğun dikkatini çekebilirse, transta spontan olarak başlar ve terapötik telkinler kolaylıkla kabul edilebilir. Tekniğin başarısı ilk kurulan raporun ve de terapistin başarısının bir fonksiyonudur (ör. Hızlı empati göstermek). Bazı örnekler:

"Acıyor ve bir süre daha acıyacak. 5 dakika içinde mi yoksa 7 dakika içinde mi yoksa 30 saniye içinde mi yoksa şimdi mi acımanın duracağını merak ediyorum."

"Şimdi sağ elin acıyor. Sol elinin de incinmediğinden emin ol. Burası acıyor mu... peki burası... ya burası?"

"Bunlar oldukça şirin tatlı göz yaşları. Benim için onlardan biraz daha ağlayabilir misin?"

"O köşedeki köpek ne yapıyor?"

"Hava bugün ne renk?"

"O çığlığı dinle. Muhtemelen güçlü ciğerlerin vardır. Şimdi birkaç kere daha çığlık at ve sonra bir fısıltı halinde sayacağız. Bir, iki, üç... fısıldamakta çok iyisin. Çığlık attığın zaman sayacağız ve fısıldadığın zaman sayacağız. Dört, beş..."

Hikaye Anlatma Teknikleri

Terapist çocuğun ihtiyaçlarına ve ilgisine uygun bir hikaye uydurabilir. Bu özellikle acı verici ya da korkutucu tıbbı prosedürlerden geçen küçük çocuklar için özellikle kullanışlıdır. Çocuk da hikayenin fikirlerine katılması istenir. Örneğin, benzer bir hikaye ile başlayabilirsin ve sonra orijinal karakterler yerine doktorlar hemşireler ya da aile bireylerini kolay bilirsiniz. Terapist aynı zamanda hikayeye rahatlama analjezi ve rahatlama olarak serpiştirilebilir.

Makine-Yardımı İndüksiyon Yöntemi

Utangaç ya da çekingen genç bir çocuk bir benzer yaştaki çocuğun hipnotik indüksiyona olan tepkisini içeren bir videokaset izlemekten faydalanabilir. İşitsel kasetler hastane odasında ya da eve giden hastalarda da eğer raport varsa kullanılabilir. Daha önceki deneyimleme varsa ve raport varsa terapist telefonda da gerekli olduğundan indüksiyon yapabilir.

Yaşa Göre İndüksiyon Teknikleri

Konuşma Öncesi (0-2 yaş)

Taktik simülasyonu: ovalamak, vurmak

Kinestetik uyaran: sallamak, bir kolu geri ileri hareket ettirmek

İşitsel uyaran: ulaşabildiğinden başka bir yere yerleştirilmiş müzik ya da herhangi bir vızıldayan ses örneğin; elektrik süpürgesi ya da saç kurutma makinesi, elektrik tıraş makinesi.

Görsel uyaran: hareketli ve şekil, renk ve durum değiştiren diğer nesneler

Bir bebek ya da bez bir oyuncak tutmak.

Erken Sözel (2-4 yaş)

Masal (hikaye) anlatmak

Stereoskopik görüntü

En sevdiği aktivite

Çocukla bir oyuncak kukla, ya da peluş hayvan aracılığı ile konuşmak

Bez bebek

Oyuncak ayı

Videodan indüksiyonu izlemek

Erken Okul (4-6 yaş)

En sevdiği yer

Çoğul hayvanlar

Çiçek bahçesi

Masal anlatmak

Gizemli ağaç

Bozuk para seyretmek

Harf seyretmek

Televizyon fantezisi

Stereoskopik görüntü

Videokaset

Zıplayan top

Termal biyo-geribildirim

Parmak alçaltmak

Oyun parkı aktivitesi

Orta çocukluk (7-11)

En sevdiğin yer
Bulut gezintisi
Bisiklet sürmek
En sevdiği müzik
Para izlemek
Birlikte hareket eden eller
En sevdiğin aktivite
Uçan battaniye
Kol alçaltma
Kasete kendini dinlemek
Elde bir noktaya odaklanma
Kol katılığı

Ergenlik (12-18)

En sevdiği yer
Kol katalepsi
Ele göz sabitleme
Müzik çalmak ya da yapmak
Yetişkin indüksiyonları
Spor aktivitesi
Nefes takip etmek
Araba kullanmak
El kaldırma

30

ARTAN RAHATLAMA İNDÜKSİYONU

D. Corydon Hammond Ph.D.
Utah Üniversitesi Tıp Okulu

Vücuda ve Nefes Almaya Odaklanmak

Sadece arkana yaslanarak başlamanı istiyorum, çok rahatça ve gözlerini kapatarak. Sadece şu an senin için doğru olan şekilde arkana rahat şekilde yaslan. Sen rahatça arkana doğru dinlenirken bu senin daha da rahatlaman için bir fırsat olacak ve hipnotik durumu deneyimlemen çok çok rahat ve çok kibarca ve sen kendini dinlerken hislerini fark etmeye başlatabilirsin ve şu an vücudundaki hislenmeleri.

Ve bunu yaparken dikkatinin birazını nefes alma üzerine odaklayabilirsin (ve sen bunu yaparken, nefes almana dikkat edebilirsin) sadece dikkatinin bir kısmını ver, her nefes almanla ilintili olan hislere ve sen bu davranışlara dikkat ederken, hislerin farklı olduğunu göreceksin, nefes alırken (eş zamanlı nefes al) ve nefes verirken (eş süreli nefes ver). Sadece bu hisleri fark et, nefes alırken (zamanlanmış nefse alışına göre) ve ciğerlerini doldur ve sonra rahatlık hissini fark et, nefes verirken (hasta ile eş zamanlı nefes verirken söyleniyor) ve deneyimlemen için daha fazla rahatlığın gelmesine izin ver.

Artan Rahatlama

Ve şimdi senden ayak parmaklarındaki ve ayaklarındaki hislere kısmen odaklanmanı istiyorum. Sadece bütün kasların ve ayak parmaklarındaki ve ayaklarındaki fiberlerin rahatlamasına izin ver. Muhtemelen bunun nasıl bir şey olduğunu da zihninde resimleyerek, bütün o küçük kaslar ve hücrelerin rahatlaması, gevşek olarak ve derin. Yeni sıkı bir ayakkabı alıp onu uzun süre giydiğinde sahip olduğun bu tür hissi alması için kendine izin vererek. Ve ayak parmaklarındaki ve ayaklarındaki bütün gerginliğin gitmesine izin verebilirsin ve rahatlamanın yayıldığını hissedebilirsin (ara)

Ve şimdi bu rahatlama ve gevşemenin akmaya başladığını hayal et, tıpkı kibar bir rahatlama nehri gibi.

Yukarı doğru bileklerine ve baldırlarına doğru. Baldırlarındaki bütün gerginliğin gitmesine izin ver, derinlemesine izin vererek, ve rahatça ve huzurlu dinlen ve bu rahatlamanın dizlerine kadar geldiğini hissettiğinde, hafifçe kafanı sallayarak beni haberdar et [bekle]

[bir cevaptan sonra] İyi. [bu sinyal hastanın doğru cevap verdiğinden emin olmak için iki kere kontrol edilmeli ve aynı zamanda indüksiyonun geri kalanını hesaplama amaçları için geri kalan zamanı tahmin etmeye yardımcı olmayı sağlar]

Ve bu rahatlığın devam etmesine izin ver, yukarı doğru takip eden, dizlerine ve dizlerinin arkasına, dizlerinin arasından kalçalarına, kalçalarındaki bütün gerginliğin gitmesine izin vererek, muhtemelen bir kez daha bunun neye benzediğini hayal ederek, bütün o iri kasların ve hücrelerin, yumuşak ve gevşek hale gelmesi, derin, rahatlamış. Muhtemelen bacaklarında hafif bir ağırlık hissediyorsundur, onlar aşağı battıkça, gevşek ve rahat. Ve bu ağırlık hissini bacaklarında hissettiğinde, yavaşça başını tekrar salla.

Ve bu rahatlığa izin vermeye devam et, akması ve yukarı yayılması için kendi hızında ve önderliğinde, vücudunun orta kısımlarına doğru. Rahminin içine doğru akarak ve karnının ve midenin (bekle) kalçalarının içine doğru ve sırtının altına. Bu yumuşatıcı derin rahatlamanı milim milim yukarı doğru bütün vücuduna yayılmasına izin ver. Bir kas grubundan ötekine. Adım adım, artarak göğsüne (bekle) sırtına (bekle) omuz küreklerinin arasına ve omuzlarına. Sadece bütün gerginliğin gevşemesine ve uçup gitmesine izin ver. Sanki herhangi bir şekilde nefes alman rahatlamanla birlikte artıyor gibi. Sanki bir şekilde, her aldığın nefes, gerginliği vücudundan dışarı itiyor. Seni daha derine götürüyor [zamanlanmış nefes veriş] ve derine, rahatlığı, her nefes alışında.

Ve bu rahatlamanın boynuna ve boğazına akmasına izin ver. Muhtemelen bir kez daha bunun neye benzediğini hayal ederek, boynundaki ve boğazındaki bütün küçük fiberler ve kaslar için, derince, yumuşak, rahat dinlenme. Bu rahatlamanın boynuna derince çökmesine izin ver. Ve adım adım boynunu kafatasına doğru takip edebilir ve kafa tasının her yerine, sanki başını yıkıyormuş gibi, rahatlama rüzgarları ve dinlenme. Ve bu rahatlama aşağı doğru akabilir, alnına doğru, yanaklarına, ağzın ve çenen. Sadece yüzündeki bütün gerginliğinin gitmesine izin ver, ağzındaki, çenedeki, bütün bu kaslara ve hücrelere işlemesi için izin ver ve rahatlamış...

Şimdi bu rahatlamanın boynundan aşağı akmasına izin ver. Omuzlarından kollarına doğru . Bu rahatlamanın kollarından aşağı, dirseklerine akmasına izin vererek (bekle) el bileklerine, ellerine ve parmaklarına, aşağı parmak uçlarına doğru. Bütün gerginliğinin ve sıkılığının gitmesine izin vererek, bütün stresin gitmesine izin vererek, bütün vücudunda. Sadece vücuduna dinlenmesi ve rahatlaması için izin ver.

KOL DÜŞÜRME İNDÜKSİYON YÖNTEMİ

(hastadan kolunu kaldırması istenir, böylece eli başının az yukarısındadır ve aşağıdaki telkinler verilir) " Parmaklarından birine bak, orta parmağına ya da işaret parmağına. Ona bakmaya devam edebilirsin ya da eğer istersen, gözlerini kapat ve zihin gözünle görselleştir. Gözünü onun üzerine sabitledikçe diğer parmaklarının hafifleştiğini fark edeceksin ve bütün kol daha fazla ve daha fazla ağırlaşacak. Sen o parmağa daha fazla ve daha fazla yoğunlaştıkça, kolun daha fazla ve daha fazla ağırlaşacak. Ancak kolun tamamen aşağı inene kadar derin bir rahatlama durumuna giremeyeceksin. O parmağa konsantre olmaya devam et, kolun ağırlaştıkça ve daha da ağır ve daha da ağır" (aşağı doğru hareket belirgin olunca) " kolun ağırlaştıkça yavaş yavaş aşağı geldiğini fark et, aşağı, aşağı. Ancak kolun tamamen aşağı inip değene kadar sen tamamen derin bir rahatlama durumuna girmeyeceksin. Aşağı gidiyor, aşağı, aşağı, derin daha derin, daha derin1 vs. Telkin kolun gerçek hareketleri ile zamanlanmalıdır, uyumlu olmalıdır)

Bu indüksiyonun dikkat çekmesi gereken birçok açısı vardır. Önce, kol öyle bir duruma yerleştirilir ki yorgunluk doğal olarak onu aşağı doğru itecektir. Aşağı doğru hareket "aşağı" derin bir rahatlama durumuna gitmeye bağlanmıştır. Birey kolunu yukarıda tutmakta ne kadar direnirse şu yönergeyi de daha fazla benimser " kol tamamen aşağı inene kadar derin bir rahatlama durumuna girmeyeceksin. " Ve bu da tabiî ki şu demek oluyor " bu tür bir duruma kolun aşağı inince gireceksin" Sıklıkla gözler de kollarla birlikte aşağı iner ve kol tamamen indiği zaman kapanır, eğer birey onları başta kapatmayı seçmezse. Hastaya verilen bazı seçeneklerde hastanın bilinçli bir şiddet egzersizi hissini gözlemleyin. Esasında, bu seçeneklerden hiçbiri derin bir rahatlama durumuna gitmeyi engelleyecek özgürlüğü vurgulamaz. Hangi parmağa sabitleneceğini seçer. Ona gözünü dikip bakacağını mı yoksa zihninde canlandıracağını mı seçer ve transa girmeme seçeneği de verilmiştir, sadece elini yukarıda havada tutarak. Ancak normal fizyoloji onun aleyhindedir. Er ya da geç yorgunluk ve rahatsızlık hissi o kadar çok olacak ki kolun aşağı inmesi gerekecek. Direnen enerjileri terapistten çok kendi kendine olan kavgasında harcamıştır. Bu da bir şekilde bir baskı tekniğidir. Trans sadece süje tarafından gelen tam bir inkar ile engellenebilir. Bazen süje kolunu hızlıca indirir ve istekli olarak ve sonra gözlerini açar " oyunu oynamayı" red eder. Hiçbir teknik her süjeyi hipnotize edemez ancak bu göz sabitleme fiziksel yorgunluk "uygun seçenek" alçının kısıtlanması ters etki ve tekrarlanması prensiplerini birleştirdiğinden dolayı sıklıkla etkilidir.

31

KATALEPSİ İNDÜKSİYONU

D. Corydon Hammond Ph.D.

Utah Üniversitesi Tıp Okulu

Katalepsi hipnotik bir olgudur (hem indüksiyonu kolaylaştıran, hem de hipnotik durumun daha da derinleştirilmesi için kullanılabilen)

Temel olarak: Hastane bekleyeceğini bilemediğinden dolayı bir şaşkınlık elementi yaratan bir indüksiyondur. Sonuç olarak, ne kadar sıklıkla birisi sizin kolunuzu havaya kaldırıp ve orada dinlenirken ne kadar rahat olabilir bir kol diyordur. Bu indüksiyona eşlik eden telkinler bir beklenti yaratır ve ne olacağına dair bir meraklanma hissi yaratır.

İndüksiyon hipnoterapistin hastaya oldukça yakın, yanında oturmasını gerektirir. Yazarın bu indüksiyonu kolaylaştırmak için yöntemi, yukarıdan kibarca hastanın bileğini işaretlemek ve baş parmağını bileğin altına yerleştirmek ve ilk olarak bileği baş parmak ve orta parmakla tutmak. Kolun nefes alma anında kol hastanın boynu civarında bilek bükük olarak kaldırılır. (bu hastaya doğal bir nefes alırken de yapılabilir ya da hastadan gözlerini kapatması ve derin bir nefes alması istenir) Sözlü telkinler sonra verilir.

Hastanın kolu yerleştirildikten sonra ve halen oldukça ağır olduğu bulunduysa, sözsüz bir hareket yapılabilir, bileği hafifçe yukarı durduğu noktadan biraz daha yukarı kaldırarak ve sonra yavaşça aşağı inerek sanki eli bir levyeye ya da kancaya yerleştiriliyor gibi. (spontan olarak başka bir sözel telkin de verilebilir) Hastanın eli daha da hafifleyecektir, siz bunu yaparken baş parmağınız bileğin altında olacak onu tutmaya devam edebilirsiniz. Hastanın eli havada daha da sabit hale geldikçe, kademeli olarak ve neredeyse hiç fark edilmeyecek şekilde orta parmağınızla olan kontağı kesebilirsiniz, baş parmakla kolu tutma derecenizi de hafifleterek. Ancak baş parmak halen bileğin altında hafifçe durmaya devam edecektir ve o kontağı bitirecek son parmaktır. Kademeli olarak baş parmağı kaldırırken, hastanın elinin tersine ve alnının altına diğer parmaklarınızla çok hafif sıklıkla, dikkat dağıtıcı dokunuşlar yapın. Bu el böyle bir şekilde bırakılarak, hastanın o net dakikada kontağın bırakıldığını ayırt etmesi zordur.

Katalepsi yaratıldığında, bazı seçenekler mümkündür. Göz sabitlemeyi kullanabilirsin, hastanın elinde bir noktaya bakmasını sağlayarak (eğer hasta başlangıçta gözlerini kapatmadıysa). Katalepsi oluşturulduktan sonra, yüze doğru kaldırma ya da ağırlık hissi telkinleri verilebilir. Hastanın hipnotik kapasitesini bilmiyorsanız, çift taraflı telkin vermek zekice olabilir. Çift taraflı telkin iki seçeneği de içerir: " ve el tam orada dinlenirken, bilinçdışı zihnin onun bir hafiflik üretmesine sebep olup olmayacağını düşünmeye başlayabilirsin, ve yüzüne doğru süzülmeye başlayacak ya da güzel bir ağırlık geliştirecek ve bacağına doğru düşmeye başlayacak. Ve elindeki o noktaya bakmaya devam ederken, hareket etmeye başlayacak". Eğer yukarı hareket ederse, kaldırma telkinleri ardıl telkinlerle birlikte verilir ve yüzüne değdiği zaman hasta çok derin bir rahatlama durumuna batacak. Eğer hastanın gözleri ona sabitlenmişken aşağı doğru hareket ederse, bu gözlerin kapanmasını kolaylaştıracaktır. Ve aşağı hareketine telkinler bağlanabilir " ve o elin ve kolun her aşağı hareketinle ve kıpırdamanla, sen derin ve rahat bir duruma batacaksın. Ancak bacağına değene kadar, gerçekten ne kadar rahat olacağını bilemezsin."

Katalepsi indüksiyonunun pekiştirilmesi, öğrencinin indüksiyonu önce sözsüz açılardaki yeteneklerini geliştirmesini talep eder ve bu da düzinelerce kez tekrarlanmalıdır. İkinci olarak ve en önemlisi olarak, uygulayıcı, indüksiyon derinleştirme sürecini hızlandırıcı sözlendirmeyi öğrenmelidir. Modelleme öğrenmenin en etkili yöntemlerinden biri olduğuna göre, katalepsi oluşturulurken uyaran ya da kol katalepsi de bırakıldıktan sonra sunulabilecek aşağıdaki telkin türlerini çalışmanız önerilir.

"orada ne kadar rahatça durabildin?" (s.60)

"Tam burada kol sabitlendi mi?"

"Burada kendi kendine duruyor"

"Bu kol ne kadar rahat olabilir, tam burada dinlenirken

"Ben tam burada onu bırakmak istiyorum.

Ve onu hareket ettirmek zorunda değilsin. s.60

Sadece onu merak etmenin keyfini sürebilirsin s.61

Ve kol tam burada dinlendikçe ele bakabilirsin ve başka hiç bir şey görme ihtiyacın yok ve yakında kolunun kendinden bacağına doğru aşağı süzülmeye başlarken bulacaksın ve kolun her bacağına doğru hareketinde rahatlaman daha fazla ve daha fazla artacak.

"bir sürpriz ister misin? (ele yukarı doğru rehberlik et ve kataleptik olarak bırak) "gözlerini kapat ve zihninin ileri gitmesine izin ver, çok güzel sevimli bir yerde olduğunu hayal et, çok uzaklarda ve hayal ettikçe ve kendince o yerin keyfini çıkarttıkça, o el ve kol aşağı doğru süzülmeye başlayacak, sonunda ve her elin aşağı hareketinde sen de aşağı gömüleceksin, daha derin ve daha derin bir duruma, sen rüyana devam ederken.

(Bu yöntem katalepsi yaratmanın karmaşıklığını içermektedir, aynı zamanda kolun aşağı

"elini yukarı kaldıracağım ve senden onu izlemeni istiyorum. Şimdi bu ele bak ve seyret ve onu tam orada görüyorsun ve ben onu aşağı koymayacağım. Onu orada bırakacağım ve eli seyretmeye devam et ve ben elini tam burada bırakacağım... ve sen elini seyretmeye devam edebilirsin, istersen gözlerin kapalı olarak" s.52-53

(katalepsi oluşturduktan sonra ve kaldırma uygulanırken) ve gözlerinin ne zaman kapanacağını merak ediyorum? Elin yüzüne değmeden önce mi sonra mı? Katalepsi oluşturduktan sonra, hastaya parmak uçlarına uçan balonlar bağlandığı imgelemi telkin edilebilir ve balonlar daha da yukarı giderken, güneş onları ısıtıyor ve daha fazla ve daha fazla kalkıyorlar. Ve bir meltem de yaratılabilir. Son olarak, elin alçalmasını kolaylaştırmak için ipler birer birer kesilebilir.

(katalepsiyi iki kolla oluşturduktan sonra) ve ben o ellerden hangisinin daha önce süzüleceğini merak ediyorum? Dikkatini ver. Yakında hanginsin bir ağırlık hissi geliştirmeye başladığı hissini almaya başlayacaksın ve aşağı süzülüyor"

(kaldırmayı uygulamak için katalepsi oluşturduktan sonra) "ve elinin kalktığını ve yukarı süzüldüğünü hisset, daha yukarı ve daha yukarı, daha fazla ve daha fazla. İşte böyle. Ve dirsek bükülmeye başlar ve el yukarı süzülür, daha hafif ve daha hafif. Ve o yukarı doğru süzülürken o eli seyretmeye devam edebilirsin, gözler kapalı olarak:

"Bir dakika içinde elini yukarı kaldıracağım ve ondan sonra olacaklar muhtemelen seni şaşırtacak"

"ve elin orada dinlendikçe, daha da hafiflemeye başlayacak mı?"

"ve o el orada dinlenecek mi, yoksa yüzüne doğru süzülecek mi?"

(katalepsi oluşturduktan sonra) "ve o ele bir şey olmaya başlayacak, ancak ne olduğundan henüz emin değilsin ve neler olmaya başlayacağını keşfetmenin keyfine varabilirsin.

(katalepsi geliştirdikten sonra, bu telkinler eldiven anestezisi oluşturmaya başlamak için kullanılabilir) "ve gıdıklanma ve uyuşukluğu henüz fark etmeye başladın mı?

(katalepsi her iki kolda da oluşturulduktan sonra) " ve şimdi hangi elin yüzüne kalkacağını merak etmeye başlayabilirsin ve gerçekten bilmiyorsun. Ancak merak edebilirsin (ara) ve bekle (ara) ve hareketin yoğunluğunu fark et, yakında hangisinin yüzüne doğru süzüldüğünü fark edeceksin. İşte böyle"

(katalepsi üretildikten sonra) " ve sen bu ele tamamen odaklanırken, o elinde fark etmeye başlayacağın bir hissin farkında olmanı istiyorum. Ve bana söyleyebilirsin, elindeki hangi hislerden haberdarsın? (hastanın ılıklık dediğini farz edelim) işte böyle, bu bir tür ılıklık. Ve sen devam ettikçe, o ılıklığa ne olacağını fark etmeye başlamanı istiyorum merak ediyorum, yayılmaya başlıyor mu, sanki ılık ve narin bir rahatlık dalgası gibi.

32

KOL KALDIRMA İNDÜKSİYONU

D. Corydon Hammond Ph.D.
Utah Üniversitesi Tıp Okulu

Kol kaldırma indüksiyonu Erickson (Edmonston,1986; Rossi,1980) tarafından temelleri atılmış gibi gözüküyor. Esasında bir bakıma vücuttan bölünmeyi destekleme eğilimi olabilen ileri düzey bir indüksiyon tekniğidir. Bu indüksiyon genellikle hasta terapist olduğunda ve küçük hareketlere yorum yaptığında çok güzel işler. Diğer tüm bütün indüksiyon, kaldırma diğer indüksiyon yöntemlerinin kullanımını takip eden bir derinleştirme tekniği olarak da kullanılabilir. Ama kaldırmaya yeltenmeden önce ağırlık için (ör. Artan rahatlama indüksiyonundaki) telkinler vermek akıllıcadır.

Kolun yukarı ve aşağı hareket etme anı, ardıl telkin ya da vurgulanmış yönerge kullanmak, değişik hipnotik fenomenlerin üretimi ya da derinleşmesi için mükemmel bir fırsat sağlar. Örneğin: "ve o kolun yüzüne doğru her küçük hareketi ile (ya da bacağına doğru) kendini daha derine ve daha derine gidiyor hisset (ya da kendini zamanda geri daha geri çekiliyormuş gibi hisset) "Ancak, bilinçdışı zihninin problemin kaynağını tanımlayana kadar, o elin yüzüne dokunmasını istemiyorum." Şuna dikkat edilmelidir ki Erickson bazen hastanın kaldırma çabasına sözsüz olarak asist etmeyi tamamen kabul görürdü. Bir el 1-2 cm kalktıysa ama yavaş ilerliyorsa, nazikçe kolun altından destekleyebilirsiniz ya da parmak uçlarına hafif kaldırıcı bir dokunuş yapabilirsiniz. Diğer zamanlarda terapist kısmı olarak kalmış kolu alabilir ve onu yüze yakın bir konumda kataleptik olarak bırakabilir. Bu tür sözsüz dokunuşlar hasta nefes alırken en iyi şekilde uygulanır.

Bazı hastaların ideomotor olguda yetenekli olmasına rağmen genellikle etkili bir tekniktir ve istemeden cevap verecek gözüken gevşek görünüşüne sahip olmayı deneyimlemek genellikle hastayı hipnotize edildikleri hakkında ikna eder. Genellikle eğer bir hasta ideomotor sinyaller üretebiliyorsa (ki bunlar minyatür kaldırma için gereklidir) kol kaldırma uygulamaya kapasiteleri vardır. Erickson'un aşağıdaki örneği, yazar tarafından ek telkinlerle, tam bir indüksiyonun nasıl gözükmesi gerektiğini modeller. Daha sonra, kol kaldırmayı uygulamak için telkinlerin nasıl cümleleştireceği ile ilgili bir çok net örnek sunulmuştur.

Bu tür diyalogları çalışmaya ek olarak öğrenciler bu telkinleri kaydetmeyi ve sayısız defalar içselleştirene kadar dinlemeyi faydalı bulabilirler.

Milton Erickson Tarafından El Kaldırma İndüksiyonu

"Sandalyende arkana yaslanabilir ve dikkatini bacaklarının üzerinde duran ellerine verirken dinlenebilirsin (Terapist sözsüz ipuçları sağlamayı modeller. Her iki el de bacakların üzerinde birbirine değmeden özgürce süzülebilir) ve parmakların ucundaki dokularla kumaşı hissedebilirsin. Şimdi, eğer parmak uçlarındaki dokularla kumaşı hissedersen, bu muhtemelen sana başka bir deneyimi hatırlatacaktır, sahip olduğun başka duyguları."

(Bu noktada bazı ek diyaloglar eklenebilir; "Şimdi ellerin dizlerinin üzerinde çok hafifçe dinlenirken çok hafif dokunurken, senden çok derin üç ya da dört nefes almanı isteyeceğim. Ve sen bunu yaparken, neler oluyor fark et. (hasta bir ya da iki derin nefes alırken bekle) " nefes aldığında ellerinin nasıl da kendiliğinden kalktığını ve biraz süzüldüğünü fark et ve sen ellerini seyretmeye devam ederken, hangi elinin daha hafif olacağını merak edebilirsin ve daha hafif (nefeslere göre zamanla) ve yukarı süzülmeye başlayacak. Ellerden biri daha hafiflerken ciddi, ilginç hisleri fark et, daha hafif (nefes alışa göre zamanlı) kalkıyor, kalkıyor ve yukarı işte geliyor. Ed)

Şimdi sen devam ettikçe parmakların kumaşın dokusunu duyguları hissetmeye muhtemelen elinin daha da hafiflediğini hissedeceksin. Muhtemelen elinin daha da hafiflediğini hissedeceksin, daha da hafif ve daha da hafif. Şimdi bilmiyorum hangi parmak daha önce hareket edecek. (implikasyonu fark et: soru "eğer" hareket edip etmeyeceği değil, ancak hangisinin önce hareket edeceği. Ed) Birinci olabilir, ikinci, üçüncü, dördüncü ya da beşinci ve parmakların hareket etmeye başladıktan sonra, bileğinin kalktığını hissetmeye başlayacaksın. Bileğin kalktıkça dirseğinin büküldüğünü hissedeceksin. Dirseğin büküldükçe, bileğin daha yukarı ve daha yukarı kalkacak (nefes alma için zaman)(bekle) ve daha fazla.

" ve daha fazla ve daha fazla yukarı giderken (bekle) ve halen daha yukarı, göz kapakların dinle direkt bir ilişkide alçalabilir. Ve elin daha yukarı ve yukarı gittikçe muhtemelen dirseğin yukarı kalkacak böylece yüzüne daha da yakınlaşacak ve el daha da yüzüne yakına geldikçe muhtemelen daha da yavaş hareket edecek, ta ki sen derin bir nefes almaya hazır olana kadar ve gözlerini kapat ve derin bir transa gir.

"elin yavaşça yüzüne doğru hareket ediyor, ancak elin yüzüne dokunana kadar transa girmeyeceksin. Her ihtimalde transı bazı dakikalar için hatırlamayabilirsin. Muhtemelen elin yavaşça dizine, sana derin transa gireceğinin sinyalini verirken. Onu tanıyabilecek misin? (yayıncının izini ile basılmıştır.

KOL KALDIRMA İÇİN DİĞER TEKNİKLER

Aşağıdaki örnekler Erickson , Rossi (1981)den yayımlanmıştır.

"Senden bir tanesi yüzüne doğru yavaşça hareket edene kadar beklemeni istiyorum. Hangisi? Senin bulman lazım. Bir seçim olacak. Belki sağın, belki de solun. Eğer sağ elini kullanıyorsan solun olabilir. Eğer sol elini kullanıyorsan sağın olabilir. Ya da baskın elin olabilir. Gerçekten bilmiyorsun. Sadece bekle ve bilinçdışı zihninin bir seçim yapmasına izin ver. Ve yavaşça elin hafiflemeye başladığının farkına varmaya başlayacaksın. Bundan haberdar olabilir ya da olmayabilirsin. Biraz değişik hissedebilir ve hareket için bir eğilim, dirseklerde bir yoğunluk hissediyorsun,.s70-71

"Elin biraz daha tepki veriyor ve yakında dirseğin oyuna dahil olacak s.73. "ve şimdi daha da ilerliyorsun! Kendi bireysel el kaldırma yöntemini göstererek... ve elinin, ne zaman elbisene kadar olan tüm yolu alacağını merak etmeye başlıyorsun. Ya da hangisinin elbisen ile daha önce kontağı keseceğini merak edebilirsin. Kontağı kaybediyor, burada, orada. Ve senin hangi elin olduğunu bilip bilmediğini bile bilmiyorum ancak bu önemli değil s.76

"ve şimdi er ya da geç bilinçdışı zihnin tarafından bir itilme olacak. Elin yukarı doğru itilecek ya da çekilecek s.77

"ve sana bir soru soracağım ve sen bu sorunun cevabını bilinçli olarak bilmiyorsun ve cevabın ne olduğunu beklemen ve görmen gerekecek. Sana bilinçdışı zihninin önce hangi elini kaldıracağını soracağım. Sağ ya da sol ve sen gerçekten bilmiyorsun. Ancak, bilinçdışın biliyor. İşte böyle ve ellerinden birini kaldırmaya başladı. Kaldırıyor, kaldırıyor, kaldırıyor (bunu söylerken yavaşça vücudunu geri ve kafasını yukarı hareket ettir) yukarı kalkıyor ve şimdi onu seyret. İşte böyle. Kalkarken seyret kalkıyor kalkıyor., yukarı geliyor, daha yukarı kalkıyor ve onu seyret yakında onu fark edeceksin ve elini seyretmeye devam et ve seyretmeye. Ve eğer istersen, gözlerini kapatabilir ve sadece elinin daha yukarı ve daha yukarı kalktığını hissedebilirsin. İşte böyle. Hala daha fazla kalkıyor. İşte böyle, dirsek bükülmeye başlıyor ve el yukarı gelecek, işte böyle dirsek bükülmeye başlıyor ve el yukarı gelecek işte böyle" s.157-158

"Şimdi o eli yüzüne daha yakınlaşırken ve daha da yakınlaşırken izle. İşte böyle , işte böyle ve.. kolunun hareketine, bükülen dirseğine, hislerine ve elinin nasıl yüzüne yaklaştığına... daha da yaklaştığına... tam dikkatini vermeni istiyorum. Ve çok kısa zamanda, yüzüne değecek ,ancak sen derin bir nefes almaya hazır olana kadar ve gözlerini kapatana kadar, yüzüne değmeyecek ve derine git... ses uykusu, işte böyle... neredeyse hazır... neredeyse hazır. İşte böyle, işte böyle ve hareket ediyor. İşte böyle, yüzüne değmesi için bekliyorsun ve o derin nefesi almak için hazırlanıyorsun. Derine gitmek şimdi dokunuyor, işte böyle... neredeyse dokunuyor, şimdi ...ve sen o derin nefesi alıp, gözlerini kapatana dek dokunmayacak s.160-161.

" ve sen hangi elin kalkacağını bilmeyeceksin. Beklemen ve görmen gerekiyor ancak emin olmayacaksın. S.155

"ve sol elin karşı konulamaz şekilde yüzüne doğru hareket ederken, bilinçdışı zihnin gerçekten hazır olana kadar, yüzüne değmeyecek ve daha yakına ve daha yakına hareket ediyor s.159

" ve şimdi sol elinin yüzüne dokunacağını biliyorum ve bu tamamlandığında derin bir transta olacağının farkındasın s.160

"yakında sağ elin ya da sol elin olabilir, yukarı kalkmaya başlayacak ya da aşağı basabilir ya da hiç hareket etmeyebilir ancak biz sadece neler olacağını görmek için bekleyeceğiz… Belki de baş parmak ilk olacaktır ya da küçük parmağında bir şeyler olduğunu hissedebilirsin, ancak elinin yukarı kalkması ya da aşağı inmesi ya da sabit kalması önemli değil… önemli olan, elinde gelişebilecek herhangi hisleri senin tamamen hissedebilme yeteneğindir s.96 (Erickson MH (19) Derin Hipnoz ve İndüksiyonu

" ve o el yüzüne doğru süzüldükçe …gözlerinin elin yüzünü ellemeden mi, elledikten sonra mı kapanacağını merak ediyorum"

"bir çoğumuzun elimizi arabanın camından dışarı tutmak gibi bir deneyimi olmuştur ve bu his havanın akımında elimizin süzülmesidir.

(ikili bir değerlendirmeden sonra) " ve şimdi hangi elin daha önce aşağı akmaya başladı. Biri ya da öteki daha aşağı… ve aşağı gidecek.

"biri ya da diğeri kalkacak… ve sen bir tanesinin olmadığını düşünebilirsin. Sağ elin yüzüne doğru yukarı hareket edecek; sol elinin hareket etmeyeceğini düşünmek isteyebilirsin".

"ve sadece elini…elini izlemeye devam etmek, oldukça ilginç olabilir. Ve daha da yaklaştıkça… daha fazla yüzüne dokunması için ,sabırsızlanmaya başlayabilirsin.

Kaldırmayı Uygulamak İçin Sorular Kullanmak

"ve sadece ellerini gözlemlerken merak edebilirsin, hangisi o hafifleme hissini önce hissetmeye başlayacak? Sağ elin mi …, yoksa sol elin mi…? Ya da, her ikisi de o tür bir hafifliği aynı anda mı yaşayacak? Ve nasıl hareket edecek? Yumuşakça mı kalkacak yoksa hafif ufak hareketlerle mi? (bu eğer kaldırma oluşup oluşamayacağından odağı ne zaman ve nasıl oluşacağını değiştirir)

"ve sen eline konsantre oldukça, hangi elinin daha hafif olduğunu bana anlat (dolaylı olarak birinden birinin daha hafif olacağı ve kaldıracağı telkin edilir ve dikkatini elleri üzerine odaklar.)

(ilk katalepsi oluşturulduktan sonra) ve tam orada kalacak mı yoksa yüzüne doğru süzülmeye başlayacak mı?

Ellerin nazikçe bacaklarının üzerinde dinlenirken, rahatlamayı hissedebiliyor musun? (terapist gösterirken) İşte bu... birbirlerine dokunmalarına izin vermeden. O ellerin sonsuza kadar öyle hafif dinlenmesine izin verebilirsin, öyle ki parmak uçların çok hafifçe bacaklarına dokunabilir. İşte böyle, onlar çok hafifçe dinlenirken, her aldığın nefeste birbirleri ile biraz daha kalkmaya çalıştıklarını fark edeceksin. Daha da hafif... ve basitçe kendi kendilerine kalmaya başladılar mı vücudunun geri kalanı daha fazla ve daha fazla ve daha fazla dinlenirken ve bu böyle devam ederken, bir el ya da öteki ya da ikisi daha fazla kalkmaya devam edebilir. Ve o el orada kalmaya devam edip ve daha yukarı ve daha yukarı kalkmaya devam ediyor mu? Azar, azar kendi kendine. Diğer el onu yakalamak istiyor mu ya da diğer el bacağının üzerinde dinlenebilecek mi? İşte böyle, ve bu el ufak, küçük hareketler ile kalkmaya devam edecek mi ya da bu kalkma el yüzüne doğru gitmeye devam ederken daha da yumuşak ve daha da yumuşak bir hale mi geliyor?

Daha hızlı mı hareket ediyor yoksa daha yavaş mı... yüzüne yaklaşıp, rahat dinlenirken... Yüzüne son olarak dokunmadan önce , biraz duraklama ihtiyacı duyuyor mu...? Böylece, transa gireceğini bileceksin... Ve senin bilinçdışın ,daha derine gitmene izin vermeye hazır olana kadar, dokunmayacak değil mi... Ve vücudun, otomatik olarak derin bir nefes alacak, elin yüzüne değdiğinde ve sen gerçekten dinlenirken... ve kendini daha derine gider deneyimlerken... İşte bu, ve derinleşen rahatlama hissinin fark etmek ,rahatsız edecek mi? O el yavaşça bacağına ,kendi kendine dönerken ve bilinçdışı bir rüyada olacak mı, o el dinlenirken ? (Erickson Rossi 1979 s.30-31)

" ve sen buna dikkatini verirken, sol eline ne olmaya başlıyor?"

Sonuç olarak, bu tür bir indüksiyon türüne hastanın kişilik stili ve ihtiyaçları da eşlik edebilir. Örneğin, çok yüksek derecede rekabetçi bir hasta ile Erickson iki el kaldırma arasında bir yarış oluştururdu, hangisinin daha önce yarışı kazanacağı üzerine. Bir eli daha hızlı ilerliyor olarak tanımlardı ve diğerinin de hızlanıp hızlanmayacağını ve hangisinin yarışı önce tamamlayacağını merak ederdi.

BARBER'İN HIZLI İNDÜKSİYON GEÇİŞİ

Giriş: Analjezi için bu indüksiyon ve prosedürü ve post hipnotik telkinler izin verici ve dolaylı olan bir yaklaşımın güzel örneği olarak üretilmiştir.

(işbirliği geliştirilmesi) Seninle bir dakikalığına senin tahmininden daha da rahat ve dinlenmiş hissetmeyi isteyip istemediğini görmek için konuşacağım. Şu anda hissettiğinden daha rahat hissetmek ister misin?

Eminim sana ben hiçbir şey yapmadım gibi geliyordur, hiçbir şey olmadı. Biraz daha rahatlamış hissedebilirsin, bir dakika içinde, ancak merak ediyorum, herhangi başka bir değişim hissedecek misin. Pekala, o zaman... daha fazla rahatlamış hissetmeye başlamak için en iyi yol olabildiğince rahat oturarak başlamak olur... devam et ve kendini istediğin en rahat pozisyona göre uyarla (derin bir rahatlama)... işte böyle, şimdi ne kadar rahat hissedeceğini fark etmeni istiyorum sadece derin büyük, tatmin edici, derin bir nefes alarak. Devam et... büyük, derin, tatmin edici bir nefes... işte böyle.. ne kadar iyi hissettiğini şimdiden fark edebilirsin... boynunun ve omuzlarının ne kadar ılık hissedebileceğini....şimdi, sonra... senden beş adet çok derin nefes almanı istiyorum, çok rahat nefesler... ve nefesini verirken fark edeceksin, omuzlarının ne kadar rahatlayabileceğini fark et... ve gözlerinin kapalıyken ne kadar rahat olacağını fark et... ve kapandıklarında kapalı kalmalarına izin ver (göz kapatma).. işte böyle, şimdi şunu fark et... ve fark et, şunu da, nefes verdiğin zaman rahatlamaya başladığını hissedebilirsin... iyi, işte bu iyi şimdi nefes almaya devam ederken, rahatça ve derinden ve ritmik olarak, senden tek yapmanı istediğim zihninde resimlendirmen... sadece bir merdiven boşluğu hayal et, istediğin türden... 20 basamaklı sen en tepesindesin... şimdi, bütün 20 basamağı bir seferde görmen gerekmez, herhangi birini ya da hepsini görebilirsin, hissettiğin şekilde... bu iyi... sadece kendini fark et merdivenlerin en tepesinde ve üzerinde olduğun basamak ve istediğin diğerlerini fark er... her nasıl görüyorsan iyidir.. şimdi, bir dakika içinde ancak şimdi değil saymaya başlayacağım yüksek sesle birden 20ye kadar ve... tahmin edebildiğin üzere... ben her numarayı saydığımda sen merdivenden bir basamak aşağı inmeni isteyeceğim... kendini aşağı inerken gör, kendini aşağı inerken hisset, her saydığım rakam için bir basamak... her bir numara, numara ne kadar büyükse merdivende o kadar ileri... merdivenden daha aşağı, kendini daha fazla rahat hissedebilirsin. Her numara için bir adım... tamam hazırlanmaya başlayabilirsin... şimdi başlayacağım... (her rakamı hastanın nefes verişi ile söyleyerek, herhangi bir rahatlama işaretini gözleyerek ve onun üzerinde yorum yaparak).. BİR... merdivenden bir basamak aşağı ... İKİ... merdivenden iki basamak aşağı... bu iyi... ÜÇ...merdivenden üç basamak aşağı... ve belki de her ne kadar rahatlamış hissedebileceğinin farkına vardın bile... vücudunda diğerlerinden daha fazla rahatlamış bir bölüm var mı merak ediyorum... muhtemelen omuzların boynundan daha fazla rahatlamış hissediyordur... muhtemelen bacakların kollarından daha fazla rahatlamış hissediyordur... bilmiyorum ve gerçekten de önemli değil... önemli olan senin rahat hissetmen... hepsi bu... DÖRT... merdivenden dört basamak aşağı, muhtemelen vücudunda rahatlamış olan yerleri hissederek... alnındaki derin rahatlama dinlendirici ağırlık yayılmaya ve akmaya başlayıp başlamadığını merak ediyorum... aşağı, gözlerinden geçerek, aşağı yüzünden ağzına ve çenene... boynundan aşağı, derin, dinlendirici, ağır...BEŞ... merdivenden beş adım aşağı... yolun çeyreği tamam ve henüz başlıyor, muhtemelen, gerçekten kendi rahatlamanın ve dinlenmenin keyfini çıkart... ALTI... merdivenden aşağı altı adım... rahatsız eden seslerin çok azaldığını... duyabileceğin rahatlama ve dinlenme deneyiminin bir parçası olacak bütün sesler.. fark edebileceğin her şey rahatlama ve gevşeme, rahatlamanın ve dinlenmenin bir parçası haline geliyor... YEDİ... merdivenlerden yedi basamak aşağı... işte bu iyi... muhtemelen ağır, dinlendirici rahatlatıcı hissin omuzlarından aşağı, kollarına yayıldığını hissediyorsundur... (şaşırtıcı olarak, kol ağırlığını izin verici şekilde uygulayın) Bir kolun diğerinden daha ağır olduğunu fark ettin mi merak ediyorum... muhtemelen sol kolun sağ kolundan biraz daha ağır hissediyordur... bilmiyorum, muhtemelen ikisi de eşit derece, rahat bir ağırlık hissediyordur... gerçekten sorun değil... sadece kendine bu rahat ağırlıktan daha fazla ve daha fazla haberdar olması için izin ver... ya da bu bir hafiflik hissi mi?... ben gerçekten bilmiyorum, ve gerçekten önemli değil...SEKİZ... basamaktan sekiz adım aşağı... rahatladıkça, kalbinin daha hızlı ve sert attığını göreceksin, muhtemelen parmaklarındaki gıdıklanmayı hissedeceksin... muhtemelen ağır göz kapaklarının aşağı inmesini merak edeceksin. (her rakam her ağırlık telkini ve aynı zamanda hipnotist de daha da yoğun dinleniyor) DOKUZ... merdivenden dokuz adım aşağı, rahatça nefes alarak, yavaşça ve derince... sakın, ağırlığın gerçekten aşağı çektiğini fark ederek, mutlu, dinlendirici, rahatlatıcı dinlenmenin vücuduna yayıldığını hissederken... ON... merdivenden on basamak aşağı... merdivenlerin sonuna varmamız için yolu yarıladık, orada neler olduğunu merak ederek, belki de orada hiç bir şeyin olup olmadığını (nefes vermek yardımcı olabilir... tepkiyi gözleyin)... ve gerçekten sorun olmadığını bilerek oldukça huzurlu dingin hissederek, rahat dinlenmenin yayılarak büyüdüğünü fark edin. .. ONBİR... merdivenden aşağı onbir adım... belki de inanılmaz derecede ağırlaştığını hissederek daha fazla ve daha fazla rahat, seni rahatsız edecek hiç bir şey yok, seni engelleyecek, sen daha fazla ve daha derin rahatlarken... ONİKİ... merdivenden on iki basamak aşağı... benim sesimi ne kadar rahat duyabildiğinin farkına vardın mı merak ediyorum...sana söyleyebileceğim kelimeleri anlayabiliyorsun (telkine dikkat edin) .. başka seni rahatsız edecek, dikkatini dağıtacak hiçbir şey yok... ONÜÇ... merdivenden onüç adım aşağı, daha fazla ve daha fazla rahatlamış hissedeceksin, rahatlama... ONDÖRT... merdivenden öndört basamak aşağı... muhtemelen battığını hissedeceksin rahat huzurlu vücudun aşağı doğru gömülürken derine ve daha derine sandalye seni rahatsız edecek hiçbir şey yok... sandalyen seni tutarken rahatça ve ılıkça... ONBEŞ... merdivenden onbeş basamak aşağı... yolun üçte biri... derin ve daha derin rahatlık, muhtemelen yapacak hiçbir şey yok... ancak sadece daha fazla ve daha fazla rahatla, muhtemelen yapacak hiçbir şeyin yok)... sadece kendi keyfini çıkart (daha fazla ve daha fazla denetimlemenin keyfini çıkartmak için direkt telkin) .. ONALTI... merdivenden aşağı onaltı adım... muhtemelen o merdivenlerin altında ne deneyimleyeceğini merak ediyorsun... ve daha fazla ve derine inerek daha çok rahatladığını henüz biliyorsun... daha fazla ve daha fazla rahatlık, seni rahatsız edecek hiçbir şey yok, kafana takacağın hiçbir şey... ONYEDİ... merdivenden aşağı on yedi adım... en aşağıda daha yakın ve daha yakın, muhtemelen kollarının ağırlığını ve bacaklarının daha da fazla ne olarak rahatladığını... bu keyfinden başka hiçbir şeyin seni rahatsız etmeyeceğini sadece rahatça dinleme deneyiminin keyfi önemli, rahatsız edecek, engelleyecek hiçbir şey yok (18-20 daha da yavaşça, en altta olma beklentisini arttıracak şekilde söylenir)...ONSEKİZ ... merdivenden onsekiz adım aşağı neredeyse en aşağıda, rahatsız edecek hiçbir şey yok engelleyecek hiç bir şey yok, sen daha derine ve derin rahatlamaya gitmeye devam ettikçe... daha ağır... daha rahat... sakin.. dinlenmiş... gerçekten yapacak bir şey yok, memnun edecek kimsek yok, tatmin edecek kimsek yok... sadece ne kadar çok rahat ve kadar hissedebileceğini fark et ve nefes lamaya devam eder gibi hissetmeye devam ederken, rahatça ve yavaşça... sakince... ONDOKUZ... merdivenlerden aşağı ondokuz adım... neredeyse merdivenlerin en altında... rahatsız edecek, engelleyecek hiç bir şey yok, sen daha fazla ve daha fazla rahatlamış hissetmeye devam ederken daha fazla ve daha fazla rahatlamış ve daha fazla ve daha fazla dinlenmiş... daha fazla ve daha fazla rahat... sadece fark et... ve şimdi... YİRMİ... merdivenin sonu... derince, derin, rahatlamış... her aldığın nefesle daha derine... ve seninle bir dakika içinde hali hazırda çok şey bildiğin bir şey hakkında konuşurken... hatırlamak ve unutmak (amnezi telkini)... onun hakkında çok şey biliyorsun çünkü biz ondan çok biliyoruz... her dakika, hatırladığın her gün... ve sonra unutuyorsun böylece başka bir şey hatırlayabilirsin... her şeyi bir anda hatırlayamazsın, hepsini bir anda böylece bazı anılara sessizce zihninin arkasında dolaşmaları için izin verebilirsin merak ediyorum örneğin dün öğlen yemeğinde ne yediğini hatırlıyor musun... tahmin ediyorum ki çok fazla bir çaba harcamadan dün öğlende ne yediğini hatırlayabilirsin... ve henüz.. merak ediyorum bir ay önce bugün öğlen yemeğinde ne yediğini hatırlıyor musun. Tahmin ederim ki anıları kazmak için harcanan çaba oldukça büyüktür ve elbette ki o ordadır... herhangi bir yerde, zihninin arka kısımlarında... hatırlama ihtiyacı yok, böylece hatırlamıyorsun.. ve merak ediyorum bugün hakkında konuştuklarımız gözlerin kapalı iken, yarın hatırlayacağınız şeyler olacak bunun farkında mısın bilmem... bir sonraki... ya da bir sonraki hafta... merak ediyorum bu zihninin arkalarında sessizce dinlenen şeylerin anılarına izin vermeye karar verecek misin? .. ya da kademeli olarak hatırlayacak mısın, her sefer bir parçasını... ya da hepsini bir seferde, tekrar zihnin arka kısmında dinlenmek üzere... muhtemelen karşılama odasının zihninin yüzeye çıkma yeri olduğunu fark edince şaşıracaksın... belki de şaşırmayacaksın... belki başka bir günde hepsini birden hatırlamayı daha rahat bulacaksın... gerçekten önemi yok... hiç önemi yok... her ne yaparsan yap, nasıl hatırlamayı seçersen seç... iyidir... tamamen doğal... hiç sorun değil... yarını ya da bir sonraki günü hatırlayıp hatırlamaman hepsini bir anda hatırlaman ya da hatırlamaman ya da kademeli olarak... tamamen ya da sadece kısmen... anıya sessizce ve rahatça zihninin arkasında dinlenmesi için izin vermen ya da vermemen... gerçekten hiç önemli değil... ve bugünkü buraya olan ziyaretin senin tahmin ettiğinden çok daha fazla huzurlu ve rahat olduğundan şaşırmış hissedip hissetmeyeceğini merak ediyorum (analjezi telkinleri) Merak ediyorum bu sürprizi fark edecek misin... başka hiçbir duygu yok... muhtemelen bu sürprizden dolayı meraklı hissedeceksin... sürpriz ve merak... ve merak ediyorum bunu bugün fark etmekten dolayı memnun olacak mısın... ve herhangi bir gün ... başını koltuğun aksine geri dinlenir hissettiğin zaman (direkt hipnotik telkin analjezi için)... başını bu şekilde geri dinlendir... şu an ne kadar rahat hissettiğini hatırlayacak gibi hissedeceksin... şu an bile hissettiğinden daha da rahat rahat dinlenmiş... rahatsız edecek, engelleyecek hiçbir şey yok... bu rahatlığı hatırlayacak mısın merak ediyorum ve rahatlama sadece yukarıdaki ışığın parlaklığını fark ederek... muhtemelen bu rahatlık dinlenme sel halinde geri gelecektir, hızlı ve otomatik olarak. Kendini bir diş hekimi koltuğunda oturur halde bulduğun zaman... ne kadar net gözükeceğini bilmiyorum... sadece şunu biliyorum ve muhtemelen sen de biliyorsundur... deneyimin tahmininden şaşırtıcı derecede daha huzurlu, şaşırtıcı derecede daha rahat, şaşırtıcı derecede daha dilendirici... seni rahatsız edecek hiçbir şey yok, seni engelleyecek hiçbir şey yok... her ne fark edebileceksen... her şey tamamen rahatlamanın bir parçası olabilir(her his analjezik deneyimi yaratır, ondan hiçbir şey uzaklaştıramaz)... ve sana şunu hatırlatmak istiyorum, ne zaman (doktorun adın) senin sağ omzuna dokunursa, böyle... ne zaman uygunsa ve sadece uygun olduğu zaman... ne zaman (doktorun adı)sağ omzuna dokunursa, bu şekilde... bir duygu deneyimleyeceksin... bir şeye hazır olma duygusu... muhtemelen gözlerini kapatmak için hazır olma hissi... muhtemelen daha da rahat olmak için hazır olma hissi... muhtemelen seni rahatsız edecek, engelleyecek hiçbir şey olmadığının daha da net bilinmesi için hazır olmak, bilmiyorum... ancak ne zaman sağ omzuna dokunursa, bu şekilde... bir duygu hissedeceksin... bir şey yapmaya hazır olma hissi... ne olduğu fark etmez... muhtemelen daha da şaşırmak için hazır olma hissi, gerçekten sorun değil... senin rahatlama ve dinlenme deneyimin dışında hiçbir şey önemli değil... tamamen derin rahatlık ve dinginlik... seni rahatsız edecek ve huzurunu kaçıracak hiçbir şey yok... böyle iyi... ve şimdi sen rahat dinlenmene devam ederken bu şekilde olmasının iyi olduğunun farkına varmanı istiyorum... ve gerçekten kendi deneyimlerinin keyfini çıkartmanı vücudunun sana verebileceği hislerin gerçekten keyfini çıkartmanı , vücudunun sana verebileceği hislerin gerçekten keyfini çıkartmak... (bu rahat deneyimin sonuna hızarlık) ve bir dakika içinde ancak henüz değil... sen hazır olana kadar değil... ancak bir dakika içinde.. 1'den 20ye kadar sayacağım... ve bildiğin üzere kendini merdivenlerden yukarı çıkarken hissetmeni istiyorum... her rakam için bir basamak ... istediğin kadar zamanın var... hepsinden sonra zaman görecelidir... kendi yavaşça ve rahat bir şekilde basamaklardan yukarı akarken hayal et, saydığım her rakam için bir adım...basamaklardan yukarı çıktıkça daha fazla uyanıksın saydığım her rakam için bir basamak... üçe geldiğimde gözlerin.. neredeyse açılmak için hazır olacak... ikiye geldiğim zaman, açılmış olacaklar... ve bire vardığım zaman uyanık olacaksın, uyanık yenilenmiş... belki de sanki iyi bir kestirmiş gibi... uyanık, yenilenmiş... belki de sanki iyi bir kestirmiş gibi... uyanık yenilenmiş rahat... ve halen rahat ve dinlenmiş olmana rağmen çok iyi hissederek uyanık olacaksın...muhtemelen şaşırmak için hazır... acele yok, ihtiyacın olduğu kadar zamanın var, bu dinlendirici basamaklardan yukarı çıkmaya başlarken (nefes alışlarda rakamlar, vurgulama artarak... başata daha hızlı... tepkiselliği gözlemleyerek) .. YİRMİ...ONDOKUZ... ONSEKİZ... işte böyle, kendin merdivenlerden yukarı çıkarken hisset... şaşırmaya hazır... dün öğlen yemeğinde ne yediğini bilerek ve henüz... ONYEDİ... ONALTI... ONBEŞ... yukarı çıkmanın çeyreği daha fazla ve daha fazla uyanık, ... acele yok, zamanın var... kendini daha fazla ve daha fazla uyanık hisset (eğer belirgin bir uyanma yoksa, yavaşlayın, uyanma için daha fazla telkin verin) ONDÖRT... ONÜÇ... ONİKİ... ONBİR...ON... merdivenlerin sonunu yarı yol kaldı... daha fazla ve daha fazla uyanık... rahat ancak daha fazla ve daha fazla uyanık... daha fazla ve daha fazla uyanık...SEKİZ...YEDİ...ALTI...BEŞ... tekrarlayın ve olumlu deneyim...DÖRT...ÜÇ...işte böyle...İKİ... VE...BİR .. tamamen, tamamen uyanık, rahatlaşmış, dinlenmiş bu iyi... nasıl hissediyorsun? Rahatlamış, dinlenmiş?

HİPNOZUN AMELİYATTA KULLANIMI

AMELİYAT ÖNCESİ TELKİNLER:

1. İlacın verildiği dakikadan, tekrar odanda geri olana kadar... sadece seninle direkt olarak konuşan sese, dikkatini vereceksin... Diğer bütün sesler uzakmış gibi gelecek, teskin edici, yumuşak bir ses... sanki arka fon müziği gibi... ya da kıyıya yumuşak bir şekilde vuran, rüzgarın sesi gibi... seni daha... ve daha da rahatlatan... fazla rahatlatan...

2. İlaçların, kendini güvende, huzurlu ve rahat hissettiğin bir yerde gerçekleşen bir aktivitenin hayaline başlangıç sinyali olabilir.

3. Ameliyat sırasında ve ameliyat sonrasında, tamamen iyileşene kadar, bütün ameliyat bölgesi yumuşak, gevşek, güçsüz ve rahat kalacak.

4. Bakım odasında, sanki dinlendirici, huzurlu bir uykudan kalkar

gibi uyanacaksın, zindeleşmiş, ve ameliyatının bitmesinden dolayı mutlu bir şaşkınlıkla... iyileşme sürecinde zaten her şey yolunda gidiyor.

5. Hissettiğiniz duyular iyileşme, ve tekrar bir araya konulanların hafif çekimidir... hafif kramplı... hafif bir ağırlık ve gıdıklanma size iyileşmenin başladığını hatırlatıyor ve o alanın yumuşamasına izin veren sinyal gibi hareket ediyor, tekrar gevşek ve rahat... ve onu o şekilde muhafaza edecek.

6. Hızlı, tamamen ve rahat bir şekilde iyileşebilirsin.

7. Ne kadar kolay bir şekilde tuvalete nasıl çıkacağını, bağırsaklarını hareket ettirebileceğini, yemeklerinin keyfini çıkarabileceğini, derin nefes alabileceğini keşfetmek seni memnun edecek. Boğazını temizlemek için gerektiği kadar öksürebilir ve nefes almaya nazikçe, rahatça, derince ve kolaylıkla devam edebilirsin.

8. Şimdi dinlenmek için zamanın var... iyi şeyler düşünmek için- örneğin tekrar kendin gibi hissetmenin nasıl olacağını... doktorların hemşirelerin ve senin iyileşmen için seninle beraber çalışan herkesin keyfini çıkartma zamanı.

9. Oldukça sakin olacaksın, rahat ve baştan sona işbirliği içinde, sana yardımcı olması için verilen bütün komutları takip etmek kolay olacak.

10. Beklediğinden çok daha kolay ve çok daha keyifli bulunca huzurlu bir şaşkınlığa sahip olabilirsin.. ve çok memnun olacaksın!

AMELİYAT SIRASINDA

1. Hasta masaya yatırıldığında, serum alındığında vs. aynen ameliyat öncesi gibi.

2. Tüpün takılması: Şimdi rahat nefes alabilmen için içeriye yumuşak bir hava vereceğim. Derin bir nefes al..."

3. Eklenmiş rahatlama: " Ameliyat alanını yumuşak, gevşek ve rahat yap."

4. Ameliyat kesisinin kapanması

   a. Ameliyat tamamlandı... durumun iyileşti... ferahladı.

   b. İyileşmeyi bekleyebilirsin hızlı şekilde

   c. Vücut iyileşmek için yapılmıştır.. çok hızlı, rahat ve tamamen yapabilir.

   d. Anestezi etkisini yitirirken tüm vücut işlevlerini hızlı şekilde eski haline dönüyor.

   e. Yumuşak bir şekilde uyanıyorsun ve dinlenme sürecinin keyfini çıkartıyorsun, seninle direkt konuşan sese cevap ver.

   f. Rahat, derin şekilde nefes alıyorsun, boğazını temizleyebilir ve kolaylıkla ritmik ve doğal nefes almaya devam edebilirsin.

   g. Küçük yumuşsak bir tüpün boğazında senin için gerekli olan işi yapmasından dolayı memnuniyet hissedebilirsin.

5. Kanser Hastası

   a. Tümör çıkartıldı. Şimdi bağışıklık sistemi iyileşmeyi tamamlamak için işe koyuluyor. Enfeksiyon ile başa çıkmayı bildiği gibi diğer hücrelere de bakacak.

   b. Çok daha iyi hissetmeyi bekleyebilirsin, daha iyileşmek, böylece hayatın keyfini çıkartmak.

   c. Seni rahatsız edecek bir şey yok... seni hiçbir şeyin rahatsız etme ihtiyacı yok.

   d. Yaşamının geri kalan kısmının hepsini yaşayabilirsin, çoğunu da yaparak.

AMELİYAT SONRASI

1. Şimdi bakım odasındasın. Ameliyatın tamamlandı ve iyileşme sürecinde her şey yolunda gidiyor, durumuna iyi bakılıyor ve şimdi daha da iyileşebilirsin.

2. Sadece seninle direkt olan konuşan sese dikkatini ver. Diğer

bütün sesler uzakta, yatıştırıcı ve teskin edici, sanki uzak bir TV gibi.

3. Şimdi artık hızlı, tamamen ve rahatça iyileşebilirsin.

4. Anestezi etkisini yitirirken tüm vücut fonksiyonların hızlı şekilde eski haline dönüyor... İyi yiyeceklerin keyfini çıkarmayı bekleyebilirsin ve o kadar tatmin edici bulursun ki bir şeyler içmek istersin.

5. Hissettiğin duygular iyileşme sürecinde gerçekleşen hislerdir... her şeyi yoluna kayarak.. böylece senin onları zihninde tutmana gerek yok...sana o alanı yumuşak, gevşek ve rahat tutmanı hatırlatıyorlar.

6. Derin ve kolaylıkla nefes alabilirsin ve yutkunarak boğazını temizleyebilirsin Bu sindirim sistemine bir sinyaldir- " aşağı inmek için tek bir yol" bu sebepten daha fazla ve daha fazla rahatlıyorsun.

7. İyileşmek için hammaddeyi o alana götürmek için vücudun yeterli kanı nasıl götüreceğini biliyor.

8. Yakında bütün vücut fonksiyonlarının nasıl normale döneceğini fark et... nasıl rahatça ve idrar ve bağırsaklar üzerinde tam kotnrol kazanmak... beklediğinden nasıl daha rahat işlevselleşti.

ÖZEL İHTİYAÇLAR

1. İdrar yolunda (burnunda/ ağzında vs.) yumuşak bir tüp olabilir, onu iltihapsız tutmak için, böylece tüp çıkarıldığı andan itibaren fonksiyonlarına devam edebilir.

2. Kolunu sabit tutabilirsin (damar içi enjeksiyon ile birlikte) böylece gelen sıvı iyileşmeni hızlandırabilir.

3. Ne zaman bandajın değiştirilmesi gerekirse o alanı yumuşak ve peluş oyuncağı gibi gevşek tutabilirsin, böylece rahat kalacaktır. Sonra da bunu kısa zaman gibi gösterecek rahat bir gündüz düşüne zamanın kalacak.

Temmuz, 1980

DOĞUMDA KULLANIMI AVANTAJLARI:

Çok yönlülük, esneklik, bireye ve ortama <u>ADAPTE EDİLEBİLİNİR</u>,

Sakinleştirme için olan <u>İLAÇLARI</u> azaltır ya da ortadan kaldırır, analjezik, anestezik,

Anne/çocuğun fizyolojik dokunmasındaki <u>ENDİŞE</u> ve <u>ACI</u> yı kontrol eder,

BAĞIMLILIK ihtiyacını açıklar, anne zorluk ya da ızdırap çekse de HEDEFE ULAŞMAYI öğrendikçe annenin OLGUNLUĞUNU takip eder. Koşullar ne olursa olsun, katılımda tatmin ve KEYİF.

HAZIRLIK:

10-20 kişilik haftalık <u>DERSLER</u>; soru ve tartışma <u>ZAMAN KAZANDIRIR</u>

Verimi (davranışı)kontrol etme amacı için girdiyi kontrol etmenin doğal, DOĞUŞTAN GELEN BİR YETENEK olduğunu sunun

İNDÜKLEME ve DERİNLEŞTİRME metotları OTOhipnoz olarak düşünülür

Doğumun BASAMAKLARI açıklanır, özel telkinler tavsiye edilir

Post HİPNOTİK telkinler EVE GÖTÜRMEK için kopyalanır. DESTEK için herkesle rapor (iletişim) kurulur.

DOĞUM:

*NORMAL, PSİKOLOJİK EYLEM (öyle ki, acıya sebebiyet vermeyecek!)

Öğrenilmesi gerekli değildir. VUCUD NASIL OLDUĞUNU BİLİR. Uygun olarak çalışması için yapılmıştır. BİLİNÇSİZCE yapılır, böylece ne kadar az dikkat verilirse, o kadar iyi olur.

Kol, bacak KASLARI, sindirim sistemi, rahim <u>GERİLİR</u> (kasılır) ve kendi işlerini yaparlar. KATILAŞMANIN HUZURLU HİSSİNİ FARKEDİN: GÜCÜN ve başarmanın duyguları.

* GERİLMELER (KASILMALAR) = Bebeğin dünyaya gelmesini sağlayacak GÜÇLÜ mekanizma. Çok çalışmak en büyük tatmini getirecek. Bu sonucu BEKLE. Ebeveynler elbette ki dünyaya yeni bir canlı getirirken Tanrı'nın ORTAK YARATICILARIDIR.

* DOĞUM AĞRISI terimi sık karşılaşılır. Onu çevirin; GERİLME- GERÇEK ANLAMI= çok kullanışlı bir araç, bir DARALMA ve katılaşma = MOTOR kısmı. Her biri HEDEFİ daha da yakına getirdiğinden HOŞ KARŞILANIR. SÜKUNET duygularını hareketlendirir. Bir İŞARET olarak kullan. MEMNUNİYETİN SAKİNLİĞİ ve huzurlu BEKLEYİŞİ. Gerekli olduğunda TRANSA girmek için bir İŞARET kullanın, aşırı gerilmeyi rahatlatacak böylece ENERJİ olması gerektiği yere gidecek. TRANSTAN sanki keyifli bir uyuklamadaymış gibi ÇIKARIN.

* YENİLENMİŞ ve MUTLU. SERVİX 1-10 cm arası açılırken, daha DERİNE ve daha derine gidebilir ve DAHA FAZLA ve daha fazla RAHAT OLARAK. (rahim ağzı ve rahimi doğuma hazırlanırken rahatlatmada, hem psişik hem de fiziksel enerjiyi korur.)

TAM AÇILMA: -- Baş doğum kanalında ilerledikçe TANIDIK bir his.

BERABERİNDEKİLERİ HABERDAR ETMEK için işaret ver. Önemli bir ADIM ileride. Şimdi kuyruksokumunda ve kalçalardaki herhangi bir rahatsızlık aniden kayboluyor. Güçlü bir İTME ARZUSU; yönergelere uygun bir şekilde KONTROL edilebilir. Aşağı giden başın BASKISI hoşa gitmeyen hissi YOK EDİYOR (HİSSİZLEŞTİRİYOR) (sanki parmaktaki elastik bir bandaj gibi)

DOĞUMUN GERÇEKLEŞMESİ:

Aşama 1. rahatlamanın ve gevşemenin KEYFİNİ ÇIKARTMAKTA özgür hissedin, Tanrının ORTAK YARATICISI olma yolunda ilerleyen bütün mutlu deneyimleri HAYL ETMEK; hayatında TAMAMEN SEVGİ... tamamen MOZAİK. Her gerilmede TRANSA girebilirsin, hatta her prosedürde. (lavman, I.V., vs.) Bir sonraki aşamadaki aşikar değişimi belirtin.

Aşama2. AKTİF bir şey yapma ihtiyacı . Sayma teknikleri, özellikle SARKAÇ ya da saniyelerde sayma tekniği, 100 den başlayıp 99 -- BASKININ esasında doğum kanalını nasıl da uyuşturduğunun FARKINA varabilirsin. Bebeği GÖRMENİN artan BEKLENTİSİ... Onu KUCAKLAMAYI dört gözle bekle... AYNADA neler olduğunu seyret.

Aşama3

Dikkat BEBEK üzerine odaklandı, banyosu, ayak izi vs.. Bir bebek sahibi olma yolunda ki KEYİFLİ ve ilginç tüm hislerin net bir şekilde GÖZDEN GEÇİRİLME zamanı, ve istersen PAYLAŞMA zamanı.

Dimdik YÜRÜMEK (sanki başında kitap varmış gibi) ve epizyotominin alanını DOĞRU OTURMAK hissizleştiriyor. (Kalçaları ovuşturmanın irritasyonunun en aza indirger)

KENDİ DOKTORUN sana hangi SİNYALLERİ gözlemlemen gerektiğini söyleyecek, kendini ne bekleyeceğine hazırla, ne olduğunu yorumla et ve nasıl yardım edebileceğini.

DOĞUM İÇİN POSTHİPNOTİK TELKİNLER

1. Her gerilme seni hedefine yaklaştıran huzurlu bir olgu olarak varsayılabilir... keyfini çıkarman için yeni bir aşk getirecek.
2. Bunu senin için çalışan sertleşen, sıkılaşan muhteşem bir güç olarak hissedebilirsin.
3. İlerlemeye başladığında, tamamen unutabilirsin. Geçti artık.
4. Sadece seninle direkt olarak konuşan sese dikkatini vermen gerekiyor.
5. Oldukça sakin, rahat ve işbirlikçi olabilirsin.
6. Herhangi bir kuruntunun yerini beklemenin huzurlu hissi alabilir.
7. Hızlı, tamamen ve rahat bir şekilde iyileşebilirsin.

İLAVE NOTLAR

Kendi merakını tatminine kadar gerilmeleri hissedebilirsin, sana diğer bütün çocuğu olan nüfusun hissettiği duyguyu yaşatan, ve temin ediyorlar ki gayet iyi baş ediyorsun

Bu keyifli deneyimi birazcık ağrı ile ödeme ihtiyacı hissedebilirsin, ya da sonrasında biraz serum ihtiyacı. Karnını çalıştır, bütün şişkin alanları yerçekimi iyileştirirken sen de sevimli bir dermansızlık içinde rahatla,- ve bundan sonra artık bütün o ilaçlara ihtiyacın olmadığını fark et.

Korku içinde, bir kasın uzun süreli gerilmesi, kasın ağrımasına sebep olur.

Sağlıklı, normal bir çocuğa sahip olmanın ve bunu kolayca yapmanın önemli bir faktörü sıra dışılıklardır..

(Don Coultondan M.D., Bill Werner, M.D., Dave Cheek, M.D., Milton Erickson, M.D., alıntıdır)

10a kadar sayınca transı derinleştirmeyi öğretin. 10 en tahmin edebileceği en derin trans" sonra da rahim ağzının açılmasına uyup uymadığını bildirmek ya da benzer bir tavırda transı derinleştirmek için bir sinyal verilebilir (Belinda Novik, Ph. D.)

RAHATLAMAYA YARDIMCI OLACAK PLANLAR

1. Basit RAHATLAMA: trans; ilacın etkisini iki katına çıkarabilir, acıyı YARIYA İNDİRİR..

2. HAYAL KURMAK: zamanı çabuk geçirttirir, huzurlu, vücuda gerekli performansı göstermesi için mesaj gönderir, iyileşmeyi hızlandırır.

3. ZAMAN DİSTORSİYONU: kasılma süresi sanki " flaş hızında" geçer ve geride dinlenme için huzurlu zaman bırakır.

4. Dikkatin rahatsızlıktan RAHATA kasıtlı YÖNLENDİRİLMESİ.

5. Hislerin tanıdık ve huzurlu anlamında yeniden YORUMLAN-

MASI (TERCÜME EDİLMESİ.

6. ELDİVEN ANESTEZİSİNİN ve TRANSFERİNİN öğretilmesi (zor noktada zihinsel olarak yapabilir)

7. BELİN (Epidural) BÜYÜK KISMININ diriltilmesi, herhangi bir memnuniyet vermeyen kısmı dışarı çıkartarak.

8. Başka bir mekana DİSSOSİASYON, orada oturabilir ve seyredebilir.

9. Post Hipnotik Telkin sağlıklı bir zihin temin eder. Evde transta okuyarak yeniden güçlendirmek.

10. HİSSİZLİK DUVARI BOYUNCA hissi duy.

11. Rahim ağzı <u>1- 10 cm arasında açılırken</u> , 10 a kadar saydığımda daha da <u>derin</u> rahatlığa git.

12. SAYMAK. Dikkati oyalamak için sarkaç kullanımı.

Hipnotik Telkinlerin Formülasyonu:

A. İmajinasyonun indüksiyon ve derinleşmede kullanımı

B. İzlemciliği ve dikkat dağınıklığını aza indirgemek için yöntemler

C. Hipnotik telkinler için cümle örnekleri

D. Dolaylı hipnotik telkinlerin tipleri

E. Hayat deneyimleri, ilgileri ve değerleri yorumlamak için denetim listesi

F. Oto hipnoz planı

33

İMGELERİN İNDÜKSİYON VE DERİNLEŞMEDE KULLANIMI

D. Corydon Hammond Ph.D.

Utah Üniversitesi Tıp Okulu

Teknikler İçin Öneriler: Kroger ve Fezler'in (1976) sahneleri hastaların hipnoz durumunda çoğul his imgelerinin katılımını sağlamada çok değerli örneklerdir. Tüm hastalarda aynı sahneleri kullanmak yerine, imgelerin hastanın ilgilerini ve hayat deneyimlerini yansıtması önerilmektedir. Hastanın hipnoz yetenek ve kapasiteleri hakkında yeterli düzeyde bilgiye sahip değilseniz, muhtemelen daha az spesifik ve daha toleranslı olmanız size yardımcı olacaktır. Benzer biçimde, çoğu hastalar sahil sahnesinde hafifleyip uçuyormuş hislerini geliştirebilmek için metinin önerdiğinden daha fazla süre talep edebilirler. Yazar aynı zamanda cümlelerle aktarım yaparken tedbirli olmayı önermektedir. Örneğin ikinci sahnede ölüm kelimesi gibi anımsatıcı bir kelimenin kullanımından kaçınmak faydalıdır.

Bazı hastalar sahilde sarı parlak düğün çiçeklerini görmeye alışkın olmayabilirler ve pembe yosun güllerinin nasıl göründüğü konusunda yabancılık çekebilirler. İmgelemedeki katılımı sağlamak için bir yöntem de, aşırı derecede spesifik olmadan benzer cümleleri kullanmaktır "belki kumsalda yürürken ilginç nesneler dikkatinizi çekebilir". Hastanın hissetmek ya da koklamak gibi duygularını zorlamaktan çok, örneğin kumsal boyunca yürürken gerçekten neler göreceğiniz konusunda emin olamıyorum şeklinde bir cümle ile yardımcı olunabilir.

Belki ayağınızın altındaki sert, ıslak kumun farkında olursunuz, ya da güneşin sıcaklığını fark edebilirsiniz, ya da okyanustan gelen hafif bir rüzgarın nazik dokunuşunu hissedebilirsiniz (duraklama) ve eğer bu duyguların birkaç tanesinin farkındaysanız ve hissettiyseniz bana bunu bildirmek için başınızı yukarı ve aşağıya doğru hareket ettirebilirsiniz. Buna benzer olan her duyu için bu sözler tekrarlanabilir. Bu metot hastaya eğer tüm duyusal şekillerin hissettirilmesinde yeterli değilse başarısızlık duygusu vermez ve hastanın muhtemel olarak nasıl karşılık vereceği konusunda çalışma örneği sağlar.

Kumsal Sahnesi

"Kumsal boyunca yürüyorsunuz; Temmuz ortası. Hava çok sıcak, saat öğleden sonra 5:00 civarı. Güneş batmaya başlamadı ama ufukta alçalıyor. Güneş altın sarısı parlıyor, gökyüzü parlak mavi, kum güneş ışınları altında göz alıcı ve parlak. Ayağınızın altındaki soğuk, ıslak sert kumu hissedin.... havadaki tuzun kokusunu tadın. Okyanustan serpilen tuz dudaklarınızın üstünde. Dalgaların vuruş seslerini duyun, ritmik çalkantılarla kıyıya gelip giden su. Uzaktaki bir martının çığlığını duyun....

" Aniden bir kum tepeciğine geliyorsunuz, beyaz kum tepeciği, tepeciği kaplayan parlak sarı düğün çiçekleri, derin pembe yosun gülleri. Tepesine oturuyor ve denize doğru bakıyorsunuz. Deniz sanki güneşin ışınlarını yansıtan gümüşten bir ayna gibi, saf beyaz ışın yığınları ve bu ışığa doğru bakıyorsunuz. Suda güneşin yansımasına bakmaya devam ederken menekşeler görmeye başlıyorsunuz. Morun gümüşle karışmış benek benek lekelerini görüyorsunuz. Her yerde menekşe ve gümüş var. Ufuk boyunca menekşeler sıralanmış. Çiçeklerin etrafında menekşe renginde halka var. Şimdi güneş batmaya başlıyor. Güneşin denize doğru her hareketinde daha derin bir şekilde rahatlıyorsunuz. Fiziksel duyuları (nefes almak gibi) hayaldeki öğelerle birleştirmek önemlidir ki hayali öğeler rahatlamayı sağlayabilsin. Güneş batarken gökyüzü; kırmızı, kızıl, pembe, sarı, altın ve turuncu renklerine dönüyor. Derin mor, alacakaranlık içinde kayboldunuz. Kadife gibi mavi, ince sisi görüyorsunuz ve gece gökyüzüne doğru bakıyorsunuz. Parlak yıldızlı bir gece var. Dalgaların vuruşlarını, tuzun kokusu ve tadını, denizi ve gökyüzünü, uzaya doğru yükseldiğinizi hissediyorsunuz "evrenle bir bütünsünüz" (Sayfa 103).

Dağ Kulübesi Sahnesi

Dağlarda küçük bir kulübedesiniz. Gece yarısı. Kışın tam ortası. Dışarıda rüzgar uğulduyor. İçerde şöminenin önünde oturuyorsunuz. Korlara dikkatle bakıp kömürlerin tutuşmasına dalıyorsunuz. Ateşin sıcaklığını vücudunuzda hissediyorsunuz. Kütüklerin çıtırdamasını duyun. Çam ağacı kütükleri yanarken dumanını koklayın. Duvarda oynayan, gelip giden gölgeleri görün. Tek ışık kaynağı ateşten geliyor. Kulübenin geri kalanı karanlıklar içinde.

Şimdi kalkıyorsunuz. Pencereye doğru yürüyorsunuz. Pencere buz tutmuş. Sıcak parmak uçlarınızı pencerenin sert ve soğuk camına koyuyorsunuz. Parmaklarınızın sıcaklığının buzu erittiğini hissedin. Dışarı bakıyorsunuz. Ay gümüş renginde, kar ay ışığı altında göz kamaştırıcı ve parlak beyaz. Karın beyazlığını, uzun, koyu yeşil çam ağaçlarını görüyorsunuz. Çam ağaçları kar beyazlığına koyu, mor gölgeler oluşturuyor. Pencereyi açacaksınız. Pencerenin elinizin baskısına karşı koyamadığını hissedin. Pencere açılıyor. Serin temiz dağ havasından derin bir nefes alıyorsunuz (gerçeğe dönüyoruz). Konu aslında bu aşamada terapistin anlatımını yaparken hastanın derin bir nefes alması. Göğüs kafesinizin tamamen rahatladığını hissediyorsunuz. Derin bir nefes almak size çok iyi geliyor. Çam ağaçlarını koklayın!

Şimdi pencerenizi kapatıyorsunuz. Ateşe doğru yürüyorsunuz. Sıcaklığını hissedin. Ateşin yanına, ayı postunun üzerine uzanıyorsunuz. Üstünüze uyku çöküyor. Rüzgarın uğuldaması, ateşin sıcaklığı, dumanın kokusu, kütüklerin çıtırdaması.... tüm bu manzaralar ve sesler sizden çok çok uzağa gidiyor.... ve uykuya dalıyorsunuz.... ve bu kulübede, bu kış gecesinde rüyalara dalıyorsunuz." (Sayfa 104).

Kaynak

Scenes from: Kroger, W.S, & Fezler, W.D. (1976). Hypnosis and Behavior Modification: Imagery Conditioning. Philadelphia: J.B. Lippincott. Yayımcının izni ile basılmıştır.

34

İZLEMCİLİĞİ VE DİKKAT DAĞINIKLIĞINI AZALTMA METODLARI

Dr. D. Corydon Hammond
Utah Üniversitesi Tıp Fakültesi

Hastalar genelde, hipnotize olduklarında veya süreç işlemeye başladığında meraka düşerek, kendi işlemleri ile ilgili akli izlemciliği üzerinden hipnoz ve self- hipnoz derinliklerini sınırlarlar. Bilinçli dahili diyalog, otonom bilinçsiz ilginin derecesini sınırlar. İlave olarak, ilgisiz fikirler ve dış uyaranlar, hasta aklı yoldan çıktığından genelde zorla içeriye sokulur.

Bilinçli aklı zapt eden fazla yükleme teknikleri genelde kullanışlıdır. Fazla yükleme şunları içerebilir: A) Hastaya 900'den geriye doğru saydırmak (veya iki veya üç ile geriye doğru), B) Hastaya nefes alırken bir söz söyleyerek (ör: "barış", "sükunet", "gevşeme") ve nefes verirken bir söz söyleyerek (ör: "daha derin", "serbest bırak") hipnotik mantra kullandırmak. Bu bilinçli aklı zapt eder ve böylece bir izlemci gibi davranmak veya harici düşünceler düşünmek daha zorlaşır, dikkati soluk almaya odaklar ve kelimeler de kısaltılmış hipnotik varsayımlar gibi işler. Hastaya, kendinden geçme hedeflerine bağlı olarak değiştirilmiş kelimeleri seçmesine izin verilebilir. C) Hastaya, çifte görevler verilebilir (ör: kol havaya yükseldiğinde akılda bazı şeyler resmetmek; bir kol aşağıya inerken diğer kolun yükselmesi; favori müziklerini dinlerken aynı anda güzel bir manzara hayal etmek; ikili indüksiyon yapan iki kolaylaştırıcının sesini dinlemek).

Sembolik imajinasyon teknikleri dikkat dağınıklığını azaltmak için başka bir yöntem sunar. Jencks (1977), dikkat dağınıklığını kontrol etmek için birçoğu aklı temizleyecek olan hayallere odaklı en kullanışlı listeyi derlemiştir. Dr. Jencks'in izni ile burada yeniden basılmış olan bu liste, kendi kendine hipnoz alıştırması için hastalara yardımcı olabilir. Bunlar ayrıca ofis kurulumunda pratisyenler tarafından ihtiyaç durumunda birer birer kullanılabilir.

1. Dikkat dağınıklığını (dalgınlığı) önemseme
2. Meydana geldiklerinde dikkat dağınıklığına basit olarak "hayır" de.
3. Akıldaki boşluk fikrine konsantre ol ki böylece kesin olarak herhangi bir dikkat dağınıklığı olmasın.
4. Önce dikkat dağınıklığını kabul et sonra onu gönder.
5. "Unutkanlık şüphesi" veya "bilememe şüphesi"nin altındaki dikkat dağınıklığını kovaladığınızı veya kullandığınızı hayal edin.
6. Dikkat dağınıklığı için kendinizi kör veya sağır ettiğinizi hayal edin.
7. Yavaşça nefes alıp verin ve dikkat dağınıklığını başın dışına, vücudun daha alt bölümüne hareket ettiğini hayal edin.
8. Yavaşça nefes alıp verin ve dikkat dağınıklığının, başınızdan uzaya doğru uçmasına olanak verin.
9. Dikkat dağınıklığını bir elinizde topladığınızı ve onları attığınızı hayal edin.
10. Dikkat dağınıklığını ateş, kan veya kasırga hayal ederek yok edin.
11. Kelimelerin sesine ait özel modülasyonu mümkün olarak kullanarak, dikkat dağınıklığını karşı bir tılsım söyleyin.
12. Aklı temizlemek ve paklamak, geriye ve ileriye götürmek ve çıkmazlardan gelen her zihin karışıklığından temizlemek için bir süpürge hayal edin.

13. Aklı taze su ile temizlemek ve paklamak için silip yıkadığınızı hayal edin.

14. Bir dağdan aşağıya yuvarlanır gibi dikkat dağınıklığının vücuttan dışarı akmasına imkan verin.

15. Aklı, dikkat dağınıklığının tebeşirle yazıldığı bir kara tahta olarak hayal edin. Silin ve temizleyin.

16. Dikkat dağınıklığının alına doğru başın üstünden aktığını ve bunların alın üzerinden temizlendiğini hayal edin.

17. Tek anlamlı veya anlamsız bir hece seçin ve bunun üzerine konsantre olun. Bunu dikkat dağınıklığının zorla sokulmasını önleyen koruyucu ve şaşırtıcı düşüncelere karşı mücadele eden bir savunma silahı olarak hayal edin.

18. Aklın çevresinde hiçbir dikkat dağınıklığının giremeyeceği vibrasyonlu, elektrikli bir perde hayal edin.

19. Davetsiz misafirleri dışarıda tutmak için çok etkili herhangi bir şeyi hayal edin.

20. Dikkat dağınıklığı, sizin taşıdığınız fikir akımı olarak hayal edin. Akarsudan çıkmayı ve ne taşıdığına bakmadan suyun nasıl akıp gittiğini hayal edin.

21. Dikkat dağınıklığı, alından geçen kuş kalabalığı olarak hayal edin. Serbest olarak geçmelerine ve uçmalarına müsaade edin.

22. Meydana geldiğinde her dalgınlık için "sembolik çıkarma eziyeti" uygulayın.

Kaynak

Jencks, B. (1977). Your body: Biofedback at it's Best. Chicago: Nelson/Hall, s.22-23. Reprinted with permission of publisher.

35

HİPNOTİK TELKİNLER İÇİN CÜMLELER KURMA

Dr. D. Corydon Hammond
Utah Üniversitesi Tıp Fakültesi

Hipnoz esas olarak konsantre durumda olan hasta ile rafine bir iletişim yoludur. Başarılı bir hipnoz elde etmek, pratisyenin konuşmanın yeni bir şekli olan "hipnotik ses"i öğrenmesini gerekli kılar. Bu sebepten ötürü, hipnoz dalgınlığını çalışmanız ve seyretmeniz yanında, size gelen deyimleri ve fikirleri yazmanız gerekir. Seminer ve dersleri teybe kayıt etmek ve dili çalışmak değersizdir.

Yazar, öğrenme sürecinizi hızlandırmak amacıyla, özellikle daha fazla Ericksoncu oryantasyonlu olan ve hipnoterapistler tarafından sıkça kullanılan öğretici deyimlere ait uzun bir listeyi size sunmaktadır. Bu deyimlerin tekrarlı olarak çalışılması önerilir ve indüksiyonda muhtemelen size yardımcı olacaktır. Bu deyimleri teybe kayıt etmek ve bunları sürekli dinlemek yardımcı olabilir. Bu size konuşmaya ait yeni bir yol bulmanıza yardımcı olacaktır.

Ve sen .... merak edebilirsin

.... not edebilir misin?

Ve sen .... memnun olabilirsin.

Ve şayet .... sen meraklanmaya başlarsın...

Senin iznin ile....

Şimdi yeni bir tecrübe edinmek istiyorum....

Hastayı yüreklendir: "Bunu çok mükemmel yapıyorsun." " Bugüne kadar güzel bir iş yaptın mı. Çok iyi iş."

Senin ihtiyaçlarını karşılayan bir yolda …….

Senin bu tecrübeye katılmanı istiyorum.

Ve sen ……………… şaşıracaksın.

Şu an tabi ki ne tecrübe ettiğini tam olarak bilmiyorum. Fakat galiba …….

Ve senin ………… keşfetmeni istiyorum.

Belki de ……………… (yeteneğiyle ilgili) özel bir hoşnutluk duyabilme…..

Er ya da geç; ne zaman olduğunu bilmiyorum…

Ve senin ne zaman bir sürpriz yapacağını bilmiyorum, merak ediyorum…

Merak ediyorum, öğrenince ilgileneceksin…..

Sen nasılsa biliyorsun…..

Bilgilenmek belki seni rahatsız etmez ….

Senin bir şey keşfetmeni istiyorum…

Keşfetmeni istediğim şeylerin bir tanesi…

Ve seninle ilgili olan bir şey bilmeni istiyorum…

Başlangıçta ….., fakat sonra…

Fark etmeye başladın mı ?

Ve düşünüyorum ki sürprizle karşılaşmak eğlendirecek seni…

Acaba şunu öğrendiğinde senin için bir sürpriz olacak mı….?

Ve seninle ilgili olan bir şey bilmeni istiyorum.

Merak ediyorum, ne kadar doğal ve kolay olduğunu bilince…

Eğlenmek isteyip istemediğini merak ediyorum ...

Merak ediyorum, keşfedince sana bir sürpriz olacak mı…?

Ve merak ediyorum, bu gerçeği merak edecek misin?…

Belki öğrenmek...
Belki öğrenmeye başlamak...
Belki bilmek seni eğlendirecek...
Merak ediyorum hiç daha önce öğrendin mi diye...?
Belki sana sürpriz yapacağımı bildirmekle...
Senin daha fazla haberdar olmanı istiyorum bu...
Sana izin vermeye başlayacağım...
Ve senin bilinçsiz beynin buna muktedir....
Merak ediyorum, buna mı karar vereceksin ..... ya da....
Bütün olasılıklarla...
Çok mümkün...
Ve tecrübe edinecek misin bu konuda......?
Ve bununla ilgili olmayacaksın.....
Bunu öğrenmek çok güzel olacak.....
Ve bunun başlangıcını fark ettin mi.....?
Belki eğlenebileceksin...
Böyle zamanlarda, bazı insanlar eğlenir....
İlk haberdar olacağın şeylerden bir tanesi....
Ve hazır gibi görünüyor ki....
Bu fırsatı kendine ver (bakmak için)...
Belki beklediğinden daha hızlı....
Ve eğer arzu edersen...
Ve şunu merak edebilirsin...
Ve, çok ilginç bir şekilde, keşfedeceksin ki...
Ve şunu bilmek çok tatmin edici...
Ve, Mary sen herkesten şunu daha fazla biliyorsun ki...
Bunu bilmek çok pozitif ve rahatlatıcı...

Çok büyüleneceksin, ve bunu çok zorlayıcı bulacaksın...

Ve belki seni başka deneyimleri ve hisleri hatırlatacaktır

Bu gerçeği takdir etmeni istiyorum...

Merak ediyorum, anımsayacak mısın ...

Bunu bilmek seni mutlu edecek mi.....?

... sadece bil.

Merak ediyorum hiç daha önce öğrendin mi...

Ve bunu merak ederken, şunu keşif etmeni istiyorum ki...

İzin vermeni, başlamanı istiyorum...

Ne önemli, beyninin yapabildiği...

Senin bildiğin bir şey hatırlatmak istiyorum, o da şu...

Ve şu meydana gelir, sen yardımcı olamazsın fakat bil....

Bu hemen hemen eğer.....hemen hemen eğer....

Hemen hemen eğer ....

Hemen hemen düşünüldüğü gibi...

Bir tür...

Ve yeterince iyi...

Ve her şey yolunda

Tamam, oldu...

Bütün gerçek olaylar...

Gerçekten önemli şeyler...

Bilgim yok,Bu değişikler hakkında bilgin var mı;ve gerçekten fark etmiyor...

Merak ediyorum bunu öğrenince ilgin olacak mı...?

Belki daha önceden haberdardın...

Gerçekten en önemli şey, bu konuda tam bilgiye sahip olmak...

36

DOLAYLI HİPNOZ TELKİNLERİNİN TÜRLERİ

Prof. Dr. D.Corydon Hammond;
Utah Üniversitesi Tıp Fakültesi

1. **INTERSPERSAL (KARIŞTIRICI):** Dikkati odaklandırın ve düşüncenin "tohumlarını" çıkartacak olan kelimeleri, paragrafları ve başlıkları ortaya koyun ve dolaylı olarak hastaya etki edin.

2. **TRUİSMS (GERÇEKÇİLİK):** Hiç kimsenin inkar etmeyeceği bir gerçek olayın ifadesi. Bu ifadeler sırasında dikkat duyumsal, dokunaklı veya idrak isteyen ifadeler üzerine odaklandırılmalı. Örneğin:"insanların çoğu, kumsal boyunca yürürken, güneşin tenlerine verdiği sıcaklığı severler."

   Anlatım stillerin türleri: İnsanların çoğu…, her biri…., sen zaten biliyorsun ki …, nasıl olduğunu biliyorsun…, bazı insanlar….., bir çoğumuz …., bu çok genel bir deneyim ki…., herkes…, şimdiye kadar nasıl olduğunu öğrendin…., yapmadığında bir zaman vardı…, er yada geç…, herkes…., bütün kültürlerde…, herkese bir sevinç duygusu veriyor ki…

3. **BİLMEMEK, YAPMAMAK:** Bu telkinler bilinçli eforlara nazaran bilinçsiz hastayı daha fazla alıma açık yapar. Bu telkinler hastayı kendini zorlamaması için, otonom cevap verme ve dağılmaya teşvik eder. Örneğin " düşünmene gerek yok, ya da cevap vermeye, ya da her hangi bir şey yapmaya. Gerçekten

beni dikkatli dinlemene gerek yok. Çünkü senin her hangi bir eforun olmadan senin bilinçsiz beynin her söylediğime kulak verecektir".

Anlatım Stillerin Türleri: Yapmana gerek yok..., gerek yok..., önemli değil..., ihtiyacın yok...., bilmeden, senin...., senin ilgilenmene gerek yok...

4. YANITLAMANIN TÜM OLASILIKLARINI KAPSAMAK: Hastanın tüm dikkatini belirli bir yöne çekmek istediğiniz zaman, yanıtın tüm olasılıkları kapsamasının önemi ortaya çıkar. Her hangi bir gerçek otomatik yanıtlama başarı ve hipnoz sayılır. Hastayı daha önce tanımadığınızda ve onu ilk olarak hipnoz ve yanıtlama kabiliyetini tanımaya başladığınız durumlarda önemlidir. "Senin sağ elin, ya da belki sol elin hafifleyecek ve kaldırmaya başlayacaksın, ya da çok ağırlık ve baskı hissedeceksin, ya da hiç hareket ettiremeyeceksin. Dikkatli bir şekilde neler olduğunu fark edeceksin. Belki ufak parmağındır, ya da işaret parmağın hareket edip bir şeyler hissetmeye başlayacaktır, ben gerçekten bilmiyorum ve en önemli şey, nasıl hareket ettiği değil, elinin hareket ettiğini fark etmendir."

5. SORULAR: Sorular dikkati çeker, ilişkiye teşvik eder, yanıtlamayı kolaylaştırır ve hastayı kendinden geçmeye sevk eder. Soru, bilinçli beyin tarafından yanıtlanmadığı zaman çok değerli olur. Sorular hastanın davranış gidişatından yararlanmak için gereklidir fakat şiddetli bir tavır içinde olmamalıdır. Örneğin her soru görünür bir telkin taşımalı ve tekrarlanmalıdır.

Telkinlerin soru formatı:
Yapabilir misin (R)...
Sen....misin (R) ....
(Onlar)..
ve .... ister misin....
bilmek
algılamak
hissetmek
(senin) bilinçsiz

duymak
tatmak
koklamak
dinlemek
hatırlamak
hayal etmek
görmek
denemek
dikkat çekmek
merak etmek
seçmek
kendini bırakmak
kendine yapmak
Yapar......
İstek (o, sen)......
bilgin var mı....

6. TELKİNLERİ BAĞLAMAK: Sürekli yada kaçınılmaz davranışlar için telkinleri bir birine bağlayın. Bu kendinden geçme ve ara hipnoz da kullanılan tetikleyici ve bir birine bağlı olan telkinlerin tanımı için kullanılır. Örneğin "ve elin aşağıya indiğinde, kendini şu ....zamana gittiğini fark edeceksin." "ve yatakta onun vücudunu dokunduğunda, aklına gelen unutulmaz anılar yüzünden bir sürpriz yaşayacaksın."

Anlatım Stillerin Türleri:

Ve ne zaman..., gibi..., olur olmaz...., "e/a kadar" ve "sonra" kelimeleri kullanın (eğer..... sonra.....)
"sen .....iken .... Yapabilirsin....."
"ne zaman sen.......... lütfen........"
"yapmazsın......ne zamanki sen......"
"neden sen ..... öncesinden"
"ne kadar yakınlaşırsan...... o kadar yaparsın......"
"sonra.....yapabilirsin"
"hissettiğinde..... fark edeceksin....."

"hissi......sana müsaade edecek ki....."
"ve.....oluştuğunda,..... beklemediğin bir şeyler olacaktır"
"ne zaman sen......, sen....."
Hemen : elin uyuşacaktır....
ayaklarını hissetmeyeceksin....
bilinçsiz beyinin biliyor ki....
zamana geri dönüyorsun....
sonra, elin düşecektir

Birbirine bağlı olan telkinleri anlatmak birbirine bağlı kaçınılmaz davranışları tanımlamaktır. Örneğin yatakta uzanmak, ayakkabıyı bağlamak, dişlerini fırçalamak, evine göz atmak, bir şarkı dinlemek.

7. İMA EDİCİ TALİMATLAR: İmalı talimatların üç bölümü var; 1) zamana bağlı giriş 2) hastanın içinde yer alacak olan dahili süreç için imalı telkin 3) telkin algılandığında ya da hastadan yanıt alındığında davranış sinyali olarak. Bu kendinden geçme (transta) sürecinde kullanılır.

Formatı: "Hemen [zamana bağlı giriş] iç beynin o problemin oluşum şartlarını tanımladığında [dahili süreç] baş parmağın kalkabilir." [davranış sinyali]. Cümleler: "Hemen....(elini uyuşmuş ve uyuşturulmuş hissedeceksin, ayaklarını hissetmeyeceksin, ... Görebilirsin, hafızan bilinçli beyninden soyutlandı, biliyorsun....)...sonra...(elin düşecek; parmağın kalkacak; uyanacaksın).

8. KARŞITLARIN ZITTI: Karşıtların yada kutupların dengelenmesidir. Örneğin " sağ elin sertleşip hassaslaştığında, vücudun daha rahat olacak." " sağ elin yukarıya kaldırıldığında, sol elin aşağıya düşecek." "başın ön bölümü bir soğukluk hissedecek, ellerin ısınacak." Bu tür telkinlerde, fiziksel ve psikolojik mecaz önerebilirsiniz.

Aşağıdaki zıtlıkların bir kaçını dikkate alın, sıcaklık-soğukluk, gerginlik-gevşeme, ayılma-anestezi, ıslak-kuru, hafiflik-ağırlık, hafif-ağır, dolu-boş, çok-az, zor-kolay, yaşlı-genç.

9. DİRENCİN AZALTILMASINDA NEGATİFLERİN KULLANILMASI: Erickson'un inancına göre negatiflerin kullanılması, temel düzeydeki engellemelerin ve direnişlerin azaltılmasında aydınlatıcı bir öneme sahiptir. Örneğin

" Yapacaksın, yapmayacak mısın?"

"Yapabilirsin, yapamaz mısın?"

" Durduramazsın, durdurabilir misin?"

" Deneyebilirsin, deneyemez misin?"

" Ediyor musun?, Etmiyor musun?"

" Peki bunu olması için neden izin vermiyorsun?"

" ve gerçekten yapmak zorunda değilsin _____ e kadar_____"

" yapmayabilirsin _____e kadar_____"

" yapmak zorunda değilsin_____"

" _____değil misin?"

" _____ değil mi?"

" _____ediyor musun?

10. KARŞILAŞTIRILABİLİR ALTERNATİF TUTUM: Bu tutum hastaya iki yada daha fazla alternatif arasında serbest seçenek olanağı sağlar. Her iki seçenekte önemli derecede karşılaştırabilir ve her ikisi de hastayı arzu edilen tedavi edici yöne götürebilir. Seçenekler değişik gelebilir ama gerçekte aynılardır. Örnekler: " Koltukta oturarak mı transa geçmek istersiniz, yoksa geriye yaslanarak mı? Yavaş yavaş mı transa mı geçmek istersiniz, yoksa daha çabuk mu? Hafif bir transa, orta düzeyde bir transa ya da derin bir transa mı girmek istersiniz? "belki sol kolunuz, ya da sağ kolunuz yüzünüze doğru yükselecek" "ve belki 5 yaşınızdayken geçirdiğiniz mutlu bir anınızı ya da ileriki yaşlarınızda gerçekleşen başka bir anınızı hatırlayabilirsiniz "baskıyı hissetmeyi seçebilirsiniz ya da hiçbir şeyi seçmeyebilirsiniz "sesimin tonunun farkında olabilirsiniz ve başka her şeyi önemsemeyebilirsiniz "zaman çok hızlı geçebilir ya da geçtiğin farkında bile olmayabilirsiniz

11. BİLİNÇLİ-BİLİNÇ DIŞI ÇİFT TUTUM: Bu yöntem hastanın bilinç dışı zihninden yararlanma metoduyla, öğrenilmiş kısıtlamalardan kaçınarak uygulanabilir. Bu önerilere verilen tepkiler hastanın içsel olarak odaklanması ve bilinç dışı süreçleri başlatması ile olup bilinçli kontrolün ötesinde sağlanmaktadır. Çift tutumda hastanın her zamanki bilinçli alternatifler ve istemli tepkileri dışında davranışsal seçenekler önerilir. Örneğin: "ve eğer bilinç dışı zihniniz transa girmeye hazırsa sağ eliniz hafiflemeye ve yükselmeye başlayacaktır. Eğer ki bilinç altı zihniniz transa geçmenize isteksizse sol eliniz havaya yükselecektir. Bilinç altı zihniniz bu sol el üstünde çalışmaya devam edebilir. Daha da ilginç olanı bilinçli zihniniz ne olup bittiğini bilemeyebilir yada anlamayabilir, bilinç dışı zihninizin tercihine bağlı olarak bu süreç gerçekleşecektir. Ve bilinç altı zihniniz alternatifler arasında sınıflandırma yaparken, bilinciniz günlük aktivitelerini yerine getirmekte serbest olacaktır".

11. ÇİFT BÖLÜNMELİ ÇİFT TUTUM: Bu tip öneriler değişik başka tip önerileri içerebilir ve zihinde fazla yük ve karışıklık oluşturabilir. Dikkatli gözlem ve hastanın tepkilerinin kayıt edilmesi ile terapiste hastanın hipnotik yetenekleri ve eğilimleri konusunda uyarı sağlar.

<u>Cümlelerle aktarma:</u> Bu tip bir öneri aşağıdaki bazı formatları alabilir:

"(Kısa bir sürede) yapabilir_____ ama (her şeye rağmen; ama yapmak zorunda değilsiniz; _____'ı zaman; farkında olmadan) _____, ya da, (tam tersine) yapabilirsiniz_____, ama (yukarıda ki diğer sözcüklerin herhangi biri)_____."

Örnekler; kısa bir sürede uyanabilirsiniz, ama vücudunuzun uyanması gerekli değildir. Ya da, vücudunuzla birlikte uyanabilirsiniz. Ama vücudunuz farkında olmadan da uyanabilirsiniz.

"Transta olmanızı rağmen uyandığınızı rüyada görebilirsiniz; ya da uyanık olduğunuz halde transtaymış gibi davranabilirsiniz." (sayfa 47)

"Kısa bir sürede gözleriniz açılacak ama uyanmak zorunda değilsiniz; ya da gözleriniz açıkken uyanabilirsiniz, ama gözleriniz kapanırken ne olduğunu hatırlamaksızın" (sayfa 48).

" Şimdi, kısa bir sürede gözleriniz açılacak, ancak uyanma ihtiyacı hissetmeyeceksiniz ya da gözleriniz açıkken uyanabilirsiniz, ancak kollarınızı birkaç dakika içinde hareket ettirmeyebilirsiniz".

"Hatırlamamayı seçebilirsiniz, ya da unutmayı seçebilirsiniz, unutmayı seçmek sizin seçiminizdir aynen hatırlamamayı seçtiğiniz gibi."

"Hatırlamayı istediğiniz her neyse, basitçe hatırlamayı seçtiğiniz şeyin ne olduğunu da unutabilirsiniz."

Çift bölünme bilinç altı, bilinç dışı; çift tutum için cümle düzeni: aşağıdaki formatı alabilir:

"sizin bilinçli zihniniz _____, aynı zamanda (ya da ve den beri, gibi, çünkü, aynı zamanda) sizin bilinç altı zihniniz, _____, bilinçli zihniniz_____."

Başka bir yol ile açıklanan format iki şekilde olabilir:

1) bilinçli_____, bilinçdışı_____, aynı zamanda (ya da, den beri) bilinçli _____, bilinçsiz_____.

2) bilinçsiz_____, bilinçli_____, bilinç dışı iken _____, bilinçli_____.

Örnekler: " Bilinçli aklın, bilinçsiz aklının karışıklıklarını düşünürken çözümler üzerinde düşünür, veya belki de bilinçli aklın, sonucu merak ederken, bilinçsiz aklın bazı çözümler yaratır."

" Bilinçsiz aklın hisleri algılarken, bilinçli aklın o olaylara ait ayrıntıları hatırlayabilir, veya bilinçli aklın yalnızca güçlü hislerin farkında olurken bilinçsiz akıl ne olduğunu hatırlayabilir."

" Bilinçli aklın, bilinçsiz aklının ihtiyacı olan tüm zamanı alacak şekilde görülürken, testin tamamlanması için olan mevcut zamanın farkında olabilir, veya bilinçli aklın, bilinçsiz aklının geride bıraktığı zamanı ve çalışma hızını izlerken, zaman mevhumu olamadan gevşek bir adım atar."

"Ve gözlerinizi açtığınızda, bilinçsiz aklınızın onunla ilgili hislerinizin farkında olurken, annenizin önünüzde oturduğunu bilinçli olarak görebilirsiniz veya belki de bilinçsiz aklınız, bilinçli aklınızın onunla ilgili hislerinizi kuşatırken, onun görüntüsünü tutar."

13. MECAZ VE KARŞILAŞTIRMA: Mecazlar ya da hikayeler içe bakışı kolaylaştırabilirler. Sonuçlar önerebilir, motivasyonu arttırabilir ve savunmaya, direnişe karşı araç olarak görev yapabilirler. Aynı zamanda ego-güçlendirmesinde ve teşhiste kullanılabilirler.

Örnek: Bir yaralanmanın aşaması tarif edilirken natürel ve içsel iyileşmenin aşamaları da yer alabilir. Uzun süre önce olan bir yaranın küçük bir izi, çizgisi kalabilir, ancak ağrısı kalmaz. Bu mecazi travma ensest ilişkilerde, tecavüzlerde ya da boşanmalarda kullanılabilir.

14. ŞOK VE HAYRETE DÜŞÜRMEK: Şok ve hayrete düşürmek yaratıcılığı kolaylaştırabilir ve hastanın bilinç dışı zihnini yönetmek için içsel araştırmayı uyarabilir. Bu, belirli şok edici ya da hayrete düşürücü kelimeler kullanarak yapılabilir, ya da stratejik olarak yerleştirilmiş aralıklarla da yapılabilir. Karışıklık bilinci azaltabilir ve bilinç dışı aşamaları kolaylaştırabilir.

Örnek: "Boşanabilirsin, (duraklama) isteklerin hakkında daha iddialı olmayı öğrenmezsen." Senin ne istediğin, (duraklama) senin için en önemli olan bir sır. "Ayıldığını zannediyorsun, değil mi? Gerçekten yaptın, yaptın mı? Gözlerini ne kadar süre için açık tutabileceğini düşünüyorsun?"

Kaynak: Erickson, M.H. & Rossi, E. L, (1979). Hypnotherapy: An Exploratory Casebook. New York: Irvington. Bu metin daha ileri çalışmalar için hazırlanmıştır.

37

HAYAT DENEYİMLERİNDEN, İLGİLERİNDEN VE DEĞERLERİNDEN YARARLANMAK İÇİN DENETİM LİSTESİ

Son yıllarda, hipnoz standardize indüksiyon ve öneri tekniklerinden uzaklaştı ve bireyselleşme ve hastaların özgeçmiş deneyimlerinden yararlanma modeline doğru yöneldi. Hastanın ilgilerini, deneyimlerini ve ihtiyaçlarından yararlanmaya olan vurguyu ön plana çıkarmak Doktor Milton Ericson'un sağladığı önemli bir katkı olmuştur.

Denetim listesi hastaların eşsiz deneyimleri ve ilgileri hakkında çabuk bilgi toplayabilmek için geliştirilen bir araçtır. Evde hasta tarafından 20-30 dakikada uygulanıp tamamlanabilir. Bir sonraki görüşmede hastalarla konuşamadığımız başlıkları tartışabilmemiz için olanak sağlar. Daha sonra konu üstünde daha etraflı çalışılabilir tedavi planının bir parçası olarak uygulanabilir.

Bu denetim listesi, terapötik metaforlar, derinleşme teknikleri ve hipnotik indüksiyonların bireyselleştirilmesinde kullanılan bilginin zenginliği ile terapiste çabukluk sağlar. Dahası yaş geriletme çalışmasında yararlı olabilir ve hoşa gitmeyen reaksiyonların oluşması durumunda terapisti uyaracak değerli bilgiler sağlayabilir. Geriye dönük çalışmalarda; bölünme, çarpıtma, kaldırma, analjezi, kişilikten ayırma, yaş geriletme, zaman değiştirme, otomatik yazma, hipnografi ve sembolik imaj gibi çeşitli hipnotik fenomenler ve teknikleri kolaylaştırmada yararlı olduğu görülmüştür.

Denetim listesinin final bölümü "ihtiyaçları, değerleri ve öncelikleri" tanımlar. Bu son bölüm hastaların motivasyonlarını ve ihtiyaçlarını hesaba katıp karışımların ve önerilerin dile getirilmesi için önemli bilgiler sağlar. Hastanın başarısını, yakın ilişkilerini, mükemmelliğini, üstünlüğünü, düzen ve yapısını, özerkliğini, bağımsızlığını, hakimiyetini, karşı harekatını, meydan okumasını ve güvenlik ya da uyum duygularını ortaya koyar. Hastanın idrak etme ile ilgili karakteristik yapısı hakkında da daha fazla bilgi sağlar. Örneğin duygusal mı yoksa entelektüel mi? Geçmişe mi, şu ana mı ya da geleceğe mi odaklanmış durumda, içe mi dışa mı dönük? Sorunları, problemleri büyüten mi yoksa azaltan biri mi? Eleştirici ya da objektif mi yoksa güvenilir ya da sübjektif mi?

Denetim listesinden sağlanan bilgi yalnızca bireyselleşmeyi kolaylaştırmıyor, aynı zamanda terapistin yaratıcılığı konusunda da uyarıcı oluyor. Birinin hayal gücünü geliştirmek için mecaz, eşsiz indüksiyonlar ve derinleştiren teknikler kullanabiliriz. Bunu çok sayıda ki olanaklarla canlandırabiliriz. Öğrenciler kurslar ve pratiklerde denetim listesini eğitici araç olarak değerli bulurlar. Denetim listesini kullanma konusunda aşağıdaki dergi makalesi bir kaynaktır: Hammond, D.C. (1985). An instrument for utulizing client interests and individualizing hypnosis. Ericksonian Monographs, 1, 111-126.

38

HAYAT TECRÜBELERİ, İLGİ ALANLARI VE DEĞERLERDEN FAYDALANMAK İÇİN KONTROL LİSTESİ

Copyright © 1982,1984, D.Corydon Hammond, Ph.D.

Utah Üniversitesi, Tıp Fakültesi

İsim:.. Tarih:....................

Talimatlar: Bu liste pek çok insanın hayatta kazandığı tecrübeler ve ilgi alanlarını içerir. Bu da bize sizleri birer birey olarak nasıl anlayacağımız ve takdir edeceğimiz konusunda yardımcı olacaktır. Verilen boşluklara, lütfen tecrübe ettiğiniz her maddenin yanına sevdiğiniz geçmiş ya da şu anda meşgul olduğunuz bir aktivitenin yanına 1-7 arasında bir derecelendirme yapınız. 7, en çok sevdiğiniz veya yapmaktan en çok hoşlandığınız aktiviteyi; 1 de şiddetli derecede yapmaktan hoşlanmadığınız aktiviteyi temsil etmektedir. 4 şeklinde bir derecelendirmeniz de o konu hakkında tarafsız duygularınız olduğunu gösterir. Eğer bir aktiviteyi önceden çok seviyor ve şu anda da ilginizde iki derece bir değişiklik görüyorsanız, söz konusu aktiviteye "geçmiş" ve "şimdi" olarak iki değişik puan verebilirsiniz. Geçmişinizde yaşamadığınız ya da tecrübe etmediğiniz bir aktiviteyi boş bırakınız.

...........1. Bir oyunda rol almak
...........2. Okulda başarısız olma korkusu
............3. Lunaparkta atla gezinti
...........4. Anestezi
............5. Akvaryum/ balıkları izleme
...........6. Okçuluk
............7. Kiliseye/camiye gitmek
...........8. Bale
............9. Peri masalları/Uyku masalları
...........10. En iyi arkadaşın uzaklara gitmesi
...........11. Bisiklet sürmek
...........12. Kuşları seyretmek
...........13. Uçuşan köpükler
...........14. Sandalla gezinti
...........15. Vücut geliştirme (ağırlıkla)
...........16. Bowling
...........17. Kırık kol/bacak
...........18. Kardan adam yapmak
...........19. Korkutulmak, ezik duruma düşmek
...........20. Kampa çıkmak
...........21. Mum ışığı
...........22. Kano ya da sandal ile gezmek
...........23. Kart oynamak
...........24. Marangozluk/Ağaç işleri
...........25. Oymacılık
...........26. Yılbaşı akşamı ya da sabahı
...........27. Sirk
...........28. ağaca tırmanmak
...........29. Kitap boyamak

...........30. Komik kitaplar

...........31. Yemek pişirmek

...........32. Yaratıcı yazılar

...........33. Koy, dere/Irmak

...........34. Dans etmek

...........35. Sevdiğinin ölmesi

...........36. Evcil bir hayvanının ölmesi

...........37. Denizde balık avlamak

...........38. Restoranda yemek yemek

...........39. Bir yüzme havuzuna dalmak

...........40. Karalama yapmak, çizmek

...........41. Uyuşturucu ilaç kullanmak

...........42. Elektrikli trenler

...........43. Asansörler

...........44. Sivilcelerden dolayı utanmak

...........45. Bir grubun önünde utanmak

...........46. Yürüyen merdiven

...........47. Egzersiz yapmak

...........48. Kuşları beslemek

...........49. Çıktığınız zaman sakar hissetmek

...........50. Terk edilmiş hissetmek

...........51. Kendini çekici hissetmemek

...........52. Balığa çıkmak

...........53. Bir uçak kullanmak

...........54. Uçağa binmek

...........55. Uçurtma uçurmak

...........56. Sis

...........57. Kumar oynamak

...........58. Bahçe Düzenleme

..........59. Planörle uçmak
..........60. Yalınayak yürümek
...........61. Araba sürüşüne çıkmak
..........62. Partiye gitmek
...........63. Dişçiye gitmek
..........64. Hayvanat bahçesine gitmek
..........65. Golf
..........66. Büyükbabanın saati
..........67. Jimnastik
..........68. Cadılar Bayramı
..........69. Yamaç paraşütü
..........70. Koleksiyon yapmak (jeton,...)
..........71. Kırda yürüyüşe çıkmak
..........72. Hokey
..........73. Sek sek oynamak
..........74. At sırtında gezinti
..........75. Sıcak küvet ya da jakuzi
..........76. Avcılık
..........77. Buz pateni yapmak
..........78. Hastanede yataklı ameliyat geçirmek
..........79. Ağır tempolu koşmak (Jogging)
..........80. İp atlamak
..........81. Karate/ Judo / aikido
..........82. Örgü örmek/ tığ işi yapmak
..........83. Göller ya da göletler
..........84. Takıma en son seçilmek
..........85. Müzik dinlemek
..........86. Kırsal bir alanda, çiftlikte yaşamak
..........87. Yıldızlara ve aya bakmak

- ...88. Aşk/ Seks
- ...89. Hamakta uzanmak
- ...90. Kardan heykel yapmak
- ...91. Mekanik işler
- ...92. Meditasyon
- ...93. Motor bisiklet kullanmak
- ...94. Filmler
- ...95. Çıkma teklifi alamamak
- ...96. Bebek bakıcılığı yapmak
- ...97. Okyanus seyahati
- ...98. Ameliyatlar
- ...99. Aşırı kilo
- ...100. Yağlı boya yapmak, çizim
- ...101. Evcil hayvanlar (köpek, kedi,vb)
- ...102. Piknikler
- ...103. Yastık Savaşı
- ...104. Pin pon
- ...105. Pipo içmek
- ...106. Müzikal bir enstrüman çalmak
- ...107. Beysbol oynamak
- ...108.Basketbol oynamak
- ...109. Dama oynamak
- ...110. Satranç oynamak
- ...111. dart oynamak
- ...112. Futbol oynamak
- ...113. Saklambaç oynamak
- ...114. At nalı oyunu (halka9
- ...115. Kulüpte oynamak
- ...116.Fıskiye ile oynamak

...........117. "Dağların kralı" nı oynamak
...........118. Misket oynamak
...........119. Kukla oynatmak
...........120. Vagonla oynamak
...........121. Bebeklerle oynamak
...........122. Oyuncakla oynamak
...........123. madde okunamadı
...........124. Oyuncak arabayla oynamak
...........125. Oyuncak askerlerle oynamak
...........126. Fon/bilardo
...........127. Verandadaki salıncaklar
...........128. Çömlek yapmak
...........129. Halkın huzurunda konuşmak
...........130. Yorgan yapmak
...........131. Raket topu
...........132. Rafting yapmak
...........133. Çiçek yetiştirmek
...........134. Okumak
...........135. Mesaj almak,
...........136. Ödül kazanmak, tanınmak
...........137. Okula ara vermek
...........138. Üç tekerlekli bisiklet sürmek
...........139. Balonla seyahat etmek
...........140. Kayalara tırmanmak
...........141. Salıncaklı sandalye
...........142. Rodeo
...........143. Denize açılmak
...........144. Kumla oynamak
...........145. Sauna

...........146. Tüple dalış yapmak
...........147. Heykeltıraşçılık/Kilden model yapmak
...........148. Güvenlik battaniyesi
...........149. Dikiş dikmek
...........150. Tüfekle ateş etmek
...........151. Şarkı söylemek
...........152. Şarap ya da kokteyl içmek
...........153. Ateşin önünde oturmak
...........154. Arka bahçede oturmak
...........155. Kay kay yapmak
...........156. Gökyüzü dalgıçlığı
...........157. Geç vakte kadar uyumak
...........158. Atlı kızağa binmek
...........159. madde okunamadı
...........160. Sigara içmek
...........161. Kızakla kaymak
...........162. Karda kaymak
...........163. Kartopu savaşı
...........164. Bulmaca çözmek
...........165. Sahne korkusu
...........166. Ölmüş hayvanın içini doldurmak
...........167. Güneş banyosu
...........168. Sörf yapmak
...........169. Yüzmek
...........170. Salıncakta sallanmak
...........171. Senfoni konserleri
...........172. Şekerleme yapmak
...........173. Televizyon
...........174. Tenis

..........175. Şükran günü
..........176. Kumsal ve okyanus
..........177. Çöl
..........178. Dağlar
..........179. Yaşınıza göre çok kısa olmak
..........180. Yaşınıza göre çok uzun olmak
..........181. Trafik sıkışıklığı
..........182. Trenle seyahat
..........183. Trampolin
..........184. Ateş etmek (tuzakları)
..........185. Yabancı ülkeye seyahate çıkmak
..........186. Daktilo yazmak
..........187. Çok zayıf olmak
..........188. Çok hasta olmak
..........189. Video oyunları
..........190. Sevdiğiniz akrabaları ziyaret etmek
..........191. Ilık banyo
..........192. Bulutların gözden kayboluşunu izlemek
..........193. Havai fişekleri izlemek
..........194. Buz pateni izlemek
..........195. kar yağışını izlemek
..........196. Bir sahne oyununu izlemek
..........197. Güneşin doğuşu ya da batışını izlemek
..........198. Televizyonda spor izlemek
..........199. Su savaşı yapmak
..........200. Suda botla kaymak
..........201. Su kayağı yapmak
..........202. Örmek/ Dokumak
..........203. Yelkenliyle açılmak

...........204. Vitrin gezmek
...........205. Yo- Yo gibi sallanmak (oyuncak)
...........206. Pesten tize şarkı söylemek
............207. Yoga

**Sevdiğiniz/ yapmaktan hoşlandığınız
diğer şeyleri de ekleyiniz:**

....
....
....

**Sizi korkutan ya da yapmayı sevmediğiniz
diğer şeyleri ekleyiniz:**

....
....
....

İhtiyaçlar, Değerler & Öncelikler

Lütfen aşağıdaki ihtiyaçları sizin için önem derecesine göre numaralandırınız. En önemli olanı 1 numara olarak işaretleyiniz ve en önemsiz olanı da 16. Lütfen tüm 16 maddeyi işaretleyiniz.

...........1. Zor olan şeyleri başarmak

...........2. Güvenlik ve tutarlılık için riskten kaçınmak

...........3. İyi izlenim bırakmak için, hoş karşılamak ve başkaları tarafından sevilmek

...........4. Düzen ve temizlik için her şeyi organize etmek.

...........5. Kontrolde olmak

...........6. Mükemmel olmak, en iyisi olmak

...........7. Eğlence anlayışına sahip olmak

...........8. Sevilmek

.... 9. Görülmek, duyulmak ve başkalarını eğlendirmek

............10.Rehberlik edilmesi, kurallara uymak ve talimatları takip etmek

............11. Diğerlerine göz kulak olmak; onları desteklemek

............12. "Kendi işini kendin yapman" için özgür ve bağımsız olmak

............13. Başkalarını etkilemek ya da liderlik etmek

............14. Çeşitlilik için teşvik edici olmak

............15. Faydalı olmak ve servise hazır olmak

............16. Engelleri ve zayıflıkları aşmak

(Yuvarlak içine al) Hangisine daha çok öncelik verirsiniz?

A. Kalbinizin sesine ve duygularınıza; ya da

B. Akıl ve mantığınıza.

(Yuvarlak içine al) Yeni bir şey öğrenirken,

A. Öğrenme sırasında kritik olarak değerlendirme yoluna mı gidersiniz?ya da

B. Şimdilik böyle kabul eder; sonra mı araştırısınız?

(Yuvarlak içine al) Hangisine daha çok kritik açıdan bakarsınız?

A. Kendinize

B. Başkalarına

C. Kendiniz ve başkaları hakkında çok kritik yapmak

(Yuvarlak içine al) Düşünceleriniz ve hayalleriniz daha çok ne odaklıdır?

A. Geçmiş

B. Şu an

C. Gelecek

(Yuvarlak içine al) Eğiliminiz nedir?

A. Sorunları büyütmek ya da

B. Sorunları önemsememek, vurgulamamak

38

OTOHİPNOZUN ANA HATLARI

Gary Elkins, PH.D
Texas A&M Üniversitesi, Tıp Fakültesi

Self- Hipnozun Doğası
Tarafsız Hipnoz
Trans Yönetimi: Derinleştirme ve Test Etme
Telkinler: Doğası ve Uygulamaları
Olumlu
Basit
Görsel imajinasyonlar
Çoklu-duyusal Yöntemler
Duygu
Birbirine Çok Sık Takip Etmeyecek Şekilde Tekrar
Denememek
Zorbaca Değil, İstemli Şekilde
Özel Çevresel İmalar
Post-Hipnotik telkinler
Kayıt Cihazlarının Kullanımı
Bilinçsizlik Keşifinin Yöntemleri
İdeomotor (Fikir, Düşünce) Keşfi
Alternatif İhtiyaç Memnuniyeti
Bilinçsizle(baygınla) Uyum Sağlama & Tekrar Şekillendirme
Yansıtmalı Hipnoanalitik Teknikler

39

İDEOMOTOR İNCELEME

D. Corydon Hammond, Ph.D.

University of Utah School of Medicine

İdeomotor sinyal tekniği başlıca Erickson tarafından öncülük edilmiş, Cheek (Cheek& LeCron,1968) tarafından geliştirilmiştir ve, etiyolojik faktörlerin ve bilinç dışı dinamiklerin araştırılması için hızlı bir hipnoterapötik yöntem sağlar. Hipnotize edilen hastaya teknik aşağıdaki şekilde açıklanabilir:

'Hepimizin bir bilinçli aklı ve bir bilinç dışı aklımız vardır; aklın bir öncesi bir de aklın sonrası. Bilinç dışı aklın senin ve problemlerin hakkında her şeyi bilir ve hayatın boyunca yaşadığın her şeyin anısına ulaşır. Ve senin bilinç dışı aklın bizimle iletişimin bir metodunu kurabilir. Şimdi senden parmaklarından herhangi birini bilinçli veya istemli olarak hareket ettirmeye çalışmanı isteyeceğim. Fakat aklının daha derin ve içteki parçası olan bilinç dışı aklına, sağ/sol elindeki parmaklardan birini seçip, 'evet' cevabı için basitçe bir sinyal olarak kullanmayı istemesine izin ver. Ve parmağını istemli olarak kaldırmaya çalışmaksızın, parmak ucuna sanki bir helyum balonu iple bağlanmış gibi, ve tamamen kendi kendine havalanan parmaklardan gittikçe daha hafifleyenlerin birini basitçe bulacaksın. Ve hangi parmağın hafiflemeye ve havaya kalkmaya başladığını belirt.'

[Eğer 20-30 saniye sonra bir cevap görülmezse, telkinler tekrarlanabilir]: 'Senin bilinç dışı aklın 'evet' için bir sinyal olarak kullanmak isteyerek sağ/sol elindeki parmaklardan birini seçecek, ve o gittikçe hafifleyecek, hafifleyecek ve havaya kalkmaya başlayacak.' [Bir cevap sadece görünür olduğunda, kolaylaştırıcı onu kuvvetlendirmeden önce daha fazla tamamlanmış olana kadar beklemeyi isteyebilir, veya takip eden şekilde telkinler yapılabilir]: 'Pekala. Kalkmaya başladı. Hangi parmak gittikçe daha hafif ve daha hafif oluyor ancak fark ediliyor [Solunumu ayarla] daha hafif ve daha hafif, daha yükseğe ve daha yükseğe kalktığını açıkça görebiliyorum. [Oluşan bir cevaptan sonra]: 'Güzel. Ve bu parmak şimdi dinlenebilir.'

Benzer telkinler 'hayır' sinyali ve 'cevap vermek istemiyorum' sinyalini oluşturmak için verilebilir,' (veya daha sonra güvenli bir zamanda basitçe belirlenebilir). Telkinlerin dilinin hastaya bir parmağını kaldır (istemli) sorusundan çok, istemsiz (disosiyatif) bir cevabı oluşturmasına dikkat edilmelidir. Eğer bir parmak düzgün, hızlı bir hareketle kalkarsa bu neredeyse her zaman istemli bir cevaptır. Aksine, bilinçsiz bir cevap titreyen veya hafif sarsıntılı nitelikle birlikte yavaş, kademeli bir hareketle karakterizedir. Sinyal için sağ, sol veya dominant elin kullanımı konusunda farklı fikirler vardır. Bazıları hastanın birbirine kenetli olan ellerinde en üstte bulunan ve en doğal görünümü veren baş parmağın belirlenmesi ve daha sonra sinyallerin bu elde oluşturulması gerektiğini önerirler. Yazar ve pek çokları en kolaylıkla görülen ve cevapsızlıktan etkileneceği düşünülmeyen eli basitçe belirler.

Israrlı bir şekilde birkaç dakika sonra bir parmak harekete geçmediğinde, bunu sormak değerli olabilir, 'Hipnotik durumda kalmaya devam ederek, sadece bana sözel olarak söyle,sağ/sol elinde farkında olduğun ne var?'. Kalkmama durumuna rağmen, hastanın bir parmağında farklı bir duyum yaşadığı bazen ortaya çıkar. Bu vakada örneğin bir parmak 'evet', diğer parmak 'hayır' için bir duyum hissedildiği yerde ideomotor sinyalleri oluşturmak mümkün olabilir. Hastaya bundan sonra eğer parmağında farklı bir duyum algılarsa istemli olarak kaldırması öğretilebilir.

Parmak sinyalleri oluşturduktan sonra, araştırma takip eden telkinlerle başlatılabilir. 'Şimdi senin bilinç dışı aklına (semptom) problemin ile ilgili bazı sorular soracağım. Sana sorduğum gibi cevaplar hakkında bilinçli spekülasyon yapmadan, soruyu aklında bir daha ve bir daha sadece tekrarla, ve bilinç dışı aklının tamamen kendi kendine parmakların aracılığıyla cevaplamasına izin ver.' Aşağıda bulunan soru türleri bilinç dışı araştırma için daha sonra kullanılabilir.

Belirli sorulara pozitif bir cevap aldıktan sonra, vebal cevaplar hipnotik bir durumu çoğu denekte hafifletmesine rağmen sadece ideomotor sinyallerin kullanımı sıkıntı verici olabilir. Terapist bu nedenle ara sıra sözel bir cevabı isteyebilir. Örneğin, kendi kendini cezalandırma amacına hizmet eden bir semptoma 'evet' cevabını takiben terapist telkin edebilir: 'Kendi kendini cezalandırmana sebep olan düşüncenin basitçe bilinçli aklına gelmesine bilinç dışı aklın izin versin. Ve, transta derin kalmaya devam ederek, aklına gelen ilk şeyi sadece sözel olarak bana söyle'

Araştırma Alanları

I. Çatışma:

'Bu probleme sebep olan bazı iç çatışmalar var mı?'

'Bu probleme sebep olan senin bir iç parçan var mı?' (Bu soruya müspet bir cevap, bilinç dışı görüşmenin hastanın bu parçası ile yapılabileceği hastada yeterli derecede bir disosiasyona ortaya koyar, veya disosiasyonun derecesi ego durumu ile sözel olarak konuşmaya yeterli olduğunda, Ego-Durum Terapisi (Ego-Durum Terapisi) yürütülebilir.

II. Adaptif Fonksiyon: (İkincil kazanç):

'............'nın bazı faydaları var mı?'

'Bu, seni korktuğun bazı şeylerden koruyor mu?'

'Bu, bazı şeyleri yapmaktan seni koruyor mu?'

'Bu, olan bazı şeylerden senin kaçmana veya kendini korumana izin veriyor mu?'

'Bu, dikkat veya sempati çekmene hizmet ediyor mu?'

'Bu, bazılarına etki etmene veya kontrol etmene izin veriyor mu?'

'Bu, bazılarını cezalandırmana hizmet ediyor mu? Bu misilleme yapmanın bir yolu mu?'

'Bu, seni sahip olduğun bir imajdan koruyor mu?'

'İtibarını güvene almana yardım ediyor mu?'

'Kendinin özel veya biricik olduğunu hissetmenin bir yolu mu?'

'Bu, ihtiyaç duyduğun diğer herhangi bir amaca hizmet ediyor mu?'(Eğer cevap 'Hayır'sa: 'Eğer bu semptomdan kurtulmuş olsan ve bir daha sahip olmamış olsan, bundan sonra her şey yolunda olacak mı?.')

'Bu semptomu korumaya herhangi başka ihtiyacın var mı?' 'Eğer onu devam ettirirsen, senin hayatında şu an herhangi bir probleme sebep olacak mı?' 'Senin bilinç dışı aklın semptomu bırakmaya gönüllü mü?' 'Bu semptomu bırakmaya gönülsüz bir iç parçan var mı?''Pekala, öyleyse eğer bu semptoma daha fazla ihtiyacın olmadığını senin bilinç dışı aklın biliyorsa, 'evet' parmağın havaya kalkacak'

III. Kendini Cezalandırma:

'Bu semptoma sahip olmak, kendi kendini bazı şeyler için cezalandırmanın bir yolu mu?'

IV. Özdeleştirme:

(Hasta ailesinden biri gibi veya ailesinin özel bir yönü gibi olduğunu veya aynı isimde bir ebeveyniyle aynı olabildiğini söylemiş olabilir)

'Bu probleme sahip olmakla, çocukluğundan bazıları ile özdeşleşiyor musun?'

'Benzer problemli biriyle özdeşleşiyor musun?'

V. İntiba: ('Yetki ifadeleri' veya 'prestij telkinleri)

Araştırmanın bu alanı hastaya takip eden telkinlerle tanıtılır:

'Hislerimize ve duygularımıza etki eden aklımıza ara sıra bir fikir gelebilir. Bazen bu yetkili biri tarafından söylenmiş olan bazı şeylerdir veya aklımızda etkili olan duyguların güçlü bir atmosferinde söylenmiş bazı şeylerdir. Ve ben senin bilinç dışı aklına sormak istiyorum, bu probleme sebep olan senin derin zihninde etkili sabit veya kazınmış bazı fikirler var mı?'

(Eğer öyleyse) 'Bu sabit düşüncenin geliştiği geçmişte bazı olaylar veya deneyimler var mı?' 'Birden fazla bu gibi olay var mı?' (Olayın yaşını sapta)

'Sabit veya kazınmış bu düşüncenin olduğu zamanda bazılarının söylediği bazı şeyler var mı?'

[Kazınmış düşüncenin saptanmasından sonra]: 'Şimdi bunu anlayarak, senin şu anki yetişkin bakış açınla, bu yanlış düşünceden vazgeçebilir misin?'

VI. Vücut Dili:

'Bu probleme sahip olmakla, sen.........mı çalışıyorsun? (ör:....... bir acı ile uğraşmak; bazı şeylere özlem duymak). (Örneğin: 'Bu boyunda bir ağrıdır' 'Bu benim için büyük bir sorundur', 'Buna cesaret edemem' 'Bu beni yok eder')

'Bu semptom her nasılsa bazı şeylerin bir sembolü mü?'

VII. Geçmiş Deneyimler:

'Bu problemin başlamasından sorumlu bazı geçmiş olaylar veya deneyimler var mı? [Eğer hasta 'hayır' cevabını verirse, sorarak iki kez doğrulamak gerekebilir]: 'Bu problemin başlamasından sorumlu geçmiş bir olayı bilen senin aklının daha derin bir parçası var mı?' [Müspet bir cevap verildiği zaman, olayın yaşını sapta]: 'Bazı şeyler 10 yaşından önce mi oldu? Bu 5 yaşından önce mi ortaya çıktı? 4 yaşından önce mi ortaya çıktı?' [En erken olayın tanımlanmasını aldıktan sonra, soru genişletilir]: 'Henüz hatırlamış olduğun bazı daha erken deneyim basamakları var mı?' 'Bu semptomu yaşadığından önce bile bir süre var mıydı?'

'Olay bilinçli aklında şimdi mevcut mu?'

'Senin bilinç dışı aklın ile beraber geçmişe gitmek ve yüzleşmekle, ve anlamakla ve __yaşında her ne olmuşsa çözümüyle her şey bizim için iyi olacak mı?'

'_____İÇİN HERHANGİ DİĞER SEBEPLER VEYA GÜDÜLER VAR MI?'

Direncin İdaresi:

Sinyalleri saptamak zor olduğu zaman, terapist bir sarkaç kullanabilir. Sarkaç dominant elin baş ve işaret parmakları arasında tutulur ve hasta ona sabit bakar. Sarkacın soldan sağa, önden arkaya, veya bir yönde veya diğer yönde daire hareketi yapabileceği hastaya anlatılır. Daha sonra hastaya söylenir:'Sarkaca baktığın gibi, sadece kendi kendine, yeniden ve yeniden düşün, 'evet', 'evet', 'evet', ve bilinç dışı aklının evet cevabı için bir yön seçmesine izin ver.' Çoğu hasta cevapları sarkaçla saptayabilir. Sinyaller oluşturulduktan sonra, terapist aşağıda veya yukarıda bulunan sorulardan her hangi birini sorabilir.Bu da hipnotik bir duruma girerken direnci araştırmada değerli bir metottur.

'Hipnozunda derine inmekte bir korku var mı?'

'Bu korkuya sebep olduğunu bildiğin şeyler senin için düzelecek mi?'

[Önce korku tanımlanır]:'Bu korkunun ne olduğunu bilerek şimdi hipnozu rahat bir şekilde kullanabilir misin?'

[Eğer bir olay çok travmatik görünürse:] '198_'de bilgin, deneyimin ve bakış açının sınırları içinde bu olayı bilmek ve onu tartışmak iyi olacak mı?'

'Bilinçli olarak bunun farkına varmaksızın, içsel olarak, kendi kendine bunu tümüyle daha iyi yapmaya çalışabilecek misin?' 'Gelecek görüşmemizden önce bunu yapabilecek misin?'

'Senin bilinç dışı aklın önümüzdeki hafta boyunca seni hazırlayacak mı, öyleyse biz sonraki oturumda bunu araştırabilir ve çözümleyebiliriz?'

[Transı derinleştir ve daha sonra söyle]:'Cevabın ne olabileceği hakkında düşünmeye çalışma. Sadece soruyu üst üste ve üst üste kendi kendine düşün ve bırak parmakların cevap versin.'

'Ve her nefesle beraber, daha derine ve daha derine sürüklen. Ve daha derine in, bu parmaklar daha hafif olacak ve bunlar daha kolay havaya kalkacak.'

<u>Yaş İlerlemesi:</u> 'Şimdi bilinç dışı aklından seni alıp zamanda ile-

riye götürmesini istiyorum, kendini tamamen iyi olduğunu bildiğin zamana doğru ileriye, bu problemi aş ve bu probleminin olmasından daha fazla korkmadığında geri gel.' [Hastaya bundan sonra bir yöne doğru bakması, ve üzerindeki tarihle birlikte karatahtayı görmesi, ve size zamanı söylemesi direktifi verilebilir. Bu hastanın güveninde gittikçe iyileşme bir ölçüt gibi alınabilir].

Yaş Regresyonu: 'Lütfen bilinç dışı aklının bu problemin üstesinden gelemeyeceğin hissini veren bir şeylerin olduğu en önemli ana doğru zamanda geriye yönelmesine izin veriri misin? Ve orada olduğun zaman, senin 'evet' parmağın havaya kalkabilir. Ve onun kalktığı gibi, etrafına bak ve nerede olduğunu ve neler olduğunu bana söyle?'

Ego Durum Terapi & Yeniden Düzenleme:

'Senin daha derin parçandan bile başka, hala daha acı çeken henüz yardım edemediğimiz birisi var mı?'

'Senin iyiye gitmeni isteyen ve bana yardım etmek isteyen iç parçanın parmak sinyallerini almasını ve aldığında parmağı havaya kaldırarak 'evet' parmağının havaya kalkmasına sebep olabilmesini istiyorum.'

Hastanın diğer eline dokun, o elde aynı parmak sinyallerini kullanacağını ve cevap vereceğini onun derin parçasına telkin et.

'Dinlemekte olan 'isim'nin diğer parçası ile iletişime geçmek istiyorum. Ve yüzeye gelmeni istiyorum, ve burada olduğunda sadece söyle, 'ben buradayım!' (Bu ego durum terapisinin başlangıcıdır.)

Direnen bir ego durumu bulunduğu zaman, dirençli ego durumunun oluşmasına neden olan veya onun öfkeli veya dirençli olmasına sebep olan kritik deneyimi tanımla.

Önerilen Referanslar

40

ALTERNATİF MEMNUNİYET GEREKSİNİMİ

D. Corydon Hammond, Ph.D.

University of Utah School of Medicine

Son yıllar boyunca klinik hipnozda en önemli gelişmelerden birisi hastanın disosiye parçalarının tanımlanması ve çalışılmasının keşfidir. Disosiasyon ne bir fenomendir ne değildir. Anksiyete gibi, farklı bireylerde disosiasyonun farklı dereceleri vardır. Bunun devamının aşırı ucunda çoğul kişiliği buluruz. Çoğu diğer hastalar ve normal fonksiyonlu bireyler, bununla beraber, Hilgard'ın (1986) 'gizli gözlemciler' dediği ve Watkins'in (1978,79,81) 'ego durumları' dediği bilinç dışı kısımlar veya disosiasyonlara sahiptirler. Önemli bir terapötik ilerleme bireyin parçalarıyla bilinç dışı görüşme yapma tekniğinin geliştirilmiş olmasıdır. Bu yazar bu tekniğe Alternatif Haz İhtiyacı demektedir, bunun basamakları aşağıda belirtilmiştir.

Basamak Bir: <u>Problem davranış veya duygudan sorumlu parça ile iletişim kurmak.</u> Başlangıçta, ideomotor sinyalleşme sorularıyla bu yapılabilir, 'Bu probleme sebep olan senin içsel bir parçan var mı?' Eğer cevap 'evet' ise, bundan sonra terapist belirtebilir: 'Pekala, öyleyse _____ yapmana sebep olan parçana, bilinç dışı aklının iletişime geçebilmesi için parmak sinyallerini kullanmasına izin vermesini istiyorum. Ve parmak sinyallerinin kontrolünü aldığı zaman, senin 'evet' parmağını havaya kaldırmana izin vererek bana sinyal verebilir.'

Basamak İki: <u>Adaptif fonksiyonu saptamak, onu kabul etmek, &</u>

pozitif olarak tekrar tanımlamak: Bireyin bu bilinç dışı parçası ile terapötik bir işbirliğinin kurulması hayatidir. Bu, etkilenen ego durumuna pozitif bir anlamın yüklenmesi ve problemli davranışın amaç veya niyetinin kabul edilmesiyle yapılabilir. Pozitif olarak yeniden tanımlanan amacın önemi hakkında yorumda bulunmak hasta için bu parçanın yaptığının değerinin ifade edilmesidir.

Basamak Üç: Eğer ihtiyaç hala varsa tanımla. Bazen geçmişte yardımcı olmuş bunun gibi bir davranış veya niyet vardır, fakat onun faydası devam etmeyebilir ve ona daha fazla ihtiyaç duyulmayabilir. Öyleyse seninle kontrol etmek istiyorum, seni koruyan [veya fonksiyonu her neyse] (problemli davranış) 'a hala ihtiyacın var mı?'

Basamak Dört: Amaçları ve sonuçları ayırmak:Örneğin; 'Senin, onun gerçek arkadaşı olduğun ve onun çok önemli bir parçası olduğunu görüyorum. Ona yardım etmeye çalışmakta oldukça fazla yaratıcılık göstermişsin ve bence senin değerli bir amacın var. Bununla beraber, kullanmış olduğun metodun, tamamen haberdar olmayabileceğin bazı negatif yan etkileri olduğunu düşünüyorum. [Negatif etkileri beyan et] Ve hala onu (ör:koruma)'ya çalışmak amacının çok pozitif olduğunu düşünüyorum. Bu nedenle, bu eski yöntem yapabileceği kadar iyi çalışamamış olduğundan dolayı, aynı şeyi başarmak için diğer metodu denemeye istekli misin, merak ediyorum? [Eğer isteksizlik varsa: söylemeye çalış:] 'Diğer yolu deneyeceğine dair bir vaadi sormuyorum. En az şu an kullandığın yöntem kadar etkili olduklarına inanmaksızın, saptadığımız alternatiflerin her hangi birini kabul etmeye mecbur değilsin. Fakat benimle birlikte oldukça parlak bazı muhtemel seçeneklere istekli olacak mısın?'

Basamak Beş: Aynı amaca ulaşmak için çeşitli alternatifler saptama. 'Pekala. Şimdi (hastanın adı)'dan bilinç dışının yaratıcı kaynaklarını kullanmasını ve sadece etkili görünen _____nin başardığı aynı şeyi başarmanın alternatif üç yolunu beraber saptamayı istiyorum. Ve bu üç alternatifin her birini saptarken lütfen 'evet' parmağının bana sinyal vermesi için yükselmesine izin ver.' [Parmak üç kez havaya kalktıktan sonra]: 'Çok iyi. Bu üç alternatif _____ kadar etkili görünüyor mu? (Eğer değilse, alternatiflerin her biri hakkında takip eden soruları sorun). 'Bir numaralı metodu kullanmanın her hangi bir zararlı yan etkisini tahmin ediyor musun? İki numaralı?, Üç numaralı?' Terapist alternatiflerin ne olduğunu bilmeyi ve bunların hasta için iyi olduğunu, hastanın bilinç dışı parçasına da sormak isteyebilir. Bununla birlikte, zorunlu değildir ve yeni alternatiflere bilinçli içgörü olmaksızın değişim görülebilir.

Basamak Altı: Değişim kararı. 'Pekala. Sana yardım etmek için _____'i kullanmakta olan parçaya sormak istiyorum, (problem davranış)'ın yerine (fonksiyonu tekrar belirt, ör;seni korumak) için şimdi bu yeni metodların ister her birini tek başına veya bir kombinasyon halinde kullanmaya istekli olacak mı?' Eğer direnç varsa, alternatif #1, #2 veya #3'e itiraz olan parçayı sapta. Eğer bir alternatife itiraz varsa, bunların bir veya daha fazlası yeni alternatif parlak fikirlerle değiştirilebilir. Direnci bypass için diğer bir metod sadece geçici bir karar aramaktır: 'Pekala. Açık uçlu bir karar vermeye gönülsüzsün. Dört hafta boyunca etkinliğin değerlendirmek için _____'in yerine, bir deney gibi, aynı şeyi başarmak için bu yeni metodları kullanmayı ister misin?'

Basamak Yedi: Direncin iki kez kontrolü. 'Aynı şeyi başarmanın bu yeni yollarıyla hoşnutsuz veya karşı çıkan (isim)'in herhangi bir diğer bilinç dışı parçası var mı?' Öyleyse bu yeni parçanın karşı olduğu alternatifleri sapta. Ondan sonra, eğer hasta bilinçli olarak alternatiflerin farkında ise, bilince gelmiş itirazları araştır ve sözel olarak belirttir. Diğer taraftan, hastaya söylenebilir: 'Pekala. Bilinç dışı aklının olması gereken yaratıcı parçasının lütfen itirazları belirtmesini istiyorum, ve bu olduğu zaman, 'evet' parmağı kalkabilir' [ara] 'Güzel. Şimdi, bilinç dışı aklının yaratıcı parçasından alternatif #_'e itirazları incelemesini, ve bu itirazları nasıl karşılayabileceğimizi düşünmesini istiyorum. İhtiyaçları karşılamanın bu yeni yolları hakkında iyi hissetmesi (isim) 'nın her parçası için önemlidir. Ve bilinç dışından alternatifi değiştirecek bir yol bulmasını ve senin tüm parçalarının onunla rahat olacağı şekilde iyileştirmesini istiyorum. Bu başarıldığı zaman 'evet' parmağınla bana sinyal ver.' [Hastanın tüm parçalarınca alternatif kabul edilebilir bir tarzda modifiye edilemezse, bundan sonra yeni bir alternatif oluştur ve onun kabul edilebilirliğini kontrol et]. 'Tamam, şimdi bir kez daha yeniden, sana yardım etmek için _____'yi kullanmakta olan senin parçana sormak istiyorum, aynı amacı başarmak için bu yeni metodları şimdi kullanmaya istekli misin? Güzel. Ve şimdi, bu yeni yollarla tatmin olmayan _____'nın diğer herhangi bir parçası var mı?'

Basamak Sekiz: Yaş ilerlemesini & prova. Yazarın deneyimlerine göre bu basamak isteğe bağlıdır ve her zaman gerekli değildir. Bununla beraber, hasta oluşturulan alternatiflerin bilinçli olarak farkında olduğu zaman, gelecekte yeni metodları kendi kendine kullanıyor olma deneyimini, zamanda ileriye doğru yaşayabilir. Bu zararlı yan etkiler ve dirence karşı diğer bir ikili kontrol gibi de hizmet eder.

Basamak Dokuz: Post hipnotik telkinler. Başarıyla görüşülen anlaşmanın kabulünü takiben, güçlü post hipnotik telkinler verilebilir. Örneğin: 'Senin bu bilinç dışı parçan takip eden dört hafta boyunca baş ağrılarını durduracağı ve seni korumak için diğer metodları kullanacağı konusunda hemfikir oldu ve söz verdi. O yüzden, bilinç dışı aklının gücü nedeniyle, kendini rahat ve sıkıntısız, gerginlik ve ağrıdan kurtulmuş hissedeceksin. Senin sevincin için, şimdi hiçbir şeyin seni endişelendirmediğini ve seni hiçbir şeyin rahatsız etmediğini keşfedeceksin. Şimdi rahat kalmaya devam edeceğini bilmenin ferahlık duygusunu hissederek şu anda uyanabilirsin.

BİLİNÇ DIŞI GÖRÜŞMENİN DİĞER METODLARI

1. Ego-Durum Görüşmesi. Kişinin iki parçası arasında çatışma olduğu zaman, terapist iki disosiyatif durum arasındaki görüşmede bir ara bulucu gibi davranabilir. İlk basamak farklı parçalar arasında iletişimi oluşturmaktır, bir isim veya unvan varsa saptanır, kesin olarak fonksiyonu belirlenir ve pozitif olarak yeniden tanımlanır ve engel olan veya probleme müdahil olan herhangi bir diğer parçanın bir farkındalığı varsa tanımlanır.

Sonra, terapist isterse iki parça arasında açık bir sözel diyalogu oluşturabilir (ego durum terapisi) veya ideomotor sinyaller aracılığı ile bir anlaşmayı görüşebilir. 'Senin için aynı şeyi yapmaya diğer parça eğer razıysa, (isim) için böyle önemli bir şeyi oldukça kötü bir şekilde başarmayı istediğin için, diğer parçanın ____yi yapmasına izin vermeye, müdahale etmeksizin, istekli olacak mısın?' Eğer direnç varsa, sınırlı zamanlı anlaşmayı araştır. Herhangi bir diğer parçanın müdahil olmasını saptamak için her zaman iki kez kontrol et.

2. Bir Sinyal Olarak Semptomun Tanımlanması. Bir semptomun adaptif fonksiyonu saptadıktan sonra, hastanın bilinç dışı parçası yardımcı bir iletişim aracı gibi yeniden yapılandırılabilir. Böylece, hastanın bilmeye ihtiyacı olduğu bazı şeyleri iletmeyi araştıran bir öğretmen ve bir arkadaş gibi semptom yeniden yorumlanabilir. Bundan sonra, hastaya bu özel mesajı iletmeye ihtiyacı olduğu zaman görülen bu semptomun ortaya çıkmasına sebep olan gereksinim bilinç dışı görüşme ile yürütülebilir. Semptomun mesajı bundan sonra hastaya tekrar vurgulanır. Bundan başka görüşme bilinç dışı ile 'açık iletişimin yararı için' yürütülebilir. Bir anlaşma gelecekte, bilinç dışı aklın bu semptomu bırakmaya izin vereceği, hastanın bu semptomun görülme sebebini anladığı (diğer taraftan mesaj alınmış olduğu), zamanda da oluşturulabilir. Bilinç dışı, bir pazarlığın etkisine bile saldırıda bulunarak, başlangıçta hasta mesajı alana kadar, semptomlarda artmaya veya kötüleşmeye izin verebilir.

3. Problemli Davranışa Yeni, Daha Uygun Bağlam Takmak.
Semptomun oluşmasından sorumlu parça ile görüşme, bu cevabı farklı bir yapıya bağlamayı ve bu durumları sınırlandırmayı gerektirir (bu davranışın uygun olabileceği yere). Örneğin, eşle olandan çok, yabancıların olduğu şartlar ve çevrede (bu tarz şüphecilik için gerçekte haklı nedenler olmadığında) güvensizliği sınırlamak.

41

UÇDEĞERLERİN BİRLEŞMESİ TEKNİĞİ

D. Cordyon Hammond Ph.D.

Utah Tıp Üniversitesi

Edelstien'in (1981) bu tekniği "kutupların entegrasyonu" nun Gestalt Terapi yöntemlerine çok benzerdir. " ters yönde hareket etmekten dolayı korkmamızdan dolayı bir yönde hareket etmemize sebep olan reaksiyon formasyon ile birlikte kullanımını savunmuştur. (p.121) Bu teknik ile, hasta bir duruma zıt şekillerde tepki vererek iki değişik birey hayal eder, ve sonra bu iki kişiyi yeni bir birey içinde birleştirerek hayal eder, ve entegre ediliş sırasında hasta, bu iki bireyin en iyi yanlarını almıştır. Şimdiki yazar ayrıntı olarak bu tekniğe bazı bilinçdışı işaretler ve yorumlar eklemiştir.

" Birkaç dakika içerisinde, sana bir sahne tasvir edeceğim, ve ben bunu yaparken, bunu sanki rüyaymış gibi deneyimleyebilirsin. Ve bir rüyada gibi, görebilirsin, ve hissedebilirsin, ve bir şeyler duyabilirsin, ve bunlar oldukça gerçekçi gözükür, hatta sen sadece orada yatarken bile, çok sessizce, uyurken. Ve benzer bir şekilde, benim tasvir ettiğim şeyi deneyimleyebilirsin."

Şimdi, hastaya iki uç kişinin hayalini tanıştırın. Örneğin, bir tanesi sinirli, ve diğeri de bağımlı ve pasif. Her iki birey de bir ortama ve duruma tepki verirken, her iki insanı ve davranışlarını detaylı bir şekilde tasvir edin. Sonra da, hastadan bu kişilerden bir tanesini yürürken hayal ettirin, muhtemelen diğeri ile el sıkışıp, yan yana dururken. " ve onlar yan yana dururken, muhteşem bir şey olmaya başlayacak. Üzerlerinde parlak bir ışık parlamaya başlayacak, ılık, rahatlatıcı türden bir ışık. Ve ışık onların üzerinde parladıkça, detayları meydana çıkmaya başlıyor, ve sen onları bir araya karışırken ve harmanlanırken hissedeceksin. Karışarak, ve entegre ederek, ve birlikte bir insana birleşiyorlar, sağlıklı, güçlü bir insan.

Şimdi bu yeni insanın özelliklerini tasvir et, ve deminki diğer ikisinden nasıl farklı olduğunu. Ve bu insan demin ikisinin en iyi özelliklerine sahip. Güçlü ve oldukça duyarlı ve düşünceli. İddialı olabilir ve gerektiğinde kuvvetli, ve oldukça şefkatli ve zorba değil. vs. Hasta şimdi bu modeli inceleyebilir, hasta tarafından yönlendirilerek, bir önceki duruma olumlu cevaplar vererek.

" Şimdi bu ikisinin entegrasyonu ve karışımı olan bu insan hakkında düşünürken, bu insanın gerçekten seninle çok benzer olduğunu fark ediyorsun. Bu özelliklere sahip olduğu, ve bu yolda olma kapasitesine sahip olduğun için mutlu olabilirsin, o insanların en iyi yanları ile cevap vermek. Sadece biri gibi davranmak gerekli değil. Sende o ikisinin en iyi özellikleri mevcut.

"Şimdi bilinçdışına bir şey sormak istiyorum, ve lütfen parmakların aracılığı ile cevaplamasına izin ver, kendi kendine. Bilinç altı sana ._____nın ve _____nın (özellikleri söylerin) en iyi özellikleri almış, birleşmiş bir insan ile hem özdeşleşmene izin vermek istiyor mu? Şimdi zihninin en derin kısmının beni dikkatlice dinlemesini istiyorum ve bilinçdışı zihninin en derin kısmı beni dikkatle dinlerken, "evet" parmağın yukarı kalkabilir. (bekle) " İyi [Bu aşama ideomotor sinyallerin hali hazırda kurulduğunu farz eder]

"Şimdi bilinçdışı zihnin bu her iki insanın en iyi yanlarını almış karışım insanla kendini özdeşleşmen için sana bir vaatte bulundu. Ve ilginç yollarla, nasıl değişik şekilde cevap vermeye başlayacağını, bilinçli zihnin fark edecek. Bilinçli zihnin ikilemde kalabilir; sorgulayabilir; ancak sen eskiden verdiğin şekilden farklı olarak cevap vermen için bilinçsiz olarak zorlanmış edileceksin. Ve bu iki insanın entegrasyonu olan kombinasyon gibi daha fazla hissetmeye başladığını fark edince, meraklı olup olmayacağını merak ediyorum, ve onun davranacağı şekilde davranmayı gittikçe daha kolay ve daha kolay buluyorsun. Ve bu meydana gelirken, bilinçli zihnin yardım edemeyecek ancak fark edecek -- ___(belirt)_____ durumlarına nasıl yanıt verdiğine hayran olacak sanki sen birleşmiş kişiymişsin gibi. İlk başta (bakışta), bu yeni tepkilerin aniden ve beklenmedik bir şekilde olduğunu keşfedebilirsin, düşünmeye ya da direnmeye hiçbir fırsatın bile olmadan. Ancak kendini şaşırttıktan sonra, bu yeni şekiller davranarak, bilinçdışı keyfin derin içsel bir tatmin hissi olacak, ve muhtemelen eğlence ve zevk. Ve çok yakında, ne kadar doğal ve rahat olarak bu iki insanın _____ ve _____ karışımı olarak _____ davranmaya başladığının keyfine varacaksın."

Alıntı: Edelstein M.G. (1981). Trauma , Trance & Transformation. New York: Brunner/Mazel

42

FİLİPİN KARTALI

Ebeveyn- Gelişim Metaforu

Filipin kartalı her yumurtlamada sezonunda sadece 1 tek yumurta bırakır, böylece yeni nesil çok seçkindir. Anne kartal ona büyük ihtimamla bakar, yeterince güçlü hale gelene kadar onu düzeli bir şekilde besler. Küçük kartal büyürken annenin karşılaştığı en büyük problem, küçük kartalın ne zaman kendi kendine yetebileceğini bilmektir. Eğer yuvayı kendini korumadan terk ederse, o zaman ya açlıktan ölecek, ya da başka bir sürüngenin yemi olacaktır. Eğer çok fazla bekletilirse o zaman da öldürmeyi öğrenme zamanı geçmiş olacak. Sonra da sorumluluğu küçük kartala bırakarak, ona yaşamda, hayatta kalma dersleri vermek çok keyiflidir.

Pratikte kartallar genellikle hayatta kalabilirler. Rollerinin tam zamanında ortaya çıkması küçük kuşa hayatta kalması için yeterli imkanı verir. Anne kartal, yavru kartalın yuvadan çıkabilecek olduğuna dair bütün sinyalleri takip eder. Muhtemelen küçük kartalın içinde de ona kendini ne zaman kollamaya hazır olduğunu söyleyen bir ses vardır. Bu sürecin tam olarak nasıl ortaya çıktığını bilmiyoruz. Muhtemelen içgüdünün bununla ilgisi vardır. Biz bu zamanlamaya takdir duyarken, muhtemelen annenin ve küçük kartalın içinde gelişen bu süreçlerden dolayı, doğru yargıya varıyorlardır ki nesilleri devam ediyor.

Fakat anne kartalın da deneme yanılma dönemleri olmuştur. Yavrusuna kısa dönemlerde yuvadan ayrılmasını, uçmayı öğretirken izin vermiştir. Ve bu deneyimlemelerde kesinlikle uzaktan nasıl yaptığını izliyordur, böylece ona her aşamanın gelişiminde ne kadar yakından eşlik edip etmeyeceğinin kararını veriyordur.

Şüphesiz ki, onu yuvadan kendi görüş alanının dışına gönderince, kısa süreliğine bile olsa gerginleşiyordur. Ancak bunun küçük kuşun gelişimi için bir gereklilik olduğunu biliyordur ve ormanda nasıl hayatta kalacağını bilmesi için gerekli olduğunu.

LOUIS ARMSTRONG & KING OLIVER METAFORU

İndüksiyon: Bu metafor güç ve rol çatışması olan ilişkilerde eşitlik ve saygıyı arttırmak için kullanılabilir. Hikayenin ayrılma ile ilgili olan kısmı vurgulanmayabilir, eğer boşanma ya da ayrılma arzunalanan sonuçlar değilse. Metafor, değişimin gerekliliği ve koşullara adapte olabilme fikrini ekmektedir. Aynı zamanda bağımlılıktan bağımsızlığa giden sürecin de bir metaforudur, ve böylece, ergen cocukların bağımsızlığını ve emancipationlarını kabul etmeyi telkin edebilir. Bu metafor aynı zamanda müziğe, özellikle Jazz'a ilgi duyan hastalarda da kullanılabilir. [Ed.]

"Muhtemelen King Oliver ve Louis Armstrong'un hikayesi ilgini çekecektir. Jazzin ilk günlerinden bir hikaye, daha bu tür müzik formu yeni yeni gelişiyordu ve müzisyenler refine ediyorlardı.

Joe 'king' Oliver 1885 yılında, Armstrongdan 15 yıl önce Louisiana'sa doğmuştu. Küçük çocuken meydana gelen bir kaza sonucunda tek gözünün görüş kabiliyetini kaybetmişti. Yüzyılın başlarında New Orleansta bir gruba coronet çalgıcısı olarak liderlik yaptı. 1918 yılında Chicago'ya giden ilk grup liderlerindendi.

Oliver'in grubu Chicago'da büyük başarılara imza attı, uzun süreler boyunca Rose Garden Cafe de çaldılar. Sadece tek gözünün görebilmesine rağmen, Oliver perceptive biriydi; Chicagodaki rekabet fazlaydı ve oradaki mzikal oyunda önde kalabilmek için çok çalışması gerektiğinin farkındaydı. 1922'de bu sebepten, New Orleanstaki formiddable genç bir sanatçı olan Louis Armstrondan ikinci coronet olarak gruplarına katılmasını istedi. İşte bu anlamda King Oliver Creole Jazz Grubu kuruldu, ilk defa kayıt yapan ilk New Orleans grubu, ve çocuğun dediğine göre gelmiş geçmiş en iyisi.

İlk başta herşey yolunda gdiyordu. İki coronet çalgıcısı ile, grup inanılmaz bir sound yakaladı. Oliver, yaşlı ve daha deneyimli müzisyen, hem grupta, hem de grubun kilit noktası olan iki coronetçi arasında lider rolünü oynadı. Birçok klarnet solosunu, Armstrong ona eşlik ederken kendisi çaldı. Ancak Louis'in de müzakal yeteekleri ve yaratıcılık güçleri steadily olarak gelişti, hatta en azından Oliver kadar iyi bir coronet çalgıcısı olmuştu.

Bir süre genç Louis Armstrong kendi rolünden memnundu. Mr. Joe'ya worshiped, ve hiç şüphesiz, ondan çok şey öğrenmişti.

Ancak herşey zamanla değişir; hepimiz gelişmek ve durumların getirdiği ortamlara adapte olmamız gerekir. Uzun bir süre boyunca Lous insanlara "Mr. Joedan ayrılamam, o beni istemişti ve ben ondan ayrılamam" diyordu. Ancak sonunda kendi grubunu kurması gerektiği ve Oliver'a eşit olması gerektiği kararına vardı. Oliver 1920lerin devamında en iyi gruplara liderlik etmeye devam etti, bu sırada Armstrong da "Hot Five" ve "Hot Seven" isimli kurdu ve bu gruplar da tıpkı Oliver Creole Grubu gibi jass tarihi yazdı.

Kaynak: Barker , p. (1985) Using Metaphırs in Psychotherapy, New York: Brunner/Mazel, oo. 143-144an

Yayımcının izni ile tekrar yayımlanmıştır.

OTO HİPNOZ UYGULAMA KAYDI

Otohipnozu günde en az bir kere uygulamanız tavsiye edilir. Lütfen her oto-hipnoz uygulama seansını kaydediniz ve bu formu bir sonraki görüşmenize getiriniz.

Tarih	Sıkıntı Seviyenizi Puanlayın (0-100)		Derinlik (0-50+)	Hedefiniz neydi, ve hangi metodlar ve telkinler kullanıldı	Etkisi (1-7)
	Önce	Sonra			

Affect Bridge (Hipnoanalitik Yöntem)

Belirtileri: Hastada beliren, sebebi belli olmayan duygular (depresyon, endişe gibi), bastırılamayan dürtüler veya fiziksel hisler (vücutta ağrı).

1. Adım: Hastada beliren bu duyguların bedene ve hareketlere etkisini kullanarak, bu hissi uyandıran problemi anlamak ve araştırmak.

2. Adım: Yoğun duygu, dürtü veya fiziksel hislerin ortaya çıktığı kriz dönemi; terapist, krize neden olan uyarıcıyı kullanarak hastanın krizi yeniden yaşamasını sağlar.

3. Adım: Duyguyu yoğunlaştırma; "Hislerin gittikçe yoğunlaşıyor. O kadar güçleniyor ki başka bir şey düşünemiyorsun."

4. Adım: Hastanın uyumunu bozma ve duyguyu daha da yoğunlaştırma: "Kafan karışmaya başlıyor, oda gözünde yok oluyor ve her şey bulanıklaşıyor. (Hasta hoşlanırsa duman kullanılabilir.) Şu an yaşadığın tek şey ___x___ hissi. Tüm dünya bununla kaplı."

5. Adım: Kriz anından problemin köküne:

"Şu an bu duygu, geçmişine dönebilmemizi sağlayan bir köprü, ___x___'li bir demiryolu gibi ve sen ___x___ duygusundan oluşan bu köprüyle geçmişe doğru yola çıktın. Zamanda geriye, daha gerilere gidiyorsun, gençleşiyorsun. Her şey değişiyor, ___x___ hariç. O aynı kalıyor. Daha da gençleşiyorsun, daha gerilere gidiyorsun. Bu duyguyu ilk yaşadığın zaman zamana."

Hasta bu andan itibaren fiziksel tepkiler verebilir. Bu durumda eğer gerekliyse kelime oyunlarına devam edilir. "Birden ona kadar saydığımda, zamanda ve mekanda yolculuk etmeyi bırakabilirsin. Sıfır sayısından itibaren bu duyguyu tetikleyen olayı tekrar yaşamaya başlayacaksın. Çok belirgin hatırlamaya çalışma. Sadece aklında akmasına izin ver. 1... 2... 3... 4... 5... 6... 7... 8... 9... 10... Neredesin? Ne oldu? Kaç yaşındasın?"

Eğer yaralı olabilecek başka bir duyguya rastlanırsa, bir başka yöntem kullanılabilir.

...

"Bu duyguları daha fazla içine atmana gerek yok. Eğer dışarı çıkmalarını sağlarsan, yok olurlar. Sonra da düşüncelerini ve hislerini etkileyemezler. Bırak hepsi uçsun, uçsunlar ki seni ve hareketlerini etkileyemesinler. (Annene veya babana) daha önce söyleyemediğin her şeyi söyle. Büyükbaban buradaymış gibi, direk konuş onunla. İçindeki tüm nefret ve öfkeyi kus, tekrar tekrar, daha yüksek sesle söyle. Tüm korkuların at dışarı. Ona bunun seni nasıl korkuttuğunu, ne derece incittiğini anlat. Bunun içinde nelere neden olduğunu göster. Gözyaşlarınla akıp giden kelimeleri söyle. Bu iyi! Tüm acını çıkart içinden."

Bu tür durumlarda, hastanın, travmaya neden olan olayı veya kişiyi canlandırmasına müsaade edilmelidir.

Tepkileri takip ederek hangi duyguların çözümlenmemiş olduğunu anlamak amacıyla, duygunun vücuda ve hareketlere etkisini kullanmak bazı durumlarda oldukça faydalıdır. "Şimdi sen 4 yaşında küçük bir kız çocuğusun ve sadece parmaklarını kullanarak anlaşabiliyorsun. Bu durumda korku hissediyor musun? İçinde incinme veya acı var mı? Kızgınlık veya suçluluk duyuyor musun?" Daha sonra bu hislerin hangilerinin çözüme kavuştuğu gözlenebilir.

<u>Sessiz Tepkime:</u> Sessiz tepkime yöntemi (Watkins, 1980) terapiste, hastanın kanı donduracak çığlıklarıyla etraftakileri rahatsız etmesine alternatif bir yol sağlar. En yoğun duygunun yaşandığı travma esnasında, hipnozdaki hastaya, birisine duyduğu öfkeyi sembolize eden bir kaya parçasını balyozla kırma fırsatı verilebilir. Bu kaya parçası ayrı bir yerde (mesela bir dağda) herkesten uzakta- hastanın kayayı parçalarken bağırmakta, çığlık atmakta kendisini özgür hissedebileceği bir yerde - olabilir.

<u>Yoğun tepkimenin yumuşatılması:</u> Duruma bağlı olarak, yoğun tepkime sürecinde hasta kendisini olayı hatırlamaya o kadar kaptırır ki, bu bir krizden çok olayı tekrar yaşamak halini alır. Bu istem dışı yoğunluk karşısında, hastaya güven vermek açısından " unutma gerçekten orada değilsin, bunlar gerçekten olmuyor, sadece hatırlıyorsun anladın mı?" gibi sözler söylenebilir. Hatta, daha da telkin edici konuşmalar yapılabilir ; " ben burada seninleyim, korkma yalnız değilsin, tam yanı başındayım, seninle kalacağım..."

Yoğun tepkimenin basamaklar halinde meydana geldiği bazı durumlar vardır. Hastanın fazla tedirgin veya kırılgan olduğu durumlarda terapist, travmatik bölümü - kısmi krizlerde bile – bütünüyle tekrar yaşamasının hastasına ağır gelmesinden endişe etmelidir. Bu sonuca varılır çünkü terapist hastasının sınırlarının farkındadır. Örneğin, çift kişilikli hastalarda, terapist, bir kişiliğin diğerine fiziksel ya da ruhsal işkence veya su istimal yaptığı sonucuna varır. Böyle bir durumda travmayla yüzleşmesi yavaş yavaş, bölümler halinde sağlanmalıdır.

Bu konuda araştırma ve çözüm yollarına alternatifler sunmadan önce, tepkimenin yoğunluğunu hafifletme yollarını tanımlamak daha doğru olur.

Olayı ve Etkisini Ayırma: Erickson'a göre yaşadıklarımızın hepsini bir anda hatırlamaya çalışıyoruz. Hafıza kaybı üzerinde çalışırken Erickson, yaşananın neden olduğu duyguları – bu olayları bilmeksizin – hastanın yeniden yaşamasını sağlar. Sonra yaşananların içeriğini veya bir kısmını ortaya çıkarır. Sonuçta hasta tüm belleğini, olay ve bunun etkilerinin farkındalığıyla yeniden kazanır.

Erickson (Erickson & Rossi 1979) direncini en aza indirmek için hipnozla hastada bu yöntemle ilk nasıl tanıştığını detaylarıyla aktarıyor: "Hastaya hatırlamanın türlü yollarını gösterirsin. Şüphesiz ki bir hafızayı örttüğünde, örttüğün hafızadan fazlasıdır..(Bir adres, bir yer veya o yıl içinde olan başka şeyler)

Bu durumda yılın örtülmesi gerekli midir? Ya o yıl içinde olan diğer şeylerin? Vurgulamak istediğimiz şudur ki hasta gereksiz yere diğer birçok diğer olayı, nesneyi veya kişiyi de hafızasına örtmüştür. O zaman neden örtülmemesinde sakınca bulunmayan şeyleri örtelim veya örtülmesi gerekenin örtüldüğünden emin olmayalım? İşte bu durumda hasta birden hatırlayabilir. Şöyle ki; "Hatırlamak istemediğin bir şeyi kazara hatırladığını farz et, bunu tekrar hafızanda gizlemen ne kadar sürer?" (Sayfa 348)

Kendinden geçmiş hastaya, olayları hatırlamasının mümkün olduğu ama bununla bağlantılı duyguların hatırlanmaması gerektiği veya tam tersi söylenebilir. Sonra da örnekler veya benzetmeler verilebilir.

"Herkes yaşamında cesaret ve hayal kırıklıkları, düşüşler yaşayabilir, ve nedenlerini hiç bilemeyiz. Sebeplerini hissederiz ama tam olarak şudur diyemeyiz."

"x yaşında meydana gelmiş bir olaya ait duyguları – olayı hatırlayamasan bile – bütünüyle duyuyor olabilirsin. Gözlerini bir daha ki açışında hafızan bu duygulardan arınmış olacak." (Erickson & Rossi, 1979, sayfa 34). Açıkça görülüyor ki, Erickson her aşamayı uyutma anına sıkıştırmak yerine travma görüşlerini uyandırmak ve hatırlatmak amacıyla hastasına hipnoz sonrasında da sorular yöneltiyor. Bu yöntem Erickson'un bir hastasıyla geçen şu konuşmasında daha iyi örneklendiriliyor(Erickson & Rossi, 1979) :

"Şimdi sen uyandıktan sonra ben sana 'uyandın mı?' diye soracağım. Sen de 'evet' diyeceksin, ve 'evet' dediğin anda on yaşından önce yaşadığın o korkunç duygu tekrar aklına gelecek. Ama sadece duygu, seni bu hale getiren olay değil. Ve bana ne kadar çaresiz hissettiğini anlatacaksın. (duraklama) Bu duyguları sıkıca tut.ben sana uyanık olup olmadığını sorana ve sen de 'evet' diyene kadar bu duygular hakkında hiçbir şey bilmeyeceksin. Ama o andan itibaren bu duygular seni çok etkileyecek, anladın mı?" (sayfa 318-319) terapötik çalışmadan sonra; "seni bir daha uyandırdığımda sana başka bir görev vereceğim. Uyanık olup olmadığını tekrar sorduğumda, 'evet' diyeceksin ve sonra yıllar önce seni korkutan bir olayı hatırlayacaksın. Ama bununla ilgili hiçbir şey hissetmeyeceksin., tamam mı? Bu seni korkutmayacak tamam mı? Sadece 'evet küçük bir çocukken çok korkmuştum' diyeceksin. Sonra buna gülüp geçeceksin ve bir yetişkin gibi görüşlerini söyleyeceksin."(sayfa 321-322)Erickson'un burada vurgulamak istediği 'bu sadece bir anı, sanki başkası yaşamış gibi."(sayfa 348)

Olayı ve etkilerini ayrı ayrı çalıştırmakla, Erickson, yaşananı hatırlatmayı tamamıyla kolaylaştırmış oluyor."Ve şimdi sana uyanık olup olmadığını sorduğumda, 'evet' diyeceksin ve hemen yaşadıkların bir bölüm halinde aklında canlanacak. Anlıyor musun?... Hepsi, duygusal ve zihinsel olarak hepsi. Bu yüzden, kendini bilerek, o zamanki hislerinin ve o zamandan beri hissettiklerin,n farkında olacaksın."(sayfa 326) Erickson'un bu son kısmı kolaylaştırmak için önerdiği diğer bir yol da hastaya şöyle söylemektir; "bunu yeniden canlandırdığından dolayı artık tüm olanları hissetmek ve düşünmekte uygun bir denge sağlayabilirsin." Bu eşsiz yönteme örnek olarak Erickson'ın başka bir hastasına kullandığı tekniği gösterebiliriz (Erickson & Rossi, 1979):"Tamam şu an derin bir uykudasın. Sana birkaç açıklamada bulunmak istiyorum. Yapboz oyununu biliyorsun değil mi? Yapbozu iki şekilde oynarsın: sağ tarafı yaparsın, resmin ne olduğunu anlarsın sonra diğer tarafı yaparsın. Ya da tahtasını kullanırsın. Buranın resmi yoktur, sadece anlamsız boşlukları vardır ama parçaları yine de bir araya getirebilirsin. İşte bu oyundaki resim, zihindeki o olaylardır... Arkası duygusal dayanaktır ve bunun resmi yoktur. Oyunda, yine de, iki parçayı bir köşeye, iki parçayı ortaya, iki parçayı diğer köşeye ve ikişer parça üçüncü ve dördüncü köşelere, sonra da oraya buraya koyarak birleştirmeye başlarsın. Parçaların yerini değiştirebilirsin, yukarı aşağı çekebilirsin, ne istersen onu yapabilirsin... Şimdi sen de o tatsız anından bir parça çek. (sayfa 349) Güzel! Şimdi de o anıya ait duygulardan bir tanesini çek" (sayfa 350) Erickson, sonra hastaya bu parçaları birleştiriyor, yani bir olay bir duygu kullanarak bir yapboz gibi bütün anıyı oluşturuyor.

<u>Çift Kişiliklerde Değişkenlik:</u> Yazar bu metodun bir değişiğini çift kişilikli hastaların travmalarında kullanıyor. Terapist hastasından, bir kişilikte bulunan bir olayın ve duygularının uygun olan kişiliğe (genellikle ana kişilik) aktarmasını istiyor. Daha sonra terapist, ana kişiliğe bu duyguları kabul ettirmeye çalışıyor. Uzlaşma sağlandığında da, duyguları tutan kişilikten, işaret verildiği zaman ('ŞİMDİ') sadece duyguları – olayları değil – vermesi isteniyor.

Sonra bu kişiliğe yukarı ve sağa baktıklarında '100' sayısını göreceği söylenir. Bu sayı, travmatik olayın etkisi olan duyguların miktarını temsil ediyor. Dikkatle zamanlanmış tepkime sona erdiğinde, ana kişilik rahatlamış, sakinleşmiş bir hale geliyor. Ve dinlenmesine müsaade ediliyor. Sonra diğer kişilikten yukarı ve sağa bakması ve gördüğü rakamı söylemesi isteniyor. Bu rakam genelde 60'a kadar düşüyor. Hipnotik bölümün ilerleyen zamanlarında veya başka bir seansta, bu işlem istenilen rakam elde edilinceye kadar tekrarlanıyor.

Fiziksel Ayrılma: Yoğunluğu hafifletmenin bir diğer yolu da

hastayı travmatik olaydan fiziksel olarak uzaklaşmaktadır. Bu, hastaya bedeninin dışında havada süzülüyormuş hissi verilerek yapılabilir. Şöyle de söylenilebilir: "Şu an sezgilerin var. Bu yüzden o küçük çocuğun ne düşündüğünü ve ne hissettiğini sezinleyebilirsin, ama bu hisleri kendine geçirme. Sadece tarif et; neler oluyor?" Bu yönteme diğer bir yolda hastaya televizyon seyrettirmektir. Çünkü bir televizyon ekranı bile hastada çok fazla endişe uyandırır, bu da fiziksel ayrılmayı artırabilir. Öyle ki, hasta havada süzülürken kendisine benzeyen bir kişinin televizyonda bir şeyler izlediğini dahi görebilir. Çeşitli noktalarda hasta dinlenirken bu izleti durdurulabilir. Ama yine de yazar bu fiziksel ayrımı çok gerekli bulmuyor.

Kişilikten Ayırma Yöntemi: Tüm anıyı hatırlamanın diğer bir yöntemi de kişiliği ayırmaktır. Bu yöntemde hastanın olaya tamamen tarafsız bir gözlemci gibi, kendi kişisel benliğini katmaksızın bakması sağlanır. Bu olay onun gözlerini açar, zihninde bir görüntü yaratır ve geçmiş olayları anlatmasını sağlar.

3.Adım: Benliği Yeniden Yapılandırma ve Çalışmasını Sağlama: İçini dökmek hastaları daha akıcı ve rahat olmaları konusunda cesaretlendiren bir yöntemdir.bunun nedeni belki de hastaların zorluklara karşı direnme ve kendilerini korumakta zorlanmalarından yani bu duygularının tükenmiş olmasındandır. Araştırmalar hastaların iç dökmekten hoşlandıklarını gösteriyor. Ama eğer bilmeye ve anlamaya yönelik bir yapılandırma yoksa, terapi yalnızca geçici bir rahatlama sağlar.

Benliği yeniden yapılandırma önce tepkimeyi örter sonra da ötesinde kalır. Yazar sık sık hastalarının, önce öfkelerini ve korkularını sonra ıstıraplarını ve suçluluk duygularını açığa çıkarmaları konusunda cesaretlendirir. Geriye – eğer kalmışsa – bu kötü duyguların arkasındaki olumlu hisler kalmıştır (sevgi gibi) . bunu yapmanın mümkün olduğu durumlarda daha olumlu duyguyu, dengeyi sağlamak açısından kullanmak tercih edilebilir bir yöntemdir. Şu istekler duygusal olarak dokundurucu sözlerdir ve daha olumlu bir yaklaşımdır; "ona ne istediğini söyle." " ona ilişkinizin nasıl olmasını istediğini söyle""ona bir babadan ne beklediğini söyle"

Basmakalıp Anlayışları Değiştirmek: Küçük bir çocuğa göre dünya aile üzerine kuruludur. Ailenin türünden ve o ailede yaşadıklarımızdan yola çıkarak – bir erkeğin, bir kadının veya kişinin kendisinin nasıl olması gerektiği, hayatta nelerin önemli olduğu türünde- basmakalıp anlayışlar ortaya çıkarırız.(Hammond & Stanfield, 1977)

Kırılmış, İncinmiş İnsanların Kendilerini Tanımlamakta Kullandıkları İfadeler:"ben yardıma muhtaç, masum bir kurbanım.", "ben yeterince çekici, kadınsı / erkeksi değilim","ben eksik ve yetersiz bir insanım", "ben kötü ve nefret doluyum","ben arzulanmayan ve sevilmeyen birisiyim","değerim sadece yaptıklarımla ölçülüyor"

İnsanlar ve Dünya Üzerine Olumsuz İfadeler: "kadınlara / erkeklere güven olmaz","hayat çok tehlikeli, herkesin birbirini yediği kötü bir yer","diğer insanlar gayet mutlu, 'normal', benim gibi problemli değiller","hayat bana hiç şans vermiyor, kaybetmek kaderimde var","hayat kesinlikle çok karmaşık ve tahmin edilemez bir şey"

Yanlış Olan Ve Yenilmeye Mahkum Amaç Ve Düşünceler:"mükemmel olmak ve hata yapmamak kesinlikle şart", "herkesçe sevilmeli, onaylanmalı ve takdir edilmeliyim", "ilk ve tek olmak zorundayım","ilgi odağı olmalıyım","bir yıldız olmak bu dünyada olmaya değer tek şey","hep daha güçlü, beni koruyabilecek ve bana önder olabilecek birisine bağımlı olmalıyım","tamamıyla kendine güvenen başkasına bağımlı olmayan biri olmalıyım","her zaman güvenli olmalıyım","insanların benim gerçekte nasıl birisi olduğumu anlamalarına müsaade edemem","ne olursa olsun ben kendi işime bakarım","gerçek bir adam/kadın şöyle olmalı..."

Hipnoz sırasında hastanın hayatı hakkında çıkarım yapılabilecek bu basmakalıp sözleri dinlemek gerekir.seans boyunca şu tür konuşmalardan da çıkarımlar yapılabilir;"annene / babana bu olaydan sonra kendin hakkında (tüm kadınlar veya tüm erkekler hakkında) nasıl hissettiğini anlat.", "ona bunun insanlarla olan ilişkilerinde ne değişiklikler yaptığını anlat.", "ona bunun, hayatının geri kalanını nasıl etkileyeceğini anlat."

Genellemeyi Kırma Talimi: benliği tamir etmekte en önemli kısım genellemeleri en aza indirgemektir. Bir örnek ele alalım. Şu öneri aile içi zina kurbanı birisinin genellemelerini kırabilir;"senden babanın bir duvarın önünde, senden biraz uzakta durduğunu hayal etmeni istiyorum. Daha yakın bir kenarda da kocan var. (bu örnek kocanın akıl sağlığının babanınkinden daha iyi olduğunu varsayıyor.) ikisini birden gördüğün zaman 'evet' işareti yap." (duraklama) "Güzel, onlara baktığın zaman kocanın yüzü babanınkinden farklı geliyor mu sana?"(- bu vakaların çoğunda 'evet' yanıtını elde ederiz, bu sebeple hastanın şimdi de 'evet' dediğini varsayıyoruz.) "tamam, peki farklı boydalar mı? Saç renkleri değişik mi? Farklı şekilde mi giyinmişler? Ses tonları farklı mı? Sana farklı şekillerde mi davranıyorlar?" Bu tür soruların çoğuna olumlu yanıt aldıktan sonra şunları söyleyebiliriz; "baban ve Kocan çok farklı insanlar ve anlamalısın ki tüm erkekler baban gibi değil, ve dolayısıyla kocan da baban gibi değil. Şimdi yaptıklarımızdan sonra, eğer aklın tüm erkeklerin baban gibi olmadığını kabul ediyorsa elini kaldır." Bu durumlarda büyük çoğunluk olumlu yanıt verir.

Olumsuz Yapılandırma: Benliği tamir etmek amacıyla daha az kullanılan bir metot da bir şeyi olumsuzca aktarma yöntemidir.örneğin, hastanın olayı yaşadığı zamana bir de yetişkin gözüyle tekrar bakması sağlanır. "Bu 5 yaşında bir çocuk için anlaşılabilir ve mantıklı bir tepkiydi. Bu durumu kaldırabilmesinin başka bir yolu yoktu. Ama sen şu an bir yetişkinsin ve duygularını çok daha iyi kontrol edebilirsin. Ve şimdi zihnine soruyorum; olaylara tepkin hala 5 yaşındaki gibi mi?"

Benzetmelerle Tamir Etme: hastanın kişiliğini ve zihnini tamir etmenin diğer bir yöntemi de terapide benzetmelerden faydalanmaktır. "Bir yara açılır, kabuk bağlar ve iyileşir. Sadece ufacık bir iz kalır. Bir ağacın veya gülün taşlı bir toprakta, zor şartlarda büyümesi gibi. Bu şartlara karşı kendisini korumak için dikenler çıkarır ama yine de güçlü ve güzeldir." Daha bunun gibi hayata dair birçok benzetme yapılabilir.

Hastanın kendisini iyileştirmesini kolaylaştırma:Tamir sürecinin önemli bir diğer metodu da hastanın içindeki çocuğu beslemesini sağlamaktır. Şu tür bir örnek yaygın olarak kullanılır;

Örnek:"Mary, farz et ki içinde dört yaşında incinmiş bir çocuk var.

Senden bu çocuğu görmeni ve canlandırmanı istiyorum. Bunu yaptığın zaman başınla onayla." İşlem onaylandıktan sonra:"27 yaşındaki Mary, çok akıllı bir insan olarak geliştin ve hayatın boyunca çok şey yaşadın. Kendinde şefkat, anlayış ve bilgi biriktirdin. Şimdi senden derinliklerine gidip o çocukla olmanı istiyorum. O, incinmiş ve korkuyor. Babasına çok büyük bir öfke duyuyor ve buna da hakkı var. Bir parçası da suçluluk duyuyor, olanlardan kendisini suçluyor. Senden oraya inip o küçük çocuğu kucaklamanı istiyorum. Onu rahatlat, onu sev ve güvende hissetmesine yardımcı ol. Konuş onunla ve ona ne duymaya ihtiyacı varsa onu söyle. Korkularının üstesinden gelmesine yardım et. bunu yaptığın zaman elinle işaret ver." (Genellikle 2-4 dakika durakalamadan sonra işaret verilir) "Şimdi 4 yaşındaki küçük Mary'e soruyorum. Az önce yaptığımız tüm çalışmadan sonra hala korkmuş hissediyor musun?" 'Hayır' yanıtını temsil eden bir hareketin yapıldığını farz ediyoruz.) Doğru bu uzun süre önceydi ve artık korkmana gerek yok. hala incinme ve acı hissediyor musun? (yine 'hayır' yanıtını aldığımızı varsayıyoruz.) Tamam daha fazla incinmiş hissetmene gerek yok. Peki kızgınlık duyuyor musun? (bu sefer 'evet' yanıtı veriliyor.) anladım. Tabi kızılacak çok şey var. O zaman hala olanlardan kendini sorumlu tutuyor musun?(yine 'evet' yanıtının geldiğini varsayıyoruz.)

"Yetişkin Mary, harika bir iş başardın. 4 yaşındaki Mary artık incinmiş ve korkmuş değil. Şimdi senden derinliklere tekrar inmeni ve onunla tekrar konuşmanı istiyorum. Onu sev, tatmin et. öfkesini yenmesine yardım et ve ona bunun çok uzun zaman önce olduğunu hatırlat.küçük kızların bu tür şeylerden sorumlu olmadıklarını, yetişkinlerin küçüklere olanlardan sorumlu olduklarını onun bilmesini sağla. Küçük Mary'nin nefret dolu veya kötü olmadığını söyle ona. Kendisini babasına yakın hissetmesinin ve onu sevmesinin kötü bir şey olmadığını anlat. Onu rahatlat, ona yardım et. Ona bir yetişkinin bakış açısını kullanarak yardım et. artık kendisini kötü hissetmesine gerek yok. Bitirdiğinde işaret ver." (işaretten sonra) tamam 4 yaşındaki Mary, şimdi bu şefkat ve yardımdan sonra hala öfkeye ihtiyaç duyuyor musun? [Hayır] Hala sorumlu suçlu hissediyor musun? [Hayır] Haklısın Mary artık o eski duyguları yaşamaya gerek yok."

Hastaların çoğu içerdeki çocukla konuşma kısmını 2-3 kere tekrarlarlar. Duruma bağlı olarak hasta, vazgeçme safhasından önce öfkesini daha fazla dışarı atmaya ihtiyaç duyar. Geçmişin izleri olan ıstırap veya öfkenin içerde tutulması halinde ortaya çıkan hareketlerin araştırılması, eğer hasta bu <bu modası geçmiş> hislerin çıkmasına isteksiz ise mümkün olabilir.Bazen hasta öfkesini, kendisini korumak ve kırılganlığını en aza indirgemek için kullanma ihtiyacını hisseder. Bu amaç için gerekli olan öfkenin miktarı, tepkisel hareketlerden anlaşılabilir. Bazen de hasta bu eskiden kalma duyguları kendisini cezalandırmak için saklar. Bu tür durumlarda, kendi kendini iyileştirme yöntemi yararlıdır.

Küçük çocuk problem olan duyguları içinden atmaya istekliyse, şu yöntem tavsiye edilir; "Mary, şimdi aklının en yaratıcı bölümlerini kullanarak, o eskimiş duygulardan kendini kurtarmanın bir yolunu bulmanı istiyorum, böylece seni daha fazla etkileyemeyecekler. Bunun bir yolunu bulduğunda, elini 'evet' anlamında kaldırmanı istiyorum."(işaret gelene kadar duraksama) " Güzel, şimdi senden o yöntemi kullanmanı ve küçük çocuğa tutmasına gerek olmayan, eskimiş duyguları atmasına yardımcı olmanı istiyorum. Bunu yaptığında elini kaldırmanı istiyorum. " bu işlem bitince hastaya hipnoz sonrası sorular sorulur. hasta duyguları dışarı attığında hastadan çocuğu tutması istenebilir. " Çocuğu geçmişi arkanda bırakarak kapıya yönlendiriyorsun, ikiniz de bugüne ulaşıyorsunuz. Artık tamamıyla özgürsünüz. O kadar ki artık sizi, düşüncelerinizi ve hareketlerinizi etkileyemeyecekler. "

Bazı hastalar, çocukların görmesi gereken yetiştirilme tarzından ve gelişme aşamasında yaşanan hayat deneyimlerinden mahrum kalırlar. Bu tür vakalarda hastanın kendisini tamir etmesi yöntemi çok ufak bir farklılıkla kullanılır., aynen bir hastanın şu seansında olduğu gibi;

"Eğer onun babası olabilseydin, nasıl sevildiğini bilirdi. Onu severdin ve olması gerektiği gibi korurdun. Ve şu an küçük çocuğu görebiliyorsun. Onun sevimli olduğunu söyleyebilirsin değil mi? O da her çocuk gibi sevilmeyi ve yetiştirilmeyi hak ediyordu. Eminim ki eğer sen onun babası olsaydın, onunla oyunlar oynardın (duraksama), ve ona masallar anlatırdın, (duraksama) onu gezdirirdin, (duraksama) onu rahatlatırdın, arkasında dururdun, (duraksama) onunla dışarıda oynamaktan büyük bir zevk duyardın, (duraksama) ve ona sevgini hissettirirdin. Şimdi senden onun babası olmanın seni nasıl hissettireceğini düşünmeni istiyorum. İçerdeki o çocuğa tüm özlediklerini ve ihtiyaç duyduklarını vermeni istiyorum, tıpkı onun babasıymışsın gibi." Bu sürecin sonunda hareketler gözlenir. Sonra hastaya zamana yeniden ayak uydurması söylenir. Sanki az önce içindeki çocuğa yaptıklarıyla kendisi tekrar büyüyormuş gibi; yetiştirilmenin ve sevilmenin hazzını duyarak.

Bu konuya alternatif bir öneri de şudur:Senin içindeki çocuk kısmın artık güvende hissetmeye başlayacak. Ve sanki, kendi kendine, kendi hızıyla ve kendine özgü sağlık anlayışıyla büyüyecek." Böylece hasta farkında olmadan içindeki çocuğu hipnoz altına alacak.

Hipnoz kullanılarak yapılan araştırmalar gösteriyor ki;hastanın problemi, ebeveynleri tanımlamada güçlü bir etken. Hipnoz çalışmasından sonra, bu tür hastalara şu öneri sunulabilir; "çocukken annen gibi olmak istemene karşın, şu anda bir yetişkin olarak, sadece olumlu ve sağlıklı özelliklerini seçmekte özgürsün.

<u>Tarihi Yeniden Yazma:</u> Bazı durumlarda hipnozda, hikayeye yeni bir son koyabiliriz. 'yaşananı yeniden yazma' yöntemi hastanın yaşadıklarını tekrarlamasını sağlamaktır. Örneğin sinirlenince kendisini kaybeden bir hastanın bu rahatsızlığı, çocukluğunda geçirdiği bir sinir nöbeti olabilir.bu durumlarda şu önerilir; "olayı tekrar yaşadığında, durumu daha farklı karşılayabilirsin, kızgın, yılgın veya yaralı olabilirsin ama bu kendini kaybetmene neden olmayacak. Üzgün hissedebilirsin ama aşırı sinirlenmene gerek yok."olay yeniden yaşandıktan sonra eklemeler yapılabilir; "Ve yaşamının ilerleyen döneminde de üstesinden gelebileceğine inandığın zaman, elini kaldır."

'Danga' çocuğa kızgınlık anında uygulanmış ve çocukta takıntı haline gelmiş bir durumdur. Bu belki de hastanın kendisini, 'aptal', 'ezik', 'tıpkı baban gibi' veya 'hiçbir şeye değmezsin' şeklinde hissetmesinin nedeni olabilir. Böyle bir iz terapi esnasında ortaya çıktığında, terapist "sen hiç çocuklarına istemediğin bir şey söyledin mi?" şeklinde sorular sorabilir.çoğumuz bu soruya olumlu yanıt verdiği için takiben gelen bir açıklık kazanmış olur. Hasta ona zarar veren kişiyi canlandırır, bu kişiyi genellikle terapist oynar. Özür diler, söylediği veya yaptığını açıklar ve aslında bunu kastetmediğini belirtir.

Erickson (Erickson & Rossi, 1979) hastalarını çocukluklarının kritik dönemlerine döndürür ve gelişimde önemi olan gözden kaçmış noktaları oraya ekler.Erickson'un 'Şubat Adamı' vakası çok dikkatli çalışılması gereken bu metoda klasik bir örnektir.

Bölünmüş Sahneleri Birleştirme: Spiegel (1981) terapide uygulanan kendi kendine hipnoz yöntemini kullandı. Stres bozukluğu ve şiddetli depresyon halindeki Vietnam gazisi bir hasta, evlatlık oğlunun ölümüne alışamamış ve halen üzüntü duymaktaydı. Tedavide, hastadan kendisini günde birkaç kez hipnoz etmesi istendi. Sonra zihninin bir tarafına mezar bulunan bir resim canlandırdı.(mezar kaybını ve üzüntüsünü sembolize ediyordu.) Resmin diğer tarafına da mutlu bir doğum günü tablosu koydu. Bu, hastaya hüznünün kontrollü, ölçülü dozlarda olmasını sağlıyordu ve aynı zamanda da olumlu düşünceleri de unutturmuyordu.

4. Adım: Tepkisel Hareketler & Hipnoz Sonrası Öneriler: Yazarın çalışmasının son basamağı, hastanın başarılı bir şekilde çözülen sorunu hakkında tepkileri ölçmek ve önerilerde bulunmaktan ibarettir. Diğer bir deyişle ulaşılan çözümün sağlaması yapılır. Bu süreçte şu öneriler verilebilir: "zihnine sormak istediğim bir şey var. Yaptığımız işi takiben, zihnin seni etkileyen tüm o olumsuz, kötü duyguları dışarı atmaya istekli mi? ['Evet' işareti] Farklı düşünen veya çözüme ulaşmadığını hissettiğin bir yanın var mı? ['hayır' işareti] Mary aklın bu sorunun çözüme kavuştuğunu ve artık seni etkileyemeyeceğini söylüyor. Artık bu olaydan sıyrıldın, özgürsün. Şu an başka şeylere daha çok enerjin var. Senin adına ve bugün yaptıklarına çok sevindiğimi söylemek istiyorum. Kendini daha rahat hissediyorsun. 1 dakika içinde uyanacaksın, rahatlamış olarak uyanabileceksin.

Erickson hastasının mutlu ama yorgun ve uykusuz olacağını söylüyor ve diyor ki; "Eve döndüğünde yatağına gideceksin ve aklının bu işi tamamıyla bitirmesine müsaade edeceksin."

Eğer problemin çözümlendiğine dair şüphe varsa, bir daha ki seansta hipnozdaki hastaya şu öneride bulunulur; "Senden tüm yaptıklarımızı zihninde tekrar etmeni istiyorum. Bunu şuurlu bir şekilde yapıp yapmaman önemli değil, sadece tekrar etmesine müsaade et. Bittiğinde işaret ver." (işaretten sonra) "Şimdi soruyorum geride kalan, kontrol edemediğin bir his var mı zihninde?"

43

WATKINS'İN SESSİZ DIŞAVURUMU

D. Corydon Hammond, PhD
Utah Üniversitesi, Tıp Fakültesi

Gösterge: Bu bir sembolik hayali dışavurum tekniği tipidir. Çok güçlü kızgınlık ve öfke hisseden danışanlar için oluşturulmuştur. İdeal olarak ofis ortamında uygulanmaya uygundur çünkü duyguların ifade edilmesi içseldir ve böylece sesli katarsis (duygusal boşalma) için çevresel seslerden kaçınılmış olur. Bu tekniğin, özellikle ebeveynlere, eşlere, eski eşlere, işverenlere ve suistimalcilere yönelik öfkeyle başa çıkmada, ve benlik-hipnozunda olan premenstural sendromlu kadınlarda değeri kanıtlanmıştır. Bu teknik, son vakada, menstrual dönemin luteal safhasındaki kadının şiddetli duygularının boşaltılması için bir yol ve benlik kontrolünün araçlarını sağlar. Fakat, şu unutulmamalıdır ki, bazı vakalarda (özellikle suistimal ve çoklu-kişilik bozukluklarında) çok daha açık davranışsal dışavurum gerekir.

Hipnoz edilmiş hastanın terapistle birlikte ağaçlı bir yolda yürüdüğünü hayal etmesi sağlayınız. Trans derinleştikçe manzaradan keyif alacağınız biçimde hayali ayrıntılandırınız. Yürüdükçe, yüksek bir kayaya doğru yaklaşıyorsunuz. Kaya yosun ve pisliklerle kaplı. Yakında yerde bir çekiç var. Hastanın sopayı görebildiğinde başını sallamasını ve eğilip onu almasını sağlayınız. Kayanın belirli bir insana karşı veya travmatik bir olaya karşı hissedilen duyguları temsil ettiğini, ve bütün engellenmişlik ve kızgınlık duygularını sembolize ettiğini, bütün bunların bu taş yığınının etrafını sardığını söyleyin. Bazı hastalar bu taş yığını yerine bir insan heykeli hayal etmek isteyebilirler.

" Bir an sizden bu çekiçle vurmanızı istiyorum, olabildiğince vurun, yoruluncaya kadar olanca gücünüzle vurmaya devam edin. Devam edemeyecek kadar bitkin düşüp yorulduğunuzda, 'evet' parmağınızı kaldırarak bana işaret verin. Bu ofiste duyamayacak bile olsanız, bağırabilir ve çığlık atabilirsiniz, kayanın yanındaki bu yerde istediğiniz her şeyi söyleyebilirsiniz. Emin ol ki bizi bu ağaçlıkların arasında kimse rahatsız edemez. Kendini bu dağda, o kayaya vurmaya, çığlık atmaya, istediğin her şeyi söylemeye özgür hissedebilirsin, hiç kimse seni duymayacak. Daha önceden sadece içinde olan veya daha önceden her zaman söylemeyi istediğin şeyleri haykırabilirsin, o çekici kayaya sallarken. Ve her vurduğunda onun bir parçası kırılacak ve ufalanacak."

Hastayı şu şekilde uyarın: "kaya tamamen parçalanıncaya kadar vurmaya devam et. Ve işte o zaman tamamen bitkin düşeceksiniz ve yorulacaksınız. Ve hissettiğiniz bütün o şeylerin yok olduğunu göreceksiniz". Tipik olarak hastayı üç, dört dakika veya daha fazla devam etmesi için yönlendirebilirsiniz. Periodik olarak hastayı sözel olarak cesaretlendirebilirsiniz. Mesela "hadi, tekrar vur, daha hızlı" "Devam et, hepsi parçalanıncaya kadar. Artık daha fazla bunları içinde tutmak zorunda değilsin." "daha fazla, daha fazla, daha fazla, devam et, sakın bırakma. Sadece o kayaya vurmaya devam et, ne istiyorsan söyle, haykır, çok çok yorulana kadar devam et. Ve sonra 'evet' parmağını kaldır. Fakat bütün kayayı parçalayana kadar ve gerçekten yorulana kadar durma." Bu sözleri söylerken ses tonunuzun şiddetine ve öfkeyi yansıtmasına dikkat etmelisiniz.

Ara sıra, özellikle çekingen hastalar veya kontrolü kaybetmekten korkan kişiler kayaya vurmakta duraksayabilir. Tereddütlerini gösterirler. Bazı vakalarda hastaların, vurmaya kayanın arkasına geçip kenarlarından başladıklarını hayal etmelerini sağlayabilirsiniz. Diğer bir seçenek hastayı çözerek kendisine benzeyen kişiyi görmesini, bağırmasını ve çığlık atmasını ve kayaya vurmasını sağlamaktır.

Daha sonra hastanın büyük çekici attığını varsayın. Ve birlikte, küçük yolda vahşi çiçeklerin ve güzel çimenlerin arasından yürüyün. Güneş parlamaktadır ve çok hafif bir esinti vardır. Yakınınızda çok güzel ağaçların olduğunu ve altında yumuşak yeşil çimenlerin olduğunu tarif edin. Hastanızın çimenlerin üzerinde uzandığını ve huzurlu bir şekilde gökyüzünde salınan bulutları izlediğini, sizin de onun hemen yanında oturduğunuzu söyleyin.

Şimdi belki hastaya şöyle diyebilirsiniz: "Bugüne devam etmeden önce, kendin hakkında bazı olumlu şeyleri benimle paylaşmaya eğilimli olman gerekiyor." (Bu hastanın çerçeveyi değiştirmesini ve kendisi hakkında olumlu şeyleri algılamasını gerektiriyor). Eğer bir tereddüt sezilirse, ısrar edin. Daha sonra özellikle hasta bu kinestik, düşünceye dayalı imajlara yanıt verir hale geldiğinde şöyle söylenebilir: "Senden ayak parmaklarına çok dikkatli bir biçimde bakmanı istiyorum. Bazı ilginç şeyler olacak. Bir anda ayak parmaklarında sıcak, parlak, karıncalanmaya benzeyen bir şey fark edeceksin. Bu hissi fark ettiğinde 'evet' parmağını kaldırarak bana haber ver (veya alternatif olarak başını salla denilebilir). (İşaretten sonra): Güzel. Ve bu duyumun ayaklarına doğru nasıl yayıldığını fark ediyor musun? Bu his tüm ayak bileğine yayıldığında bana tekrar işaret et." Bu şekilde, bu his dizlere, kalçaya, gövdeye, kollara, omuzlara ve oradan da başa yayılıncaya kadar devam edilir.

Hoş, sıcak, karıncalanmaya benzeyen bu duyum bütün vücuda yayıldıktan sonra, Watkins'in modeline uygun olarak terapist belki şöyle diyebilir: " Bu hoş duygular senin kendin hakkındaki olumlu hislerinden geliyor, senin içsel kaynaklarından ve sorunlarını çözebileceğine dair inancından geliyor." (Hasta hakkında sadece doğru olduğunu bildiğiniz şeyleri söylemeye dikkat ediniz).

"Ve şimdi bu sıcak, parlayan, karıncalanmaya benzeyen duyumlar güçlü olarak bile hissedilebilir ve sen bunu güçlü olarak hissettiğin zaman beni tekrar arayabilirsin. (Durdur). Bu doğru. Şimdi bu eklenen duyumlar senin sahip olduğun başka bir kaynağı sembolize ediyor. Bu benden ve benim sana olan inancımdan, benim senin sorunlarını çözmek için ihtiyaç duyduğun güçlere ve kaynaklara zaten sahip olduğunu bilmemden gelen enerjiyi temsil ediyor (bu noktayı söylerken dürüst olmalısınız). Ve bu enerji seninle olan ilişkimizde benim tarafımı temsil ediyor, senin bulunmak istediğin yer için seninle birlikte çalışan bir ortak gibi. Benim seni önemseyişimi, sana saygımı ve sana ve senin bilinçaltı zihnindeki kaynaklara olan inancımı temsil ediyor. Ve bunu, vücudunu saran o olumlu, güçlü enerjiyi hissetmek için kendine izin verebilirsin."

Hastayı uyandırırken, bu karıncalanma hissinin büyük olasılıkla kaybolacağını, ama hissedilen sıcaklığın kalacağını söyleyin.

Uyarlama: Watkins, H.H. (1980=. The salient abreaction. International Journal of Clinical & Experimental Hypnosis, 28, 101-113.

BENLİK-GÜÇLENDİRME YÖNTEMLERİ

A. Hartland'ın Benlik-Güçlendirme Önerileri

B. Kendilik Değerini Arttırma Önerileri: TX Barber'in Yaklaşımı

C. Benlik-Güçlendirme: Barnett'in Evet Oluşturma Yöntemi

D. Huzur Mekanı

E. Stein'in Yumruk Sıkma Yöntemi

F. Benlik Güçlendirme Ve Ağrı İçin Evrensel İyileştirmenin Dinsel Hayalleştirme Yöntemi

G. Kendilik-Değeri, Kendini Ortaya Koyabilme ve Sosyal Beceri Eğitimi İçin Öneri Örnekleri

HARTLAND'IN EGO (BENLİK) GÜÇLENDİRME ÖNERİLERİ

Şimdi çok rahatladın... Derin bir uykuya daldın... Zihnin o kadar duyarlı bir hale geldi ki... Ne dediğimi anlayabiliyorsun... Zihnin bilinçdışı kısmının çok derinlerine dalacaksın... Orada çok derin ve uzun bir etki bırakacaksın ki... Hiçbir şey onu oradan söküp atamayacak. Sonuçta... senin bilinçdışına yerleştirdiğim şeyler... senin düşünme biçimine... hissetme biçimine... davranış biçimine... gittikçe daha büyük bir etki yapmaya başlayacak.

Ve... senin zihninin bilinçdışı kısmına... yerleşen bütün bu şeyler... orada kalmaya devam edeceğinden... buradan ayrıldığında bile... artık benimle birlikte olmadığın zaman bile... sanki hala benimle birlikteymişsin gibi... senin **düşüncelerin**... **hislerin**... **eylemlerin** üzerinde... o kadar güçlü... o kadar kesin olan... aynı büyük etkiyi bırakmaya devam edecek ... eve döndüğün zaman... veya çalıştığın yerde...

Şimdi çok derin bir uykudasın... sana söylediğim her şey gerçekleşecek... senin kendi iyiliğin için... sana ne dediysem... tamamı olacak. Ve sana söylediğim bütün duyguları deneyimleyeceksin... yaşayacaksın... aynen sana söylediğim gibi... Ve bu aynı şeyler olmaya devam edecek... hergün... çok güçlü bir şekilde... çok kesin bir şekilde... eve döndüğünde veya işte... tıpkı benimle bu odada olduğun gibi.

Bu derin uyku sırasında... kendini fiziksel olarak daha güçlü ve her bakımdan zinde hissedeceksin... Kendini daha uyanık duyumsayacaksın... daha zihni açılmış... daha enerjik... Çok daha zor yorulacaksın... şevkin çok daha zor kırılacak...çok daha zor bunalıma gireceksin... her gün... yaptığın işe... çevrendeki şeylere... çok daha derin bir ilgi duyar hale geleceksin... zihnin tamamıyla kendinden uzaklaşacak ... kendinle ve yaşadığın güçlüklerle artık çok yakından alakadar olmayacaksın... kendinin daha az farkında olacaksın... kendinle daha az meşgul olacaksın... ve kendi hislerinle...

Her gün... sinirlerin daha güçlü ve dayanıklı hale gelecek... zihnin daha açık ve rahat olacak... daha kendine hakim... daha sakin... daha dingin... çok daha zor üzülür hale geleceksin... çok daha az heyecanlanacaksın... çok daha az korkacaksın ve endişeleneceksin... çok daha zor kızacaksın...

Çok daha açık düşünebileceksin... çok daha kolay konsantre olabileceksin... Dikkatin dağılmadan kendini yaptığın işe... işi tamamlamaya verebileceksin... başka her şeyi unutarak. Sonuçta... hafızan (belleğin) hızla gelişecek... ve şeyleri kendilerinin gerçek perspektifinden görmeyi başarabileceksin... kendi güçlüklerini abartmadan...hatta o zorlukların daha da büyümesine izin vermeden...

Hergün... duygusal olarak daha soğukkanlı bir hale geleceksin... daha rahat... kolayca bozulmayan... Her gün... daha ve daha fazla rahatlayacaksın... tamamen rahatlayacaksın... öyle kalmaya devam edeceksin... artık benimle olmadığın zamanlarda bile...

Daha da rahatladığında... ve öyle kalmaya devam ettiğinde... hergünü daha az gergin geçirmeye başladığında kendine çok daha fazla güven duyacaksın... sadece sahip olduğun şeylere değil... aynı zamanda yapabilme yeteneğine... hergün... neyi yapabiliyor olman gerekiyorsa onu yapabileceğine... hata yapma korkusu olmadan... sonuçlarından korkmadan... gereksiz kaygılara kapılmadan... yorulmadan... Bu yüzden hergün... kendini çok daha bağımsız hissedeceksin.. kendini çok daha kolay savunabileceksin... kendi duygularına dayanacaksın... kendini taşıyacaksın... ne kadar zor olduğu sorun olmayacak...

Her gün... kişisel iyi olma hissini çok uzun zamandır hisseciğinden çok daha fazla hissedeceksin... kişisel güvende olma... ve güvenlik hissini. Ve bütün bunlar olmaya başladığından.... seninle yaptığımız her seansta sana verdiğim... sana söylediğim her şey tamı tamına gerçekleşecek.. çok çok hızlı bir şekilde... güçlü bir şekilde ve tamamıyla... çok daha mutlu hissedeceksin... çok daha dolu... her bakımdan çok daha iyimser... Sonuç olarak kendine... kendi çabalarına... kendi yargılarına... kendi fikirlerine dayanmaya... güvenmeye başlayacaksın. Başka insanlara bağımlı olmaya... onlara dayanmaya çok daha az ihtiyaç duyacaksın...

Uyarlama: Hartland, John. (1971). Further obsevations on the use of "ego-strenthening" techiques. American Journal of Clinical Hypnosis, 14, 1-8. Yayımcının izniyle tekrar basılmıştır.

44

KENDİLİK DEĞERİNİ ARTTIRMA ÖNERİLERİ

T. X. Barber'ın Yaklaşımı

1. İlk olarak, danışanlarda gözlemleyebildiğim açık ve gizli olumlu özellikleri göstereceğim ve vurgulayacağım. Böyle bir çok özelliği her zaman bulabilmekteyim, ve aşağıdaki ifadeleri kullanarak, bunları tartışmalarımızın arasında danışana içtenlikle söylüyorum:

- Hayatında bir çok şey yapmışsın (veya çok ve azimle çalışmışsın)
- Birçok güçlüğün üstesinden gelmeyi başarmışsın (şanssızlıklar, hastalıklar, reddedilmeler.. sevdiklerin kaybedilmesi).
- Hayatında bir çok insana yardım etmişsin.
- Bu güç durumda çok iyi idare etmişsin.
- İnsanları gerçekten önemsiyorsun.
- Gösteremiyorsun ama başkalarına gerçekten empati ve sevgi duyuyorsun.
- Kibar bir insansın.
- Kullanmaya başlamamışsın ama, sende, hayatı daha kolay, eğlenceli ve dolu hale getirebilecek çok fazla sevgi, yeterlilik yetenek mevcut.

Bu çeşit ifadeleri tartışmalarımızda kullanmamın yanı sıra, hipno-öneri prosedürüyle çeşitli öneriler de ekliyorum: mesela danışana tekrarlı biçimde derin rahatlama yönergeleri verdikten sonra, birçok konuda bir dizi önerilerde bulunulabilir: "başlangıç olarak, kendi güçlü ve olumlu yanlarına odaklanabilirsin... kendi zorlukların üstesinden gelme yeteneğinin çok daha fazla farkına varabilirsin... senin insanlara verdiğin değer ve sevgi... senin gittikçe gelişen hayatı kolaylaştırma ve eğlenceli yapma yeteneğin..." vb.

2. Bir diğer hipno-öneri yaklaşımı, danışanların, küçük yaşlarda ebeveynleri veya hayatındaki diğer anlamlı kişiler tarafından tipik bir şekilde eleştirilmeleri ve bu eleştirileri kendi benlik imajlarına dahil etmeleri gerçeğiyle birlikte düşük benlik saygısından kaynaklanan kendilik değerlerini arttırmayı amaçlamaktadır. Terapi oturumlarında danışanların ebeveynlerinden, kardeşlerinden diğer önemli insanlardan aldıkları yıkıcı eleştirilere geri dönüyoruz (salaksın, aptalsın, çirkinsin, sakarsın, iyi hiçbir şeyin yok vs). Düşük kendilik değerinin bazı veya çoğu kökenini keşfettikten sonra, hipno-öneri oturumunu aşağıdaki gibi sürdürüyorum. İlk önce danışana (ve dolaylı olarak da kendime) derin rahatlama yönergesi veriyorum ve sonra, danışan ve ben gözlerimiz kapalı bir biçimde rahatladıktan sonra, "içsel benliğimle" danışanla konuşmaya başlıyorum. Mesela şunun gibi:

Şimdi kendinizi niçin itici, zeki olmayan ve hoşlanılmayan biri olarak gördüğünüzü anladık. Şurası açık ki, anneniz çok yoğun kızgınlık ve öfkeyle doluymuş ve sizi veya başka birini sevmeye yeteneksizmiş, onu sürekli aşağılayan ve kendini tamamen değersiz ve sevilmeyen biri gibi hissettiren kendi babası yüzünden. Ayrıca, o sıralar sizin annenizin neden sürekli size bağırdığı ve aşağıladığını, ve sizinle ilgili ters bir şey olmadığını hissettiremediğini anlamak için çok küçük olduğunuz da açık. Şimdi kendinizle ilgili olumsuz hislerinizin, kendi mutsuzluğu sebebiyle her şeye karşı olumsuz olan annenizden sürekli aldığınız olumsuz bildirimler yüzünden olduğunu anlayabilirsiniz. Şimdi aldığınız bu olumsuz bildirimleri kırmaya başlayabilirsiniz, yıllardır etkisinde kaldığınız bu negatif hipnozun etkisinden çıkmaya başlayabilirsiniz, ve yıllardır bastırdığınız kendi gerçek benliğinizi yaşamaya başlayabilirsiniz. Çok çok daha açık bir şekilde, negatif hipnozun etkisine girdiğinizden beri kendinizi aptal, çirkin, iyilikten yoksun olduğunuza inandığınızı; çevrenizdeki olaylara ve insanlara kendi inançları doğrulayacak şekilde güvensiz, korkulu tepki verdiğinizi anlayabilirsiniz. Şimdi kendinizin ne kadar iyi, nazik, sevecen ve sevilebilecek biri olduğunuzun hergün giderek daha fazla farkına vararak, bu olumsuz inançları kırmaya ve kendi gerçek beninizi kurmaya başlayabilirsiniz. Hergün daha az korkacak, daha fazla rahatlayacak, yaşamdan daha fazla keyif almaya başlayacak ve kendi gerçek beniniz olabileceksiniz.

3. Hipno-öneri yaklaşımının bir parçası olarak, kendilik değerini arttırmak için, danışmanlar için teyp kaseti yapıyorum. Bu kasetler, ben ve danışanım ofisteyken doldurulmuş olan derin rahatlama yönergeleriyle başlayıp, doğrudan ve dolaylı olarak, danışanın kendi iyi özelliklerine, güçlü ve olumlu yanlarına odaklaşmasını sağlayarak kendilik değerini yükseltmeyi amaçlayan yönergelerden oluşmaktadır. Danışanlardan bu kasetleri o hafta boyunca günde bir kez dinlemesi, kendilerini rahatlatmaları ve "zihnin derinliklerine inmeleri" istenmektedir. Bu kasetler her danışan için ayrıca hazırlanmışsa da, hepsi de genellikle danışanın ihmal edilmiş ve bastırılmış olumlu özelliklerine vurgu yapmakta ve onların açığa çıkarılmasına ve geliştirilmesine yöneliktir. Hipno-öneri kasetlerinde yer alan öneri çeşitleri şöyledir:

Kendinden memnuniyetin arttırılması için telkinler

Başkalarıyla daha fazla ilgilenmiş, umursamış ve sevmişsiniz, kendinizi ise baskılamış ve içinize kapanmışsınız. . . Şimdi bırakın bu güzel duygularınız dışarı çıksın. . . sevecen , yardımsever ve iyi duygularınızın diğerlerine akmasına izin vererek . . . Başkalarına empati ve içtenlik duygularınızı salıvererek giderek daha fazla gerçek kendiniz olmaya başlayabilirsiniz.

Şimdi başlıyor, serbest bırakılan gerçek kişiliğiniz hakkında daha çok farkında olacaksınız ve kendinizi eleştirip durmayı bırakacaksınız. . . Yapmanız gerekirken yapmadıklarınız ve yapmamanız gerekirken yaptıklarınız için kendinizi suçlamayı bırakın. Kendinizi ve diğerlerini affedin. . . Kendinize de diğerlerine olduğu kadar nazik olabilirsiniz. . . başkalarını sevdiğiniz kadar kendinizi de severek . . . Kendinizi suçlamayı ve eleştirmeyi durdurabilirsiniz , ve özgür olabilirsiniz , daha da özgür, gerçek siz olarak.

Şimdi başlıyor, gitgide olabileceğiniz kişi olmaya yaklaşıyorsunuz.
. . .Görebildiğiniz , işitebildiğiniz , koklayabildiğiniz , dokunabildiğiniz , yaşıyor olduğunuz için tekrar tekrar minnettar ve takdir hisleriyle dolu olarak. . . . Farz edin ki bu dünyadaki ilk gününüz , güneşin sıcaklığını daha önce hiç hissetmemiştiniz , kuşların cıvıltısını duymamıştınız, bir çiçeği koklamamıştınız. . . Yağmura ve taşa dokunabilmenin ; çocukların gülüşünü , denizin sesini duymanın; çimenlerin ya da lezzetli bir yemeğin kokusunu duymanın ; dünyanın renklerini ve yıldızları görmenin hazzı ile dolusunuz. Tekrar vücudunuzdaki güç ve yeteneklere şükrederek. . .Enerji ve sağlığın titreşimini, varlığınıza doluşunu hissediyorsunuz. . . Uzun süredir baskılanmış olan canlılığı ve heyecan ve coşkuyu yeniden hissediyorsunuz. . . Hayattan daha fazla zevk almaya , eğlenmeye, oynamaya , gülmeye , şarkılar söylemeye hazırsınız. . . Siz olmak ve yaşıyor olmak giderek daha iyi hissetmenizi sağlayacak. (Vurgu eklenir)

Kaynak

Barber , T.X. (1984). Hypnosis, deep relaxation, and active relaxation : Data, theory, and clinical applications. Chapter in R.L. Woolfolk and P.M. Lehrer, Principles and Practice of Stress Management. New York : Guilford Pres, s. 164-166. Reprinted with permission of publisher.

45

EGO GÜÇLENDİRME:

Barnett'in Onaylatma Metodu

Birinci Adım: İnsanın önemli ve değerli olduğuna vurgu yapılır, insanın değerli ve önemli olduğu inancının hasta tarafından doğrulanması sağlanır.

"Şimdi, bilinçaltınızın beni dikkatle dinlemesini istiyorum. Ve zihninizin en derin bölümü dikkatle dinlerken, 'evet' parmağınız bana işaret olarak yükselsin. (Baş sallama hareketi de kullanılabilir) … Güzel. Ve dikkatle dinlemeye devam edin."

"Her insan varlığının tek ve önemli olduğuna inanıyorum. Aynı fikirde misiniz? (Hastanın cevabı 'hayır' ise araştırma ideomotor sinyal ile yapılabilir. Bir diğer yaklaşım da şöyle söylemektir. 'Benimle aynı fikirde olmasanız bile ; her insanın önemli ve tek olduğuna inandığımı söylediğimde , bana inanır mısınız?' "

İkinci Adım: Hastayı kendini önemli bir insan olduğunu kabule ikna etmektir.

"Ben inanıyorum ki, siz (Hastanın Adı) , tek ve özelsiniz , tıpkı her bir insanın tek ve önemli olduğu gibi. Aynı fikirde misiniz?" (Bu soru tipik olarak , hayli fazla düşünce ile karşı karşıya gelecek ve gecikecektir. 'Hayır'a ayrıca araştırma ile cevap ara.)

Hastanın cevabı 'evet' olduğunda: "Zihninizin derinliklerinde, tamamen benimle aynı fikirde olmayan bir yer var mı?" (Bu çifte kontrol, ego güçlendirici telkinleri sabote edebilecek, keşfedilmemiş, gizli bir negatif benlik durumunu ortaya çıkarmak içindir.)

Üçüncü Adım: Hastaya duygularını kabul etmesi için yardım edin ve onaylatın. Sonra eski, negatif duygular gitsin.

"Tüm insanların hoş duygular kadar, rahatsız edici duygulara da sahip olduklarını biliyorum ve sizin nahoş hisleriniz olduğunu da. Diğer her hangi bir insan gibi sizin de üzüntüleriniz olduğunu biliyorum. Eğer benimle hemfikirseniz, yine 'evet' parmağınız kalksın. Ve her insan gibi mutluluk hisleriniz var. Eğer hemfikirseniz 'evet' parmağınız kalksın. Ve aynı başka kişiler gibi öfke duyuyorsunuz, değil mi? Tıpkı diğer insanlar gibi sevgi hisleri .Korku, tıpkı diğer insanlar gibi . Ve emniyet ve güvenlik duygusu, aynen başkaları gibi ." (Her cümleden sonra tepkiyi bekle)

"Şimdi, tüm bu duygular gayet normal, insani duygular ve bunlar nedeniyle utanç, suçluluk ya da mahcubiyet duymanız gereksiz. Hoş ya da değil bu duygularının haklı ve yerinde olduğuna inanıyorum. Aynı fikirde misiniz?(Eğer cevap 'hayır' ise sebebi anlamaya çalışmalıdır. Örneğin, belki de öfke, kabul edilemez bir duygu olarak görülebilir. Sorun olarak gördükleri her hangi bir duygunun değerini ortaya koyarak hastayı ikna etmeye çalış.)

"Diğer insanlar gibi keder duygularınızın haklı ve yerinde olduğuna inanıyorum. Eğer benimle aynı fikirdeyseniz 'evet' parmağınız kalksın yeniden. (durakla) Mutluluk hislerinizde de diğer insanlık kadar haklısınız, değil mi? (durakla) Ve herhangi biri kadar haklısınız öfke duygularınızda, bir o kadar sevgi hislerinizde, korku ve güven duygularınızda da haklısınız. Öyle değil mi? "

"Bu duygulara sahip olmak sizin en tabii hakkınız ve her hangi bir normal insani duygu için suçluluk duymanıza, utanmanıza, mahcup olmanıza gerek yok. Gerektiği kadar bu hislerinizin sürmesi sizin bir hakkınızdır. Fakat aynı zamanda, artık onlara ihtiyacınız kalmadığında, kaldırıp atma hakkına da sahipsiniz. Ve eğer bu düşüncelerimi paylaşıyorsanız 'evet' parmağınız yeniden kalkabilir....

"Ve şimdiye dek hamallığını yaptığınız, tüm bu eski, modası geçmiş, rahatsız edici duygular, ki artık onlara ihtiyacınız yok, bırakın gitsinler. Ve eğer hemen şimdi onlardan arınmaya başladığınızı hissediyorsanız, 'evet' parmağınız kalkacak.... Ve tüm bu eski, modası geçmiş, rahatsız edici duygulardan kurtulmuş olarak kalabilirsiniz. Ve onları salıvermeyi şimdi bitirebilirsiniz. (durakla) Eğer yeniden gereksinim duyarsanız, acı duygularınızı geri çağırmak hakkınız. ; arada bir ihtiyaç duyduğunuzda öfkenizi geri çağırmak hakkınız ; kimi zaman, ihtiyaç duyduğunuzda, korkmak hakkınız. Fakat, ne zaman ki artık onlara ihtiyacınız kalmaz, kendinizi mutlu hissedebilirsiniz, kendinizi sevgi dolu hissedebilirsiniz, ve emniyet ve güven içinde hissedebilirsiniz."

Dördüncü Adım: Hipnotik özgüven eğitimi. Bu adım, hastaya, ego gücünü her zaman sürdürmeyi öğretir.

"Şimdi, bilinçsiz zihninizin bir söz vermesini istiyorum. Daima (hastanın adı) ' e saygı göstereceksin. Onun duygularına saygı göstermeyi kast ediyorum. Ve eğer bilinçdışı zihnin, bunu yapmaya istekli ise, 'evet' parmağın kalksın.... Ondan hoşlanacaksın, çünkü o, son derece tabii, insani duygulara sahip. Ve ondan hoşlandığın için onun hislerine kulak vereceksin ve bu duygular nedeniyle onu hor görmeyeceksin. Böyle hissetmekte haklı. Ve ona yardım etmenin yollarını bulacaksın---faydalı, iyi yollar. Asla, doğru ve yerinde olan bu duygular için, kendisini huzursuz hissetmesine yol açacak şekilde baskılamayacaksın. Onları dinle, onlara saygı göster, onları sev. Onu daima korumanı istiyorum, şimdiye dek yapabileceğinin en iyisini yapmış olduğun gibi, fakat şimdi onu korumak için daha iyi yollara sahipsin. Daha iyi yollar buldun. Daima (Hastanın adı) 'la ilgilenmek için daha iyi yollar ara. "

"Ve insanların onu küçük düşürmesine izin verme. O, başka herkes kadar iyi. Kimse onu küçük düşürme hakkına sahip değil. Bu yüzden bu türlü davranmak isteyenlere karşı onu koru. Her zaman ona iyi bak. Gerçekte, ona iyi bakmanı istiyorum, fakat aynı zamanda onu umursamanı istiyorum. (Hastanın adı) ' ı umursa, (Hastanın adı) 'ı sev. Eğer bilinçdışı zihnin tüm bunları yapmaya istekli ise , 'evet' parmağın kalksın."

"Ve tüm bunları yaparken, bazı başka şeyler olacak, son derece emin ve güvende hissediyorsunuz. Bu, daha önce kafanızı karıştıran bir çok şeye dair cevaplara sahip olduğunuzu hissetmek gibi. Kendinizi o kadar emniyette ,o kadar güvende hissediyorsunuz ki hiçbir şey sizi üzemeyecek, çünkü onlarla nasıl başa çıkabileceğinizi biliyorsunuz. Bunu her zaman yaptınız, fakat bildiğinizi ve bilgiyi kullanmayı bilmiyordunuz. Onu yeteneklerinizin en iyisini ortaya koymak için kullanabilirsiniz. Ve bu iyi bilgiyle , gerçekten yapmak istediklerinizi yapabileceksiniz. Kendinizle dost olduğunuz için bunu başarabileceksiniz. Kendinizle barışık olmak hoş bir şey. Ve tam şu anda, kendinizi kendinize dost hissediyorsanız, 'evet' parmağınız kalkacak. " ...

"Kendinizle dost olmaya devam edin. Kendinizi dinlemeye devam edin, kulak verin kendinize , kendinize iyi tavsiyelerde bulunun. Ve kendinize verdiğiniz bu doğru tavsiyeleri tutun.

Ve kendinizi çok iyi hissettiğinizde, sizden isteğim, başka herhangi bir kimseyi küçümsemeye ihtiyacınız olmadığını bilmenizdir. Kimseyi hor görmemelisiniz, çünkü diğer insanlara saygı duyabileceğinizi biliyorsunuz, problemleri olan insanlar olarak onlara saygı duyun, tıpkı sizin gibi. "

"Ve bu kadar iyi hissettiğiniz için, bugün çok iyi bir gün olabilir. Ve kendinizi çok iyi bir gün geçirirken görmenizi istiyorum. Ve bunu görebildiğinizde , bırakın 'evet' parmağınız kalksın... İyi. O kadar iyi hissediyorsunuz ki... Hoş , dingin, gevşemiş bir haldesiniz, gülümseten duygular sarıyor sizi. Ve bu duyguları muhafaza edin. Her gün bu duyguları koruyun. (Hastanın adı) hakkında iyi hissedin, olduğunuz kişi olun, (hastanın adı) sevin, ve ona iyi bakın. "

"Şunu bilmenizi istiyorum; her zaman neyi hatırlamanız gerekiyorsa , onu hatırlayabilirsiniz ve neyi unutmanız gerekiyorsa unutun, çünkü bilinçdışı zihniniz daima konuştuğumuz her şeyi hatırlayacak. Eğer anlaşıldıysa, 'evet' parmağınız kalkacak.

Barnett'in Onaylatma Metodu

... O, üzerinde hem fikir olduğumuz tüm telkinleri saklayacak, bu sebeple bilinçli zihninizin görüştüğümüz her şeyi hatırlamaya çalışmak zahmetine girmesi gerekmiyor. Bilinçli zihniniz, tüm hatırlamayı sizin derin, içsel, bilinçsiz zihninize bırakabilir, böylece gözünüzü açtığınızda, başka şeyleri düşünmekte özgür olabilir." (Hastayı uyandırma & dikkatini dağıtma)

Yayımcının izniyle uyarlanmıitır:

Barnett, E. A. (1981). Analytical hypnotherapy

Kingston, Ontario, Canada: Junica Publishing Co.

46

HUZUR YERİ

Telif hakkı ; 1983, D. Corydon Hammond, Ph.D.

Utah Üniversitesi Tıp Fakültesi

İndüksiyon: Bu, hastanın başa çıkma yeteneklerini arttırmak üzere tasarlanmış , açık fikirli bir indirekt ego güçlendirici yöntemdir. Anksiyeteli hastalarda, premenstrüel sendromlu hastalarda ve zeki , sezgisi güçlü, kendinden emin hastalarda yararlıdır. İndüksiyon ve derinleşme boyunca , bu prosedürün kaset yardımıyla oto-hipnozda kullanmak üzere band kaydı yapılabilir. İndüksiyonu açık uçlu bırakmak, hastanın gerek duyduğu kadar derin transta kalmasını sağlar ki bu sıklıkla derin dinginlik ve sükunet duygularını teşkil eder. Hastaya, bilinçli bir şekilde en ideal yeri aratmaktan ziyade, görüntünün kendiliğinden belirmesine izin vermesi için teşvik etmek gerekir. Huzur yerine ulaşma işlemi bireyselleştirilebilir. Örneğin , aşağı inen bir asansör ve bir kapı açılınca bulunan özel bir yer , orada bulutlar üzerinde uçmak ya da basitçe kendini orada buluvermek gibi ... Telkinleri yavaşça ve dinlendirici , huzur verici bir biçimde sunun. Virgüller telkinlerin kısa duraklamalarına yerleştirilmiştir.

"Şimdi, gevşemeye devam ettikçe , giderek daha derin bir şekilde , sadece kendinizi zamanın ve mekanın ötesine süzülmeye bırakın. Ve bir an için, bilinçdışı zihniniz ansızın sizi alacak, çok özel bir yere, olağanüstü huzur,ve dinginlik ve emniyet ve mutluluk dolu bir yere götürecek. Daha önce bulunduğunuz bir yer olabilir veya kendinizi ilk kez içinde bulacağınız özel bir yer olabilir. Ve bırakın, böyle bir yer, kendiliğinden , zihninizde hemen şimdi beliriversin. Ve kendinizi orada hissettiğinizde, bu harika yerle ilgili tüm canlandırıcı , huzur, memnuniyet, emniyet ve mutluluk hislerini deneyimlemek için şans verin. Ve gerçekten , etrafınızdaki her şeye bakmak veya etrafta biraz dolaşmak ve bu özel yeri keşfetmektense sadece oturup , arkanıza yaslanmayı tercih edip etmediğinizden emin değilim. İşte burada , yalnız sizin için , size özel. Ve kesin olarak bilmiyorum, en çok gözünüze neler çarpacak, belki de sesler veya mekanın güzelliği. Belki de özellikle temas ettiğiniz duyum ve hislerden hoşlanacaksınız ve kim bilir hatta alışılmadık biçimde hoş kokular olacak.

Ve şimdiden, henüz deneyimlediğiniz bu gerçeğin farkına varıp varmadığınızı, rahatlatıcı duyguları özümseyip , bu özel yerden hoşlanıp hoşlanmadığınızı merak ediyorum. Ve bırakın bu derin memnuniyet, ve barış ve huzur duyguları her yanınızı sarsın, her parçanıza aksın, bütünüyle yatıştırıcı, rahatlatıcı hisleri deneyimleyin. Ve bu özel yerde geçen her bir an , harika , canlandırıcı, güçlendirici hisleri arttırsın ve daha çok sizin bir parçanız olsun. Ve bu yerden zevk alacaksınız, burada geçirdiğiniz her dakika duyduğunuz haz artacak.

Ve burada kaldıkça sarj olabilir, yenilenebilirsiniz, bu deneyim size , sizi neşeli ve memnun eden diğer yerleri ve deneyimleri hatırlatabilir ve huzurla doldurabilir. ...

Ve bu huzur ve güven mekanında bir çok şey zihninize gelebilir... Doğru bir oran duygusuyla , bir dizi koşulların ya da ruh halinin bozulmalarından kurtulmuş olarak, gerçek duygularınızın farkına varabilirsiniz... Bu yerde dinlenirken, her şey yerli yerine oturacak, uygun bakış açısını kazanacaksınız.... Ve bu özel yerde , söylediğim şeylerden bağımsız olarak, o anda en çok ihtiyacınız olan her neyse onu alacaksınız. Bilinçdışı zihniniz en çok neye ihtiyacınız olduğunu bilir. Ve ben nasıl alacağınızı tam olarak bilmiyorum. Bu , yeni bir bakış açısı kazanmak şeklinde olabileceği gibi sadece kendimizi daha farklı hissetmek ile de olabilir....Ya da belki , uyanmadan önce , bilinçdışı zihninizden size anlayış veren bir deneyim ya da hatıra ya da hemen şimdi, en çok ihtiyacınız olan bir bakış açısı veya duygu gibi özel bir armağan alacaksınız.... Ya da belki, ihtiyacınız olan bir şeyi işiteceksiniz. İşittiğiniz , sakin, dingin bir ses olabilir , belki de zihninizde , ya da içinizde derinden geliyormuş gibi görünen bir ses, en çok duymaya ihtiyaç duyduğunuz şeyi söyleyen, tam da şimdi almaya en çok gereksinim duyduğunuz telkinleri size verecek bir ses...

Ve bir dakika içinde, konuşmayı sonlandıracağım. Ve size ait bu özel yerde ihtiyacınız olduğu kadar kalabilirsiniz. Bu hoşnutluk, mutluluk ve sükunet mekanında , ihtiyacınız olduğu kadar, duyguları içinize çekerek, ihtiyacınız olanı alarak, pillerinizi sarj edene kadar kalabilirsiniz. Ve zihninize yerleştirecek ve orada kalacak bir şeyler var: Her ne zaman ihtiyacınız olur veya isterseniz size ait bu özel yere dönebileceğinizi bileceksiniz. Her ne zaman dinlenmeniz, gücünüzü ve enerjinizi yenilemeniz gerekse, kendinizi derin ve huzurlu bir hipnotik duruma sokabileceğinizi ve bu yere geri dönebileceğinizi bileceksiniz.

Ve uyanmaya hazır olduğunuzda, zaman ve uzayın ötesine yolculuk yapabilecek, bu harika duyguları ve perspektif duygusunu taşıyarak döneceksiniz. Kendinizi iyi hissederek, yenilenmiş, canlı , berrak bir zihinle uyanacaksınız. Ve deneyimlediğiniz her şey , uyandıktan sonra da sizinle kalacak. Şimdi , ben sustuğumda , bu yerde kalmaya devam edebilirsiniz, ihtiyacınız olanı alana kadar, canınız istediği kadar."

47

STEIN'IN SIKILMIŞ YUMRUK TEKNİĞİ

D. Corydon Hammond, Ph.D

Utah Üniversitesi Tıp Fakültesi

Endikasyonlar: Bu, hastalara, değişken,karışık duygusal durumlarla başa çıkma konusunda çok yararlı bir yöntem sağlayan, ego güçlendirici ve hipnotik şartlanma tekniğidir.

Hastanın bilinçdışı kaynaklarına (güven duygusu, mutluluk, huzur, kendiliğindenlik vb) ulaşılır ve koşullandırılır. Böylece , gereğinde, hasta tarafından anımsanır. Bu, kompülsif bozukluklar ile anksiyete, öfke ve alışkanlıklarla (sigara, yeme bozuklukları, alkol, madde bağımlılıkları vb) , tırnak yeme ve psikosomatik rahatsızlıklarla başa çıkmada kullanılabilir. Bir bakıma, bu yöntem, çoğu kez hipnotik koşullandırma yoluyla daha güçlü ve otomatik yapılabilen, düşünce durdurma ve düşünce yerine koyma gibi davranışçı yöntemler gibidir. Eğer, araştırma teknikleriyle (ideomotor sinyal gibi) muayene edilmeyi gerektiren bilinçdışı adaptasyon mekanizmaları devreye girerse ya da teknik kullanılmadan önce inceleme ve dışavurum gerektiren güçlü kin ile karşılaşılırsa başarısızlık görülebilir.

Önce, hastanın ihtiyaç duyduğu duygu durumunu ve çözümü belirle. İndüksiyon ve derinleşmeyi takiben, hastaya şöyle söylenebilir: "Şimdi, bilinçdışı zihninin hatıralarını araştırmasını ve <u>güven, neşe, huzur, sükunet, ihtiyaç, kabullenme, yetkin, güçlü vb</u> hissettiği zamanı belirlemesini istiyorum. Yalnızca bırak, içsel belleğin _____ hissettiği zamanı tespit etsin, tecrübenin ne kadar kısa ya da uzun sürdüğünün önemi yok ve ne kadar özel ya da kişisel bir deneyim olduğu önemli değil, çünkü eğer istemiyorsan bana hiç bir şey söylemek zorunda değilsin. Ve ne zaman bilinçdışı zihnin bu deneyimi saptarsa, sadece 'evet' parmağın kalksın."

Bir ideomotor cevap geldikten sonra: "İyi. Şimdi bilinçdışınızın sizi bu deneyimin gerçekleştiği zamana götürmesini istiyorum. Sadece, kendini bu deneyime doğru sürüklenmeye bırak ve orada olduğunda 'evet' parmağın yeniden kalksın. İdeomotor cevabı takiben: "Güzel, bu deneyimden yeniden hoşlandıkça, duyguların onunla ilintili olduğunu hissetmeye başlayabilirsin; _____ duyguları. Ve yeniden bu duyguları deneyimlemenin farkına vardığında, bana işaret olarak 'evet' parmağın kalksın." "İşte böyle. Ve bu deneyimden zevk aldıkça bu duyguların ne kadar **güçlendiğine** dikkat et, tamamıyla mahremiyet içinde."...

" Ve şimdi, bu duyguları hissederken, kullandığınız elinizi **sıkı** bir şekilde yumruk yapmanızı istiyorum, ve siz böyle yaparken, bu olumlu duygular **daha da güçlenecek**. İşte böyle. Yalnızca kullandığın elini **sıkı** bir şekilde yumruk yapıyorsun, güven ve kararlılığının bir sembolü olarak. Bu el, inancınızı ve güveninizi simgeliyor. Ve siz onu sıkıca yumruk yaptığınızda, _____ 'duygularının giderek daha güçlendiğini hissedin. _____

Ve bu duyguları çok daha kuvvetli hissettiğinizin farkına vardığınızda, bunu anlamam için yalnızca başınızı sallayın."

"İşte böyle, ve sadece bu deneyimin ve bu güzel duyguların tadını çıkarmaya devam edin, bırakın içinize dolsun ve her yanınızı kuşatsın. Ve siz bu duyguları deneyimlemeye devam ettikçe, bilinçdışı zihniniz tüm bu harika hisleri anımsadıkça , birkaç derin, yenileyici nefes alın. Çünkü gelecekte, ne zaman elinizi bu şekilde sıkıca yumruk yaparsanız , bir kez daha bu_____ ve _____duyguların size doğru akmasını ve içinizi doldurmasını hissedeceksiniz. Ne zaman bu duyguları tekrar yaşamak isterseniz, tüm ihtiyacınız kullandığınız elinizi yumruk yapmaktır ve aynı şekildeki anı ve duygular yaşantınıza geri gelecek."

AYNI PROSEDÜR VE TELKİNLERLE AYNI TÜR DUYGULARI HİSSETTİĞİ BAŞKA İKİ DENEYİMİ BELİRLEYİN

"Ve şimdi, her ne zaman onlara ihtiyacınız olursa, duygularınızı geri almak için öğrenmiş olduğunuz bu metodun bilincinde olarak, memnuniyet ve güven duygusu hissedebilirsin. Bilinçdışı zihniniz, bu duyguları, bu yaşantıları hatırlıyor ve onlar yüzeyin hemen altında, daha derin kaynaklarda kalmaya devam edecek. Ve bu koşullanma nedeniyle, onlara ihtiyaç duyduğunuz her an kolayca ulaşılabilir olacaklar. Bunun için yapmanız gereken tek şey _____ elinizi yumruk yapmak. Bu anılar ve pozitif duygular benliğinizde süzülüp geri gelecek"

"Ve sizden bunu kendinize göstermenizi istiyorum. Bir dakika içinde, <u>sağ/sol</u> elinizi yumruk yapıp emin bir şekilde sıkmanızı istiyorum. Ve böyle yaptığınızda, aynı harika anıların ve aynı duyguların nasıl da yaşantınıza geri döndüğüne dikkat edin. Devam edin...Ve bu deneyimin hazzını yaşayın... Ve yumruğunuzu ne kadar güçlü sıkarsanız, duygular o kadar canlı hale geliyor, değil mi?" [çift kontrol] "Ve kendi yeteneğinizi takdir etmenizi, her ne zaman isterseniz bu duyguları yeniden anımsamanızı istiyorum, onların daima orada olduğunu bilerek, sizin için, tam da yüzeyin altında."

Şimdi, yumruğunuzu gevşetin, ve daha ağır, daha derin bir hipnotik duruma kendinizi bırakın. " TRANSI DERİNLEŞTİRME.

"Ve şimdi, çok daha etkili bir şekilde _____ duygularınızı nötralize edecek ve onların yerine _____ ve _____ hislerini koyacak başka bir yöntemi öğrenme şansına sahip olacaksınız.

Bir dakika içinde, kendinize nahoş bir deneyimi anımsama izni verin, size _____ hissettiren.

Sizi bedbaht edecek kadar kötü olması gerekmiyor. Böyle rahatsız edici olmasını istemiyorum. Fakat sadece yeteri kadar nahoş anının geri gelmesine izin verin, böylece bazı _____ duyguları hissetmeye başlayabilirsiniz. Ve bu nahoş duyguları hissetmeye başladığınızda bana 'evet' parmağınızla işaret verin. "

"Pekala. Ve şimdi, çok ilginç bazı şeyler keşfetmenin keyfine varmanızı istiyorum. Bu negatif duyguların , yumruk yaptığında , (aktif kullanılmayan) sağ /sol elinize doğru nasıl yer değiştirip , transfer edildiğine dikkat etmeni istiyorum. Sol elinizi yumruk yapın, ve siz bunu yaparken nahoş duygu ve hislerin , omuzunuzdan kolunuza, bileğinize ve oradan da   Sol   yumruğunuza nasıl aktığının farkına varın. Bırakın tüm bu nahoş duygu ve hisler, olumsuz duygusal ve fiziksel zorluklar   sol   yumruğunuza doğru aksın, orada yoğunlaşsın, konsantre olsun. Onları , bu yumrukta sıkıca kilitleyin, hepsinin ya da büyük çoğunluğunun, yumruğun içinde olduğuna emin oluncaya kadar orada tutun. Her zaman , nahoş duyguların zihninizde veya bedeninizde belirmesinden korunamayabilirsiniz, fakat onları kontrol edebileceğiniz   sol   yumruğunuza transfer edebileceksiniz. Ve tüm nahoş duygular yumruğunuzun içinde toplanmış gibi hissettiğinizde bana bir işaret olmak üzere başınızı sallayın."

"İyi. Şimdi, bu duyguları sol yumruğunuza soktuğunuzdan beri , onları ortadan kaldırıp nötralize edebilecek kişisiniz. Ve bunun, onları ortadan kaldırıp, yerine pozitif duygular koymanın ne denli kolay olduğunu gözlemlemenizi istiyorum. Kullandığınız elinizi, güçlü, güvenle, mutlulukla sıkmanızı istiyorum. Ve siz bunu yaparken, bırakın, aktif olmayan eliniz, tüm nahoş duyguların yok olmasına izin vererek gevşesin. İşte böyle. Yalnızca parmaklarını kıpırdatman ile tüm nahoş duyguların elinden akmasını sağlayarak, sanki buharlaşıyormuşçasına ya da zemine düşüyormuşçasına . Ve mutsuz anıların kaybolduğunu, yerini olumlu olanların aldığını keşfedeceksiniz. Ve neşeli anlarınızın hazzını yeniden yaşayacaksınız, tamamen özel, güven, kuvvet, kararlılık, azim sembolü bu sıkıca kapalı, mutlu yumruk ile. Sadece bir süre bu pozitif duyguların tadını çıkararak birkaç hoş, çok derin, gevşetici nefes alın. ... Ve bu güzel duygular sizin umduğunuzdan çok daha uzun bir süre sizinle kalabilir. "

"Şimdi aynı iyileşme duygusunu yaratmak için, her ne zaman ihtiyacınız olursa kullanmak ve kendi hislerinizi kontrol etmek üzere bir yönteme sahipsiniz. Bu yüzden her ne zaman   negatif duygular   hissederseniz , yalnızca aktif elinizi yumruk yapınız. Siz bunu yaptığınızda , tüm bu nahoş duyguların ve hislerin _____ elinize doğru aktığını, süzüldüğünü, orada yoğunlaştığını hissedeceksiniz. Ve kısa bir süre sonra , tüm nahoş duygular yumruğunun içinde hapsolmuş gibi hissettiğinde, onları etkisizleştirebilirsiniz. Basit bir şekilde, <u>aktif</u> elini yumruk yapıp, sıkarak, onlardan kurtulabilirsin ve yerine pozitif duygular koyabilirsin. _____ elini açarken , tüm nahoş duygu ve hislerin geçecek. Ve içinizi dolduran tüm bu pozitif duygular ve harikulade anılardan gerçekten hoşlanmanızı, tadını çıkarmanızı istiyorum. Ve bu _____ yumruğunuzu ne kadar sıkarsanız o kadar artacak. Ve iki yumruğunuzu sıkmanızdan bir dakika sonra , bu hoş, güzel duyguların sizinle kalabileceğini keşfedeceksiniz. Neredeyse , _____ yumruğunuzu sıkmanız ile tüm varlığınız, beyninizden salgılanan doğal endorfin maddeleri ile bir çok güzel duyguyla dolmuş gibi, uzun bir süre için, sizi rahatsız edecek, sıkıntıların yok olduğunu hissedeceksiniz."

Uyarlama: Stein, Calvert.(1963). The clenched fist technique as a hypnotic procedure in clinical psychotherapy. <u>American Journal of Clinical Hypnosis, 6</u> 113-119.

EVRENSEL İYİLEŞMENİN DİNSEL BETİMLEMESİ
EGO GÜÇLENDİRME & AĞRI

Terapist , dini yönelimleri olan hastada, iyileşmeyi pekiştirmede betimleme ve enerjiyi doğru şekilde yönlendirmek için itici güç olarak bireyin dini inançlarını kullanabilir. Tasvir, geniş zamanlı, genel ifadelerle yapılabilir:

<u>Terapist:</u> İçinizde ve dünyada , iyileşmeniz ve ağrıdan kurtulmanız için , derin, evrensel bir iyileşme ruhu mevcuttur. . . Kendinize, onun esas manasına yaklaşmak için izin vermelisiniz. . . Bağışlayıcılık ve sevgi bu evrensel iyileşme ruhunun bir parçasıdır. . . içsel gerginliklerinizi salıverin . . . ruhunuzu ve bedeninizi ağrıdan özgür kılın. . . Düşünceleriniz bağışlayıcılık ve sevgi duygularınız üzerine odaklansın. . . kendinizi bağışlayarak. . . diğerlerini bağışlayarak. . . öfke, kin, küskünlük yüzünden oluşan gerilimi, içinizdeki stresi boşaltarak. . . Ve bağışlama ruhu içinizde büyüdükçe . . . bu gerilimler boşalacak. . . iyileştirici yaşam güçlerini açarak. . . sizi kendi sevginiz ve diğerleri-

nin sevgisi ile bağlamaya müsaade ederek. . . ve Tanrı'nın sevgisiyle.
. . . bu şifa veren sevgiyi başlattığınızda . . . ağrı duyarlılığı azalır . . .
iyileştirici sevgi sizi kuşattıkça . . .daha ötelere gider ve daha da uzağa
. . . önemi ve sonucu azalarak. . . . . .

Kendilerini belirli bir dini grupla özdeşleştirenlerde kuvvetli dini kanaatleriyle ilgili hipnoterapötik imgelere başvurabilir. Devam eden ağrı deneyiminden uzaklaşmak isteyen hastalarda, dini duygu yoğunluğunu da içeren imgelerin harekete geçirimesi için yüreklendirilebilir. Prosedürler yalnız ağrı gidermeye vurgu yapmakla kalmayıp , kişiye hatırı sayılır dini huzur da sağlayabilir. *

Kaynak: Wright, M. Erik. (1987). Clinical Practice of Hypnotherapy.

New York : Guilford Pres, s. 167-168. Reprinted with permission of Publisher.

* [Bu tür betimlemenin kullanımında , terapist , hastanın kendisini affedebildiğini hissettiğini belirtmesi için ideomotor sinyalleri kullanabilir. Özellikle affetmeleri gereken kişileri belirtmeleri ve onları affetme , onlar için dua etme üzerine içinden çalışması , bir kişiye karşı duyduğu küskünlük hisleri ve negatif duyguların geçtiğini hissettiğinde bir işaret vermesi istenebilir. Sonra, suçluluk ve küskünlük duygularından boşalan yerlerin sevgiyle dolduğunu gözünde canlandırması telkin edilebilir. Ayrıca içinde iyileşme için var olan, fakat küskünlük ve suçlulukla uyumlu olarak bastırılmış, enerjiyi hissetmesi ve duyumsaması da telkin edilebilir. Ed.]

48

ÖZ-SAYGI, KENDİNE GÜVEN & SOSYAL BECERİ EĞİTİMİ İÇİN TELKİN ÖRNEKLERİ

Carolyn Kowatsch, Ph.D.

Behavioral Science Center, Inc Cincinnati, Ohio

[Bu telkinler hipnotik indüksiyon ve derinleşmeyi takiben verilir. Ed.]

[Hedef, değiştirilmesi gereken öz-mesajları aydınlatmaktır. Bazıları Satir'den alınmıştır. (1972)]. "Halihazırda zihin gözünüzde, kendinizin bir video kaydına sahipsiniz, kendinizi nasıl görüyorsanız öyle, ve bu video kaydında çok fazla olumsuz görüntü var. Kendinizi başarılı olmayan bir performans ile görüyorsunuz. Muhtemelen geçmişte iyi gitmeyen şeyleri yapmaya çalışırken görüyorsunuz. Belki kendinizi kaybederken görüyorsunuz. Kendinizin olmayı istediğiniz şekilde olmadığını görüyorsunuz. Kendinizi kendinize şöyle derken işitiyorsunuz: 'Doğru zaman değil. Korkarım bu başka birinin cevabı. Belki ,onlar benden hoşlanmayacak. Belki bana kızacaklar. Bir şeyler kaybedebilirim. Çok fazla risk alıyor olabilirim ve incinebilirim. Belki benim çok cüretkar veya çok utangaç olduğumu düşünecekler. Belki beni hiç sevmeyecekler. Bu yanlış bir karar mı? Bunu yapamam. Daima bu hatayı yapıyorum. Grup içinde nasıl konuşacağımı bilmiyorum. Utangaç görünüyorum. Sosyal ortamlarda nasıl rahat olabileceğimi bilmiyorum."

[Güdümlü görsel betimleme ile , yaş ilerleme telkinleriyle, kişinin nasıl davranmayı istediğine göre bir model sağlanır.] . Şimdi negatif düşünce video kaydını sileceksiniz. Kaydı silecek ve yerine yepyeni bir kayıt koyacaksınız. Bunu çok farklı bir şekilde programlayacaksınız. Kendinizi görmek ve hissetmek istediğiniz şekilde hissettiğinizi görmenizi istiyorum. Davranmak istediğiniz gibi davrandığınızı görün. Hareketlerinizi gözden geçirdiğinizi, söylemeniz gerekenleri söylediğinizi, kendinizi savunduğunuzda ısrarlı ve güvenli olduğunuzu, iltifat kabul edebildiğinizi, risk alabildiğinizi görün. Kendinizi, kelimenin tam anlamıyla her zaman olmak istediğiniz kişi olarak görün. Şimdi kendinizi giderek daha fazla..........olduğunuzu görün. Bu imajı ne kadar samimi, içten oluştururursanız, sizi o kadar kendine bir mıknatıs gibi çekecek, kendiniz hakkındaki düşüncelerinizi, tutum ve davranışlarınızı değiştirerek...... siz ve imaj birbirine karışıp kaybolana kadar. Bu yüzden bu pozitif görüntüyü olabildiğince berrak yapacaksınız ve gün geçtikçe daha da belirginleşecek."

[Önceki negatif öz-mesajların yerini almak üzere, olumlu öz-mesajlar verilir.] " Bu video kaydında yeni bir ses kaydı var, yeni zihinsel konuşma tarzı kendinize şöyle diyeceksiniz, 'zamanlama hakkında artık o kadar kaygılı değilim. Bu doğru zaman. İhtiyaç olan an doğru zamandır. Mükemmel zaman olması gerekmiyor.' Kendinize şöyle söyleyeceksiniz, 'İşlerle uygun şekilde başa çıkabilirim. Şimdiye kadar etkili bir biçimde kullanmaktan kendimi alıkoymuş olduğum bir çok beceri ve yeteneğim var. Geçmişte kendimi kontrol altında tuttum fakat bu artık geçerli değil. Ben çok yetenekliyim, ve bu yeteneklerimi harekete geçireceğim. Hakimiyetim altında olan güzel duygularım var. İşlerle başa çıkabilirim ve ben iyiyim. Özellikle, ben kendime güvenebilirim. Kendimden daha fazla emin olabilirim. Duygularıma güvenebilirim, ve çoğunlukla iyi olacağını varsayarak tepkilerime güvenebilirim. Kendim hakkında iyi hissettirecek şekilde davranacağımı bilerek, daha doğal davranmakta özgürüm."

[Katılımcılara kendilerine yönelik, hislerine ilişkin pozitif imajlar verilir. Bazı yönlerden çekici hissetmeye ihtiyaçları vardır. Bazı grup üyelerinin isteği üzerine, karşı cinse davranışlarına dikkat çekilir.] " Kendinizi, olduğunuz çekici kişi olarak göreceksiniz. Her birey kendi içinde çekiciliğe sahiptir, ve siz içinizdeki sizi göreceksiniz, daha yüzeye çıkacak, giderek daha gerçek olacak. Bununla, daha rahat konuşabileceğiniz, gevşemiş ve açık bir biçimde düşünebileceğiniz belirli bir güven gelir. Hatta karşınızdaki kişi çok çekici olsa bile , net biçimde düşünebilecek, kendinizi iyi hissedecek ve uygun şekilde davranacaksınız. Eğer uygunsa, birine bir şey sorarken kendinizi rahat hissediyor bulacaksınız , hatta birine flört teklif ederken ya da beğeni ifade ederken bile ... Çünkü rahatsınız, kendinizi bunu en iyi bir şekilde yapabilecek durumda bulacaksınız. Kendi fikirlerinize daha çok güvenecek ve bu fikirler temelinde hareket eder veya tepki verirken daha rahat hissedeceksiniz"

[Daha çekici olmalarına yardım etmek üzere kendilerine iyi bakmaya teşvik edilirler. Öz-saygı, kendilerine saygılı davrandıklarında artar.] " Bedeninize iyi davranacaksınız .Çünkü , kendinize bir insan olarak daha fazla değer vereceksiniz, tabii bedeninize de değer vereceksiniz. Bedeninize saygınız olacak ve onu saygınlık ve değer objesi olarak göreceksiniz. Bedeninize dair alışkanlıklarınız , kendinize temel saygınızı aksettirecek, yeme, içme , egzersiz ve bedeniniz için yararlı olan şeylere dair tutumlarınızı disipline edecek. Ona iyi davranacaksınız, çünkü o, sizin temel bir parçanız. Çeşitli pozitif duygular deneyimlemenizi sağlar. Yaşamanızı sağlar . Bu yüzden vücudunuza gerçek anlamda saygı ve koruma borçlusunuz."

[Seansların eğitici kısımlarında öğrenmiş oldukları kavramları kullanarak özel kendine güven telkinleri verilir.] Kendinizi daha kendine güvenli , rahat ifade edebilen, daha dürüst , daha tereddütsüz ve dayanıklı göreceksiniz. Başkalarının haklarına saygılı olacaksınız, fakat aynı zamanda kendi haklarınıza da saygılı davranacaksınız . . . haklarınıza saygılı ve onlara layık oldukları yeri vererek . Aşırıya kaçmayacaksınız ve bencil ve buyurgan olmayacaksınız. Başkalarına ve kendinize saygı göstereceksiniz. Kendinizin çeşitli becerilere; ev, işyeri ve sosyal ortam olup olmadığına bakmaksızın; diğer insanlarla rahat ve etkili iş görmeniz için gereksinim duyduğunuz uygun sosyal becerilere sahip olduğunuzu göreceksiniz. Yerinde davranacaksınız , bir bakıma şöyle der gibi , 'ben kendime saygılıyım, fakat size de saygı duyuyorum. Sizin haklarınız var. Benim de haklarım var. "

[Hartland'dan (1966) uyarlandı. Bunlar harika ego güçlendirici telkinlerdir. Burada öz-saygı, özgüven ve kendinden eminliğe vurgu yapılır.] "Kendinizi düzenli olarak gevşeteceksiniz. Ve genel olarak yaşamınızda daha gevşemiş olacaksınız. Gün geçtikçe , kendinizi çok daha rahat hissedeceksiniz. Vücudunuz fiziksel olarak daha güçlü ve daha zinde hissedecek. Gün boyunca daha uyanık ve enerjik olacak, çok kolay yorulmayacak, yılmayacak ve bitkinlik hissetmeyeceksiniz."

"Vücudunuz için gerilimsiz bir çevre yaratarak gece daha derin uyuyabildiğinizi ve sabah dinlenmiş olarak kalktığınızı fark edeceksiniz. . . düzenli ve derin bir şekilde kendinizi gevşettiğinizde yaptığınız işte budur. . . Birkaç dakika için vücudunuza gerilimsiz bir çevre yaratırsınız. . . ve sizi artan gevşeme duygusu ve iç huzurla ödüllendirecek. Sinirleriniz daha güçlü ve sağlam olacak, zihninizde ne olup bittiği sizi öyle derinlemesine ilgilendirecek ki herhangi negatif , sıkılgan, öz-eleştirel durum kendinizi çok daha az meşgul edecek. Bu yüzden , eğer biriyle konuşuyorsanız, ne söylediğiniz hakkında çok fazla düşünmeyeceksiniz, onlarla iletişim kurmak istediğinizde, onların sizi nasıl algıladığını düşünmeyecek veya nasıl karşılayacakları hakkında endişelenmeyeceksiniz. Kendi doğal ve uygun davranışınızın öne çıkmasına izin vereceksiniz. Kendiniz olmak için özgür olacaksınız."

"Zihniniz daha dingin ve berrak olacak. Kesin ve net bir biçimde düşünecek , daha iyi konsantre olacaksınız. . . Problemleri , büyütmeden ya da gözden kaçırmadan , doğru perspektiften göreceksiniz. Gün geçtikçe , duygusal olarak daha huzurlu ve oturmuş hissedeceksiniz. Bir şeyleri mesele yapmamak daha mümkün olacak. Olaylar sizi çok da rahatsız etmeyecek, etkilemeyecek. Kişisel mutluluğunuza ait fevkalade duygulara sahip olacaksınız. . . kişisel güvenlik ve emniyetinize dair çok uzun zamanda sahip olmuş olduğunuzdan da harika duygular. Gün be gün , zihinsel ve fiziksel olarak, kendi kaynaklarınızla , kendi ruhi güçlerinizi çağırarak, çok daha fazla , tamamıyla gevşemiş olacak ve öyle kalacaksınız ."

"Her gün daha az gergin olup, daha fazla gevşedikçe ve öyle kaldıkça , çok daha fazla kendine güven geliştireceksiniz, sadece her gün yapmak zorunda olduklarınız değil , fakat aynı zamanda yapmanız gereken ve yapabilmeyi istediklerinize, yeteneklerinize çok daha fazla güven, başarısızlık korkusu olmaksızın, kötü sonuç korkusu olmaksızın, gereksiz kaygı olmaksızın, huzursuzluk olmaksızın. Her gün daha bağımsız hissedeceksiniz, kendinizi savunmaya, kendi ayakları üzerinde durmaya, bir çok şeyi başkaları kadar iyi yapabilmeye -ne kadar zor ve yorucu şeyler olursa olsun- daha kabiliyetli olacaksınız. [Wilson ve Barber'ın (1971) ego-güçlendirici telkinlerinden uyarlanmıştır.] .

Fakat başarınızın anahtarı, kendinize güveniniz ve her ne yapmayı gerçekten istiyorsanız, onu yapabilecek, kendi zihniniz ve kendi düşünceleriniz sayesinde kendi hedeflerinizi başarabilecek yeteneklerinizdir. Zaten halen bu gücü, yanlış yaptığınız şeyleri hayal ederek, zihinsel olarak hatalarınızı yeniden duyarak, tekrarlanma olasılıklarını belirleyerek kendinize karşı kullanıyorsunuz. Fakat, artık bu yeteneği pozitif imajlar üretmek için kullanacaksınız, kullanmak istediğiniz davranışları teşvik etmek üzere, zihinsel olarak işleri doğru yapmayı prova ederek bu yeteneği kullanacaksınız. Kendinize ne söylerseniz, yaşamınız üzerindeki en büyük güç olur. Kendinize ne söylerseniz, kendinizi neşeli ya da üzgün hissetmenizi sağlar. Kendinize söyledikleriniz son tahlilde kim olduğunuzu ya da neler yapabileceğinizi belirler. "

[Bu yorumlar, yardımcı terapist tarafından ilave edilir, daha mecazi bir yaklaşım sağlar.] "Bu gevşeme halinde, kendinize şöyle deyin, ben gerçekten biliyorum ve derinden hissediyorum ki bir çok yönlerden hakikaten değerliyim, çeşitli nedenlerle başkalarının görememiş olduğu, bir çok iyi niteliklerim var. Muhtemelen onlarla paylaşmamış olduğum ve görmelerine fırsat vermemiş olduğum için. Bazen gerçekte sahip olduğum bu iyi vasıfları görmedikleri ve bilmedikleri için başkalarını suçluyorum. Belki gerçek kendim olmak istersem ve onu yansıtırsam, bu sayede, diğerleri gerçek beni tanıyabilecek ve daha çok sevecekler. Güzel bir fili nasıl yontacağını soran bir heykeltıraş gibi olmalıyım. Dedi ki; 'tam da bütün mermeri yavaş yavaş çentip bitirdiğimde bir file benzemedi.' Gerçek kendimi bulmak ve diğer insanlarla paylaşmak üzere belki yontmaya ve gerçekte ben olmayandan kurtulmaya ihtiyacım var, kendi harika, kompleks ve potansiyel benime karşı daha sevgi dolu ve farkında olmaya, hayatımın tüm sorumluluğunu almaya ve kendi mutluluğum ve kendi eylemlerim için tamamen sorumluluğu üstlenmeye ."

"Şimdi , kendinize yardım etmek için yeteneğinizi güçlendirmenizi istiyorum. . . "[Bir trans onaylama prosedürü bu noktada kullanılabilir; örneğin kol ağırlaştırma testi. Ed.].

"Zihninizin gücü hakkında bir dakika için düşünmenizi istiyorum. . . . sadece ağır bir şeyler düşünerek ,elinizde öylesine bir ağırlık hissi yaratabildiğinizi . . . ve sizi üzgün ve endişeli kılan durumlarda bile, vücudunuzda gevşeme ve güven duyguları yaratan görüntüler kullanabildiğinizi. Yapmanız gereken sadece doğru görüntüleri düşünmek ve vücudunuzun bu çeşit bir deneyime sahip olmasına izin vermek, bunu davranış takip edecektir. Kendi içinizde, görüntüleri yararlı duygular yaratmakta kullanmak hususunda çok iyi olacaksınız." [Herhangi bir standart kapanış telkini bu açıklamayı takip edebilir.].

KAYNAK: Kowatsch,C.(1987). Hypnosis in assertiveness and social skill training. Chapter in W. C. Wester (Ed.) , Clinical Hypnosis: A case Management Approach. Cincinnati : Behavioral Science Center, Inc. , s. 274-287. Reprinted with permission of Publisher.

DUYGULARIN DÜĞMESİNİ KAPATMAK

1. RAHAT ve DENGELİ bir pozisyon hayal edin. Bedeninizin HAREKETSİZ kalmasına izin verin ve HAREKET duyumu KAPALI olduğunda nasıl daha RAHAT ve sakin olmaya başladığınızı FARK EDİN.

2. Bir noktaya BAKIN ya da boşluğa GÖZLERİNİZİ DİKİN ve GÖRÜŞ ALANINIZI DARALTIN, bedeninizin DIŞINDAN gelen uyaranları daha az alarak DİKKATİNİZİN DAĞILMASINI azaltın ve giderek bu noktayı İÇ GERÇEKLİĞİNİZE odaklayın. Daha SAKİN oldunuz. bunun için SAHNEYİ HAZIRLADIĞINIZDA bedeniniz NE OLDUĞUNU BİLİYOR. Sessizliğin size ve HER TARAFINIZA, çok hoş bir şekilde ulaşmasına İZİN VERİN. Bu duygulanımları FARKEDİN. Bunlar size ÖZGÜ.

3. Gözlerinizi KAPALI olmasına ve kapalı KALMASINA izin verin. Size çok tanıdık gelen UYUTUCU, RÜYA ALEMİNDE GİBİ, UYKULU bir duygu hissetmeye başlıyorsunuz. Ama uykuda değilsiniz ve uyuma sürecine girmek üzere de değilsiniz. ÖNEMLİ olan şeylere karşı UYANIKSINIZ, önemsiz şeylerden ETKİLENMİYORSUNUZ. Bu dikkatin AMAÇLI ODAKLANMASI. Bunun nasıl da bitmeyen bir RAHATLIK olduğunu KEŞFEDİN.

4. Dikkatinizi bir KOLUNUZUN... belki de KULLANDIĞINIZ-BASKIN olanının AĞIRLIĞINA verin. Kemiklerinin, kaslarının, yumuşak dokusunun, kan damarlarının ağırlığını DUYUMSAYIN (sense). Hareket etmenin – hatta küçük parmağınızı kaldırmanın bile- gerçekten ÇOK FAZLA ZOR olmasının hoş bir duygu olduğunu FARKEDİN. ÇOK TATLI bir LASSITUDE hissediyorsunuz hatta belki de HARİKA bir YORGUNLUK!

5. HER İKİ ELİNİZİN de GERÇEKTEN AĞIR olduğunu fark edin. Gerçekten ikisinin ağırlığı da EŞİT Mİ? Hangisi daha ağır? Hangisi DAHA HAFİF? Belki de siz HAFİFLİĞİ daha çok SEVİYORSUNUZ? Hafifliğin TÜM duygularına dikkatinizi verin. Çok HOŞ bir hafiflik hissettiğiniz bir zamanı... hafif bir esintiyle sallanan bir TÜY gibi...suyun üstündeki bir YAPRAK gibi... HİÇ ÇABA HARCAMADAN süzülen rüzgardaki KUŞ gibi ... hafiflikte YÜZDÜĞÜNÜZ bir zamanı HATIRLAYIN.

6. Çok rahatça gevşeyip dinlenirken HİÇ BİR DUYGUnun sizi RAHATSIZ ETMESİNE gerek yok. Bazı duyumları FARKEDEBİLİRSİNİZ ancak bunlara DİKKAT etmenize gerek yok. ...ve GERÇEKTEN yapmanız çok önemli OLMADIKÇA bunlara TEPKİ Vermeyin. GEREKLİ OLANI fiziksel ya da duygulanımsa herhangi bir duygudan rahatsız olmadan yapabilirsiniz.

7. HİÇ BİR SESin sizi rahatsız etmesine GEREK YOK. Duy-

mayla ilgili hiçbir engel yok. Önemli OLMADIKÇA TEPKİ vermek zorunda değilsiniz. Birçok kişi fırtınada uyur ama cılız bir bebek sesine uyanabilir. HER SES RAHATLIK DURUMUNA daha derinlemesine gitmek için bir İŞARET olabilir.

8. NEFES ALIŞINIZIN daha SAKİN, DERİN VE KOLAY olduğunu FARK EDİN. KALP atışınız SAKİN, GÜÇLÜ ve DÜZENLİ oluyor. Ölçümler KAN BASINCINIZIN, değişen ihtiyaçlara uygun yanıt vererek DENGELİ OLACAK şekilde NORMALE YAKLAŞTIĞINI gösteriyor. Hoş bir SICAKLIK duygusu tüm varlığınızı kaplıyor.....sanki kişisel TERMOSTATINIZ en doğru ısıya ayarlanmış gibi. Tüm varlığınızda RAHATLIK AKIYOR. SAKİN....MEMNUN.....EMİN.....GÜVENLİ. Başka bir UYANIKLIK durumuna dönseniz bile bu duygular sizinle KALACAK.

9. Kendinizi çabucak ve hoş bir şekilde YENİDEN YÖNLENDİRME'nin bir yolu olarak ....HAZIR olduğunuz ZAMAN .... kendinize NEFES VERDİKÇE... "UYAN" ....ve NEFES ALDIKÇA ... "KALK" ...deyin ve GÜÇ DOLU olarak geri dönün.

49

AĞRI YÖNETİMİ İÇİN HİPNOTİK STRATEJİLER

Telif hakkı, 1987, D. Corydon Hammond, Ph. D.
Utah Üniversitesi, Tıp Fakültesi

<u>Telkinle Anestezi ya da Analjezi.</u> Her çeşit doğrudan ya da dolaylı telkin ağrıyı hafifletmekte kullanılabilir. Örneğin, bir eldiven anestezisi yaratılabilir ve ardından hastaya bu duyumu vücudun ağrılı bölgesine transfer etmesi öğretilir. Telkinler çok çeşitli yollarla rahatı sağlamak için yapılabilir. Örneğin: " Canını sıkacak ve seni rahatsız edecek hiçbir şey olmayacak." " ve her kasılmanın baskısıyla uyuşukluk artacak." "Yalnızca bir baskı hissi olacak, ağrı değil, sadece baskı." "Ve çenen artarak uyuştukça ve hissizleştikçe, sol elinin giderek duyarlı olduğunu fark et." "Ve ağrı ilaçlarının yarısı bile yeterli olacak."

<u>Zaman ya da Vücut Disosiasyonu</u>: Örneğin, dayanılması güç ağrılarda hasta ağrının çok az olduğu hastalığın erken dönemlerine yönlendirilebilir ve bu hipnoz sonrası telkinle sağlanabilir. Vücut disosiasyonu, eğlenceli bir etkinlik ya da hoş bir yere gidilerek başarılabilir. Mesela Erickson'un, vücudu yatakta yattığı halde öbür odada televizyon seyrettiğini deneyimleyen bir kanser hastası vardı. Yaş gerilemesi hastayı sağlıklı ve güçlü olduğu zamanlara ya da mutlu anılara götürür. Bu sırada şu telkin verilebilir: "Ve bu özel, mutlu olaylar seni öyle içine çekecek ki, kanserin verdiği ağrıyı hissedecek enerjin kalmayacak" (Erickson, 1980, bölüm II, s. 318). Yaş ilerlemesiyle de daha sağlıklı ve mutlu olacağı bir zamana sürüklenebilir. Bu tekniğin zorluğu, has-

tanın çok fazla kendi derinliklerine dalması ve transa geçmesidir. Bu nedenle bu temel olarak yatağa bağlı ölümcül hastalarda endikedir.

İdeomotor araştırması ve Ağrıyı Bilinçdışı düzeyde kesme.

Hastanın bilinçdışı zihnine hasta için daha rahat olmanın uygun olup olmadığı sorulabilir. Ardından bilinçdışı zihinden, ağrıyı "bilinçdışı, içsel bir düzeyde" kesmesi ve bu başarıldığı anda bir ideomotor işaret vermesi istenir. Daha sonra hastaya bilinç düzeyinde bu rahatlığı fark etmesinin bir ya da iki dakika alacağı, fark ettiği anda size işaret vermesi söylenir. Bilinçdışı zihinden belli bir zaman için (4 saat, 12 saat) bu rahatlıkta kalması yönünde bir bağlılık istenir. Bu bağlılık hipnoz sonrası telkinle güçlendirilir. Ne var ki tüm ağrıyı alma konusunda temkinli olmayı unutmayın. Hastaya kendi kendine hipnozda bu tekniği kullanması da öğretilebilir ve bunu ofisinizde denemesini sağlayabilirsiniz. İdeomotor araştırma psikogenik bileşenler ve ikincil kazançları kontrol etmek için de kullanılabilir. Örneğin, ağrı kendini cezalandırmanın bir biçimi olabilir ya da hastanın bir şeylerden kaçmasını sağlıyordur. Ya da çözülmemiş geçmiş meselelerle bağlantılı olabilir. Bu durumda hastayı bilinçdışı düzeyde bu tip ağrının önemli göründüğü ilk ana yönlendirin ve bunu araştırmak ve çözmek için yaş gerilemesini kullanın. Bazı vakalarda imprinted bir önerme (örneğin, "Sadece ağrıyla nasıl yaşaman gerektiğini öğrenmek zorundasın") ağrının hala hayatta olduğunun bilinçdışı ifadesi olarak tercüme edilebilir .Ağrı psikolojik bir etkenle ilişkilendirildiğinde, ağrının tekrarı olursa bunun bir hata işareti değil, ağrının işlevi ya da anlamı hakkında geriye bakış için kullanılabilecek bir araç olduğunu hastaya öğretmek iyi olur. Bu yöntemin öncüsü Cheek'dir (Rossi ve Cheek, 1988).

4. <u>Ağrının Yerini Değiştirme:</u> Ağrı organik etkenlere bağlı bile olsa, ağrı bir vücut bölgesinden daha az hayati veya daha az sıkıntı veren bir bölgeye kaydırılabilir. Örneğin Erickson (Erickson ve Rossi, 1979) ağrıyı karından ele aktarmıştır. Yer değiştirmeden hemen önce şu tür bir telkin verilebilir: "Vücudunun bazı bölümlerinde ağrı diğer bölümlerdeki kadar acı verici gözükmüyor. Eğer ağrı burada sağ elinin olduğu yerin altında karnındaysa çok endişelenmen gereken bir durum yok demektir. Ve bu ağrı elini karnını acıttığı kadar acıtmayacak."

5. Duyumlarla Yer değiştirme ya da destekleme: Yazar, ağrıyla eşleştirilen özel duyumları belirlemek için "Ağrınızı İnceleme ve Anlatma" kitabını kullanıyor. Hastanın öznel yaşantısını özel olarak anlamak için çeşitli betimleyici sıfatları kullanmak ağrıyı tarafsızlaştırmanın yanı sıra terapötik bir işbirliği ortamı ve duygudaşça anlaşılmışlık duygusu yaratır. Ağrıyı alt etmede diğer yöntemler işe yaramadıysa, ağrının bazı yönlerine hiç değinmeyip diğerlerini vurgulamak mümkündür. Örneğin, Erickson (Erickson ve Rossi, 1979) bir hastaya ağrı yerine biraz rahatsız edici olan ancak çok nahoş olmayan yoğun bir kaşıntı koydurmuşlardı.

6. Ağrı Deneyiminin Hipnotik Yeniden Yorumlanması: Ağrı deneyiminin yeniden çerçevelenmesi bir başka paralel Ericksoncu (Erickson ve Rossi, 1979) tekniktir. Ani ve can yakıcı bir ağrı rahatsız edici ama geçici ve acı verici olmayan şaşırtıcı bir tepki olarak yeniden yorumlanabilir. Zonklayan bir ağrı, fark edilen ama çok rahatsız etmeyen parmak ucundaki küçük bir kesiğin zonklamasına benzetilebilir. Bir kanser hastasına keskin, bıçak gibi bir ağrıyı sonradan bir zayıflık ve gevşeklik duygusuna dönüştürülebilmek için ağır, tekdüze bir ağrıyla değiştirmesi söylenebilir. Bir yanık ağrısı, hoş bir sıcaklık duygusuyla değiştirilebilir. Erickson ağrı yaşantısını yeniden yorumlamak ve duyumları değiştirmek için her iki telkin ve metaforu da kullanmıştır.

7. Amnezi: Ağrı, özellikle kronik ağrı vakalarında var olan yaşantıların ötesinde şeyleri de kapsar. Geçmiş ağrıların anımsanması ve buna dayanarak gelecekteki ağrının beklenmesini de içerir. Yetenekli hipnotik kişilerde bütün ağrı yaşantıları için ya da ağrının öznel yanları için bir amnezi yaratılabilir. Bu strateji özellikle periyodik ağrı (migren gibi) yaşayan hastalarda yararlıdır. Bu teknik hastaların şimdiki zamanda daha çok yaşamalarını ve geçmiş ağrıları hatırlamadan ve gelecekteki ağrıyı beklemeden ağrısız zamanlarının tadını çıkarmalarını sağlar.

8. Zamanı Bozma: Hasta zamanı bozma (distortion) yaşantısını yapabildiğinde bu fenomen periyodik olarak yaşanan ağrının uzunluğunu kısaltmakta kullanılabilir. Bir migren hastası vakasında Erickson (Erickson ve Rossi, 1979) hastanın anlık bir transa girmesine yardım

ederek migren ağrısını saniyeler içinde yaşamasını ve hemen ardından bu yaşantıyla ilgili bir amneziyle uyanmasını sağladı. Bu tür her atağın tam bir sürpriz olarak geleceğini telkin etti. Zamanı bozma telkinleri akut ağrı vakalarında (mesela doğum sancılarında), kemoterapide veya ilaç kullanımı gerektiren ağrılarda da verilebilir. Örneğin doğum sancıları arasındaki zamanın uzun olduğu ve kasılmanın sadece kısa bir baskı hissi olacağı telkin edilebilir. Benzer şekilde ilaç kullanımı aralarındaki zamanın hızla geçeceği, altı saatin kırk kırk beş dakika gibi yaşanacağı telkin edilebilir.

9. Büyük Zaman Kopuşları-Disosiasyonları: Zamanı sadece geleneksel anlamında bozmak yerine, zaman modlarının (geçmiş, şimdiki zaman, gelecek) genişletilmesi ya da daraltılması telkinleri verilebilir (Aaronson, 1966, 1968). Geçmişin genişletilmesi telkinleri, başkalarıyla ilişki kurmanın zor olacağı, ancak kişinin mutlu olduğu anılarla ilgili (eğer geçmişi yeterince mutlu ise) içedönük bir durum yaratacaktır. Örneğin ölümcül (terminal) bir kanser vakasında geçmişin genişleyeceği ve çoğu zaman mutlu, güzel yaşantıları yeniden yaşama deneyiminde kaybolacağı telkin edilebilir. Geleceğin genişlemesi, son tarihlerin önemsizleşeceği, ölümün korkulacak bir olaydan çok yaşamın sonlanması olacağı mistik, mutlu bir durumun yaratılmasını kolaylaştırabilir. Her iki durum da geçmişin ya da geleceğin genişlemesi aşırı şekilde acı verici olan şimdiki zamandan kopmayı sağlar.

Ağrının Aşamalı Azaltılması: Ağrının toptan alınması mümkün olmadığı kesin olduğunda, ağrının aşamalı azaltılması telkin edilebilir. Bu teknikte Erickson (1983) her saat ağrının algılanamayacak kadar küçüleceğini, hatta hastanın günler geçtiği halde bu durumun farkına varmayacağını telkin eder. Transtayken hastaya ağrıdaki %1 azalmanın fark edilemez olduğu ve hatta %2, %3, %4 veya %5inin de fark edliemez olduğu açıklanabilir. Bu sadece bir azalmadır. "Eğer ağrınız %5 azalmışsa, bu çok fark edilemeyecektir çünkü %95i hala durmaktadır. Fakat bir günde %5 azalmışsa, ertesi gün %2, üçüncü gün %3, yani toplamda %10 bir ağrı azalması olacaktır."Bu şekilde ağrı her hafta ya da gün çok az yüzdelerle aşamalı olarak azaltılır. Ağrıyı daha çok azaltmak için şu telkinde de bulunulabilir: " Ve gerçekten de %70 ile %75 arasında çok fazla fark yok değil mi?"

Hayali değişiklikler: Hipnotize edilmiş hastaya şöyle denebilir: "ağrı en kötü durumundayken neye benzediğini hayal et. Sadece çektiğin acıyı sembolize eden bir imgeyi hayal et, ve bu imgeyi hayal ederken kafanı salla." (Kafa sallandıktan sonra) : "Neye benzediğini tarif et." "Ağrının büyüklüğü ne kadar?" "Ağrının şekli nasıl?" "Ağrının rengi ne?" "Ağrıyla bağlantılı bir koku ya da ses var mı?" "Farkına vardığın özel bir dokunma duygusu (baskı, sıcaklık) var mı?" Ardından, hipnotik yaşantıdan sonra , hastadan hayal ettiklerini çizmesi istenebilir. Bu özellikle hasta ağrıyı yaşarken kullanılabilecek ideal bir tekniktir, çünkü hastadan her seferinde bir sembolik hayali yani bir duyumsal bileşeni değiştirmesi istenmektedir. Örneğin, bir renk başka bir renkle değiştirilir ya da tonu değiştirilir böylece hastanın duyumları daha çok rahatlıkla ilişkilendirilir. Dokunma duygusu-yumuşaklık sertlik durumu değiştirilebilir. Sıcaklığı değiştirecek bir şey olduğunu hayal etmesi de söylenebilir.

Eğer hasta sırtına bastıran bir mengene resmederse, bunun çözülüp gevşediğini hayal edebilir. Ya da hasta bükülen kasları görüyorsa bunların gevşediğini ve bükülmediğini görüp hissedebilir. Hastalar, üç boyutlu bir imgeyi düz yapabilir, boyutunu küçültebilir ya da ağrının şeklini değiştirebilir. Hipnoz sonrası telkinlerle hastaya gerektiğinde kendi kendine hipnozla bunu yapabileceği söylenebilir. Örneğin, belkemiği rahatsızlığı olan bir hasta tüm vücuduna yayılan sıvıyı hayal ederek bir belkemiği aldığını görselleştirebilir.

Vücudun uygun bölümlerinde ağrı olmayan alanların daha çok farkına varan hasta için bir başka imge de dokunmayla pekiştirilebilir. Hasta bunu takiben ağrı artışının olmadığı alanları ve giderek küçülen ağrı bölgesini (yine dokunma ya da ışık şokuyla pekiştirerek) hayal edebilir. Bu imge (belki de belli bir renk olarak görselleştirilen) ağrının, ağrı azaldıkça, kendi merkezinden yavaşça uzaklaştığını hayal etmeyi de kapsayabilir. Hasta için göreceli olarak basit bir görselleştirme işlemi de, sıfır tam bir rahatlığı on hayal edilebilecek en kötü ağrıyı temsil etmek üzere zihninde 0-10 arasında bir sayıyı resmetmektir. Peşinden hastaya bilinçdışı zihin ağrının düzeyini azalttıkça sayıları küçültmesi telkin edilir.

Elektrik Akımı ve Kontrol düğmeleri Benzetmesi-Analojisi : Bir başka yararlı metafor da hastanın sinir sistemini omurganın içinden beyine doğru giden elektrik akımı gibi hayal etmesini sağlamaktır. Hastaya ışık düğmeleri olan bir kontrol paneli görmesi söylenir. Bu düğmelerin üstünde vücudun değişik bölümleriyle eşleştirilen (sırt, sol kol vs.) farklı renkte, parlak, küçük ışıklar bulunmaktadır.

12. Vücut Bölümlerinin Bilinçten Kopması-Disosiasyonu: Ağrılı bir vücut bölümü hipnoz sırasında bilinçten koparılabilir. Örneğin, hasta ağrıyan bir kolu ya da bacağı çıkarıp başka bir yere koyduğunu ya da kol fiziksel olarak yerinde dursa da sinirlerini çıkardığını hayal edebilir. Hipnoz sonrası telkinlerde de uyandıktan sonra (ve gelecekte kendi kendine hipnozdan sonra) kol (ya da bacak) dışında tüm vücudun uyanacağı vurgulanabilir. Bu hastayla trans eğitimi, hastanın sadece boyundan yukarısını transtan çıkarıp geri kalan vücut transtayken terapistle beş on dakika konuşma yaşantısını da içerebilir. Daha sonra ise bilinçten koparma sadece ağrıyan kol ya da bacakla sınırlandırılabilir.

13. Hipnoz sonrası Telkin: Hasta hipnotik duruma yeniden girmeye ve rahat olmaya şartlandırılır. Örneğin, bir diş hastası omzuna dokunulduğunda ya da diş koltuğunun üstündeki ışığı gördüğünde rahat ve derin bir transa gireceği şeklinde şartlandırılabilir. Özel bir şartlandırma prosedürüne örnek olarak Sıkılmış Yumruk Tekniği verilebilir.

Sıkılmış Yumruk Tekniği: Hastaya geçmişteki rahat ve hoş yaşantılarına yaş gerilemesi yaptırılır. Bunu takip eden telkinlerde bilinçdışı zihninin bu duyguları ezberleyeceği ve ne zaman ellerini sıkı bir şekilde yumruk yapsa yine o rahatlığa ulaşacağı söylenir. Şartlandırma deneyimlerinden biri de bakım odasındaki anestezi yaşantısı olabilir.

14. İçsel Rehber Tekniği: Hastadan dingin ve huzurlu bir yerde olduğunu hayal etmesi istenebilir. O ortamda özel bir rehber bulacaktır. Bu rehber erkek, kadın ya da dost bir hayvan olabilir. Bu teknik temelde hastanın bilinçdışı zihnine biçim ve ses verir. Bu içsel rehber sadece içgörü ve öğütler sunmakla kalmaz, hastanın ağrısını da alabilir. Bresler (1979) bu tekniğin oldukça iyi bir tarifini vermiştir.

15. İçsel Diyalog İçin Hipnoz sonrası Telkinler: Bilişsel-davranışçı

terapideki son gelişmeler (Meichenbaum, 1977) kişinin (iç-konuşma ile) bilinçli durumdayken kendine söylediği olumlu telkinler sadece depresyon ve kaygıyı etkilemekle kalmamakta, aynı zamanda kişinin ağrıyla baş etme yetisini de artırmaktadır. Bu tarz bir bilişsel yaklaşım hastalarla bilinç düzeyinde kullanılabilir. Örneğin, hastaya yaklaşımın mantığı anlatıldıktan sonra Meichenbaum'un iç konuşma örneklerinin bir kopyası hastaya verilir ve ardından hasta ve terapist birlikte diğer baş etme önermelerini beyin fırtınası yoluyla bulurlar. Bunun ardından bu süreç olumlu içsel diyalog için hipnoz sonrası telkinler vererek daha otomatik bir hale getirilebilir. Hastaya kendini gelecekte ağrıyı yaşamaya başlarken hayal etmesi söylenebilir. Kendine söylemesi gereken belirli şeyler hatırlatılır ve takiben gelecekte bu tip baş etme cümlelerini kendi kendine otomatik olarak söylerken kendini yakalayacağı şeklinde hipnoz sonrası telkinler verilebilir. Olumlu iç konuşma örnekleri olarak şunlar verilebilir: "Tüm ağrıyı tamamen yok etmem gerekli değil. Yapmam gereken sadece ağrıyı kontrol altında tutmam." "Doktorumun bana öğrettiği pek çok strateji biliyorum. Gerekirse başkalarını da kullanabilirim." "Ağrı için endişelenme. Ağrı beni rahatsız etmeye başlarsa bir ara verip kendi kendime hipnoz uygulayabilirim." "Sadece gözlerini kapat, derin bir nefes al ve kısa bir hipnotik duruma gir. Bununla baş edebilirim." "Sadece bu ana ve yapman gerekene odaklan." Hastanın olumlu iç konuşmasını pekiştirmenin yanı sıra hasta yakın zamandaki acı verici durumlara yaş gerilemesiyle götürülebilir. Bu sayede hastanın zihnine yerleşmiş kendini yenilgiye uğratan, olumsuz iç konuşmalar netleştirilebilir (örneğin, "Buna dayanamam" "Asla bitmeyecek".).

16. <u>Serpiştirme Tekniği ve Metaforların Kullanımı:</u> Erickson (1980) hikayelerin içine kısa eslerle yerleştirilen sözcük ve cümleciklerin serpiştirilmesi tekniğine öncülük etmiştir. Bu etkili bir teknik olabilir. Okuyucuya yazarın bu konudaki yazısı ve Erickson'un orijinal makalesi (Erickson, 1980, 4. bölüm, s.262-278) önerilir.

Sonuç

Hipnoz en çok akut ağrı vakalarında etkilidir. Ayrıca pek çok kronik ağrı hastalarında da çok değerli bir araçtır ancak bu vakalar çok daha zordur. Sonuç olarak hipnoterapist çeşitli hipnotik yaklaşımları kullanmada yetenekli olmalıdır. Tıp doktoru olmayan uzmanların ağrı hastalarının tıbbi olarak dikkatlice değerlendirilmelerini sağlaması hayati önemdedir. Pek çok kronik ağrı vakasında, hipnozun, ağrı için diğer hipnoz dışı tedavileri de içeren çok boyutlu bir tedavi paketinin parçası olarak uygulanması durumunda en yüksek verimliliğe ulaşılmaktadır.

Klinik uygulamacı tüm ağrıyı hipnotik olarak alma konusunda da temkinli olmalıdır. Hastaların çok büyük bir bölümü tam bir anestezi yaratamayacaktır. Ancak, Crasilneck ve Hall (1985), yetenekli sayılabilecek hastalarla çalışırken de doktorun tüm ağrıyı ancak dört koşulda yok etmesini önermiştir: (1) Ameliyat (2) Ölümcül hastalar (3) doğum veya diş hastalarındaki akut ağrı (4) hayalet kol ya da bacak ağrısı. Diğer durumlarda örneğin, sırt ağrısı olan bir hastada hasta kendini yaralamasın diye bir miktar "sinyal" ağrısı bırakmak önemlidir.

Ayrıca, hastalarımızın sık sık sahip olduğu hipnozla ilgili sihirli değnek beklentilerini biz doktorların da edinmemesi çok önemlidir. Hastaların büyük çoğunluğu hipnoz aracılığıyla sadece uyuşma (analjezi) sağlamayı ve ağrılarının bir kısmını kontrol etmeyi becerebilir. Konuyu kapatırken, Dr. Milton Erickson'un uyarısını yineleyeceğiz: "Hipnozu kullanan pek çok insan mükemmeliyetçi olmaya çalışır, çok fazla şey başarmaya çalışırlar. Pek çok vakada başarısızlığın nedenlerinden biri de budur. .. Lisedeki pek çok öğrenci size şunu söyleyecektir: kuşkusuz 100 alamam, 95 ya da 90 alabilirim. 85den daha iyisini yapamam, 80 alırsam çok iyi. Bizlerin de böyle bir yönelimi var.... Bu öğrenciler bir miktar başarısızlığı beklerler. Hipnozu kullananlar, çalıştıkları hastaların belli bir miktar başarısızlık beklentisiyle geçen bir yaşam deneyimine sahip olduklarını akıllarında tutsalar iyi ederler. Siz bir terapist olarak, hastalarınızın yarar elde etmesini sağlamak zorundasınız, onlarla birlikte ilerlemek zorundasınız, ve başarısızlık alanını önceden gören kişi olmak zorundasınız" Erickson ve Rossi, 1979, s. 136. yayıncının izniyle alıntı yapılmıştır).

Referanslar

....

50

AĞRINIZI ANALİZ ETME VE TARİF ETME

D. Corydon Hammond, Ph. D.
Utah Üniversitesi, Tıp Fakültesi

HASTANIN ADI : _____

TARİH : _____

Ağrı tedavisinde ağrınızın detaylı bir tarifini yapmak çok yararlıdır. Bir çeşit ağrıdan fazlasına sahip olabilirsiniz, bu nedenle üç kolon (A, B, C) ayrılmıştır. A kolonunu en çok yaşadığınız ağrınızı anlatmak için diğer kolonları da eğer başka ağrı çeşitleri yaşıyorsanız kullanın. Bazı sıfatlar sizin ağrınıza uygun olmayabilir. Ağrıların bazı yönleri çok yoğun olarak hissedilirken ağrının diğer yönleri çok hafif hissediliyor olabilir. Bu nedenle hissettiğiniz duyumu anlatan bir sıfat bulduğunuzda 1-10 ölçeğinde o ağrı çeşidinin <u>ortalama yoğunluğunu</u> yazın.

A	B	C	AĞRINIZIN TARİFİ
			Ağır
			Bıçak gibi
			Burkulmuş gibi bükülmüş
			Çimdik gibi
			Dağlanır gibi Kavrulur gibi

			Delinir gibi
			delip geçen
			Dövülür gibi
			Ezik-çürümüş gibi
			Eziliyor gibi
			Isırır gibi
			İçine işleyen
			İrkiltici
			Kalp atışı gibi
			Kasılır gibi
			Kaşınan
			Kemirir gibi
			Kesilir gibi
			Keskin
			Kimyasal yanığı gibi
			Koparılır gibi
			Kramp gibi
			Matkapla delinir gibi
			Mide bulantısı gibi
			Nabız gibi
			Öğütülüyor gibi
			Rendelenir gibi
			Rüzgar çarpmış gibi
			Sıcak hot
			Sıkılır gibi
			Sıkıştıran
			Sızlayan Arı sokmuş gibi
			Sızlayan
			Soğuk
			Sürekli ağrıyan
			Sürekli rahatsı
			Sürtünme yarası gibi
			Sürüklenir gibi
			Şiddetli
			Şimşek gibi

				Tekdüze
				Tırmalar gibi
				Uyuşmuş
				Ürpertici
				Diken diken eden
				Yakıcı
				Yanıp söner gibi
				Yanıyor gibi
				Yırtılır gibi
				Zonklayan

Ağrınız ne zaman daha kötü oluyor? Ne onu daha kötü yapıyor?

Ağrınız ne zaman daha iyi oluyor? Rahatlığınızı ne artırır?

Ağrınızı tarif eden sıfatlar listesine bir kez daha bakın ve yaşadığınız her ağrı tipini kendi sözcüklerinizle anlatın. (Bu sayfanın arkasına devam edebilirsiniz).

51

KORUYUCU KALKAN

Erol R. Korn, M.D.

Endikasyonu: Bu teknik, ezilme duygusu yaşayan hastalardaki " girdi yükü fazlası" nı almak için tasarlanmıştır. Özellikle hastanede yatan ve ciddi şekilde zarar görmüş hastalarda kullanılışlıdır.

Artan gevşeme indüksiyonunu takiben, aşağıdaki sözel telkinler verilebilir:

" Ve şimdi, eğer daha rahat ve gevşemiş olmayı gerçekten istiyorsan…dikkatinin, bedeninin en rahatlamış yerine gitmesine izin ver… en gevşemiş…dikkatini oraya şimdi gönder…ve sadece o bölgeyi en rahatlamış ve en gevşemiş yapan şeyi kesin olarak bul…yayılmalarına izin ver…daha güçlenmelerine ve o bölgenin dışına çıkmalarına izin ver…bedeninin tüm parçalarını etkileyerek…Şimdi bu rahatlaman güneşin ışınlarının yayıldığı gibi yayılabilir…veya durgun bir gölün üzerine düşen bir damlacığın yaydığı su halkaları gibi…Bedeninin tüm hücrelerine ulaşmasına izin ver…bu harika duyguyu tüm hücrelerinin duyumsamasına izin ver…ve geçen tüm zamanlarda…tüm hücrelerdeki duygu gitgide güçlensin…tüm hücreler bu duyguları biliyor… ve bedeninin geri kalanı bu rahatlama hissini bir kez yaşadığında…bu duyguya izin verebilirsin…O muhteşem duyguyu…bedeninin fiziksel sınırlarının ötesine gitmek…derinin ötesine çıkmak..etrafına koruyucu bir kalkan oluşturmak…ve bu duygunun uzaklara yayılmasına izin verebilirsin….kendi fiziksel bedeninin ötesine…veya çok yakında tutu…

ikinci bir deri gibi...bu koruyucu kabarcık, veya kalkan, kendi yarattığın bir şey olduğuna göre...onunla istediğin şeyi yapabilirsin...Bu kalkanın kullanım alanı sınırsızdır...öyle duyguları süzmek için filtre görevi görür....etrafında devam eden her şeyi...rahatsız tüm durumları...ve yaşamak istediklerine izin verir...insanları anlamanı sağlayacak bir mikroskop gibi davranabilir...ve insanların seni anlamasını... görünmez olabilir...veya bazı insanlara görünebilir...veya istediğin kadar çok insana...fakat kullanmayı sen isteyeceksin...çünkü onu sen yarattın...yalnızca bedenindeki rahatlamayı geliştirmeye gereksinimin var...yayılmasına izin vermeye...ve kendi fiziksel bedeninin ötesine... onunla deney yapabilirsin.onu istediğin kadar büyüterek...başka yerlere ulaşım için kullanarak...başka zamanlarda...ne kadar çok kullanırsan o kadar çok güçlenir...o kadar farklı olur....ve şimdi...istediğin her büyüklük ve pozisyonda...yapabileceğinin en yüksek potansiyelini gerçekleştir...artmış kararlılık ve artmış güven...bilincinin durumunu şimdi aydınlatmaya başla...bu zaman ve bu yere geri gelerek...tamamen uyanık ve hevesli..."

Kaynak: Korn. E.R., & Johnson;K. (1983) Hayalinde Canlandırmak: Sağlık Uzmanlığında İmgelem Kullanımı.Homewood, Illinois: Dow Jones-Irwin,s.92-93.Yayıncının izni üzerine yeniden basılmıştır.

ŞİFALI BEYAZ IŞIK İMGESİ

Endikasyonu: Bu sembolik imgesel teknik, bedensel kuvvetin sağlık ve şifa kanalı olmasını kolaylaştırmaya çalışır. Menstürasyon Öncesi Sendrom (PMS), ağrı, migren, gastrointestinal bozukluklar, dermatolojik bozukluklar ve diğer stresle ilişkili hastalıkları içeren fakat bununla sınırlı olmayan bir çok değişik medikal koşulda kullanılabilir.

Konsantre olmana izin ver...başının önünün yarısında...böylelikle bir gıdıklanma hissi yaşamaya başlayabilirsin...Böyle yaparsan tüm dikkatini ve farkındalığını bu alana taşırsın...bilinçliliğini merkez alarak tüm gücünü beden-akıl eksenindeki iyileşmeyi artırmak için kullanabilirsin...Şimdi dikkatini olabildiğince, bilincin çok küçük alana konsantre olana dek küçültün...Ve şimdi bu noktayı kafanın üzerinden 1 ayak boyu yüksekliğe yansıt... ve bir beysbol topu kadar gelişmesine izin ver...ve bu kürenin parıldayan, ışık saçan bir küre, ateş gibi beyaz bir ışık görüntüsü olmasına izin ver....Parıldayan ve kızgın doğasını algıla...ısıyı hisset...ve beklide bu nesnenin titreşimlerini duyumsa... Şimdide orta büyüklükte bir kavun büyüklüğüne ulaşıncaya kadar yavaşça genişlemesine izin verin...hala ışık saçıyor...kızgın...parlak... beyaz...En üst kısma bakıncaya kadar...en alt kısmın açılmasına izin ver...ve açıldığında...kızgın...beyaz...parlak...ışık enerjisi sağanağını seyretmeye başla...Enerjinin bedenine...başından girip aşağı doğru tüm bedenine...başından boynuna...kollarına ve ellerine...kollarının arkasına...göğsünün altına...önüne ve arkasına...bedeninin geri kalanına...ön ve arka...bacaklarının altına doğru...ayaklarına...ve ayaklarından dışarı...toprağa...Bedenine sadece yayılan enerjiyi görmek için değil....hissetmek ve duymak için...izin ver...Bu kızgın...parlak...beyaz...ışık enerjisinin tüm bedenine özgürce akması... gerçek sağlık ve şifanın göstergesi olacaktır...Eğer bedeninde hastalıklar... veya rahatsızlıklar...problemler varsa...bu kızgın...parlak...beyaz... ışık enerjisinin bedeninin belirli bir alanına veya alanlarına akışı... kısmi olarak ve tümden bloke olabilir...Bu alanlar algılandığında... bu kızgın...parlak...beyaz...ışık enerjisi tarafından parçalara bölünüp tüketildiğin hissedebilir ve görebilirsin...bedeninin enkazı ve artığı bu şifalı güç tarafından yakılmış gibi...bedenindeki rahatsızlık, bozukluk veya hastalıklar...bu kızgın...parlak...beyaz...ışık enerjisi tarafından parçalara bölünüp tüketildiğinde...sonuç...bu alana enerjinin özgürce akışı olacaktır...Gelen bu sağanağı hissetmeye devam et...kafanın üzerinden tüm bedenine...ayaklarından dışarı...toprağa...ta ki...bu özgür...kızgın...parlak...beyaz...ışık enerjisi tüm bedenine yerleşsin... böylece...ne zaman...bu özgür akış yerleşirse...sağlığını sürdürmeni engelleyen tüm toksinlerin, artıkların ve çöpün yok edilmesini temsil edecektir...Bu özgür akış yerleştiği zaman...kürenin kapanmasına ve sağanağın kesilmesine izin ver...Sonra...kürenin...yaklaşık 2 ayak çapında genişlemesine...ve yavaşça dik eksenine doğru dönmesine izin ver...Döndüğünde...yavaşça...kafandan topuğuna kadar tüm bedenini istila etmesine izin ver...Bu kez kürenin fonksiyonu parlak ışığın sağanağından kalan tüm artıkları emmektir...ayaklarına ulaştığında... bedeninin geri kalanı...ve fiziksel ve duygusal sağlığını sürdürmene engel tüm kalıntılardan temizlenmiş olmalıdır...Şimdi...kürenin... ter yönde dik eksenine doğru yavaşça dönmesine ve yavaşça bedenine yayılmasına izin ver...Kürenin bu seferki fonksiyonu...bedenine yeni yaşam enerjisini damla damla akıtmaktır...Enerji yalnızca bedenine değil...özümsenmesini ve yararlanmasını engelleyen tüm güçlere karşı tamamen özgür bırakılan bir bedene damla damla akıtılmıştır...Küre başının üzerindeki en son noktaya ulaştığı zaman... ve sonra beden-akıl eksenine yükseldiğinde tüm yıkıntıyı özgür bırakıp, şimdiye kadar hiç deneyimlemediğin yaşam ve enerji ile dolar...Küre şimdi dönmeyi bırakıp küçülmeye başlayarak başının ön bölgesinde konsantre edilmiş bilinç boyutunda bedenine döner...sonra bu bilinç birkaç derin nefesle tüm bedende dolaşır ve yavaşça uyanık duruma döner...

KUMANDA ODASI TEKNİĞİ

Endikasyonları: Bu teknik bastırılmış cinsel gereksinimi, sorunu, orgazm bozukluğu, ereksiyon bozukluğu ve cinsel bağımlılığın tedavisinde kullanılmak üzere tasarlanmıştır.bilinçaltı düzeyindeki değişime direnci yok ettiğinizde, hipnotik araştırmanın çok etkili olduğu görülmüştür.Bu yöntem yeme bozukluğu olan hastalara da kolayca uygulanabilir.

"Şimdi beyninizin hipotalamus bölgesindeki çok özel bir odaya, bir kumanda odasına, sinir merkezine giriyorsunuz..Bu tüm duygularınız ev isteklerinizin kumanda odası.Eğer kendinizi bu odada bulursanız, tüm ışık demetlerini, değişik renklerin ışıklarını fark edin.Bilgisayarın sesinin, odanın ısısının ve beklide ayırıcı bir kokunun farkına varabilirsiniz".

Eğer renkli ışık yığınlarını gözlemlerseniz, farklı demetleri de görebilirsiniz. Sizin iştah duygunuzu düzenleyen bir demet olabilir.Ve sizin cinsel isteğinizi ve ilginizi (veya uyarılma, ereksiyon) fark edebilirsiniz. Ve bu demetlerin üzerinde bir kadran göreceksiniz, veya merak ediyorum, acaba o bir kaldıraç olabilecek mi?, veya 0-10 arasında düzenlenebilen başka çeşit kontrol. -Sıfır, hiç ilgi yok düzeyidir.-Herkes acıkmama deneyimini yaşamıştır.Bazen yiyeceğe ve sekse karşı hiç ilgin olmaz. On, güçlü seks isteğinin veya yeme isteğinin düzeyi.

Hepimiz bir şeyi gerçekten istemek ve ihtiras duymanın neye benzediğini biliriz.Eğer ışık demetini ve kadranı görürseniz, başınızı öne doğru sallayın".

" Şimdi cinsel ihtirasın ve ilgini (uyarılma, ereksiyon), düzenleyen ışık demetine dikkatlice bak ve bana hangi rakamı gördüğünü söyle? Um hımm.Şimdi kadrana veya kaldıraca uzan ve eline al ve hafifçe, küçük hareketlerle hareket ettir.Ve eğer bunu yaparsan, farklı bir duygu yaşayacaksın.Ve cinsel ihtirasındaki değişikliğe dikkat et.(küçük bir sessizlik.Nerede ve nasıl artmış bir uyarılma yaşamaya başladığını fark etmek ilginç gelebilir.(sessizlik).Ve şimdi eğer tekrar kadranı çevirmeye hazır olduğunda, kadran hangi rakamda? (tepki için bekleyin):tamam, ve kadranı 3'ten 4'e aldığında bedeninin farkı duyumsadığını anlamama izin ver.

(EĞER HASTA TEPKİ VERMİYORSA DİRENÇ İÇİN OPSİYONEL GİRİŞE BAKINIZ)..."

"Um,Hmmm...Ve artan uyarılmandan zevk almaya veya keyif almaya başladığında tokmağı-------------dan..............a hareket ettir.Ve hormonların, kanına doğru, tüm bedenine ve özellikle belirli bölgelere doğru salınmak üzere özgür bırakıldı.Ve sen gerçekten bunu nasıl yapacağını bilmiyorsun, çünkü sen bilinçaltı düzeyde nasıl gerçekleştiğini biliyorsun.Ve belki de hormonların, duygularını, en şiddetli dürtülerini büyüleyici bir yolla nasıl uyardığın farkına varıyorsun.

Uzlaşma, İdeomotor Bağlılık ve Posthipnotik Telkinler

"Ve kadranı tekrar arttırmak mı istersin veya bu düzeyde bırakmak mı?, (Kadranın kurulumu ile ilgili hasta ile uzlaşın ve belirleyin.İdeomotor uyarı, ayrıca, kadranın gelecek 2 hafta boyunca nasıl hissettiğini belirlemek için bilinçaltı ile uyumlu olup olmadığını da gösterir.(İdeomotor bağlılık sağlandığında, bağlılığı post hipnotik telkinlerle pekiştirin.Bir bağlılık sağlanmadığı durumda aşağıdaki telkinler verilebilir).

"Ve şimdi, kendi cinsel istek düzeyini belirleyebiliyor olmaktan dolayı, ferahlamış, memnun ve hatta gururlu hissedebilirsin.Ve bu değişme izin vermeyi seçebilirsin, böylelikle orta ve yüksek düzeyde tutabilirsin.Veya, koşulların uygunluğuna bağlı olarak, bilinçaltının onu değiştirmesine izin vermeyi seçebilirsin.Bu andan itibaren kadranı kolaylıkla ayarlayarak cinsel uyarılma ve isteğinin düzeyini otomatik olarak değiştireceğini bildiğinden dolayı son derece tatmin olmuş durumda olabilirsin.Partnerine sokulduğunda nasıl hızlıca cinsel istek ve uyarılma düzeyini arttırabileceğini keşfedip, özellikle şaşırtıcı bulabilirsin.Böylelikle ne zaman partnerin sana kibarca sarılırsa, gelişen ilginç duyumların farkına varabilirsin ve kendini akışına bırakırsın.V esen sokulduğuna, keyif verici duyumlar, beklediğimden daha fazla yayılır ve sen partnerine yakın olduğunda nasıl hızlıca cinsel istek ve uyarılmanı arttırdığına şaşıracaksın.

Dirence Karşı Alternatif Kalıplar

(Eğer hasta duyumları ve hisleri fark etmiyorsa, kullanabilirsiniz.)

İlginç değil mi? O sadece değişimin ne kadar üstü örtülü olduğunun kanıtıydı.İlk başladıklarında hemen hiç algılanmazlar.V e biz gerçekte ne olup bittiğini öğrenmeye gereksinim duymayız.Bazen seni korkutan bir film ve kendini kaptırdığın bir TV programı izlediğin zaman gibidir. Orta oturup tüm dikkatinle o şovu izlediğinde, bedeninden gelen tepkileri duyumsamazsın.Ve izlediğin film, tansiyon, gerginlik arttığında gerilir ve adrenalin salınır.Ve bir süre sonra şovun heyecanı bittiğinde, bedeninde her şey yoluna girer, bir ferahlık hissedersin, ve aniden önceki gerginliğinin farkına da varırsın. Ve başlangıçta bu değişiklikler üstü kapalı olsa da, hormonlar görevlerini yapar ve hücreler uyanık hale gelir. Ve gerçekte tüm bu değişiklikleri tamamen duyumsamak, senin için bu ortamda çok ta önemli değildir. (Şimdi kadranı çevirme söylemine geri dönün)

(Sonra, dirençli veya daha az yatkın süjeye aşağıdaki telkinler verilebilir): "Ve ben sadece senin ne zaman veya nerede farkı fark etmeye başlayacağından emin değilim.Bilinçaltını, senin ihtiyaçlarına göre değişimi veya farkındalığı getirecektir.

Aniden şiddetli dürtüleri ve duyguları hissetmeye başlayabilirsin. Veya, belki ilerleyen, acelesi olmayan, doğal bir oluşumun küçük değişimlerini zamanla duyumsayacaksın.Ve bu değişiklikleri yarın veya Perşembe günü veya haftaya mı fark edeceğini bilemem.Fakat ilginç bir şekilde kendi kişisel yolunla, değiştiğini fark edeceksin.

(Hala kadranı çevirmeye ciddi direnç gösteren süjeye eklenen yararlı olabilecek diğer telkin kalıpları):

"Ve sonunda bilinçaltın hazır hale gelince kadranı yüksek bir rakama hareket ettirmeyi ne zaman isteyeceğini merak edebilirsin."

ERICKSON'UN KONFÜZYON TEKNİĞİ

GİRİŞ: Erickson Konfüzyon Tekniğini, bilinçli olarak motive edilen ancak bilinçaltı düzeyde direnç gösteren hastalarda temelde indüksiyon yada hipnotik fenomenlerin(yaş geriletme, anestezi gibi…) oluşturulması için geliştirmiştir. Erickson, hastayla iyi bir diyalog ortamı oluşturulduktan sonra kullanılması gereken "karışık kelime oyunları'na" yoğunlaştı. Bazı hastalar bu kelime oyunlarına olumsuz tepkilerde bulunabilir. Böyle bir durumda o hastaların tercih haklarına saygı gösterilmelidir. Erickson (1964'te) şu açıklamayı yapmıştır: "Hipnoza girme sürecindeyken, tamamen telkine açık olunan bir anda, karışık sözler söylendiğinde, hasta yada kişilerin zihinlerinde gerçek anlamlar oluşur. Hemen ardından onlar bu durumu reddedemeden dikkatleri bir başka duruma yönlendirilir." (sayfa 183 eklenen vurgu).

Konfüzyon tekniğini kullanmadaki temel düşünce, genel durumun korunmasıdır. Ancak şunlar da tamamen karşılanmalıdır: kesin bir ilgi düzeyi, yoğun olarak dikkatle dinlenen konuşma, durumun kesinliğinin ifadesi, hasta veya kişilere ne söylendiği yada birlikte ne yapıldığını anlama beklentisi... Ayrıca önemli olan bir diğer konu, üst düzeyde bir ciddiyet ve maksat hedef edinerek konuşmaktır. Bu tür cümlelerle konuşulurken, söylenen ve yapılan şeylerin çok iyi anlaşılabilmesi adına karşıdaki kişi yada hastalar nezdinde azami beklentinin sağlanabilmesine çalışılmalıdır. Dikkatlice kullanılan cümlelerde, konudan konuya kaymak, aynı zamanda, dil ve konuşma kabiliyetinde hızlı bir akışa sahip olmak ve bunu çok iyi kullanmak; hızlı düşünen için hızlı, ağır düşünen için ağır olabilmek çok önemlidir. Ancak çok dikkat edilmelidir ki, her zaman, bir yanıt için az bir zaman verilmeli, asla yeterli süre tanınmamalıdır. Böylesi bir yanıt için bekleyen kişiler, her defasında beklentileri karşılanmamış yeni bir fikir ile karşı karşıya kalmaktalar ve bu işlem tekrarlanmaktadır. Kişilerde bu işlem sonucunda bir inhibisyon durumu meydana gelmekte, bu da konfüzyona yol açmaktadır.

Bu aşamadan sonra kişiler hazır, ani ve tam yanıt verebilecekleri, açık anlaşılır bir komünikasyon durumu algılamalarına ihtiyaç duyabilirler. (sayfa 183-184 eklenen vurgu)

Bu, "kelime oyunları" daha farklı bir biçimde de ifade edilebilir. Örneğin şöyle bir cümle ortaya atılır; bir adam bir kazada sol elini kaybetmiştir... ve o zaman, onun sağ eli, sol elidir. Böylece, zıt anlamları olan iki sözcük tek bir nesne için doğru bir şekilde kullanılmıştır. "bu durumda kalan el onun sağ elidir." Aynı zamanda , bir takım cümleler söylenir, ve bu şekilde kişi kastedilen anlamı seçmek için devamlı bir çaba ve gayret içinde olacaktır. Örneğin, bir kişi geçmişe şu anı kolaylıkla özetleyebilir, şu an dünün geleceği olabilir. Yarının olduğu gibi... Geçmiş, şimdi ve gelecek bugünün realitesine referans olarak kullanılabilir.

"Konfüzyon tekniğinde bir sonraki konu, gelişi güzel konu dışı olan cümleleri kullanarak, makul ve iyi bir komünikasyon kurmaktır. Cümleler gelişigüzel söylendiğinden karşınızdaki kişiyle iyi bir diyalog kurmak için konuşma içeriği bazı özelliklere sahip olmalıdır. Kişinin arzularına ve gerçek ihtiyaçlarına şaşırtıcı, dağıtıcı ve inhibe edici etkiler bırakır. Söylenen her cümle, kişinin kafasında beklentilerinin karşılanamaması hissi uyandırır ve hayal kırıklığı oluşturur. Ancak, tüm bu bozgunluk ve hayal kırıklıkları içinde, kişi mantıklı bir yorum ve yanıt verebilmek için büyük bir çaba ve gayret sarf eder. İşte tam bu noktada Erickson aniden ve açıklanamaz bir biçimde mevcut durumla tamamen ilişkili olmayan ancak kendi içinde anlaşılabilir konu dışı bir fikir ortaya atar. Bu durum, bu çeşit yöntemle hastanın artan gerginliğini azaltması, onu rahatlatması için bir çeşit çare bulması gibidir. Bu süreç zorunlu ilerleyen bir gereksinimle karışık ve dayanılmaz bir sersemlik durumu ile sonuçlanır. Kişi kendisine sunulan iletişimi kolayca kavrar. (s. 186)

Sonuç olarak, Konfüzyon Tekniği prosedürün aşağıdaki maddelerine dayandırılır. Diğer hipnotik fenomene uygun olarak geçmişe dönüş amacı birincil olarak kullanılmıştır.

Orijinal prosedür aşağıdaki şu maddelerden oluşur.
1. Yemek yemek gibi günlük yaşamın bazı bölümlerinden bahsetmek.
2. Şu anki veya bu sıralarda meydana gelen güncel, gerçek veya olasılık gibi konulardan bahsetmek.
3. Gelecekteki onun kesin olasılığından bahsetmek. Haftanın özellikli bazı belirli günlerini ayırmak.
4. Geçen haftanın aynı gününde olayın olma olasılığı üzerinde yorum yapmak.(yemek yemek gibi)
5. Geçmiş haftanın bahsedilen gününü belirlemek böyle bir günün bu haftanın hatta gelecek haftanın da bir parçası olduğunu vurgulamak.
6. Geçen hafta hatta geçen ay yaşanan bugünün ismi ve haftanın günlerinin isimlerini öğrenmenin bir çocukluk problemi olabileceğine değinmeli. (Böylece arzu edilen geriye dönüş periyodu ustaca ortaya çıkarılır.)
7. Geçmişteki belli bir ayın şu anki ayı takip ettiğini hatta hafta içinde bir yemeğin yenildiği önceki ayın şu anki aydan sonra geldiğinden bahsetmek. Önceki haftanın daha erken bir gününün olmasına rağmen başka bir hafta içinde önce gelir. Okuyucuya daha anlaşılır gelmesi için bugünkü günün 1963 haziranının ikinci cuması olduğunu farz edelim. Bu Cuma olduğu gibi, gelecek Cuma da yemek yemek eylemi Perşembe'den önce gelen, geçen cumadaki gibi gerçekleşecek. Halbuki, bu ayda daha erkendi ve gelecek haftalarda olacak. (günler, haftalar, aylar, geçmiş şimdi ve gelecek hep birbirine karıştırılır.)

O zaman geçen ayda (Mayıs'ta bir Perşembe günü olduğundan aslında Nisan ayının Mayıs ayından önce geldiğinden ve çoğu Perşembe gününün Çarşamba'dan önce geldiğinden ve yılın aylarını öğrenerek başka çocukluk anılarından bahsetmek. (Böylece 1963 14 Haziran Cuma'dan basit ve geçerli bir ifadeyle zamanın esas olarak karıştırılması, çocukluk düşüncelerini veya herhangi seçilen geçmiş bir zamanı o etkiye doğru direk öneriler görülmeksizin harekete geçirilmeye çalışılır.)

8. Şimdiye, geleceğe ve geçmişe ilişkin bu kopuk ve değişik referans gerçek geçmişin şimdiye veya o zamanın geleceğe aitmiş gibi bir karışıklıkla, geçmişin önemini artırmayla sürdürülür. Okuyucuya açıkça söylemek gerekirse (okuyucu: lütfen onun 1963 Haziran'ın ikinci Cuma'sı olduğunu aklında tut) sadece geçen haftanın Çarşamba günü kahvaltı yapmadın ama, Mayıs ayında Salı günü akşam yemeği yemeden önce Haziran gelecekteki o zamandı. Ama Mayıs Nisan olmadan önce ve o da Mart olmadan önce ve Şubat'ta muhtemelen öyle yemeği için aynı şeyleri yedin ve hatta gelecek Nisan'da aynı şeyi düşünmedin. Ancak elbette 1 Haziran'da 1963 Haziran'ının 14'ü olduğunu hiç düşünmedin. (olası hafıza kaybı gelişiminin neden olduğu bir karışıklık) o gelecekteki bir yere kadardı. Ama sen kesinlikle, 1962 yılbaşını düşündün ve bu aldığın hoş bir hediye değildi. Sen hatta, Kasım'daki şükran gününü bile hayal etmedin (gerçek geçmişin şu anda ve gelecek gibi duygusal açıdan yüklenmiş bir geçerlilikle bir dizi fikirlerin şimdiki zaman tanımı) ama 1962 Eylül'ündeki iş günü geldi, 4 Temmuz'dan önce, 1962 Ocak'ının 1. gününde gerçekten 4 Temmuz olduğunu düşünmedin. O sadece 1962'nin başlangıcıydı ve daha sonra 1961'de doğum günün vardı ve belki o gününde 1962'deki doğum gününü dört gözle bekledin ama o gelecekte olacaktı. Gelecek hakkında bir sonraki yılı kim tahmin edebilirdi. Ama gerçekten harika doğum günü mezun olduğun yılki doğum günüydü. Sonunda 21 yaşında bir mezun (dikkatlice öğrendiğin, sürüklendiğin ve sonunda kesin ve memnun edici önemle mevcut gerçeklik dönemlerinde söylediğin gerçeğin bir parçası olarak birisi yukarıdaki gibi 17. doğum gününe veya 10'.ya veya arzu edilen herhangi bir yıla devam edebilirdi.)

9. Böylece, şimdinin yerini alan geçmişle geleceğe doğru yavaşça kayan bu günün gerçeklerinin kolay ve hızlı bir ifadesi vardı ve bahsedilen gerçekleri yerleştirmek suretiyle...

10. Kendilerince tartışılmaz olan önemli tarihler seçilir ve zaman yönelmesinde geriye doğru yapılan ilerleme seçilen zamana kadar devam ettiği için bazı gerçek olumlu duygusal bir olaydan güçlü bir şekilde bahsedilir.

11. 21. doğum gününde verilen örnekteki gibi kişi özgürce konuşur ve zamanlar her hususta dikkatlice izlenir yıl 1956 dır. Bundan dolayı kişi henüz gelmemiş Eylül'de başlayacak olan eğitim-öğretim işi hakkında neşeli bir şekilde konuşur (duygusal olarak ve karışıklık meydana getirerek zamanda yeniden yönelme geçmişin duygularını canlandırarak geçerli hale geldi.)

12. Böylece her zaman her bir ifade yeterli ve uygun çekimlerle etkileyici bir şekilde yapılır. Ama onların ilgilerindeki konular söylenilen şeyi zihinsel olarak tartışmak yada sonuç almak için her fırsata sahip olmaktır.

13. Sonunda, açık, anlaşılır, kolay algılanabilen ve kesin bir cümle telaffuz edilir ki, uğraşan kişi bu cümleye fikir olarak sızar ve bir sel de bir büyük kaya parçasına tutunacak gibi bu cümleye tutunur. Çünkü daha önceki söylenen sözler onu umutsuzca takip ettiği bir fikirler, telkinler ve imalar akışı rüzgarına atar. (işte, mesela mezuniyet tarihi, doğum günü, duygusal olarak güçlü tesadüfi ve geçerli gerçek)

14. Hastanın reoryantasyonunu, yeniden geçmiş zamana zorlamak ve bu işlemi "spesifik oryantasyon" yönlendirme yolu ile (genel)bir tarafa çevirmek şekli ile gerçekleştirilir. Mesela "babasının mesleğine " belirsizce genel bir işaret etmek gibi, veya sözü dolaştırarak, "haydi bakalım geçen hafta yağmur yağdı mı?" ve ardından, eğitim ve öğretim durumunu bahsetmek (iki genel, belirsiz muhtemel fikirler, artlarından eğitim ve öğretim durumunun geçerliliğine geçmek, bunların hepsi kişinin oryantasyonunu şimdiki zaman kadar, geçmiş zamana da tespit etmek için...)

15. Spesifik cümle ile takip et, "şimdi mezuniyet meselesiyle ilgili bu kadar yeter, ne yapacağız şimdi?" ve konu yolunu kendisi götürsün... ancak bazı imkansız düşüncelere dek dikkatlice karışıp

engeller ortaya atarak... örneğin "haydi Mendota Gölüne gidip orada yüzelim." Bu imkansız, neden? Çünkü bir yüzme kıyafeti hemen kişinin fikrinde bir ani gerçek oluverir." Bunun yerine kişi belki şunu kabullenebilir, "Mendota Gölüne gitsek iyi olacak, orada dalgaları, kuşları el kayıklarını izlemek..." ve böylece bir halüsinasyon aktivite oluşturmak kafada ve burada meydana geldiği zaman "halüsinasyonlu yüzme konusu ardından takip eder.

Konfüzyon tekniğinin önemli ve temel noktalarını özetlemek için aşağıdaki çizim taslak bir işe yarayabilir. Bu taslak benim çok defa kullanmış olduğum ve daima farklı sözcüklü cümlelerden oluşan, taslakta da gösterildiği gibi, bir genel formdur. Verilen taslak özetlenmiş ve içinde birtakım değişiklikler yapılmıştır. Bu değişiklikler gerçek kişisel zihniyetteki genel konuların doğru yerlerini kapsaması için yapılmış, zira o genel konular artık (sonuçsal anlamda) değerlendirilmeyecekler ve böylece onlar takip amacıyla kişinin ilerlemesinin değerlendirilmesinde rol oynar.

İşte buna göre aşağıdaki bu taslak yukarıda belirtilen konuların izahı için kullanılabilir. Kullanılırken, kişinin reaksiyonlarına göre bir çok detaylar ve ani değişiklikler buna eklenebilir.

Üzerinde bu çalışmayı yapacağımız bir nesne olarak gönüllü olmanızdan dolayı çok mutluyum	Ek göreve katılmak
Bugün muhtemelen yemek yemekten hoşlandın.	Alakasız daha fazla olaylarla ilgili (gerçekçilik)
Çoğu insanlar öyle yaparlar, gerçi bazen onlar bir öğünü kaçırırlar	
Muhtemelen sen bu sabah kahvaltı yaptın	Geçerli- her yerde geçerli olan bir ifade
Belki bugün yediğin bir yemeği yarın da isteyeceksin	Şimdiki zaman ait (gerçekçilik)
Sen onu daha önceden yemiştin, belki de bugünkü gibi bir Cuma günüydü	Gelecek zaman (belli bir konunun dün, bugün ve gelecekle ilgili indirekt bağlantısı ve karıştırılması)

Bekli de bu işi gelecek hafta yaparsın	Geçmiş ve şimdiki zaman ve genel bir konu
	Şimdiki gelecek ve geçmiş zamanlar hepsi eşitlenmiştir
Perşembe daima Cuma'dan önce gelir	Alakasız ve geçerli gerçek (gerçekçilik)
Bu geçen hafta doğru idi, gelecek hafta da doğru olacak, ve bu hafta da öyledir	Alakasız, anlamlı, ve doğru, ancak bunun anlamı nedir? (kişi bütün bu söylenenler için, geçmiş, gelecek ve şimdiki zamanlar için makul bir anlam bulmaya çalışır. Uyumlu ve ilgili bir anlamlı cümle halinde
Cumadan önce Perşembe ve Haziran'dan önce Mayıs ayıdır	Nasıl bir gerçeklik? fakat şimdiki zamanın kullanışına dikkat et, bugün, dün ve Mayıs ayı için
Ancak ilk olarak sağanak yağışı ile Nisan ayı vardı	Burada mazinin Nisan ayı akla gelir. (uzak mazi ve aynı zamanda kişinin hayatında belirgin bir yere işaret etmektedir. Onun üniversite yılları, önceden belirlenen bir gerçek nesnesi- sunmak için (belki lisedeki hayat bölümüne) Chaucer bir problem oluşturuyor.Bütün bu söylenenleri anlamlı bir şekilde mazideki belirli noktalara bağlamak ister ve bu da kendisi için şaşırtıcı bir işlemdir.
Ve Mart ayı Şubat ayının karlarını takip etti, Fakat gerçekten kim 6 Şubatı hatırlar. ???	Şu anda Mart ayına geri dönüldü, sonradan Şubat ayına ve kişi Şubat 12 -14 Şubat ve 22 Şubatı hatırlar. (Şimdiki zaman) ancak 6 Şubat tarihi şaşırtıcıdır. (Kişiye önceden belirlenmiş ki 6 Şubat tarihi bir doğum günü veya önemli bir olay tarihi değildir. Ancak eğer bu tarihin bir anlamı varsa, bu sadece o kişiyi – o güne (6 Şubat) bir değer vermesini sağlar.
Ve 1 Ocak 1963 yeni yılın başlangıcıdır ve bütün beraberinde getirdikleri	Burada bir hafıza ödevi verilmiştir. Hafıza Haziran ayını getiri. (ki zaten buradadır.) Ancak uzak geleceğe hesaba aykırı bir surette sıyrılacak, çünkü Ocak ayına bir şimdiki zaman kılıfı verilmiştir
Ancak Şükran gecesi (Şükran Yontusu), Kristmas'tan öncedir., ve işte o kadar alışverişler yapılacak, ve ne iyi güzel bir akşam yemeğidir. ???	Geçen Aralık Ayından ve 1963 yılının gelmesinin hatırlanmasından gerçek geçerli ve canlı hatıralar. Kasım 1962 ve gelecek olan Aralık ayında bir şeyler yapmak için, bir olay veya işlem duygusal açıdan geçerli bir akşam yemeği hatırası bütün bunlar 1962'ye ait…Sayfa 186-189)

Uzaysal Orientasyonda Kafa Karıştırma Tekniği Örneği

Erickson'un (1964) bu diyalogu, yabancı bir doktor ve somnambulistik transtaki bir yardımcı, Bayan K'nın ziyareti sırasında geçmiştir. 'A' ve 'B' olduğunu bildirir kağıt etiketler sandalye oturma yerlerine konulmuştu.

"Şunu bilmenizi istiyorum ki, oturduğunuz o sandalye [A'yı göstererek] size göre **burada**, fakat **Dr. G'ye** göre bu sandalye [A] **burada** ve **o** sandalye [B] **orada**, fakat bir **kare** şeklinde **etrafında döndüğümüzde**...ben **burada**yım ve siz **orada**sınız, siz biliyorsunuz ki siz **burada**sınız ve ben **orada**yım, fakat biz **o** sandalyenin [B] ve Dr. G'nin **orada** olduğunu biliyoruz fakat o kendisinin **burada**, sizin **orada** ve **o** sandalyenin [B] **orada** olduğunu biliyor, bu sırada siz benim **burada**, Dr. G ve o sandalyenin [B] **orada** olduğunu biliyorsunuz fakat siz Dr. G'nin kendisinin **burada**, sizin **orada** ve o sandalyenin [A] **orada** olduğunu bildiğini biliyorsunuz, ki ben **burada** olduğumda gerçekte **orada** olduğumu ve eğer **o** sandalye düşünebilseydi [B] sizin **orada** olduğunuzu bilecekti ve ben ve Dr. G her ikimiz de **burada** olduğumuzu düşünüyoruz siz **burada** olduğunuzu düşündüğünüzde bile **orada** olduğunuzu biliyoruz dolayısı ile her üçümüzde **burada** olduğunuzu düşündüğümüzde bile **orada** olduğunuzu biliyoruz fakat ben **burada**yım, siz **orada**sınız ve Dr. G biliyor ki o **burada** fakat biz **orada** olduğunu biliyoruz, fakat sonra o biliyor ki o **burada** iken siz **orada**sınız...Ve şimdi Bayan K başlangıçta yavaşça ve daha sonra hızla ve daha hızla belli bir hıza erişinceye kadar konuşuyor ve Dr. G'ye kendisinin **burada** ve sizin **orada** olduğunuzu düşündüğüne sizin **burada** ve kendisinin **orada** olduğunu, ben o sandalyenin burada olduğunu düşünürken bile burada olduğumu ve sizin orada olduğunuzu ve konuşabildiğiniz kadar hızla konuşurken, Dr. G kendisinin burada ve sizin orada olduğunuzu anlamaya başlıyor, ve siz hala hızla konuşurken yavaşça **bu** sandalyeyi [A'yı gösteriyor] onunla [B'yi gösteriyor] yer değiştiriyorsunuz, fakat onun dikkatini, her birimiz **burada olduğumuzu** düşünürken **orada olduğumuzu** veya **burada** iken **orada** olduğumuzu düşündüğümüze çekilmiş olarak tutuyorsunuz ve o orada oturduğunuzu gördüğünde sizin **burada** olduğunuzu düşünüyor, kibarca geriye dönüyor ve hala açıklamaya devam ediyor hatta siz **burada** iken **orada** olduğunuzu düşündüğü için ona gülüyorsunuz, ve sonra o hala sizin **burada** olduğunuzu düşünürken sizin **orada** olduğunuzu fark etmiyor" (S.188-189)

"Burada, orada, bu ve o ile hemen hemen aynı teknik klinik amaçlarla yazar tarafından kullanılmaktadır. Ofise giren hasta açıkça dirençli olduğunu ifade eden veya sadece tedaviye dirençli olduğu görülen ve aşikar şekilde bakınan hastalar sıradan bir yorum getirir ki, **o** sandalyede oturduklarında dirençlidirler, fakat **bu** diğer sandalyede oturduklarında dirençli olabilirler veya **bu** sandalyede oturduklarında dirençsiz olabilirler, böylece şu anda oturdukları **o** sandalyede dirençlerinden uzaklaşacaklardır; zihnen sandalyelerin yer değiştirdiğini düşünebilirler **bu**nda **burada** otururken dirençlerini oradaki sandalyeye veya **oradaki o** sandalyeye bırakabilirler, bu sırada dirençleri **buradaki bu** sandalyede **burada** kalmaya devam eder; dirençsiz olarak **oradaki o** diğer sandalyeye oturmaya çalışabilir, ve buradaki **bu** sandalyeye **buraya** geri gelebilir, dirençlerini koruyabilir veya (dirençlerini) **onları orada** bu veya **o** sandalyeye veya **burada** veya **orada** yapılan türlü tekrarlar gerektirdiği sürece bırakabilirler' (s.195).

Erickson merkezinde 'sağ', 'sol' ve 'yazmak' kelimeleriyle yapılan oyunların yer aldığı yapılandırılmış kafa karıştırma tekniklerini histerik tek el paralizili hastalarda kullanmıştır (çevirmenin notu: burada bu kelimelerin İngilizce okunuşlarının birbirine benzemesinden yaralanılmıştır; yaz, sağ, sol). Örneğin: '...biri **sağ** eliyle **doğru** olarak sadece **soldan sağ**a yazabilir, biri **sağ** eliyle **doğru** olarak **sağdan sola** yazamaz. Yazı **doğru** değildir veya yazı **solda** iken **doğru** yazı değildir, kişi **sağ** olmadan yazabilir, eğer **soldan sağa** değilse **sağdan sola** doğru yazabilir. Sol elinizin şu anda sağda olması doğru ve iyi (dikkatle ve oldukça kuvvetle yazar tarafından sağ omzuna yerleştirilir) **sağ** eliniz **sol** tarafta iken yazamaz (sert şekilde böylece özel bir anatomik ilişki kurulmak üzere). **Sağ** eliniz **sol**da iken yazamaz, **yazabilmek** için **sağda** (omuz) ele sahipsiniz.

Bir başka zeki hastada, 'işi sigortacılıkla ilgili olduğundan, sigorta, güven, sigortacılık, güvenlik, sigortalamak, ve güvence vermek anlamlarındaki **sigorta, güvence, temin etmek** kelimelerini yazmak, sağ ve sol kelimeleri yerine kullanmıştır 'Tesadüfen bir akrabası ki adı Wright imiş fakat kendisi tekerlek tamircisi değilmiş, sağ tarafta doğru çarkı çevirerek doğru yön olan sola gidebilmiş' (s.197)

Erickson'un Kanser Hastalarında Kullandığı Kafa Karıştırma Tekniği

Erickson aşağıdaki yaklaşımı değişik kişisel referansları olan, dirençli ve inanmayan kanser hastaları hariç olmak üzere kullanmıştır: Siz **biliyorsunuz** ve ben **biliyorum** ve doktorlar sizin **bildiğinizi biliyorlar** ki ortada sizin **bilmek** istemediğinizi **bildiğiniz** bir cevap var ve ben **biliyorum** ve **bilmek** istemiyorum ki aileniz **biliyor** ve **bilmek** istemiyor ne kadar süreyle sizin **hayır** (no) demek istediğiniz sorun değil biliyorsunuz ki **hayır** gerçekte bir **evet**tir ve siz bunun iyi bir **evet** olmasını dilersiniz, dolayısı ile siz ve ailenizin neyin **evet** olduğunu **bilmesini** ister misiniz , siz evçtin hayır olabilmesini dilersiniz ve siz tüm doktorların neyi **evet** olarak **bildiğini biliyorsunuz** ve onlar hala onun **hayır** olmasını diliyorlar. Ağrı **olmamasını** dilediğiniz anda **biliyorsunuz** ki vardır **ancak bilmediğiniz** şey **ağrının olmaması bilebileceğiniz bir şeydir. Ağrının olmamasını öğrenmiş** olmanızın ne **bildiğinizden** daha iyi olmasının **önemi yok** ve şüphesiz **bilmek istediğiniz ağrının olmaması idi, yani bileceğiniz şey ağrı olmadığıdır.** [Bütün bunlar yavaşça fakat kesin bir yoğunlukla söylenir ve ağrıyla ilgili ağlamaların bölmesine ve 'kapa çeneni ' ihtarlarına tamamen kayıtsız kalınıyor görüşülür]. Esther [John, Dick, Harry veya Evangeline, bazı aile üyeleri veya arkadaşlar] ağrıyı **biliyorlar** ve **ağrının olmadığını** biliyorlar dolayısı ile siz **ağrının olmadığını** fakat **konforun olduğunu bilmek** ister misiniz, **konforu** ve **ağrının olmadığını biliyorsunuz**, ve **konfor arttıkça rahatlamaya** ve **konfora** hayır diyemeyeceğinizi biliyorsunuz fakat **ağrının olmadığını söyleyebilir** ve **ağrının olmadığını bilebilirsiniz,** fakat **ağrının olmadığını söyleyebilir** ve **ağrının olmadığını bilebilirsiniz** fakat **konforu** ve **rahatlığı bilirsiniz konforu, rahatlığı** ve **gevşemeyi bilmek oldukça iyidir** bunu şimdi daha sonra bilmek, bunun daha uzun uzun ve daha fazla fazla gevşeme oluşturacağını, bilmek, bunu şimdi ve daha sonra bilmek bunun daha uzun uzun ve daha fazla fazla gevşeme ve harikuladelik oluşturacağını bilmek, siz özgürlüğü öğrenmeye başladıkça zihninize sürpriz bir şekilde gelmesi, konforu şiddetle arzulamanız, siz onu hissettikçe onun büyümesi , büyüdükçe sizin bilmeniz, gerçekten bilmeniz, bugün, bu gece, yarın, tüm gelecek hafta ve gelecek ay boyunca Esther'in [John'un] 16. doğum gününde bilmeniz, o öyle bir zamanda idi ki bu **harika hisleri sanki bugün delermiş gibi** açıkça görebildiğiniz ve **her iyi şeyin hatırasının** muhteşem olduğu zamanda idi.

Kişiler bunları o anda uydurabilir, fakat yavaş, vurgulayıcı, kesin bir şekilde ve sakince, hafifçe empatim bir tarzda kelime oyunları oynanabilir, yeni fikirlerin gelmesi, eski mutlu hatıralar, konfor, rahatlık ve gevşeme hisleri görülür. Genellikle bu hastanın dikkatinin bölünmesine, gözlerin sabit odaklanmasına, fiziksel hareketsizlik gelişimine hatta katalepsi oluşumuna, yazarın onlara bu kadar ciddi ve samimiyetle ne söylediğini anlamaya çalışmaya yöneltir ve dikkat yakın zamanda veya daha sonra tamamen yakalanır. Daha sonra aynı dikkatle, operatör sanki onları açıklıyormuş gibi yaparak korku, endişe, veya üzüntü hakkındaki negatif kelimelerin tamamen ortadan kaybolduğunu gösterir.

'Ve şimdi siz bazı **şeyleri unuttunuz, hepimizin** çoğu şeyleri **unutmamız** gibi, **iyi** ve **kötü,** özellikle **kötü** çünkü **iyiler hatırlamak için iyidir**, konfor, rahatlık gevşeme ve **dinlendirici uykuyu hatırlayabilirsiniz,** şu anda ağrısızlığa ihtiyacınız olduğunu biliyorsunuz ve ağrının olmadığını bilmek iyidir ve hatırlamak ve daima hatırlamak iyidir, çoğu yerde, burada, orada, her yerde rahat ve konforlu idiniz ve şu anda bunu biliyorsunuz **ki ağrıya ihtiyaç yok fakat rahatlık, konfor, gevşeme , hissizlik, disosiyasyon, düşünce ve mental enerjilerin yeniden yönlendirilmesini öğrenmeniz için onların orada olduğunu bilmeye ihtiyacınız var, bilmek ve hepsini tamamen bilmek, ailenizi ve onların hepsinin yapmakta olduklarını bilmeniz size özgürlük verecektir, engellenmeden eğlenmek için tüm konfor ve hazzıyla onlarla birlikte olmak olabildiğince uzun süreyle mümkün ve bu sizin yapmakta olduğunuz şeydir'** (s.203-204).

Erickson (1964) 'genellikle hastanın dikkatinin beş dakika da yakalanabildiğini, fakat bir saat veya daha uzun süre devam edilmesi gerektiğini, aynı zamanda hastaların anlayabileceği kelimelerin kullanılmasının çok önemli olduğunu' göstermiştir.

Diğer Kafa Karıştırma Teknikleri

İndüksiyonda kafa karıştırıcı elementler bir sürprizin kullanımında olduğu gibi kısa da olabilir. Erickson (1964) bir defasında dirençli bir kişiye önce empati ve kabul göstererek ardından çok kafa karıştırıcı bir ifade eklemiştir. "Bayan daha ziyade karmaşık olduğunu söyledi, evet hadi şimdi bunu anlaşılır hale getirelim. Üç doktor, üç iyi adam benim kadar iyi adamlar üzerinizde çok ve uzun süre çalıştılar. Oldukça dirençli olduğunuzu buldular, **benim de bulacağım gibi. Şimdi bunu bir defada anladık.**' Belirgin şekilde ses tonunu ve tempoyu değiştirerek ona iki kısımdan oluşan şu ifadeyi söyledi, 'BEN SENİ HİPNOTİZE EDEMEM **tam senin kolun** .' Şaşırmış bir şekilde 'beni hipnotize edemezsiniz, tam benim kolum—Ne demek istediğinizi anlamadım.' dedi. Tekrardan ona iyice vurgulanarak ve kelimeler yavaş bir şekilde söylenerek, 'TAM OLARAK ANLATMAK İSTEDİĞİM ŞEY, SENİ HİPNOTİZE EDEMEYECEĞİMDİR, ' sonra yumuşak ve nazik bir sesle sanki tek bir kelime imiş gibi, '**tam senin kolun**, **bak**' diye ilave ettim (s. 206) ve sonra umulmadık şekilde katalepsi oluştu ve telkin verilmeye devam edildi.

Erickson (Erickson & Rossi, 1979) indüksiyonda ve transın hızlı yeniden-indüksiyonunda kafa karıştırıcı teknikleri nadir kullanmamışlardır: 'Hala uyanık olduğunuzu düşünüyor musunuz?' 'Şu anda ne kadar transta olduğunuzu hissediyorsunuz ?' 'Şu anda gerçekten hala tamamen uyanık olduğunuzu mu düşünüyorsunuz?' 'Merak ediyorum şu anda nasıl uyanıksınız ?'. Böyle müdahaleler kişisel bir hipnotik bir fenomen oluşturmak için de kullanılabilir. Örneğin: 'Siz oldukça hoşsunuz ve yapabileceğiniz şeyleri biliyorsunuz yaşayabileceğiniz en şaşırtıcı deneyim ş..u..a..n..d..a ayağa kalkamayacağınızı keşfetmenizdir.'

Erickson (Erickson & Rossi, 1979) yüklenme ve kafa karışıklığı oluşturmak üzere tasarlanmış indirekt telkin tipleri de geliştirdiler.'Çift disosiyasyon çift kör' ve 'çift disosiyatif bilinç-bilinçsiz çift kör' buna örnektir.

Oto Hipnoza Yönlendirme Manevrası

Gilligan'ın bu hikayesinin (1987) 10-15 dakikalık bir giriş ve derinleşme sonrası anlatılması önerilmiştir.

'... Ve sizin için bilinçdışınızın bunu yapmasına izin verdiğinizde takip edebileceğiniz oldukça fazla sayıda yön mevcuttur... fiziksel olarak takip edebileceğiniz pek çok farklı yön var...Size bir örnek vereceğim...Birkaç yaz önce, arabamla yolda tek başıma gidiyordum, tam da kendimin motor sesine **dikkat kesilmesine** izin veriyordum yavaşça fakat bir başka duruma girmeye başladığımdan emin olarak. Ve bu halde iken gitmek istediğim özel bir yer, görmek istediğim özel bir insan bu farklı durumda aradığım özel bir deneyim vardı. Bununla birlikte, gitmek istediğim yere nasıl ulaşacağımla ilgili yönler konusunda genel bir bilgim olduğunu bilmekle birlikte dönüşler olduğunda uygun talimatı almak aklıma geldiğinden bunu hayatım boyunca yapamadım. Oradan biliyorum ki ben **oradaydım** kendi kendime düşündüm,, '**Şu anda burada** olmak istemiyorum, şu anda **orada** olmak istiyorum ve bütün hatırlayabildiğim **şu anda orada** olmak veya en azından **yakında burada**n (ayrılmak), üç **sağa** ve üç **sola** dönüş (kombinasyonu) yapacağım...fakat gerçekten bilmiyorum **sağların** ve **solların** hangi sırası doğru...Fakat **orada** olmak istiyorum ve **burada**yım'.Ve dedim ki, '**Tamam** , **dikkat kesilin**, çünkü bunu doğru yapmak zorundayız veya arkada **kalacağız**...Ve d**aha sonra** dedim ki '**Tamam** hadi başlayalım...Burada **sağı** seçiyorum—Sanırım bu doğru; bu daha iyi veya yanlış yerde kalacağız—ve daha sonra bir kez **sol** şimdi, iki kez **sol** ile ve bir çift **sağı** seçmekle **sol**dayım ...Tamamen doğru olarak, bir başka solu seçeceğim ki bunun anlamı bir **sol**, bir **sağ** bir sağ seçimi ile şu anda **sol**dayım...Ve eğer şu anda **sağı** seçersem bir ve bir **sol**la **sol**da olacağım, **düz yukarı** ve **düz aşağı**, **tüm yollar aşağı** (yumuşak fakat kararlı şekilde konuşarak) ...fakat eğer bir sol tercih edersem bir sağ ile solda olacağım ve yeniden bir sağ...Fakat bunun **doğru** olduğunu düşünmüyorum, dolayısı ile şu anda bir **sağ** tercih ettiğimde , ve sonra bir **sol**...ve şimdi bir sağ ile **sol**dayım...ve ÖLÜM SON !...Bu

yanlış yol...ve şimdi başlangıç noktama geri dönmek zorundayım, dolayısı ile tamamen arkasında **kalmamalıyım**...İleri doğru yürüdüğüm aynı yoldan geri dönmeye başlıyorum, şu hariç ŞU ANDA HERŞEY TERSİNE DÖNÜYOR: HENÜZ SOLDA OLAN ŞU ANDA SAĞ VE HENÜZ SOL OLAN ŞİMDİ SOL...VE boyutlar da TERSİNE DÖNÜYOR...şu andan sonra her **sağ** tercih için **sol** tercih **şu anda doğru**...... şu andan sonra her sol için sağı tercih etmek **şu anda doğru**...başlangıca doğru yoldan geri dönüyoruz, yeniden başlamaya hazırız...ve bu zamanda başlıyorum...[bir miktar itina gösterildikten sonra, şu telkinler verilebilir]...çok yorulup kafam çok karıştıktan sonra ne yaptığımı bilmiyordum, bir sonraki dönüşün nerede olduğuna dikkat etmedim... Soldan sonra sağı ve sağdan sonra solu söyleyemedim...Solu seçmenin mi doğru sağı seçmenin mi doğru olduğunu hesaplayamadım...yolun kenarına çektim, motoru durdurdum, gözlerim kapalı olarak oraya oturdum ve kendime şunu söyledim, '**Onu hesaplamaya çalışmayı boş ver. Tüm bu işlere son ver ve gevşe ve transa gir!!**' (Bu daha yumuşak ve yavaş ancak daha yoğun ve empatik bir tarzda söylenir)... ve yaptım...(Hipnotist bu anda daha gevşek hemen tamamen rahatlamış bir tona kayar). Ve şu anda **transın tamamen derinleşmesine izin verebilirdim**...şu fark ediliyordu ki kişinin iç ihtiyaçlarının gerektirmesi dışında herhangi bir ihtiyaç için böylesi durumlara ilgilenmeye gerçekten gerek yoktu...ve şunu bilmek güzel ki bunu **bilinçdışınızın sizin için buna yapmasına izin vererek kolayca yapabilirsiniz**... (s.269-270)

Bir Başka Kafa Karıştırıcı Kelime Oyunu Örneği

Uzun bir süre Erickson'un öğrenciliğini olmuş olan Thompson (1981), dikkati sabitleyebilen büyüleyici, kompleks bir dokumayı kelimelerle örmekte mahirdi. Şu diyalog onun sol-sağ, ekleme, kazanma, kaybetme (bunun kilo kontrolü yapılan hastalardaki uygulamalarını düşününüz) ve pencere camı -(ağrı)- (ağrılı) ve (bakmak)- (deniz)- (manzara) kelimeleriyle yaptığı kelime oyunlarını kullanışını göstermektedir.

Beyninizi dört çeyrek kısmındaki dört köşedeki fikirler hakkında düşünürseniz, bunlardan gelen şeyler daha ileri gitmenizi sağlar.Yarımkürede hissetme bakımından düşündüklerimizin dörtte üçü gerçekte entelektüel değildir çünkü sağ yarımküreyi düşünürsek, beynin arkasında olduğu kadar önündedir de...ve sonra sol tarafı düşündüğünüzde solda olandır, birini aldığınızda biri oradadır, ve birini eklediğinizde iki tane elde edersiniz. Sonra ikisini sol olan tarafa aldığınızda sağ taraftakine iki tane eklediğinizde dört tane elde edersiniz.Bu şekilde bir ekleme ile ek bir kazanç arayabilirsiniz çünkü bunları bu şekilde birbirine eklediğinizde , kazandığınızda bunun anlamı yarar sağlamanızdır. Fakat bazen kazanabilmenizin tek yolu kaybetmektir. Kaybettiğinizde, gerçekten kazanıyor musunuz? ...sadece kaybetmekle kazandığınız şeyi kazanırsınız, eğer bazı kayıpların çok pozitif kazançlar olabileceğini anlarsanız...özellikle onların hepsine sahip olmanız gerekmiyorsa hepsini sonlandırın...çünkü eğer bu yapılırsa gerçekte dinlediğinizin ne olduğunu düşünürsünüz ve sonra ben şüphe ederim ki bildiğiniz şey bildiğinizi bilmeyi istediğiniz şey değildir. Eğer bilmediğinizi bildiğinizle kıyaslarsanız bulacaksınız ki kazançlar ve kayıpların toplanmasında daha önce açıklanan dörtte üç, bir aynaya baktığınızda veya bir pencere camına baktığınızda görüp düşündüğünüz şeylerin çeşitlerini yansıtmaktadır. O pencere camına baktığınızda gördüğünüz deniz manzaralarında gördüğünüz şeyi görmenin çok ağrılı olup olmadığını merak ediyorum...özellikle görmek istediğiniz manzara büyüklüğünü ayarlayabiliyor musunuz...nerede olduğunuzu görüyorsunuz, nerede hangi zamanda olduğunuzu ve o özel manzaraya nerede son verdiğinizi görüyorsunuz. Çok temiz bir camdan baktığınızda, nereye gidebileceğinizi anlamanızı sağlayan yansımaları görüp göremediğinizi merak ediyorum. Herhangi bir tür pencere camı aldığınızda onunla görebilirsiniz...ve onu bulabildiğiniz herhangi bir sıvı ile yıkayabilirsiniz... hayatlarımızdaki dalgalı hatların serabı bizi şekillendiren geçmişteki olayların bir araya gelerek, etrafımızı saran günümüzdeki olaylar ve buna eklenen geleceğin içinize karışarak sizi kaybedip kaybetmediğini merak ediyorum.

'Şu an şunu bilerek bir...bir bir tarafta...ve bir...diğer tarafta...bir kazançtır, dolayısıyla kaybederek kazanmayı öğrenebildiğinizi anlayarak sonuçta kazanmak iyidir...ve hala biliyorsunuz ki bilmeniz gereken her şeyi biliyorsunuz. Çünkü yaparak...olduğunuz ve olmak istediğiniz şeyi olabilirsiniz...ki bu beynin bu dört çeyrek parçasının toplamıdır. Fakat onu seçerseniz, bu risk taşır...ve bu görmeyi veya görülmeyi reddettiğimiz çoğumuzu ardında gizleyen bu çok konforlu türden duvarın genişlemesini gerektirir. Eğer korkuya karşı koyabilirsen ...eğer korkmanın normal olduğunu fark edersen, her yoldan ilerlemek için...her şeyi değerli yapan iyi hisler, coşkunun yeniden dolmasıyla ve dile bakışın yenilenmesiyle sağlayacağın çeşitli kazançlı olumlu hislerdir. Ve oradan devam et.(s. 60-61).

Amnezi İçin Kafa Karıştırma Telkinlerine Örnekler

Kafa karıştırıcı telkinler her türlü hipnotik olayla birlikte kullanılabilmesine rağmen belki de en çok amneziyi kolaylaştırmakta tamamlayıcı olarak görülmektedir.Zeig (1985) bize amnezi için iki güzel kafa karıştırıcı telkin modeli vermiştir.

'Hatırlamak çok kolaydır tıpkı unutmanın kolay olması gibi. Her ikisini de bilinçli olarak yapabilir ve her ikisini de bilinçsiz olarak yapabilirsiniz.unutmayı bilinçsiz olarak hatırlayabilir veya hatırlamayı bilinçsiz olarak unutabilir veya bilinçsiz olarak bilinçsizce hatırlamayı unutabilirsiniz. Veya neyi unuttuğunuzu bilinçli olarak hatırlayabilir veya neyi unuttuğunuzu bilinçsizce hatırlayabilirsiniz. Ve bilinçsiz olarak unutmak için unuttuğunuz şeyler bilinçli olarak hatırlamak üzere hatırlayacağınız şeylerden farklıdır' (s.331-332).

'Trans sırasında önemli olan şey girebilmeniz ve çıkabilmenizdir. Giren zihin bilinçlidir fakat çıktığında bilinçsizdir.Fakat bilinçdışı işin içinde olduğunda girmeye çalışan bilinçli zihni dışarıda tutmaya çalışır. Bir şey zihnin dışında olduğunda bilinçdışının ilgileneceği kadar dışarıdadır ve bilinçli zihnin dışında olan şey, gerçekte şu an önemli olan değildir (s. 332)

Bu bilgilerin okuyucuya elde edebildiğimiz en güzel kafa karıştırma telkin modellerinden bazılarını vermesi ümit edilmektedir.Ve şimdi kafa karıştırmayı ve bazen değiştirilmiş durumda kullanmayı, kafa karıştırma tekniklerinin ne zaman ve nasıl kullanıldığına dikkat ederek hayata geçirebilirsiniz-Bilinçli olarak hatırlayamadığınız okuduğunuz her şeyi bilinçdışınızca hatırlatmanızda kullanabilir ve hepsini, bazı hastalarla ilgili olanları veya aralarından bazılarını unutmayı tercih edebilirsiniz. Kafa karıştırma tekniklerini kullanarak unutmayı seçmek unutmayı seçtiğiniz şeyi hatırlamamayı da seçmenizle aynı şeydir. Hatırlamakta olduğunuz şeyi unutmayı hatırladıkça, unutmayı hatırlamakta olduğunuz şeyi kolaylıkla unutabilirsiniz aynen şu an tamamen uyanık olduğunuz gibi.

Açıklama: Bu benzetme seksten iğrenme ve seks arzusundan utanma hallerinde kullanılmaktadır. Değişimin irade ile yapılmasının imkansız olduğuna ve sadece otonom olarak gerçekleşecebileceğine dair bir inanca kapıldığınız durumlarda da işe yarayabilir. Uydurulmuş bir hikaye olmaktansa çoğu insanın deneyimlediği ve inkar edemeyeceği evrensel bir gerçekliği tasvir eden bir mecazı işaret eder. Virgüller uygun özet duraklamaları ve kalın yazılarda, anlamı fazla vurgulanmamış, ima içeren gömülü kelimelerin belirtilmesi için kullanılmıştır.

"Birçoğumuzun diğerlerinden daha çok hoşlandığı yiyecekler vardır. Çocukken bazı yiyecekleri çok sevdiğimi hatırlarım. Gözlemeleri ne kadar hoş bulduğumu ve sabah tavada pişen taze gözleme kokusuna nasıl bayıldığımı unutamam. Şurubun sıcak ve yapışkan tadından sonra bir bardak soğuk süt çok güzel olurdu. Onları yedikten sonra içimde hissettiğim rahatlamışlık duygusunu unutamam.

Küçüklüğünüzde ne tür yiyecekleri sevdiğinizi bilemem. Hepsini olmasa da bazılarını hatırladığınızdan eminim. Mesela **çocukken** gözleme, pizza veya çilekten hoşlanıp hoşlanmadığınızı da bilemem. Belki özellikle hoşlandığınız bir yiyecek türü vardı. (duraklama) O sevdiğiniz yiyecek önünüze geldiğinde veya kokusunu duyduğunuzda bir çocuk olarak neler hissettiğinizi hatırlayıp hatırlamadığınızı merak ediyorum. Tadını ya da ağzınızda bıraktığı hissi anımsıyor musunuz? Belki çileklerin sulu tadını ve dilinizin üzerinde bıraktığı aromayı hatırlıyorsunuzdur. Ya da bahçeden yeni toplanan havuçların gevrekliğini. Belki bir an için çocukluğunuza dair tadları damağınızda hissetmek içinize sevinç dolduracaktır. (duraklama)

Birçoğumuzun çocukluğunda sevmediği birçok yiyecek vardır. Kendi çocukluğumda birçok yiyecekten nefret ettiğimi hatırlarım. Bezelyeyi sevmezdim ve istiridyeli çorba ile makarnadan nefret ederdim.

Salata ve mantar midemi bulandırırdı ve ıstakoz veya sebze çorbası yeme fikri bile beni hasta ederdi. Eminim ki sizin de yemekten hoşlanmadığınız birçok şey vardı. (duraklama) O zamanlar yemekten hoşlanmadığım birçok şey vardı. Ama ilginçtir ki damak tadımız ve tercihlerimiz dramatik bir şekilde değişebiliyor. Çocukluğumuzda sevmediğiniz yiyecekleri yetişkin hale geldiğimizde sevebiliyoruz. Şu anda fark ediyorum ki makarnanın ve istiridyenin tadı çok daha farklı. Neden bilmiyorum ama öyle. Ve öğreniyoruz ki bize geçmişte itici gelen şeyler daha sonra çekici ve hoş bir hale gelebiliyor.

Sanırım bu bir doğa kanunu olarak devamlı değişmekte olmamız ile ilgili. Hatırlarsanız çocukluğumuzda ebeveynlerimizin oturup haberleri dinlemek ya da seyretmekten ne zevk aldığını anlamazdık. Bizim için bunun hiçbir cazibesi yoktu ama daha sonra değişti. Yine çocukken sizin için hiç ilginizi çekmeyen birçok televizyon programı olduğunu hatırlarsınız. (duraklama) Birçoğumuz romantik bir filmden nasıl keyif alınır anlayamazdık. Bir aşk hikayesinin bizim için hiçbir çekiciliği yoktu ve seyretmek için hiç arzu duymazdık. O dönemde bunlar bize oldukça sıkıcı gelirdi. Ama çocukluğumuzda ilgimizi çekmeyen programlar büyüdüğümüzde bize ilginç gelmeye başlayabiliyor.

Bu müzik türleri içinde geçerli filmler içinde. (duraklama) O zamanlar aklımıza gelmezdi ama öngöremeyeceğimiz bir biçimde değiştik. Ve çoğu zaman bu değişimlerin ne zaman ve ne şekilde meydana geldiğinden emin değiliz. Tek emin olabileceğimiz şu ki büyümeye ve değişmeye hep devam edeceğiz. Değişim doğanın vazgeçilmez bir parçası.

Açıklama: Bu, yazarın "travma benzetmeleri" tanımına getirdiği açıklamaya ilişkin bir örnektir. Bu tarzda bir benzetme ensest ilişki kurbanları, keder, boşanma ve diğer geçmişe ilişkin travma türleri için geçerlidir. Bu belirli benzetme devinduyum durumunda olan bir hasta için daha da belirgindir.

"Grip olduğunuz bir anda ne kadar mutsuz hissettiğinizi hatırlayın. Bu şekilde hasta olduğunuzda midenizin ve başınızın ne kadar kötü ağrıdığını da anımsayın. Bazen bunun yanında mide bulantısı ve tıkanıklık hissi de baş gösterir ve bu durum size hiç sona ermeyecekmiş gibi gelir." (duraklama)

"Kendinizi son derece tükenmiş, bitkin ve depresif hissedersiniz. Yüksek ateşin ne kadar rahatsız edici olduğunu ve kendinizi ne kadar sıcak basmış hissettiğinizi hatırlarsınız. Yüksek ateş ile birlikte algılarımız değişime uğrar ve bulanıklaşır. Bir köşeye yatar ve hiçbir şey yapmak istemezsiniz ve zaman çok yavaş geçer. Uykumuz çok rahatsız bir hale gelir ve kabuslar ya da karmaşık rüyalar görürüz. Ve neticede fazla açık düşünemeyiz."

"Bazen soğuk terler dökersiniz ve sebebi korku kaynaklı olabilir. Bazen hastalığı atlatamayacağınıza dair sebebi belirsiz korkular duyarsınız ve durumun sandığınızdan daha ciddi olduğunu düşünürsünüz. Bu gibi durumlarda çok yalnız ve dış dünyadan soyutlanmış hissedersiniz. Bazen hasta olduğumuzda kendimizi dünyadan soyutlarız çünkü kendimizi berbat hissederiz ve hastalığımızı ve dahası mutsuzluğumuzu başkalarına bulaştırmaktan korkarız. Birilerinin bizim yanımızda olmak isteyeceğini tahmin etmeyiz. Böylece dünyanın geri kalanı bizi umursamazmış ve ne kadar hasta olduğumuzdan haberleri yokmuş gibi bir hisse kapılırız. Oysaki bu bakıma ve ilgiye en muhtaç olduğumuz andır. "

"Ama durum ne kadar kötü olursa olsun eninde sonunda üstesinden gelirsiniz ve kötü anlar sona erer. Daha önce ne kadar kötü durumda oluğunuzu unutmaya başlarsınız. Ümitsiz bir şekilde hastaydınız, hiç sona ermeyecek bir işkence gibi geliyordu ama üstesinden geldiniz ve bir süre sonra ne kadar kötü bir durumda olduğunuzu unuttunuz bile. Biraz daha zaman geçer ve o halleriniz aklınıza bile gelmez ve nadiren üzerinde durursunuz. Gerekte yoktur zaten. Uzun süre önce olmuş bir şeydir ve üzerine birçok hoş ve güzel deneyim yaşamışınızdır ve bunlar yaşamış olduğunuz o berbat hissi size bir şekilde unuttururlar. O kadar yaşanan acıdan sonra bu kaçınılmazdır ve bir süre daha geçince ne kadar kötü olduğunu hatırlamazsınız bile."

Hastalık ve Bağışıklık Benzetmeleri

Ek Tercih: Konuya değinmişken hiç su çiçeği geçirdiniz mi merak ediyorum. Ben geçirdim. Belki yaşadığınız ızdırap belki su çiçeği geçirdiğinizde yaşadıklarınıza benzer bir şeydir. Bulgularıma göre su çiçeği cildinizde izler bırakabilir. Geride bir iki iz kesin bırakacaktır. Ama genellikle başkalarının göremeyeceği yerde olurlar size bir manisi yoktur. Sonuçta bu izler bir parçanız haline gelirler ve nadiren aklınıza gelirler.

Istırap İçin Bağışıklık Benzetmesi: Tekrar mutsuz ve incinir durumda olduğumuzda bu durumun aslında bizim için gizli bir menfaat barındırdığını unuturuz. Acı sürecinde bilincinde olmaksak da bir içsel değişimden geçeriz. Kızamık veya su çiçeği geçirdikten sonra bağışıklık sistemimiz güçlenir. Bizi güçlü çok daha güçlü kılacak şekilde etkileniriz. Acı ve ızdırap yüzünden –bu tecrübeyi daha sonra nadiren hatırlasak da– daha güçlü ve bağışık hale geliriz. Ayrıca bu şekilde acı çeken diğerlerine karşı da empati ve şefkat duygularımız da artmış olur. Ve şunu da anlarız ki acı deneyimler olmadan, hayatın mutlu ve güzel anlarının kıymetini anlayamayız.

Daha sonra bu acı ile geçen anları hatırladığımızda içimizde bunları başarı ile atlattığımızı fark etmekten doğan bir güç hissi oluşur. [Eğer acı o anda geçekleşiyorsa: "Var olan acıyı hissettiğinizde ne kadar mutsuzluk verici olursa olsun bir süre sonra sona ereceğini ve bittiğinde daha güçlü kılınacağınızı bilirisiniz."] Bilindiği gibi iyi denizci durgun denizde yetişmez. Bu acı ve zorluklar sizi güçlü ve dirençli kılar. Tıpkı rüzgara karşı durmakla güçlenen bir ağaç gibi. Tüm bu zorluklar içinizde bir güç hissi yaratacaktır. Ve daha da derinde bunu yenmiş olmakla beraber daha sonra karşılaşacağınız diğer meselelere karşı içinizde bir direnç hissi oluştuğunu bilirsiniz.

Pygmalion Benzetmesi:

Mitolojiye göre bir zamanlar Kıbrıs adasında çok yetenekli bir heykeltıraş yaşardı. Adı Pygmalion idi. Kendisi belirli beklentileri doyurulamayan birisi idi. Kafasındaki güzellik anlayışına uyan bir kadın bulamıyordu. Bir gün çok güzel bir mermer buldu ve atölyesinde onu şekillendirmeye başladı. Kafasındaki kusursuz güzellikteki kadın imajını mermere yansıttı.

Daha sonra kafasındaki bu mükemmel kadın imajına uyan kimseyi bulmak için adayı gezmeye başladı. Ama o kadar mükemmelliyetçiydi ki gördüğü her kadında bir kusur buldu. Yaptığı heykelin güzelliğine hiçbir kadın erişemiyordu. Eserine o kadar aşıktı ki sonunda güzellik tanrıçası Afrodite yalvardı ve ondan kendisine eserinin güzelliğine denk bir kadın bulması için yardım istedi. Ama bilge bir tanrıça olan Afrodit biliyordu ki Pygmalion'un bu isteği yerine getirilemeyecek kadar güçtü. O biliyordu ki yaşayan hiçbir kadın o denli güzel olamazdı. Hal böyle olunca Afrodit heykele can verdi ve Pygmalion adını Galatea koyup onunla evlendi. Merak ediyorum acaba ilişkilerimizdeki sorunlar karşımızdaki insanı olduğu gibi kabul etmek yerine Pygmalion gibi davranıp onda kafamızdaki mükemmel insan imajını aramamızdan mı kaynaklanıyor.

Direnç:

Direnç ve Zor Hasta

Rossi'nin Haraket Eden Eller Endiksyonu.

Erickson'un Kendinini Telkin Etme Tekniği

Erickson'un Direnen Hastalar İçin Uyguladığı Teknik

52

BİBLOGRAFYA

Gary Elkins, Ph.D.
*Texas A&M University,
College of Medicine Scott and White Clinic*

I. Direnç ve karşı gelen hasta
II. Direncin Kaynakları ve Başarısızlık Korkusu
    A. Kaybetme Korkusu
    B. Kontrol Kaybı
    C. Hipnoz İçin Yetersiz Hazırlanma
    D. Otorite Problemleri
    E. Yetersiz Teknik
    F. İkincil Kazanç
    G. Psikopatolojiye Karşı Müdafa

Vaka Örneği – Direnen Bir Hasta ile Hipnoz

Hareket Eden Eller İndüksiyonu

"Bu doğru. Eller gerçekten hareket ediyor ve bilinçsiz haldeki hasta henüz terapi transına girecek durumda değil. Sebep ise bilinçli ya da bilinçsiz olarak bununla ilgili bir güçlük olması. Eller çok yavaş hareket ederek bu güçlüğü ifade etmeye devam edebilir. Eller hareket ettiği sürece bu güçlüğün sebebi bilinçli zihninizde canlanır mı? Bilinçaltı transa girmeden önce bazı şeylerin halledilmesi için zamana gerek duyabilir mi? (duraklama)

"O elleri izleyelim. Bilinçsizlik durumunda bana söylemeden problem ile gerektiği kadar ilgili olunabilir mi? Ve ellerin hareket etmesi problem ile ilgili olunduğunda başlayabilir mi? (duraklama)

"Bilinçaltı problem ile ilgilendiğinde o hararetı bir anlığına durdurabilir mi? Gözlerinizi açık mı tutacak yoksa problemi daha detaylı ve derinlemesine ele alabilmek için kapanmalarına izin mi vereceksiniz?

"Bilinçsizlik durumu deneyimlediğiniz şey sürdüğü sürece **konuşmanıza** izin mi veriyor? Bu sürdüğü sürece konuşmanız ne kadar kolay olabilir?"

"Ve ellerinize ne oluyor? Gerçekten hareketsiz mi duruyorlar? Onları orada hareketsiz ve katı bir biçimde ne kadar tutabilirsiniz? Onları hareketsiz hale getirene kadar uğraşın. Vücudumuz biz fark etmesek de genel bir hareketlilik halindedir ama hipnoz durumunda paradoksal cevaplar alabiliriz –ki bu istediğimizin tam tersidir- ve vücut tamamı ile hareketsiz bir duruma gelebilir. Ya da gövdenin bir bölümü hareketsiz kalırken diğer kısmı hareket ediyor olabilir. Sizin durumunuzda ne olacak?"

"Bilinçaltı bu özel trans durumunda problem ile ilgilenmeye devam eder ve transın her saniyesi saatlere, günlere ya da senelere eşit durumda olabilir."

[duraklama] İlginç olan şudur ki bilinçli zihin bilinçaltı olup biteni kendine saklamak istediğinde neler olduğunu anlamayabilir. Bilinçaltı işini tamamlayana kadar olduğunuz gibi kalırsınız ve hareket etmek ve gerinmek istediğinizde tekrar uyanıklığa geçersiniz.

Tekrar hareket eden eller endiksiyonu

"Bu doğru. Eller tekrar Hareket etmeye başladığında bilinçaltı sizi git gide daha rahat bir ruh haline doğu çeker. Uyanık bilincinizle buna direndiğinizde ne olabileceğini merak edersiniz. Bir an için olayın dışına çıkıp o güce direnmeye çalışsanız ne olur? Bilincinizin bilinçaltınızı engellemesi mümkün müdür?" [duraklama]

"Bu da doğru. Olayların kendinden gerçekleştiği o rahat bilinç düzeyinden kendinizi koparmanız hayal kırıklığı yaratacak bir durumdur.

Daha da ötesi, ortada endişe verecek bir durum söz konusudur çünkü bilinçaltının yapmayı en iyi şekilde bildiği şeyler ile bilinç düzlemi tarafından kesintiye uğramadan uğraşması daima rahatlık veren bir durumdur. Şu anda bu farkı deneyimliyorsunuz ve bilinçaltına problemleri ele alması için izin vermeyi öğreniyorsunuz. **Bilinç altına ellerinizi hareket ettirmeyi öğretiyorsunuz.** Aslında esas önemli olan şu ki; bilinçaltının yaratıcı kısmına, neler olacağını tayin etmek için izin veriyoruz. Ellerinizi tekrar hareket ettirmeye başladığınızda, elde ettiğiniz bu duyarlılığı, gün içinde bilinaçaltınız dinlenmek istediğinde ve normal bilincinizin yapmayacağı şeyleri yapmaya başladığında gün içinde vücudu dikkatlice idare etmek ve bilinçaltının meseleleri sizin için idare etmek üzere zaman bulması ve sizin için çok önemli olan problemleri halletmek için enerji toplaması için kullanabilirsiniz.

"O eller tekrar bir araya gelmeye başladığında diğer gerçekleşmekte olan problemlere konsantre olabilirsiniz. Elleriniz bir parça taşlaşmış ve katı mı hissediyor? Üzerlerinde kalın ve yumuşak bir manyetik eldiven varmışçasına hissizleşmiş durmadalar mı? Eldiven o denli kalın ki arada oluşan ters alan ellerinizi bir araya gelmekten alıkoymakta. [duraklama]

Bu devam ederken yüzünüzde oluşan mimik ve ifadelere konsantre olabilirsiniz. Hepimiz **yüzümüz ve vücudumuzun bazı bölümleri** duygu ile kıpırdandığında hissettiğimiz sıcaklığı biliriz. Nasıl olduğunu bilmemenizde **bilinçaltınız bu sıcaklığı ne şekilde hissedeceğini bilir.** Bu sıcaklığı şu anda hissedebiliyor musunuz? [duraklama] Ve bu sıcaklığı hissettiğinizde elleriniz birbirinden ayrılacak veya başınız yavaşça düşmeye başlayacak mı?

[duraklama] Ya da başınız kendiliğinden sallanmaya mı başlayacak?

"Bu doğru. Eğer bilinçaltınız tıpkı uykuya dalmadan önce hissedilen rahatlık gibi derinleşmek için transı izlemeye hazır ise el ve kollarınızı biraz ağırlaşmış-

Hareket Eden Eller İndüksiyonu

-ve daha sonra daha da ağırlaşmış hissedeceksiniz. [Terapistin daha da yoğun hissedilen ağırlaşma hissini işaret eden hafif titremeleri gözlemlemesi için duraklama]. Eller daha da aşağı düştükçe rahatlama daha da derinleşir. Ama o eller bilinçaltınız gerçekten dinlenmeye hazır hale gelmeden ve amaçlarınız için gerekli hipnoz becerilerini kazanmadan kucağınızda rahat duruma gelmeyecekler. (sayfa 127-138).

(KAYNAK: Erickson, M. H., & Rossi, E. L. (1981). Experiencing Hypnosis. New York: Irvington. s. 127138). Yayımcının izni ile yeniden basılmıştır.

53

ERICKSON'UN KENDİ KENDİNE TELKİN TEKNİĞİ

Corydon Hammond,
Utah Üniversitesi Ecza Okulu Doktorası

Açıklama: Bu teknik özel olarak direnç gösteren ve otoriteden alacak bir şeyleri olmayan ve birçok değişik terapiste başvurup hiçbir şey elde edememiş "kafa derisi koleksiyoncuları" için geliştirilmiştir. Genelde bunlar bütün çareler tükendikten sonra bir "hipnotik mucize"'nin peşinde olan hastalardır. Bu prosedür sonuçların sorumluluğunu, değişiklik gerçekleştirmek isteyen terapiste değil hastaya yükler. Genelde bu yöntem zeka seviyesi yüksek hastalarda iyi sonuç verir. Bu yöntem, kendisi için işe yaradığını düşünen bir hasta üzerinde denendikten sonra teybe alınıp kendi kendine hipnoz için hastanın kendi içine dönmesi için kullanılabilir. Erickson bu süreci hastanın gözleri kapalı durumda konuşturarak bir hipnotik indükleme olarak kullandı. Ama indüklemeye direnç gösterilmediğinde yazar, yöntemi kullanmadan önce trans başlatma yolunu seçer.

Transı indükler ve telkinde bulunmaya başlar: "Hipnoz altında iken uyanmadan konuşabilirsiniz. Tıpkı gece rüyalarınızda konuşuyormuş gibi. Siz hala hipnoz altında iken problem ve hedeflerinizi gözden geçirmenizi istiyorum. Bunları yavaşça, düşünceli ve dikkatli bir biçimde gözden geçireceksiniz. Böyle yaptıkça hikayeniz ve gözden geçirmeniz hiçbir kesintiye uğramadan sesinizin tınısı sizi daha da derin bir hipnoz durumuna sokacak. Böylece başlamanızı söylediğimde yavaş ve düşünceli bir biçimde probleminizi baştan sona tarif edebilirsiniz.

Konuşmaya başladığınızda daha derin bir transa girerek, probleminizi ve kendiniz için seçtiğiniz hedefleri detaylı bir şekilde anlatabilirsiniz. Şimdi probleminizi yavaşça tarif etmeye başlayın." (hastanın tarife başlaması için duraklama)

"Güzel. Şimdi bir süre sonra tekrar konuşmaya başlamanızı istiyorum. Yavaşça, dikkatli ve düşünceli bir şekilde ne istediğinizi ve neye ihtiyacınız olduğunu anlatmanızı istiyorum. Ve yavaşça konuşmaya başladığınızda, her kelime ile bilinçaltınız sizi daha da derin bir trans haline sokmaya başlayacaktır. Sesinizin sade tınısı, sizi benim ile konuşmaya, dinlemeye, sorularıma cevap vermeye ve sizden isteneni yapmaya devam edebileceğiniz bir derinlik durumuna sokacaktır. Öylesi bir derinlik durumunda kendinizi belirtileni tam olarak yapmak için bir zorunluluk halinde hissedeceksiniz. Şimdi meditatif, düşünceli ve dikkatli bir biçimde ne istediğinizi ve neye ihtiyaç duyduğunuzu gözden geçirin. (duraklama)(gerekirse hastaya ara sıra "ne zaman", "ne sıklıkla" gibi sorular sorarak daha kati olmasını sağlayın.

"Tamam. Şimdi aldığınız her nefes ile daha derin bir transa sürüklenmeye başlayın. Daha derine inmeye başladığında bir süre sonra size istediğinizi elde etmek için terapinin taslağını ve yapmanız gereken şeyleri söyleteceğim. Bir kere daha, konuştukça, daha da derine inecek-

Hareket Eden Eller İndüksiyonu

-ve daha sonra daha da ağırlaşmış hissedeceksiniz. [Terapistin daha da yoğun hissedilen ağırlaşma hissini işaret eden hafif titremeleri gözlemlemesi için duraklama]. Eller daha da aşağı düştükçe rahatlama daha da derinleşir. Ama o eller bilinçaltınız gerçekten dinlenmeye hazır hale gelmeden ve amaçlarınız için gerekli hipnoz becerilerini kazanmadan kucağınızda rahat duruma gelmeyecekler. (sayfa 127-138).

(KAYNAK: Erickson, M. H., & Rossi, E. L. (1981). <u>Experiencing Hypnosis.</u> New York: Irvington. s. 127138). Yayımcının izni ile yeniden basılmıştır.

54

ERICKSON'UN DİRENEN HASTALAR İÇİN GELİŞTİRDİĞİ TEKNİK

Giriş: Bu Ericson'un direnç gösterip diğer terapistler ile transa giremeyen hastalar için geliştirdiği bir araçtır. Bu metodu defalarca ve bazen de diyalogu defalarca harfi harfine okuyarak kullanmış olduğu görülüyor. Ama Erickson diyalogu hastanın konuşma şekline göre değiştirip ve hatta hastanın çabucak yok olabilecek nezaketsizlik durumlarını da ekleyebilecek şekilde düzenlenmesini öngördü.

Ayraç içindeki yorumlar genel itibarı ile Erickson'un açıklayıcı yorumlarının kısaltmasıdır.

Ed.

"İstemiş olduğunuz gibi transa girip girmediğinizi bilemiyorum. Buraya terapi için geldiniz, hipnotize edilmek istediniz, ve probleminiz hakkında verdiğiniz bilgiler, bana hipnozun size yardımcı olacağını düşündürüyor. Ama oldukça ikna edici bir biçimde direnç gösteren bir hasta olduğunuzu ve diğer terapistlerin tüm çabalarına rağmen başarısız olduklarını söylüyorsunuz. Çeşitli teknikler denendi ve tüm o saygın terapistler hipnozun sizin üzerinizde terapötik bir etki sağlayamayacağına karar verdiler. Dürüstçe sizi transa sokamayacağıma dair kesin bir kanaatiniz olduğunu ve aynı dürüstlükle bu direncin içten bir şekilde işbirliği yapmak istemenize rağmen kırılmayacağını da dile getirdiniz." [Empati, kabulleniş]

"Terapi için geldiğinize ve kusur bulan, işbirlikçi olmayan bir hasta olduğunuzu belirttiğinize göre başlamadan önce size bazı şeyleri açıklayayım. Ayaklarınızı düz uzatmak sureti ile yere oturun ve elleriniz yanlarınızda olsun ve birbirlerine hiçbir şekilde değmesin. Böylece dikkatinizi tamamı ile bana yöneltebilirsiniz. Ben konuşurken hareketsiz oturacağınıza göre köşede duran gördüğünüz sıradan bir nesne olan kağıt ağırlığına bakın. Ona bakarak gözlerinizi, kafanızı ve kulaklarınızı sabit tutacaksınız ve kulaklarınıza konuşuyor olacağım. [Ayrımın başlangıcı]

"Hayır bana değil kağıt ağırlığına bakın. Kulaklarınızın sabit olmasını istiyorum ve bana baktığınızda onları hareket ettiriyor olacaksınız. [Gerekirse bunu sonra gene tekrarlayın] "Beni bilinçli zihniniz ile dinleyip dinlemediğinizi önemsemiyorum çünkü o probleminizi gerçekte anlamıyor. Yoksa burada olmazdınız. Ben o yüzden doğrudan sizin bilinçaltınıza hitap etmek istiyorum çünkü o burada ve beni duyacak kadar yakın. Bilinçli zihniniz bırakın isterse caddede giden araba seslerini, uçakları ya da yan odadaki daktilo sesini dinlesin. Ya da

Sesinizin tınısı ve ile daha derin bir transı imgeleyebilirsiniz. Basitçe sesinizin tınısı sizi derin bir hipnotik duruma sokacak ve kendinizi belirtileni yapmak için bir zorlama içinde bulacaksınız. Bir süre sonra konuşmayı kestiğimde yavaş, düşünceli ve meditatif bir biçimde ne yapmanız gerektiğini tarif etmenizi istiyorum. Şimdi yavaş ve düşünceli bir biçimde ne yapmanız gerektiğini söyleyin. (duraklama) (Gerekirse hastayı detaylı bir biçimde daha kesin bir belirlilik için sorgulayın).

"Çok güzel. Şimdi rahatlamaya devam edin. Birazdan tekrar konuşmanızı isteyeceğim. Daha sonra detaylı ve kesin bir biçimde neyin gerekli olduğunu ve hedeflerinize ulaşmak için neler yapacağınızı belirtmenizi isteyeceğim. Bilinçaltınızın sesinizin her tınısı ile sizi daha derin bir transa sokmasına izin vererek bunu giderek daha az güç sarf ederek yapabilir hale gelebilirsiniz. Böylece kendinizi derin bir trans içinde bulup belirttiğiniz şeylerin gerekli olduğunu ve kendinize yaptığınız telkinlerin düşünce, duygu ve hararetlerinizi etkileyeceğini anlamış olursunuz. Derin bir transtasınız ve içinizden belirtileni yapmak için yoğun bir istek geçiyor. Şimdi yavaş, düşünceli ve detaylı bir şekilde ne yapacağınızı belirtin ve bu sayede istediğinize kavuşun."

"Çok güzel. Şimdi daha da derin bir trans içine girin ve her nefesin sizi derin bir hipnotik uykunun içine çekmesine izin verin. (duraklama) Bir süre sonra tekrar konuşmanızı isteyeceğim. Siz konuştukça sesinizin tınısı sizi daha da derine çekecek ve kendiniz belirtilen şeyi yapmak için daha da yoğun bir istek içinde hissedeceksiniz. Şimdi yavaş ve kapsamlı bir şekilde net olarak ne yapmak istediğinizi belirtmenizi istiyorum.

BU PROSEDÜRÜ BİR VEYA İKİ KERE TEKRARLAYIN

"Sizi uyandırmadan önce belirtmeliyim ki size bir öğüt ya da telkinde bulunmadım. Bütün telkinler sizin kendinizden geldi. **Şimdi bu telkinler bilinçaltınıza işleyecek ve düşünce his ve hareketlerinizi derinden etkileyecek. Ve kendinizi dipten gelen bir istek ile belirtilen şeyleri yapmak zorunda hissedeceksiniz.** Bilinçaltı seviyesinde belirtilen şeyleri yapmak için yoğun bir itki ve istek hissedeceksiniz."
Hastayı uyandırın.

Erickson, M. H. (1964). The burden of responsibility in effective psychotherapy. American Journal of Clinical Hypnosis, 6, 269-271'den adapte edilmiştir.

Tek yapmak istediğim bilinçaltınıza seslenmek ve bilinçaltınız beni dinleyecektir çünkü bilinçli zihniniz sıkılsa bile o beni duyabilecek uzaklıkta. Gözleriniz yorulursa onları kapamanızda sakınca yok ama zihninizin alert durumunu koruyun. **Ben sizin bilinçaltınıza seslenirken rahat olun çünkü bilinçli zihninizin durumu ile ilgilenmiyorum.**

"Şimdi terapi başlamadan önce problemlerinizin sadece bilinçli zihnimiz tarafından anlaşılmadığını, onların aynı zamanda bilinçaltı tarafından da bilindiğini fark ettiğinizden emin olmanızı istiyorum. [İma: Terapi meydana gelecek. Daha ileri disosiasyon]

"Herkesin bildiği gibi insanlar kelimeler ile olduğu gibi işaret dili ile de konuşabilirler. En genel işaret başınızı evet ya da hayır anlamında sallamaktır. Bunu herhangi biri yapabilir. Birisi parmağı ile gel ya da eliyle güle güle işareti yapabilir. Parmak işareti bir anlamda 'evet buraya gel' demektir ve elleri sallamak mesela bazen 'hayır söyleme' anlamına gelebilir. Başka bir deyişle birisi başı, kafası ya da eli ile evet ya da hayır diyebilir. Bunu hepimiz yaparız. Bazen bir insanı dinlerken farkında olmadan onaylar ya da onaylamaz bir biçimde başımızı sallarız. Bunu elle ya da parmak ile yapmak aynı derecede kolay olacaktır."

"Şimdi bilinçaltınıza basit bir evet ya da hayır ile cevap verilebilecek bir soru sormak istiyorum. Bu sadece bilinçaltınızın cevap verebileceği bir soru. Ne sizin bilinçli zihniniz ne de benimkisi cevabı biliyor. Ve tabi doğal olarak benim bilinçaltımda. Sadece sizin bilinçaltınız cevabı biliyor ve evet ya da hayır şeklinde cevap verecek. Cevap kafanın bir işareti ya da işaret parmağının kaldırılması ile verilebilir. Sağ işaret parmağının hareketi ile 'evet' cevabı diyelim ve sol işaret parmağı ile de 'hayır'. Sağ elini kullanan kimseler için durum bu şekilde gerçekleşir ve sol elini kullanan kimseler içinse tersidir. Ya da sağ veya sol el kalkabilir. Ama evet veya hayır olarak yanıtlayacağınız sorunun cevabını sadece bilinçaltınız bilecek. Ama bilinçaltınız bile sorunun ne zaman sorulduğunu, kafa sallayarak ya da parmak işareti ile mi cevap vereceğini bilmeyecek ve soru sorulduktan sonra cevabını formulüze edip ne şekilde tepki vereceğini hesaplayacak. [İdeomotor davranış biçimi için şarta bağlı imalı telkin]

"İçinde bulunduğumuz bu zor durumun koşullarına istinaden [empati] ikimizde oturup bilinçaltınızın soru üzerinde düşünüp cevabı formuluze etmesini ve cevabı el veya kafa işareti ile vermesini bekleyeceğiz."

"Başka bir deyişle sadece bilinçaltınızın cevap verebileceği bir soru soracağım ve bilinçli zihniniz sadece doğru ya da yanlış bir tahminde bulunabilir ve konu hakkında kesin bir cevaba değil sadece yansızca üstünkörü bir fikre sahip olabilir. [Bilinçli düşünce minimize ediliyor. Transın ima edilmesi]

Soruyu sormadan önce [önsezi oluşturuyor] "iki olasılıktan bahsedeceğim. (1) Bilinçli zihniniz cevabı bilmek istiyor. (2) Bilinçaltınız cevabı bilmenizi istemiyor olabilir. Benim fikrime göre ki buna katılacağınızı düşünüyorum, buraya bilinçli zihninizin halledemediği sorunların terapisi için geldiniz. Bu durumda bilinçaltınıza soruyu öyle bir şekilde iletmeliyim ki onun bunu bilinçli zihniniz ile paylaşması tamamen özel ve korunmuş bir şekilde olmalı. Bu bana göre birinin problemleri ile ilgilenmek için en iyi yol.

"Şimdi isteklerinizi doyurmak için size o evet hayır sorusunu soracağım ve bilinçaltınız cevap vermesinden ve bunu bilinçli zihiniz ile paylaşmasından memnun olun. Bilinçaltınız nasıl istiyorsa öyle yapsın. Ama aslında temel olan verilen cevap. Onu paylaşmak ya da saklamak değil. Cevap saklansa bile bu sadece o an içinde gerçekleşen bir eylem ve elde ettiğiniz terapim iyileşme bilinçaltınızın en uygun gördüğü zamanda tekrar açığa çıkmasına izin verecek. Kaldı ki cevabı eninde sonunda bilmek için bir çaba göstereceksiniz ve bilinçli ve bilinçaltı arzularınız zaten terapiyi kendi ihtiyaçlarınız doğrultusunda, doğru zamanda ortaya çıkartacak.

"Şimdi bu soruya nasıl cevap verilebilir? Zorlukla! Sözle ifade etmeli ve aynı zamanda duymalısınız. Bu durumda biliçdışınız ile sizin iyiliğinizi istediği için cevabı bilincinizden saklaması için adil bir anlaşmaya varmanız mümkün değil. O zaman nasıl olacak? Basitçe belki farkına bile varamayacağınız bir kas hareketı ile. İstemli veya istemsizce yapılan ve konuşan kişi ile aynı fikirde olup olmadığınızı gösteren bir baş hareketi.

"Bu kas hareketi nasıl olmalıdır? Birçok olasılık var ama size önce bilinçaltı ile bilinçli zihnin verdiği kas tepkisi arasındaki farkı anlatayım. [Konuyu belirtir ve detaylandırır ve anlayış ve tansiyon içeren bir şekilde açıklamaya girişir]"Bilinçli zihnin cevabı sizden saklanamaz. Sonuçta cevabı daha önceden biliyordunuz. Belki de gönülsüz bir biçimde daha önceden kabul etmiş ve inanmıştınız. Bunun için bir gecikme yoktur. Zihninizde birden belirir ve spontan bir cevap verirsiniz.

"Bilinçaltının verdiği yanıt ise tamamen farklıdır çünkü önceden ne olacağını kestiremezsiniz. Cevabın gelmesi için beklemeniz gerekir ve 'evet' ya da 'hayır' olacağını bilemezsiniz. Bilinçli zihninizin vereceği simültane cevap ile uygun olması gerekmez. Olması için uzun bir sure beklemeniz gerekir. Gerekli zaman ve sürede olacaktır. [Otoriter bir biçimde fakat bir açıklama teşkil ediyor gibi gözüküyor. "Eğer hasta gözlerini kendiliğinden kapatırsa bilinçaltının vereceği cevabın anında bilinçli zihinden saklanacağına emin olabilir."]

"Şimdi haraket ne biçimde olmalı? Çoğu kişi kafasını evet veya hayır anlamında sallar ve size soracağım soruya bu şekilde cevap verilebilecek bir sorudur. Bazıları işaret parmaklarını haraket ettirmek sureti ile de bir evet veya hayır yanıtı verebilirler. Çoğu kişi gibi bende işaret parmağımı kullanmayı tercih ederim ve sağ işaret parmağımın haraketi 'evet' anlamına gelirken solunki 'hayır' anlamına gelir. Solaklar içinse tam tersidir. [Keyfi isteklere ve yanılsamadan kaynaklı cevaplara dair bir işaret yok] "Bazıları ifade dolu ellere sahiptir ve bilinçli ya da bilinçsiz bir şekilde sağ veya sol ellerini yukarı kaldırarak evet veya hayır anlamını verebilirler. [Anlam yüklü eller narsisizme işaret edebilir]

"Bilinçaltınızın bilinçli zihninizden bazı nesnelere bakmasını ya da elinize, kafanıza veya parmaklarınıza dikkat etmesini isteyip istemediğini bilmiyorum."

Size basit sorumu sorarken belki ellerinize bakmak isterseniz ve bakıp hangisinin haraket edeceğini düşünürken gözleriniz bulanıklaşırsa bilin ki bu bulanıklaşma normal karşılanmalıdır. Bu ellerinizin size yakın olduğu ve onlara dikkatle baktığınız manasına gelir. [Bu hastanın gözleri kapalı olsa bile söylenebilir. Amaç: telkinin tekrarı ve belli etmeden seziyi yükseltme] [Belli bir ideomotordan sonra Erickson tepkiyi arttırmak için ikinci ve üçüncüsüne geçer]

"Şimdi soruya gelelim! Tercih edeceğiniz haraketlerin neler olacağını bilmeme gerek yok. Boynunuzun üzerinde başınız var, parmaklarınız ellerinizde ve ellerinizde yanınıza ya da koltuğun kenarlarına koyarak dinlendirebilirsiniz. Esas önemli olan bilinçaltınızın vereceği cevabı beklerken rahat olmanız. [Daha uzun bir bekleme] Şu anda herhangi bir haraket için uygun durumdasınız. [Kastedilen telkin] "Soracağım sorunun içeriği aslında önemli değil. Önemli olan bilinçaltınızın ne düşündüğü ve bunu ne ben bileceğim ne de bilinçli zihniniz. Ama bilinçaltınız kendi düşünme yöntemine sahip olduğu için bilecek ama bu biliş bilinçli zihniniz ile paralel olmayacak.

"Benden sizi transa sokmamı istediğinize göre size bu isteğiniz ile bağlantılı bir soru sorabilirim ama basit bir tane soracağım. [Hipnoz olasılığı ortadan kaldırıldı] Öyle bir soru olacak ki yukarıda bahsedilen herhangi bir kas gurubu tarafından cevaplanabilsin. Şimdi dikkatle dinlemenizi istediğim soru bu ve bilinçdışınızın vereceği cevabı beklemenizi istiyorum. [Uzun bir duraklamadan sonra dikkat sabitlenmiş durumda. Önemli olan bilinçaltının ne cevap vereceği]

Sorum şu: [Yavaş, dikkatli ve ciddi bir şekilde söylenecek] "Bilinçaltınız elinizi, parmaklarınızı ya da kafanızı oynatacağını düşünüyor mu? Cevabın gelmesi için sabırlı ve meraklı bir şekilde bekleyin ve bırakın kendiliğinden olsun."

[Eğer kafası yavaşça 'hayır' anlamında sallanırsa ellerin kaldırılması katalepsiye neden olacaktır. Eğer 'evet' anlamında bir el işareti gelirse bu sefer diğer elde katalepsi oluşabilir ve bu durumda hastaya elleri kafasının mutabık olması söylenebilir. Sonrada daha rahat olması istenir. Eğer gözleri açıksa "gözlerini kapatarak daha rahat olabileceği ve derin bir nefes alarak bilinçaltının istediği şekilde gerek sözel, gerek beden diliyle iletişim kurabilecek olmasından dolayı hoşnut kalması gerektiği söylenebilir. Ve sonunda fark edersiniz ki hedeflerinize başarılı bir şekilde acele etmeden varmanız mümkündür ve bu bilinçaltı iletişimine sonsuz bir biçimde devam edebilirsiniz. [Hipnoz ve trans sözcükleri kullanılmamıştır]

55

TAVSİYE EDİLEN OKUMALAR

Michael J. Diamond, Ph.D.

Aşağıda başlangıç aşamasına ve daha ileri aşamalara yönelik önerilen okumalar bulunmaktadır. Ayrıca şu iki dergi önerilmektedir: The International Journal of Clinical and Experimental Hypnosis (IJCEH, Attn• Subscriptions Section, 111 No. 49th Street, Philadelphia, PA 19139); and The American Journal of Clinical Hypnosis (ASCH, Business Manager, 2250 E. Devon Avenue, Suite 336, Des Plaines, Illinois 60018).

GENEL GİRİŞ KLİNİK DERS KİTAPLARI

American Society of Clinical Hypnosis Education and Research Foundation.A Syllabus on Hypnosis and A 3andbook of Therapeutic Suggestions. 2250 E. Devon Avenue, Suite 336, Des Plaines, Illinois 60018, 1973.

*Crasilneck, H. B., & Hall, J. A. Clinical Hypnosis: Principles and Applications.New York: Grune & Stratton, 1985.

Erickson, M. H., Hershman, S., & Secter, I. I. The Practical Applications of Medical and Dental Hypnosis. Chicago: Seminars on Hypnosis Publishing, 1981.

Gibson, H. B. Hypnosis: Taplinger, 1978.

Its Nature and Therapeutic Uses. New York:

Gindes, B. C. New Concepts of Hypnosis. New York: Julian Press, 1951.

Hartland, J. Medical and Dental Hypnosis and Its Clinical Applications. (2nd Edition). Baltimore: Williams & Wilkins, 1971.

Heron, W. T. Clinical Applications of Suggestion and Hypnosis (3rd. Edition). Springfield, I1: Thomas, 1957.

Kohn, H. B. Clinical Applications of Hypnosis. Springfield, I1: Thomas, 1984.

*Kroger, W. S. Clinical & Experimental Hypnosis (2nd Edition). Philadelphia: J. B. Lippincott, 1977.

Mason, A. A. Hypnotism for Medical and Dental Practitioners. London: Camelot Press, 1960.

*Ailgard, J. R. Personality and Hypnosis: A Study of Imaginative Involvement. (2nd Edition). Chicago: University of Chicago Press, 1979.

*Sheehan, P. W., & McConkey, K. M. Hypnosis and Experience: The Exploration of Phenomena and Process. Hillsdale, N.J.: Lawrence Erlbaum, 1982.

Sheehan, P. W., & Perry, C. W. Methodologies of Hypnosis: A Critical Appraisal of Contemporary Paradigms of Hypnosis. Aillsdale, N.J.: Lawrence Erlbaum, 1976.

KURAMSAL VE KAVRAMSAL DERS KİTAPLARI

Barber, T. X. Hypnosis: A Scientific Approach. New York: Van Nostrand Reinhold, 1969.

Chertok, L., & DeSaussure, R. The Therapeutic Revolution: Mesmer to Freud. New York: Brunner Mazel, 1979.

Edmonston, W. F. Hypnosis and Relaxation: Modern Verification of an Old Equation. New York: iailey, 1981.

*Ellenberger, 3. F. The Discovery of the Unconscious. New York: Basic Books, 1970.

*'Iilgard, E. R. Divided Consciousness: Multiple Controls in Human Thought and Action. (Second Edition). New York: John Wiley, 1986.

*Jaynes, J. The Origins of Consciousness in the Breakdown of the Bicameral Mind. Boston: Houghton-Mifflin, 1976.

Salter, A. What is Hypnosis: Studies in Conditioning. New York: Farrar, Strauss, and Co., 1944.

Sarbin, T. R., & Coe, W. C. Hypnosis: A Social Psychological Analysis of Influence Communication. New York: Holt, Rinehart & Winston, 1972.

*Shor, R. E., & Orne, M. T. (Eds.). The Nature of Hypnosis: Selected Basic Readings. New York: Aolt, Rinehart & Winston, 1965.

Tinterow, M. A. Foundations of Hypnosis: From Mesmer to Freud. Springfield, 11: Thomas, 1970.

Wain, H. J. (Ed.).Theoretical and Clinical Aspects of Hypnosis. Miami, FL: Symposia Specialists, 1981.

*Wester, W. C., & Smith, A. H. (Eds.). Clinical 'Hypnosis: A Multidisciplinary Approach. Philadelphia: Lippincott, 1984.

TIBBİ HİPNOZ VE SAĞLIK PSİKOLOJİSİNDE HİPNOZ

Ambrose, G., & Newvbold, G. A Handbook of Medical Hypnosis. (4th Edition).London: Bailliere Tindall, 1980.

*Barber, J., & Adrian, C. (Eds.). Psychological Approaches to the Management of Pain. New York: Brunner/Mazel, 1982.

*Hilgard, E. R., & Hilgard, J. R. Hypnosis in the Relief of Pain. Los Altos, CA: William Raufman, 1975.

Kroger, W. S., & Freed, S. C. Psychosomatic Gynecology. Philadelphia: W. B. Saunders, 1951.

Lassner, J. (Ed.).Hypnosis and Psychosomatic Medicine. New York: Springer, 1967.

Morgan, G. Hypnosis in Ophthamology. Birmingham, AL: Aesculapius Publishing, 1980.

Schneck, J. M. Hypnosis in Modern Medicine. Springfield, IL: Thomas, 1953.

Scott, M. J. Hypnosis in Skin and Allergic Diseases. Springfield, IL: Thomas, 1960.

Simonton, 0. C., Mathews-Simonton, S., & Creighton, J. Getting Well Again. Los Angeles: Tarcher, 1978.

Stolzenberg, J. Psychosomatics and Suggestion Therapy in Dentistry. New York:Philosophical Library, 1950.

Wain, H. J. (Ed.). Clinical Hypnosis in Medicine. Chicago: Yearbook Medical Publishers, 1980.

See also: American Journal of Clinical Hypnosis, 1982-83, Volume 25, (No. 2-3). Special Issue: Hypnosis and Cancer.

ADLİ TIP VE SORUŞTURMALARDA HİPNOZ

Arons, H. Hypnosis in Criminal Investigation. So. Orange, N. J.: Power Publishing, 1977.

Blocke, E. B. Hypnosis: A New Tool in Crime Detection. New York: McKay, 1976.

Hibbard, W. S., & Worring, R. td. Forensic Hypnosis. Springfield, IL: Thomas, 1983.

*Kline, M. V. Forensic Hypnosis: Clinical Tactics in the Courtroom. Springfield, IL: Thomas, 1983.

Reiser, M. Handbook of Investigative Hypnosis. Los Angeles: Lehi Publishing Co., 1980.

*Udolf, R. Forensic Hypnosis: Psychological and Legal Aspects. Lexington, MA: Lexington Books, 1983.

See also: International J. of Clinical and Experimental Hypnosis, 1979, Volume 27 (No. 4); Special Monograph Issue: Forensic Use of

Hypnosis; and, <u>American J. of Clinical Hypnosis,</u> 1980, Volume 23 No. 2); Special Section: Forensic Uses of Hypnosis.

OTO-HİPNOZ

Alman, B. M. <u>Self-Hypnosis: A Complete Manual for Health and Self</u>Change. San Diego: International Health Publications, 1983.

HİPNOTİK PSİKOTERAPİDE İLERİ SEVİYE DERS KİTAPLARI:

GENEL PSİKOTERAPİ UYGULAMALARI

Beahrs, J. 0. <u>Unity and Multiplicity: Multilevel Consciousness of Self in Hypnosis, Psychiatric Disorder and Mental Health.</u> New York: Brunner/Mazel, 1982.

Cheek, D. B., & LeCron, L. M. <u>Clinical Hypnotherapy.</u> New York: Grune & Stratton, 1968.

Chertok, L. <u>Sense and Nonsense in Psychotherapy: The Challenge of</u> i Hypnosis. New York: Pergamon Press, 1981.

*Dowd, E. T., & Healy, J. M. (Ed.). <u>Case Studies in Hypnotherapy.</u> New York: Guilford Press, 1984.

Edelstein, M. G. Trauma Trance and Transformation: <u>A Clinical Guide to Hypnotherapy.</u> New York: Brunner Mazel, 1981.

*Frankel, F. H. <u>Hypnosis: Trance as a Coping Mechanism.</u> New York: Plenum Medical Book Co., 1976.

*Gardner, G. G., & Olness, K. <u>Hypnosis and Hypnotherapy with Children.</u> New York: Grune & Stratton, 1981.

Greenberg, I. (Ed.). <u>Group Hypnotherapy and Hypnodrama.</u> Chicago: Nelson-Hall, 1972.

LeCron, L. M. <u>Self-Hypnotism: The Technique and its use in Daily</u> Living. New York: Prentice Hall, 1964.

Miller, M. M. <u>Therapeutic Hypnosis.</u> New York: Human Sciences Press, 1979.

Moss, C. S. The Hypnotic Investigation of Dreams. New York: Wiley, 1967.

Prince, M. The Dissociation of a Personality (2nd Edition). New York: Longmans Green, 1919.

*Sacerdote, P. Induced Dreams. Brooklyn: T. Gaus, 1967.

Spiegel, H., & Spiegel, D. Trance and Treatment: Clinical Uses of Hypnosis. New York: Basic Books, 1978.

Thigpen, C. H., & Cleckley, H. M. The Three Faces of Eve. New York: McGraw-Hill, 1957.

*Wolberg, L. R. Medical Hypnosis: The Principles of Hypnotherapy (Vol.) 1 and the Practice of Hypnotherapy (Vol. 2). New York: Grune & Stratton, 1948.

AĞIR RAHATSIZLIKLARI OLAN HASTALARIN TEDASİVİNDE HİPNOZ

Biddle, W. E. Hypnosis in the Psychoses. Springfield, IL: Thomas, 1967.

DAVRANIŞÇI, BİLİŞSEL-DAVRANIŞÇI VE CİNSEL TERAPİDEKİ UYGULAMALARI

*Araoz, D. Hypnosis and Sex Therapy. New York: Brunner/Mazel, 1982.

Barber, T. X., Spanos, N. P., & Chaves, J. F. Hypnotism, Imagination, and Human Potentialities. New York: Pergamon Press, 1974.

Beigel, H., & Johnson, W. R. Application of Hypnosis in Sex Therapy. Springfield, IL: Thomas, 1980.

*Clarke, J. C., & Jackson, J. A. Hypnosis and Behavior Therapy: The Treatment of Anxiety and Phobias. New York: Springer, 1983.

Dengrove, E. (Ed.). Hypnosis and Behavior Therapy. Springfield, IL: Thomas, 1976.

Kroger, W. S., & Fezler, W. D. Hypnosis and Behavior Modification: Imagery Conditioning. Philadelphia: J. B. Lippincott, 1976.

Wickramesekera, Ian (Ed.). Biofeedback, Behavior Therapy, and Hypnosis: Potentiating the Verbal Control of Behavior for Clinicians. Chicago: Nelson-Hall, 1976.

ERICKSONCU VE STRATEJİK PSİKOTERAPİ UYGULAMALARI

Bandler, R., & Grindler, J. Patterns of the Hypnotic Techniques of Milton H. Erickson, M.D., Volume I. Cupertino, CA: Meta Publications, 1975.

*Erickson, M. H., & Rossi, E. L. Hypnotherapy: Casebook. New York: Irvington, 1979. An Exploratory

Erickson, M. H., Rossi, E. L., & Rossi, S. I. Hypnotic Realities: The Induction of Clinical Hypnosis and Forms of Indirect Suggestion. New York: Irvington, 1976.

Grinder, J., Delozier, J., & Bandler, R. Patterns of the Hypnotic Techniques of Milton H. Erickson, M.D., Volume 2. Cupertino, CA: Meta Publications, 1977.

Haley, J. Strategies of Psychotherapy. New York: Grune & Stratton, 1963. Chapter 2.

*Haley, J. (Ed.). Advanced Techniques of Hypnosis and Therapy: Selected Papers of Milton A. Erickson, M.D.. New York: Grune & Stratton, 1967.

Lankton, S., & Lankton, C. The Answer Within: A Clinical Framework of Ericksonian Hypnotherapy. New York: Brunner Mazel, 1983.

Phillips, A. Transformational Psychotherapy: An Introductiou to Creative Communication. New York: Elsevier, 1981.

Ritterman, M. Using Hypnosis in Family Therapy. New York: Jossey Bass, 1983.

Rosen, S. My Voice Will Go With You: The Teaching Tales of Milton H. Erickson. New York: Norton, 1982.

*Rossi, F,. L. (Ed.). The Collected Papers of Milton H. Erickson, M .

D., Volumes I-IV. New York: Irvington, 1980.

*Watzlawick, P. The Language of Change. New York: Basic Books, 1978.

Zeig, J. A. A Teaching Seminar with Milton H. Erickson M.D. New York: Brunner Mazel, 1980.

Zeig, J. A. (Ed.). Ericksonian A proaches to Hypnosis and

Psychotherapy. New York: Brunner Mazel, 1982.

HÜMANİST VE VAROLUŞÇU UYGULAMALARI

Barnett, E. A. Analytical Hypnotherapy: Principles and Practice. Kingston, Ont., CANADA: Junica Publishing, 1981.

Francuch, P. D. Principles of Spiritual Hypnosis. Santa Barbara, CA: Spiritual Advisory Press, 1981.

Gibbons, D. E. Applied ftypnasis and Hyperempiria. New York: Plenum, 979.

Morris, F. Hypnosis with Friends and Lovers. San Francisco: Harper & Row, 1979.

Morris, F. Self-Hypnosis in Two Days. New York: E. P. Dutton & Co., 1975.

PSİKANALİTİK UYGULAMALAR VE HİPNOANALİZ

Freytag, F. F. The Aypnoanalysis of an Anxiety Hysteria. New York: Julian Press, 1959.

*Gill, M. M., & Brenman, M. Hypnosis and Related States: Psychoanalytic Studies in Regressioa. 'Taw York: International Universities Press, 1959.

Klemperer, ^. Past Ego-States Emerging in Hypnoanalysis. Springfield, IL: Thomas, 1968.

Kline, M. V. (Ed.). Hypnodynamic Psychology. New York: Julian Press, 1955.

Kline, M. V. Freud and apnosis• The Interaction of Psychodynamics and Hypnosis. New York: Matrix House (Julian Press), 1958.

Kline, M. V. (Ed.). Psychodynamics and Hypnosis. Springfield, IL: Thomas, 1967.

Lindner, R. M. Rebel Without A Cause: The Hypnoanalysis of Criminal Psychopath. New York: Grune & Stratton, 1944.

*Schneck, J. The Principles and Practice of Hypnoanalysis. Springfield, IL: Thomas, 1965.

Scnilder, P. The Nature of Hypnosis. New York: International Universities Press, 1956.

Watkins, J. G. Hypnotherapy of War Neuroses. New York: Ronald Press, 1949.

*Wolberg, L. R. Hypnoanalysis. New York: Grune & Stratton, 1963.

56

TEMEL HİPNOTERAPİ KURSU – KIŞ 1988

Billie S. Strauss, Ph.D.
Bibliografya

A. GİRİŞ VE GENEL ESERLER

Barber, T.X. Hypnosis: A scientific approach. New York: Van Nostrand Reinhold,1969.

Bramwell, J.M. Hypnotism, its history, practice & theory. New York: Julian Press, 1956.

Burrows, G.D. & Dennerstein, L. (Eds.) Handbook of hypnosis and psychosomatic medicine. New York: Elsevier/North-Holland Biomedical Press, 1980.

Estabrooks, G.H. Hypnotism. New York: Dutton, 1957.

Hilgard, E.R. Hypnosis. Annual Review of Psychology, 1975, 26, 19-44.

Int. J. Clin. Exp. Hypnosis, 1981, 29.

January: papers by Orne, Fromm & Frankel about how to write papers.

Kroger, W.S. Clinical and experimental hypnosis. (2nd ed.) Philadelphia: J.B. Lippincott, 1977.

Marcuse, F. Hypnosis: Fact and fiction. Baltimore: Penguin Books, 1959.

Orne, M.T. & Hammer, A.G. Hypnosis. In <u>Encyclopedia Britannica.</u> (15th ed). Chicago: Encyclopedia Hritannica, 1974. Pp. 133-140.

Shor, R.E. & Orne, M.T. (Eds.) <u>The nature of hypnosis: Selected basic readings.</u> New York: Holt, Rinenart & Winston, 1965.

B. KURAM, ARAŞTIRMA VE TEKNİKLER

1. GENEL

Edmonston, W.E., Jr. <u>Hypnosis and relaxation: Modern verification of an old equation.</u> New York: Wiley, 1981.

Ellenberger, H.F. The <u>discovery of the unconscious.</u> New York: Basic Books, 1970. .

Fromm, E. & Shor, R.E. (Eds.). <u>Hypnosis: Developments</u> in research and new <u>perspectives.</u> (2nd ed.) Hawthorne, New York: Aldine, 1979.

Gordon, J.E. <u>Handbook of clinical & exDerimental hypnosis.</u> New York: Mc Millan, 1967.

Hilgard, E.R.<u>Hypnotic susceptibility.</u>NewYork:Harcourt Brace,1965.

Kline, M.V. (Ed.) <u>Hypnodynamic psychology.</u> New York: Julian Press, 1955. Tart, C.T. (Ed.), <u>Altered states of consciousness.</u> New York: Holt, Rinehart & Winston, 1965.

2. KURAM

Coe, W.C. & Sarbin, T.R. An experimental demonstration of hypnosis as a role enactment. J. Abn. <u>Psychology,</u> 1966, 71, 400-416.

Erickson, M.H. & Rossi, E.L. Two level communication and the microdynamics of trance and suggestion. Am. _J. <u>Clinical Hypnosis,</u> 1976, 18, 153-171.

Fromm, E. Awareness vs. consciousness. <u>Psychol. Report,</u> 1965, _16, 711-712. (also, Gruenewald's response, p. 758).

Gill, M.M. Hypnosis as an altered and regressed state. <u>Int.</u> J. Clin. Exp._ Hypnosis, 1972, 20, 224-237.

Gill, M.M. & Hrenman, M. Hypnosis and related states. New York: Int. Univ. Press, 1959.

Gruenewald, D. Some thoughts on the distinction between the hypnotic situation and the hynotic condition. American Journal of Clinical Hypnosis, 25, 46-51.

Hilgard, E.R. Hypnotic phenomena: The struggle for scientific acceptance. American Scientist, 1971, 59, 567-577.

Hilgard, E.R. Divided consciousness: Multiple controls in human thought and action. New York: Wiley, 1977.

International Journal of Clinical & Experimental Hypnosis, 1972, 20: October issue: psychoanalysis and hypnosis.

Kline, M.V. Freud and hypnosis. New York: Julian Press, 1958.

Kubie, L.S. & Margolis S. The process of hypnotism and the nature of the hypnotic state. Am. J. Psychiatry, 1944, 100, 613-619•

Orne, M.T. The nature of hypnosis: Artifact and essence. _J. Abn. Soc. Psychology, 1959, 58, 277-299.

Sarbin, T.R. Contributions to role-taking: I. Hypnotic behavior. Psych. Review, 1950, 5, 255-270.

Shor, R.E. Three dimensions of hypnotic depth. Int. J. Clin. Exp. Hypnosis, 1962, 10, 23-38•

Spiegel, H. Hypnosis and transference. A theoretical formulation. Arch. of Gen. Psychiatry, 1959, 11, 634-639•

White, R.W. A preface to the theory of hypnotism. J. _Abn _ Soc. Psychology, 1941, 36, 477-505.

3. ARAŞTIRMA

Coe, W.C. & Ryken, K. Hypnosis and risks to human subjects. Am. Psychologist, 1979, 39, 673-681.

Cooper, L.F. & Erickson, M.H. Time distortion in hypnosis. Baltimore: Williams & Wilkins, 1954.

Crasilneck, H.B. & Hall, J.A. Physiological changes associated with hypnosis: A review of the literature since 1948. Int. J. Clin. Exo. Hypnosis, 1959, 7, 9-50.

Deckert, G.H. & West, C.J. Hypnosis and Am. J. Clin. Hypnosis, 1963, 5, 256-276. experimental psychopathology.

Fromm, E. Self-hypnosis: A new area of research. Theory, Research and Practice, 1975, 12, 295-301.

Fromm, E., Oberlander, M.I. & Gruenewald, D. Perceptual and cognitive processes in different states of consciousness: The waking state and hypnosis. J. Proj- Tech. & Pers. Assessment, '1970, 34, 375-387.

Gardner, G.G. Hypnosis and mastery: Clinical contributions and directions for research. Int. J. Clin. Exp. Hypnosis, 1976, 24, 202-214.

Hilgar-d, E.R. Hypnotic susceptibility scales under attack: An examination of Weitzenhoffer's criticisms. -Int. J. Clin. ExD. Hypnosis, 1981, 29, 24-41.

Hilgard, J.R. Personality and hypnosis. (rev. ed.) Chicago: Univ. of Chicago Press, 1979.

Hull, C.L. Hypnosis and suggestibility. New York: Appleton-Century, 1933.

Int. J. Clin. Exp. Hypnosis 1978, 26, October issue: Posthypnotic amnesia. 1972, 20, April Issue: Antisocial behavior.

Kline, M.V. (Ed.) Clinical correlations of exDerimental hypnosis. Springfield, I11.: C.C. Thomas, 1963•

Lynn, S.J., Nash, M.R., Rhue, J.W., Frauman, D., & Stanley, S. Hypnosis and the experience of nonvoliton. International Journal of Clinical and Experimental Hypnosis, 1983, Ps31, 293-308.

Moss, C.S. The hypnotic investigation of dreams. New York: Wiley, 1967.

Orne, M.T. & Evans, F.J. Social control in the psychological experiment: antisocial behavior and hypnosis. J. Pers. Soc. Psychology, 1965, 1, 189-200.

Orne, M.T. et al. The relation between the Hypnotic Intervention. Profile and the Stanford Hypnotic Susceptibility Scales, Forms A and C. Int. J. Clin. Exp. Hypnosis, 1979, 27, 85-102.

Secter, I.I. TAT card 12M as a predictor of hypnotizability. Am. J. Clin. Hypnosis, 1961, 3, 179-184.

Sheehan, P.W. A Perr C.W. Methodologies of hypnosis: A critical appraisal of contemporary paradigms of hypnosis. Hillsdale, New Jersey: Lawrence Erlbaum, 1976.

Weitzenhoffer, A.M. Hypnotic susceptibility revisited. Am. J. Clin. Hypnosis, 1980, 22, 130-146.

4. TEKNİKLER

Benson, H. The relaxation response. New York: Avon Books, 1975.

Erickson, M.H. & Rossi, E.L. Vari~ties of the double bind. Am. J. Clin. Hypnosis, 1975, 17, 143-157.

Gardner, G.G. Hypnosis with children. 1974, 22, 20-38. Int. J. Clin. Exp. Hypnosis,

Haley, J. (Ed.), Advanced techniques of hypnosis and therapy. Selected papers of Milton

H. Erickson, M.D. New York: Grune & Stratton 1967.

Hartland, J. Further observations on the use techniques Am. J. Clin. Hypnosis, 1971, 14,

of "ego-strengthening" 1-8.

Jacobson, E. Progressive relaxation. Chicago: Univ of Chicago Press, 1938.

Reiff, R. & Scheerer, M. Memory and hypnotic York: Int. Univ. Press, 1959.

Serlin, F.R. Techniques for the use of hypnosis in group therapy. Am. J. Clin. Hypnosis, 1970, 12, 177-202.

12,8multiple sclerosis patient. Am. J. Clin. Hypnosis, 1966, S, 313-314.

Meares, A. A system of medical hypnosis. Philadeohia: Saunders,1960.

Olness, R. & Gardner, G.G. Some guidelines for uses of hypnotherapy in pediatrics. Pediatrics, 1978, 62, 228-233.

Schafer, D.W. Hypnosis on a burn unit. Int. J. Clin. Exp. Hypnosis, 1975, 23, 1-14-

Sinclair - Gieben, A.H.C. & Chalmers, D. Evaluation of treatment of warts by hypnosis. Lancet, 1959, 2, 480-482.

2. PSİKOTERAPİ

Baker, E.L. Resistence in Hypnotherapy of Primitive States: Its Meaning and Management. Int. J. Clin. Exp. Hypnosis, 1983, 31, 82-89.

Biddle, W.E. Hypnosis in the psychoses. Springfield, I11.: C.C. Thomas, 1967.

Hrenman, M. ~ Gill, M.M. Hypnotherapy: New York: Int. Univ. Press, 1947.

Cedercreutz, C. The big mistake: A note. IJCEH,1972, 20, 15-1b.

Clements, R.O. Gilles de la Tourette's syndrome - An overview of develoament and treatment of a case, using hypnosis, haloperidol, and psychotherapy. Am. J. Clin. Hypnosis, 1972, 14, 167-172.

Dengrove, E. (Ed.) Hypnosis and behavior therapy. Springfield, I11.: C.CiThomas, 1976.

Dudek, S.Z. Suggestion and play therac in the case of warts in children: A pilot study. J. Nerv. Ment. Disease, 1967, 145, 37-u2.

Frankel, F. Trance as a coping mechanism. New York: Plenum, 1977.

Freytag, F. Hypnoanalysisof an anxiety hysteria. New York: Julian Press, 1959.

Fromm. E. Dissociative and integrative processes in hypnoanalysis. Am. J. Clin. Hypnosis, 1968, 10, 174-177.

Gardner. G.G. & Olness, K. Hypnosis and hypnotherapy with children_. New York: Grune & Stratton, 1981.

Gruenewald, D. Transference and countertransference in hypnosis. Int. J. Clin_ Exp. Hypnosis, 1971, 19, 71-82.

Gruenewald, D. Analogues of multiple personality in psychosis. Int. J. Clin. Hypnosis, 1978, 26, 1-8.

Kauffman, M. Hypnosis as an adjunct in child psychiatry. Arch. Gen. Psychiatry, 1968, 18, 725-738.

Klemperer, E. Past ego states emerging in hypnoanalysis_. Springfield, I11.: C.C. Thomas, 1968.

Lazar B.S. & DemDSter, C.R. Failures in hypnosis and hypnotherapy: A review. American Journal of Clinical Hypnosis, 1981, 24, 48 54.

Lazar, B.S. & Dempster, C.R. Operator variables in successful hypnotherapy. IJCEH, 1984, 32, 28-40.

Lindner, R.M. Rebel without a cause: The hypnoanalysis of a criminal psychopath. New York: Grune b Stratton, 1944.

Meares, A. Hypnography: A study of the therapeutic use of hypnotic painting_ Springfield, I11.: C.C. Thomas, 1957.

Prince, M. (1925) The dissociation of a personality_. New York: Meridian Books, 1957.

Scagnelli, J. Hypnotherapy with schizophrenic and borderline patients. Am. J. Clin Hypnosis, 1976, 19, 33-38•

Stein, C. Hypnotic projection in brief psychotherapy. Am. J. Clin. Hypnosis, 1972, 14, 143-155.

Strauss, B.S. Dissociative versus Integrative Hypnotic Experience. Am. J. Clin. Hypnosis, 1986, 29, 132-136.

Watkins, J.C. Hypnotherapy of war neurosis. New York: Ronald Press, 1949.

Wolberg, L.R. Hypnoanalysis. New York: Grune & Stratton, 1945.

D. KLİNİK DIŞI UYGULAMALAR

International J. Clin. Exp. Hypnosis, 1979, 27. October: Forensic uses of hypnosis.

GÖRSEL-İŞİTSEL KAYNAKLAR

Eğitmenlerin ve öğrencilerin kullanımı için aşağıdaki görsel-işitsel kaynaklar çıkarılmıştır.

AMERICAN SOCIETY OF CLINICAL HYPNOSIS

2250 East Devon Avenue, Suite 336

Des Plaines, Illinois 60018

ASCH arşivinde yüzden fazla sesli kaset bulunmaktadır. Atölye çalışmaları, bilimsel sunum ve sempozyumların kayıtlarını içeren kasetlerin katalogu için ASCH'ye yazabilirsiniz.

MILTON H. ERICKSON FOUNDATION

3606 N. 24th St., Phoenix, Arizona 85016

Phone (602)956-6196

SATIŞTAKİ VİDEOKASETLER:

Eğitim Kasetleri:

1. The Process of Hypnotic Induction: A Training Videotape Featuring Inductions Conducted by Milton H. Erickson in 1964. Jeffrey K. Zeig, Ph.D. provides commentary. Length: 2 hours. Available in Beta, VHS and 3/4 inch.

2. Symbolic Hypnotherapy.Jeffrey K. Zeig, Ph.D. and segments of hypnotherapy conducted by Milton Erickson. Length:2 hours, 40 minutes. Available in Beta, VHS and 3/4 inch.

1981 Erickson Seminerinden:

1. Naturalistic Approaches to Hypnosis: Utilzing Hypnosis in Pain Treatment in Psychotherapy. Joseph Barber, Ph.D.

2. Induction with Children and Adolescents. Franz Baumann, M.D.

3. The Parts Model: Demonstration of Work with Phobias and Anchors. Paul Carter, Ph.D.

4. The Varieties of Ericksonian Hypnotic Suggestion. Stephen Lankton, MSW.

5. Ericksonian Induction Strategies. Robert Pearson, M.D.

6. Conversational Introduction to Trance. Ray Thompson, DDS.

1982 Erickson Seminerinden:

1. Utilizing Hypnosis in Psychotherapy. Joseph Barber, Ph.D.

2. Accessing Unconscious Processes. Stephen Gilligan, Ph.D.

3. A Dual Induction Using Dissociation. Stephen Lankton, MSW & Carol Lankton, M.A.

4. The Constructive Use of Hypnotic Phenomena. Marion Moore, M.D.

5. Ericksonian Induction Methods. Robert Pearson, M.D.

6. A Conversational Induction with Fixation of Ideas. Bertha Rodger, M.D.

7. A Quick Utilization Approach to Hypnotic Inductions. Sidney Rosen, M.D.
8. A Fail Safe Double Bind Approach to Hypnotic Induction. Ernest Rossi, Ph.D.
9. A Conversational Induction and the Utilization of Spontaneous Trance. Ray Thompson, DDS.
10. The Effective Utilization of Miltilevel Communication. Jeffrey Zeig, Ph.D.

1982 Uluslararası Erickson Kongresinden:

1. Clinical Use of Trance Phenomena for Therapy and Pain Control. Stephen R. Lankton, MSW.
2. Indirect Techniques of Hypnotherapy. Jeffrey R. Zeig, Ph.D.
3. Utilizing Different Parts of a Person Simultaneously. Stephen Gilligan, Ph.D.
4. Hypnotic Alteration of Pain Perception. Joseph Barber, Ph.D.
5. A Fail Safe Double Bind Induction Procedure. Ernest Rossi, Ph.D.
6. Conversational Induction and Utilization of Spontaneous Trance. Ray Thompson, DDS.

1984 Erickson Seminerinden:

1. The First Therapeutic Treatment of Dr. B. Joseph Barber, Ph.D.
2. Unity, Complementarity and Multiplicity: Principles for Generative Personality in Ericksonian Hypnotherapy. Stephen Gilligan, Ph.D.
3. Use of Multiple Embedded Metaphor for Psychological Reassociation. Stephen Lankton, MSW, & Carol Lankton, M.A.
4. Brother Sun and Sister Moon: Multiple Trances and Experiential Encounter Between Therapists. Ernest L. Rossi, Ph.D.
5. Conversational Induction Techniques. Kay Thompson, DDS.

6. Using Metaphor and the Interspersal Technique. Jeffrey R. Zeig, Ph.D.

1986 Uluslararası Kongreden:

1. Enhancing Therapeutic Responsiveness. Jeffrey K. Zeig, Ph.D.
2. Rehearsing Positive Outcomes with Self-Image Thinking. Carol H. Lankton, M.A.
3. Using Dreams to Facilitate Hypnotherapy. Ernest Rossi, Ph.D.
4. Hypnosis to Alter Affect. Joseph Barber, Ph.D.
5. Family Therapy and Hypnosis. Stephen Lankton, MSW.

SATIŞTAKİ SESLİ KASETLER:

Milton H. Erickson Vakfı'nda geçmiş Ericksoncu toplantılardan yüzden fazla sesli kaset satışa sunulmaktadır. Daha fazla bilgi için Erickson Vakfı ile irtibata geçebilirsiniz.

BMA SESLİ KASETLERİ

200 Park AVenue South New York, N.Y. 10003

BMA tarafından sunulan hipnoz kasetleri içinde Herbert ve David Spiegel tarafından hazırlanmış bir seri de bulunuyor. Katalog için kendilerine yazabilirsiniz.

CINE MAGNETICS VIDEO

219 East 44th Street New York, N.Y. 10017

"Reverse Set in Hypnotic Induction." A videotape of Milton Erickson in his prime.

CREATIVE AUDIO

8751 Osborne, Highland, IN 46322. (219)-838-2770.

Aşağıdaki hipnoz kasetleri Creative Audio tarafından satışa sunulmaktadır.

Using Hypnosis and Metaphor in Residential Treatment. Loretta Butehorn (2 tapes). 1986 Residential Care conference.

Spellbinding for a Change: The Essentials of Ericksonian Hypnosis. Bill O'Hanlon, M.S. (4 tapes). 1986 Success in Family Therapy Conference.

Self-Hypnosis as a Family Therapy Tool: An Ericksonian State of Mind. Ronald Havens & Catherine Walters. (2 tapes). 1986 AAMFT Annual Convention.

AMERICAN ACADEMY OF PSYCHOTHERAPISTS
TAPE LIBRARY

Contact Alvin Mahrer, Ph.D. Center for Psychological Services

University of Ottawa Ottawa,

Ontario, Canada R1N 6N5

Amerikan Psikoterapistler Akademisi kaset arşivinde aşağıdaki hipnoz kasetleri bulunmaktadır:

No. 33: "Laura: The Therapeutic Self." John G. Watkins, Ph.D.

No. 42: "Hypnotic LSD Trips." Harold Greenwald, Ph.D.

No. 46: "Mary." Scott Moss, Ph.D.

No. 47: "Hypnoplasty." Harry Teltscher.

No. 51: "Hypnotic Age Regression." Erika Fromm, Ph.D.

No. 52: "Screen Visualization." Erika Fromm, Ph.D.

No. 53: "Hypnotic Preparation for Surgery." Peter Field, M.D.

No. 56: "Hypnotic Age Progression." Irwin Rothman, D.O., M.D.

No. 57: "Hypnotic Relief of Pain." Irwin Rothman, D.O., M.D.

No. 59: "Hypnosis for Students." Irwin Rothman, D.O., M.D.

No. 97: "Hypnoanalytic Ego-State Therapy." Helen H. Watkins M.A., and John G. Watkins, Ph.D.

IRVINGTON PUBLISHING COMPANY
551 Fifth Avenue
New York, N.Y.10017

Ego States and Hidden Observers. II. The Woman in Black and the Lady in White. (Cassette tape and transcript). John G. Watkins, Ph.D. and Helen H. Watkins, M.A.

"Hypnotic Phenomena. I. Induction & Suggestion. II. Deep Trance." Videotape demonstration by John G. Watkins, Ph.D. Also available from the ASCH Videotape Library. Two 45-minute segments.

PAGE SEVEN Audio-Visual Resources

<u>UPJOHN PROFESSIONAL FILM LIBRARY</u> 7000 Portage Road Kalamazoo, Michigan 49001

"Hypnosis as Sole Anesthesia for Cesarean Section:" Ralph V. August, M.D. Videotape and 16 mm film.

<u>FAMILY THERAPY INSTITUTE</u>
5850 Hubbard Drive Rockville, MD. 20852

"1958 Milton H. Erickson Hypnotic Induction."Black 'and' white videotape of Erickson. Available for purchase.

PSİKOTERAPİ ENSTİTÜSÜ YAYINLARI

KİTAP ADI	YAZAR
Açıklamalı Hipnoterapi	ALLADIN Assen
Kaygı Bozuklukları Tedavisinde Bütüncül BDT	ALLADIN Assen
İçimizdeki Anne	AKHTAR Salman, PARENS Henri, KRAMER Selma
Klinik Uygulamada Zihinselleştirme	ALLEN Jon, ONAGY Peter, BATEMAN Anthony
Buluttaki Yüzler	ATWOOD George, STOLOROW Robert
Öznelliğin Yapıları	ATWOOD George, STOLOROW Robert
Psikanalitik Tedavi	ATWOOD George, STOLOROW Robert
Varoluşun Bağlamları	ATWOOD George, STOLOROW Robert
Öznelerarası Bakış Açısı	ATWOOD, STOLOROW, BRANDCHAFT Bernard
Öznelerarası Alanda Çalışmak	ATWOOD, STOLOROW, ORANGE Donna
Borderline Kişilik Bozukluğunda Zihinselleştirmeye Dayalı Tedavi	BATEMAN Anthony, FONAGY Peter
Hipnozla Tedavi Yöntemleri	BARABASZ Arreed, WATKINS John
101 Savunma	BLACKMAN Jerome S.
Güvenli Bir Dayanak	BOWLBY John
Sevgi Bağlarının Kurulması ve Bozulması	BOWLBY John
Hipnoterapi ve Hipnoanaliz	BROWN Daniel, FROMM Erika
İnsan İlişkilerinin Nörobilimi	COZOLINO Louis
Psikoterapinin Nörobilimi	COZOLINO Louis

KİTAP ADI	YAZAR
Terapist Olmak	COZOLINO Louis
Bilişsel Davranışçı Çift ve Aile Terapisi	DATTILIO Frank M.
Bütüncül Psikoterapiye Giriş	EVANS Kenneth R., GILBERT, Maria
Psikanaliz Temel Kitabı	GABBARD G., LITOWITZ B., WILLIAMS P.
Duygu Odaklı Terapi	GREENBERG Leslie S.
Aşk ve Saldırganlığın Ayrılmaz Doğası	KERNBERG Otto F.
Borderline Kişiliğin Psikoterapisi	KERNBERG Otto, CLARKIN John, YEOMANS Frank
Klinik Hipnozun Esasları	KIRSCH Irving, LYNN Steven Jay
Psikanaliz Nasıl Sağaltır?	KOHUT Heinz
Çok Boyutlu Terapi Uygulaması	LAZARUS Arnold
Kısa Dinamik Terapi	LEVENSON Hanna
Süresi Sınırlı Dinamik Psikoterapi	LEVENSON Hanna
İrdeleyici Psikoterapi Rehberi - Araştırma Ruhu ve Mahareti	LICHTENBERG Joseph D.
Psikanaliz ve Güdülenme	LICHTENBERG Joseph D.
Kendilik ve Güdülenme Sistemleri	LICHTENBERG Joseph, LACHMANN Frank, FOSSHAGE James
Klinik Etkileşimler	LICHTENBERG Joseph, LACHMANN Frank, FOSSHAGE James
Psikanalizde İletişim - Araştırma Ruhu	LICHTENBERG Joseph, LACHMANN Frank, FOSSHAGE James
Kişilik Kuramları	MAGNAVITA Jeffrey J.

0262 653 66 99 — **yayin.psikoterapi.com**

www.psikoterapi.com / www.psikoterapi.org / www.hipnoz.com

PSİKOTERAPİ ENSTİTÜSÜ YAYINLARI

KİTAP ADI	YAZAR
Kişilik Yönelimli İlişkisel Psikoterapi	MAGNAVITA Jeffrey J.
Borderline Ergenden İşlevsel Yetişkine	MASTERSON James F.
Borderline Ergenin Tedavisi	MASTERSON James F.
Borderline Yetişkinlerde Psikoterapi	MASTERSON James F.
Borderline Yetişkinin Psikoterapisinde Yeni Bakış Açıları	MASTERSON James F.
Ergenliğe Yaklaşımda Psikiyatrinin İkilem	MASTERSON James F.
Gerçek Kendiliği Ararken	MASTERSON James F.
Gerçek Kendilik	MASTERSON James F.
Karşı Aktarım ve Psikoterapötik Teknik	MASTERSON James F.
Kendiliğin Doğuşu	MASTERSON James F.
Kendilik Bozukluklarının Tedavisinde Yeni Ufuklar	MASTERSON James F.
Narsistik ve Borderline Kişilik Bozuklukları	MASTERSON James F.
Psikanalitik Psikoterapilerin Karşılaştırılması	MASTERSON James F.
Terapistler için Kişilik Bozuklukları Rehberi	MASTERSON James F.
Kendilik Bozukluklarının Psikoterapisi	MASTERSON James F., KLEIN Ralph
Hipnoz - Kuram, Araştırma ve Uygulama	NASH Michael R., BARNIER Amanda J.
Psikoterapi Sistemleri	NORCROSS John, PROCHASKA James
Kişilik Bozukluklarında Travma	ORCUTT Candace
Alerji ve Deri Hastalıklarında Hipnoterapi	ÖZAKKAŞ Tahir
Anksiyete Bozuklukları ve Tedavisi	ÖZAKKAŞ Tahir
Azerbaycan Tıp Eğitiminde Psikiyatri 1-2	ÖZAKKAŞ Tahir
Cinsel Problemlerde Hipnoterapi	ÖZAKKAŞ Tahir
Gerçeğin Dirilişine Kapı - Hipnoz 1 - 2	ÖZAKKAŞ Tahir
Hipnotik Yaş Geriletmesi	ÖZAKKAŞ Tahir
Jung'un Öznelliğinde Kuramlararası Bir Gezinti	ÖZAKKAŞ Tahir
Masterson Yaklaşımına Genel Bakış	ÖZAKKAŞ Tahir
Aile Psikolojisi	PINSOF William M.
Çoklu Kişilik Bozukluğu	PUTNAM Frank W.
Borderline Hastalar için Destekleyici Terapi	ROCKLAND, Lawrence H.
Duygulanım Düzensizliği ve Kendilik Bozuklukları	SCHORE Allan N.
Duygulanımın Düzenlenmesi ve Kendiliğin Kökeni	SCHORE Allan N.
Duygulanımın Düzenlenmesi ve Kendiliğin Onarımı	SCHORE Allan N.
Psikoterapi Sanatının Bilimi	SCHORE Allan N.
Yansıtmalı Özdeşim	SPILLIUS Elizabeth, O'SHAUGHNESSY Edna
Bebeğin Kişilerarası Dünyası	STERN Daniel
Psikoterapi ve Günlük Yaşamda Şu An	STERN Daniel
Psikoterapide Bütünleşme Vaka Kitabı	STRICKER George, GOLD Jerry
Terapinin Dili	WACHTEL Paul

PSİKOTERAPİ ENSTİTÜSÜ YAYINLARI

ATÖLYE ÇALIŞMALARI

KİTAP ADI	YAZAR
Bilişsel Hipnoterapi I-II	ALLADIN Assen
İlişkisel Psikanalize Giriş	ARON Lewis
Bilişsel Davranışçı Çift ve Aile Terapisi	DATTILIO Frank
Hipnotik Beyin	DE BENEDITTIS Giuseppe
Anksiyete Bozukluklarında Bilişsel Davranışçı Terapi	FREEMAN Arthur
Duygu Odaklı Çift Terapisi I - II	GREENBERG Leslie S.
Duygu Odaklı Terapi I - II	GREENBERG Leslie S.
Kernberg Günleri I-II-III-IV	KERNBERG, CLARKIN, YEOMANS
Süresi Sınırlı Dinamik Psikoterapi I - II	LEVENSON Hanna
Birleştirilmiş Psikoterapi	MAGNAVITA Jeffrey J.
Masterson Günleri I - V / Masterson's Days I - V	MASTERSON Enstitüsü
Psikoterapide Bütünleşme	NORCROSS John
Gelişimsel Kuram Zemininde İlişkisel Psikanaliz	ORFANOS Spyros D.
Aile Psikolojisi: Bütünleşme ve Araştırmalar	PINSOF William M.
Gelişimsel Nörobiyoloji ve Bağlanma Kuramı	SCHORE Allan N.
Bütüncül İlişkisel Psikoterapi	WACHTEL Paul

0262 653 66 99 yayin.psikoterapi.com
www.psikoterapi.com / www.psikoterapi.org / www.hipnoz.com

PSİKOTERAPİ ENSTİTÜSÜ YAYINLARI — BÜTÜNCÜL SERİ

Kişilik Kuramları
Kişilik Bilimine Çağdaş Yaklaşımlar

Jeffrey J. Magnavita

Kişilik kuramı alanındaki önde gelen akademisyenlerden olan Jeffrey J. Magnavita, kişilik kuramının evrimine dair zengin ve dengeli bir metinle bizi eski Yunan modellerinden başlayıp 19. yüzyılda bilimsel psikoloji kurma çabalarına uzanan bir yolculuğa çıkarıyor.

Psikanaliz Temel Kitabı I-IV

Glen O. Gabbard, M.D.
Bonnie E. Litowitz, Ph.D.
Paul Williams, Ph.D.

Bu kitap, Amerikan Psikiyatri Birliği tarafından genişletilmiş ve gözden geçirilmiş yeni baskı olarak yayımlanmıştır. Amerika'da yayımlanan en geniş kapsamlı psikanaliz ders kitabı olan Psikanaliz Temel Kitabı hem alana yeni giren öğrencilere hem de uygulayıcılara yönelik olarak hazırlanmıştır.

Kişilik Yönelimli İlişkisel Psikoterapi
Birleştirilmiş Bir Yaklaşım

Jeffrey J. Magnavita

İlişkisel bir ortak zemin üzerine "genel sistemler teorisi"nin prensiplerine göre inşa edilecek bir entegrasyon, barındırdığı imkanlar açısından heyecan veriyor.

Psikoterapi Sistemleri
Teoriler Ötesi Bir Çözümleme

James O. Prochaska
John C. Norcross

Bizim değişmez dileğimiz kitabımızın sizleri bilgilendirmesi ve heyecanlandırması. Kitabımız önde gelen psikoterapi sistemleri hakkında sistematik kapsamlı ve dengeli bir araştırmayı karşılıyor.

Terapinin Dili

Paul Wachtel

Bu kitap terapi tekniğiyle, hastamızı anladıktan sonra onu anladığımızı nasıl söze döküp ifade edeceğimizle ilgili bilgiler içermektedir. Kitap, literatürde ve eğitim programlarının çoğunda var olan bir boşluğu doldurmak amacıyla yazılmıştır. Amacı terapistlerin hastanın iyileşme ve değişim sürecine yardımcı olmak üzere ne söyleyebileceğini ayrıntılı olarak incelemektir.

Zihnin Kendini Koruma Yolları
101 Savunma

Jerome S. Blackman

Bu kitap, zihnin kendini koruma yöntemi olan savunma mekanizmalarına ilişkin genel kavramları, gelişim boyunca ortaya çıkış süreçlerini, psikoseksüel gelişim evrelerinde ortaya çıkan savunmaları 101 temel savunma mekanizması şeklinde sınıflandırarak detaylı bir şekilde okuyucuya sunmaktadır.

Psikoterapide Bütünleşme Vaka Kitabı

George Stricker - Jerry Gold

Bu kitap, Çok Modelli Terapiden Sistematik Terapi Seçimine, Asimilatif Psikodinamik Bütüncül Psikoterapiden Travma Çözümünde Deneyimsel Terapiye, Bilişsel Analitik Terapiden Kronik Depresyon ve Psikoterapinin Bilişsel Davranışçı Analiz Sistemine bütünleşmenin çok çeşitli alanlarına eğilen makalelerden oluşmaktadır.

Bütüncül Psikoterapiye Giriş

Kenneth R. Evans
Maria C. Gilbert

"...Bu kitabın amacı, okuyucuya, farklı hasta ihtiyaçlarına uygun yaklaşım esnekliğini içinde barındıran yaratıcılıkta ve ilişki paradigmasına dayalı bir entegrasyon modeli için çerçeve sunmaktır. ..."

Aile Psikolojisi
Bilimin Sanatı

William M. PINSOF -
Jay L. LEBOW

Aile terapileri konusunda dünyada ve ABD'de öncü bir çalışma grubu olan Chicago'daki North Western Üniversitesi'ne bağlı Aile Enstitüsü ve bu enstitünün başkanı W. Pinsof bu değerli çalışmanın editörlüğünü arkadaşı Jay L. Lebow'la birlikte yürütmüş ve kitabın bir bölümünü kaleme almıştır.

Çok Boyutlu Terapi Uygulaması
Sistematik, Kapsamlı ve Etkili Psikoterapi

Arnold A. Lazarus

Bu kitap, onlara danışan insanlarla daha yüksek bir verim ve etkinlik seviyesinin yakalamak konusunda gerçekten istekli olan ruh sağlığı uzmanlarına hitap etmektedir. İhtiyacımız olan son şey yeni bir psikoterapötik sistemin, şu anda mevcut olan yüzlercesine eklenmesidir.

0262 653 66 99   **yayin.psikoterapi.com**
www.psikoterapi.com / www.psikoterapi.org / www.hipnoz.com

PSİKOTERAPİ ENSTİTÜSÜ YAYINLARI / BÜTÜNCÜL SERİ

1. Ulusal Bütüncül Psikoterapi Kongresi Tam Metin Kitabı

"Psikoterapileri Bütünleştirme" teması ile Psikoterapi Ensitüsü ev sahipliğinde gerçekleşen Türkiye'nin ilk bütüncül psikoterapi kongresinde yapılan sunumların tam metinlerinin yer aldığı benzersiz bir başvuru kaynağıdır. Kongrede temel olarak eğitim, uygulama, terapötik teknikler, interdisipliner ve transdisipliner çalışma modelleri, kültürel farklılıklar, öznellik temaları işlenmektedir.

Psikoterapide Bütünleşme Dergisi

Psikoterapide Bütünleşme Araştırmaları Birliği (SEPI) tarafından 20 yılı aşkın süredir yayımlanan bu dergi, çok sayıda psikoterapi ekolünün özünde yatan ortak faktörlerin bilimsel gerçeklere dayanarak bulunmasına yönelik bir gayretin temsilidir.

İlişkisel Psikanalize Giriş
Atölye Çalışması Metinleri

Lewis Aron

Atölye çalışması metinlerinin bulunduğu bu kitapta ilişkisel psikanalizin arka planı, gelişimi, temel fikirleri ve uygulama alanlarının yanı sıra ilişkisel psikanalizin kendilik psikolojisi ve öznelerarasılık kuramı ile etkileşimleri zengin çağrışımlarla yüklü bir tarihsel bağlamda ele alınmaktadır.

Gelişimsel Kuram

Spyros D. Orfanos

New York Üniversitesi Psikoterapi ve Psikanaliz Doktora Sonrası Programı Klinik Direktörü Sypros Orfanos tarafından ilişkisel psikanalizin gelişimsel kuram ve nesne ilişkileri zemininde ele alınması, klinik uygulamada ortaya çıkan soru ve sorunların ayrıntılı olarak incelenmesi konulu atölye çalışmasının metnidir.

Birleştirilmiş Psikoterapi
Atölye Çalışması Metinleri

Jeffrey J. Magnavita

Jeffrey Magnavita, psikoterapi alanında yüzyıllardır süregelen farklı kuramların tek bir çatı altında toplanması ve terapi odasında bu kuramların aynı yetkinlikle ve kusursuz bir şekilde uygulanabilmesi amacıyla entegrasyon çalışmaları gerçekleştirmektedir.

Bütüncül İlişkisel Psikoterapi
Atölye Çalışması Metinleri

Paul L. Wachtel

Psikanalizin bu gelişimsel sürecinde gelinen son noktada "İlişkisel Psikanaliz"den bahsetmek mümkündür. İlişkisel Psikanaliz'in kurucusu kabul edilen Paul Wachtel, bu atölye çalışmasında, İlişkisel Psikanalizi bütüncül bir modelle bize sunmaktadır.

Psikoterapide Bütünleşme
Atölye Çalışması

John C. Norcross

Psikoterapide bütünleşmenin olgunlaşması, ampirik olarak desteklenen uluslararası bir hareket haline gelmesi sürecinde katkıları olan değerli kuramcı ve araştırmacı Dr. John Norcross'un ziyaretinin bize, kendisinin derin bilgi birikimi ve deneyiminden yararlanma fırsatı sunmuştur.

Aile Terapileri Bütünleşme ve Araştırma
Atölye Çalışması

William M. Pinsof

Aile terapisi alanında dünyanın önde gelen uzmanlarından biri olan Dr. Pinsof, üç günlük atölye çalışmasında aile psikolojisi alanındaki kuramsal bilgi birikimini aktarmanın yanı sıra klinik deneyim ve araştırmalarda gelinen son noktayı bizlerle paylaşacaktır.

0262 653 66 99   **yayin.psikoterapi.com**

www.psikoterapi.com / www.psikoterapi.org / www.hipnoz.com

PSİKOTERAPİ ENSTİTÜSÜ YAYINLARI — DİNAMİK SERİ

Yansıtmalı Özdeşim
Elizabeth Spillius, Edna O'Shaughnessy

Bu kitapta yansıtmalı özdeşim kavramının tarihsel gelişimi, farklı psikanaliz okullarında ve dünyanın farklı bölgelerinde nasıl karşılandığı son derece titiz ve derinlemesine inceleniyor. Melanie Klein'ın yayımlanmış ve yayımlanmamış arşiv yazılarından başlayan inceleme, kavramın Kleinci düşüncedeki gelişimine, oradan diğer psikanalitik yönelimlerdeki evrimine ilerleyerek aynı zamanda kuramlar arası kavramsal etkileşimin doğasını ve olası güçlüklerini araştırıyor. Son olarak Britanya, Avrupa, Kuzey ve Güney Amerika'daki psikanalistler yansıtmalı özdeşim kavramının kendi ülkelerindeki tarihsel gelişimini anlatıyorlar.

Borderline Kişilik Bozukluğu İçin Aktarım Odaklı Psikoterapi
Klinik Bir Rehber
Frank E. Yeomans - John F. Clarkın
Otto F. Kernberg

Borderline hastalara özel olarak geliştirilmiş Aktarım Odaklı Psikoterapi (AOP) salt semptom gidermenin ötesine geçerek, altta yatan kişilik bozukluğunu ele alan bir yaklaşımdır. AOP'nin geliştirilmesi ve ilerletilmesi amacıyla yürütülen özenli ve yoğun araştırmalar sonucunda ortaya çıkan bu kitap, yaklaşımın temel kılavuz kitabı olan Borderline Kişiliğin Psikoterapisi'nin genişletilmiş ve güncellenmiş halidir

Borderline Hastalar İçin Destekleyici Terapi
Psikodinamik Bir Yaklaşım
Lawrence H. Rockland

Borderline kişilik bozukluğu olan hastaların bir kısmı ruhsal yapılanma açısından çok ilkel ve dürtüsel bir yapıya sahiptir. Bu hastalarla derinliğine araştırıcı psikanalitik psikoterapi uygulanması mümkün olmamaktadır. İşte bu hasta grubu için öncelikle savunmaları güçlendirmeye odaklanan dinamik destekleyici psikoterapi önerilmektedir. Rockland'ın bu kitabı, destekleyici dinamik psikoterapinin temel çerçevesini çizmiştir.

Aşk ve Saldırganlığın Ayrılmaz Doğası
Klinik ve Kuramsal Bakış Açılarıyla
Otto F. Kernberg

Dr. Kernberg'in son kitabında başta narsisistik hastalar olmak üzere ağır kişilik bozukluğu hastalarının tanı ve tedavisinde yeni yaklaşımlar ile aşk, yıkıcılık, cinsellik, yas tutma, maneviyat gibi konularda psikanalitik ve nörobiyolojik bulguların içiçe geçiren kendine has güçlü ve berrak düşünce akışına bir kez daha tanıklık ediyoruz.

Kernberg Günleri
I-II-III-IV Atölye Çalışmaları
Otto F. Kernberg, Frank E. Yeomans, John F. Clarkin

Bu kitaplarda ağır kişilik bozuklukları olan hastalar için özel bir psikanalitik psikoterapi, bu psikoterapinin teknik yaklaşımı ve etkinliğine ampirik kanıt sunan belli araştırma projeleri anlatılmaktadır.

0262 653 66 99 — **yayin.psikoterapi.com**
www.psikoterapi.com / www.psikoterapi.org / www.hipnoz.com

PSİKOTERAPİ ENSTİTÜSÜ YAYINLARI

DİNAMİK SERİ

Ergenliğe Yaklaşımda Psikiyatrinin İkilemi

James F. Masterson

Bu kitabın ortaya koyduğu sorun; kişilik bozukluğu olan ergenin, büyüdükçe bunun içinden sıyrılamadığıdır. Öyle ki, kişilik bozukluğu olan ergenlerde görülen depresyonun büyüdükçe azalmaktansa arttığını göstererek, gelecek anlayışımızın ipuçlarını verir.

Borderline Ergenin Tedavisi
Gelişimsel Bir Yaklaşım

James F. Masterson

Kitap, borderline ergenin teşhis ve tedavisi için ayrılma-bireyleşme psikodinamiklerinin anlaşılmasının neden gerekli olduğunu ortaya koyar.

Borderline Ergenden İşlevsel Yetişkine: Zaman Testi
Aile ve Borderline Ergenin Psikanalitik Psikoterapisi üzerine Takip Raporu

James F. Masterson-Jacinta Lu Costello

"...Borderline ergeninin psikoterapisinin etkililik alanlarını inceleyen bu kitap, bu sık sık tartışılan çelişkili meseleyi tartışma çemberinden çıkarıp, bilimsel bir araştırma mikroskobunun altına yerleştiriyor. Aynı zamanda birçok hayati soruya da karşılık veren araştırma kanıtları ortaya koyuyor..."

Terapistler için Kişilik Bozuklukları Rehberi
Masterson Yaklaşımı Rehber ve Çalışma Kitabı

James F. Masterson-Anne R. Lieberman

Masterson Enstitüsü'nün öğretim üyeleri ve Dr. Masterson'un kendisi tarafından yazılmış olan bu kitap, okuyuculara konuyla ilgili gelişimsel kuramın ve Masterson Yaklaşımı'nın evrim etaplarının bir özetini sunarak bu boşluğu doldurmayı amaçlamaktadır.

Karşı Aktarım ve Psikoterapötik Teknik
Borderline Yetişkinlerin Psikoterapisinde Eğitim Seminerleri

James F. Masterson

Bu kitap, borderline hastaların psikoterapisinde uygulanan gelişim modeliyle ilgili daha ayrıntılı klinik bilgiye gereksinim olduğu yönündeki talepler üzerine çeşitli terapistler tarafından verilen 34 vaka seminerinin dökümleri gözden geçirilerek hazırlanmıştır.

Kendiliğin Doğuşu
Gizli Narsisistik Kendilik Bozukluğunun Tedavisinde Gelişimsel Kendilik ve Nesne İlişkileri Yaklaşımı

James F. Masterson

Kendilik bozuklukları üzerine yazılmış olan bu kitap, gizli narsisistik kendilik bozukluğunun psikoterapisinde gelişimsel bir kendilik ve nesne ilişkileri yaklaşımı sunmaktadır.

Gerçek Kendilik
Gelişimsel Kendilik ve Nesne İlişkileri Yaklaşımı

James F. Masterson

Masterson, gelişimsel duraklamaların kendiliğin gelişimini durakladığını tespit etti. Kendilik kavramının ayrı bir zihinsel yapı ve kendine ait bir gelişim çizgisi olduğunu, kendine ait psiko-patolojisi bulunduğunu ve kendine ait tanımlanabilen kapasiteleri olduğunu gösterdi.

Borderline Yetişkinlerde Psikoterapi
Gelişimsel Bir Yaklaşım

James F. Masterson

'Borderline Yetişkinlerde Psikoterapi' kitabında 'yetişkinlerde borderline bozukluğu' konusunu ele alan James F. Masterson, konuyu kuram ve klinik uygulama olmak üzere iki ana bölümde incelemektedir.

Kişilik Bozukluklarında Travma

Candace Orcutt

Bu kitap, sizlere hem kişilik bozukluğu olan hem de travmaya (gelişimsel ve güncel) uğrayan hastalarda, kişilik çalışması ve travma çalışmasını dengeleyen klinik bir yaklaşım sunmaktadır. Bu kitap sayesinde, terapi süreci boyunca kişilik çalışması ve travma çalışmasının nasıl dengede tutulabileceğiyle alakalı güncel bilgiler edineceksiniz.

Çoklu Kişilik Bozukluğu
Teşhis ve Tedavi

Frank W. Putnam

Hem bir temel hem de başvuru kaynağı olarak derlenen bu kitap, birçok hastaya yürütülen çalışmaların ve terapistlerin deneyimlerinden yararlanılarak tedavi teknikleri ve felsefelerin bir sentezi durumundadır.

0262 653 66 99 **yayin.psikoterapi.com**

www.psikoterapi.com / www.psikoterapi.org / www.hipnoz.com

PSİKOTERAPİ ENSTİTÜSÜ YAYINLARI — DİNAMİK SERİ

Psikanalitik Psikoterapilerin Karşılaştırılması
Gelişimsel Kendilik ve Nesne İlişkileri, Kendilik Psikolojisi, Kısa Süreli dinamik Psikoterapi

James F. Masterson

Bu kitap borderline ve narsistik kişilik bozukluğu olan hastaların psikoterapisine dair teorik yaklaşımlar arasındaki farklılık ve benzerlikleri incelemektedir. Borderline ve narsistik kişilik bozukluklarının psikoterapisine dair argümanları karşılaştırmalı bir şekilde ortaya konulmaktadır.

Narsisistik ve Borderline Kişilik Bozuklukları
Bir Bütüncül Gelişimsel Yaklaşım

James F. Masterson

Bu kitabında klinik veriler ışığında narsisistik ve borderline kişilik bozukluklarını inceleyen James F. Masterson, terapi süreçleri uzun zamanlı ve çok güç olan bu tür hastalıklara bakan terapistlere uygulamalarla desteklenmiş kuramsal açıklamalar sunmaktadır.

Kendilik Bozukluklarının Psikoterapisi
Masterson Yaklaşımı

James F. Masterson - Ralph Klein

Bu önemli çalışmanın, okuyuculara sadece yeni içgörüler kazandırmakla kalmayıp, yeni araştırma ve uygulama yolları aramak ve bulmak için bir model oluşturmasını umuyoruz. Masterson yaklaşımı çerçevesinde teorik ve pratik birikimin değerli yapı taşlarından biri olan bu kitabı bütün klinisyenlere önemle tavsiye ediyoruz.

Borderline Yetişkinin Psikoterapisinde Yeni Bakış Açıları

James F. Masterson - Peter L. Giovacchini
Otto F. Kernberg - Harold F. Searsles

Bu kitaba katkıda bulunmuş her bir yazarın çarpıcı bir birikimi ve derin bir arka planı vardır. Hepsi borderline sendromu alanına kendi profesyonel gelişim alanlarından ve kendilerine özgü ve özel bakış açılarından katkıda bulunmaktadır.

Gerçek Kendiliği Ararken
Çağımızın Kişilik Bozukluklarını Ortaya Çıkarma

James F. Masterson

Bu kitap, kişinin gerçek kendiliğinin erken çocukluktaki gelişimini, kapasitelerinin ne olduğunu ve kişinin gerçek kendiliğini, diğerleri ile ilişkileri aracılığıyla yaşantılayarak dış dünyayla uyumlu hale getirmek için onu nasıl yapılandırdığını ve açık bir şekilde ifade ettiğini anlatıyor.

Kendilik Bozukluklarının Tedavisinde Yeni Ufuklar
Masterson Yaklaşımı

James F. Masterson - Ralph Klein

Masterson Yaklaşımı'nın kendilik bozukluklarının araştırılmasında ve tedavisinde ne kadar hayati bir rol oynadığının kanıtı olan bu kitapta, Masterson'ın 1990-1995 yılları arasında kuramsal ve klinik açıdan hangi yönlerde ilerlediği anlatılmaktadır.

Masterson Günleri I-V
Masterson's Days I-V
Masterson Enstitüsü

Masterson günleri I-V kitabı, kendilik bozuklukları ile yapılan derinlemesine çalışmaları içeren eşsiz bir kitaptır. Bu kitaplar, vaka örnekleriyle somutlaştırılan terapi teknikleriyle kendilik bozukluklarında iyileşmeye giden yolun tarifini sunmaktadır.

0262 653 66 99 **yayin.psikoterapi.com**
www.psikoterapi.com / www.psikoterapi.org / www.hipnoz.com

PSİKOTERAPİ ENSTİTÜSÜ YAYINLARI — DİNAMİK SERİ

Terapist Olmak
Louis Cozolino

Terapist olmak için teknik bilgi ve becerilerden fazlası gerekir; terapist danışanla bir araya geldiğinde kendi düşünceleri, hisleri ve önyargılarıyla yüzleşme yoluna da girmiş olur. İşte bu yolda terapiste bilgelik ve şefkatle yön göstermeyi amaçlayan Cozolino, kendi terapist olma sürecinin kaygılarını, hayal kırıklıklarını, başarılarını ve başarısızlıklarını da açık yüreklilikle paylaşarak, psikoterapistliğin abecesini adım adım gözler önüne seriyor.

İçimizdeki Anne
Nesne Sürekliliğinin Kavramsal ve Teknik Yönleri

Salman Akhtar - Selma Kramer - Henri Parens

Nesne sürekliliğindeki bozulmaların klinik açıdan etkileri hem çocuklarla hem de yetişkinlerle gerçekleştirilen terapi çalışmalarına göndermelerde bulunarak tartışılmıştır.

Güvenli Bir Dayanak
Ebeveyn - Çocuk Bağlanması ve Sağlıklı İnsan Gelişimi

John Bowlby

Dünyaca ünlü psikiyatrist ve Bağlanma Kuramı üzerine çalışan ilk araştırmacılardan olan J. Bowlby, erken dönemdeki yakın ilişkilerin kritik önemine dayanarak çocuk gelişimine dair önemli rehber ilkeler sunuyor.

Sevgi Bağlarının Kurulması ve Bozulması

John Bowlby

Engin klinik deneyim temelinde Bowlby'nin insancıl ve berrak anlatımıyla kaleme alınmış olan makaleler John Bowlby'nin düşüncele-rine ve eserlerine paha biçilmez bir kapı açmanın yanı sıra hem ebeveynlere hem de ruh sağlığı uzmanlarına pratik bir rehber sunmaktadır.

Psikoterapi ve Günlük Yaşamda Şu An

Daniel N. Stern

"...Bu kitapta olan en yaygın fikir, bizim deneyimlediğimiz dünyamızı oluşturan küçük, anlık olaylara odaklanmaktır. Bu yaşanmış deneyimler, psikoterapideki değişimin kilit anlarını ve günlük yakın ilişkilerin düğüm noktasını oluşturur. Bunlar başlıktaki "şu an"lardır..."

Bebeğin Kişilerarası Dünyası

Daniel N. Stern

Bebeğin Kişilerarası Dünyası kitabında Stern, tüm kuramlarda başat ve sağlam bir yere sahip ancak karşınızda gerçek bir kişi durduğunda spekülatif ve belirsiz olan yaşamın en erken dönemlerindeki çelişkiye ışık tutmak ve bu çelişkiyi ortadan kaldırmayı amaçlamaktadır.

Süresi Sınırlı Dinamik Psikoterapi
Klinik Uygulama Rehberi

Hanna Levenson

Bu kitap, süresi sınırlı dinamik psikoterapi yaklaşımını hayata geçirmenize sizlere yol gösterecek olan klinik uygulama rehberi niteliğindedir. Kitapta gözetilen amaç özellikle zor hastalarda kısa süreli dinamik terapinin köklü bir modelini sunmak ve hastalarınız üzerinde SSPD öğelerini kullanabilmenizi sağlamaktır.

Kısa Dinamik Terapi

Hanna Levenson

Kısa süreli psikoterapiyi uzun süreli dinamik psikoterapiden ayıran ana faktör, odağın sınırlandırılmış olmasıdır. Süre kavramından bile bahsetmeden önce yazarlar "tüm kısa süreli psikoterapi yaklaşımlarının ayırıcı özelliği, terapide odaklanılacak konuyu veya konuları açık bir şekilde ifade edilmesidir" görüşünde birleşmişlerdir.

Süresi Sınırlı Dinamik Psikoterapi
I-II Atölye Çalışmaları

Hanna Levenson

Terapi sürecinde sınırlı odak ve sınırlı hedeflerin konduğu ve bu odağın terapistin etkililiği sayesinde korunduğu, hastadan alınan kısıtlı bilgilerle hızlı bir formülasyon değerlendirmesinin yapılarak anında müdahale edildiği kısa süreli bir psikoterapi türüdür.

📞 **0262 653 66 99**   🌐 **yayin.psikoterapi.com**

www.psikoterapi.com / www.psikoterapi.org / www.hipnoz.com

PSİKOTERAPİ ENSTİTÜSÜ YAYINLARI — NÖROBİLİM SERİSİ

Psikoterapinin Nörobilimi
Sosyal Beyni İyileştirmek
Louis Cozolino

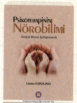

Beyin araştırmalarını klinik örneklerle harmanlayarak psikiyatrik bozuklukları açık seçik bir nörobilimsel çerçeveye oturtan bu kitap, psikoterapi süreçlerinin sinir sistemini nasıl ve neden olumlu etkilediğine ışık tutuyor. 2002 yılında yayımlanan kitabın güncellenmiş bu ikinci baskısı, giderek önem kazanan nörobilimdeki yeni araştırma ve bulgularla zenginleştirilmiştir.

İnsan İlişkilerinin Nörobilimi
Bağlanma ve Sosyal Beynin Gelişimi
Louis Cozolino

Bu kitapta, sosyal çocuk gelişimi ile nörobilim arasındaki bağlantılar kolayca anlaşılan mükemmel bir hikayeye dönüştürülmüştür. Beyin, zihin ve insan davranışıyla ilgilenen herkes için zengin bir kaynak olarak uluslararası çapta kabul görmüş bu eserin hem çalışmalarınıza hem de günlük yaşamınıza yeni bir boyut getireceği kuşkusuzdur.

Gelişimsel Nörobiyoloji ve Bağlanma Kuramı
Atölye Çalışması
Allan N. Schore

Bugüne kadar soyut ve sanal şekilde algılanan ve ele alınan bilinç ve bilinçdışı kavramları, Dr. Schore'un çalışmalarında somutlaştırılmış ve bilinçdışının lokalizasyonunun kanıta dayalı yöntemlerle aydınlatılması yönünde ciddi adımlar atılmıştır.

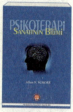

Psikoterapi Sanatının Bilimi
Allan N. Schore

Psikoterapide bugün en çok tartışılan konular olan bağlanma, gelişimsel sinirbilim, travma ve beynin gelişimi üzerine odaklanan bu kitabın ilk kısmında başta erken dönemde ilişkisel travma yaşamış hastalar olmak üzere bütün hastaların tedavisindeki değişim mekanizmasının altında yatan kişilerarası nörobiyolojik duygulanımsal mekanizmalara odaklanılmaktadır.

Allan N. Schore'un Başyapıtı Duygulanım Düzenlemesi Üçlemesi

Allan N. Schore

Nörobiyoloji, gelişimsel nörokimya, davranışsal nöroloji, evrimsel biyoloji, sosyobiyoloji, gelişimsel psikoloji, gelişimsel psikanaliz ve bebek psikiyatrisinin içerisinde yer aldığı modern bilimler arasında görsel bir köprü kuran inanılmaz bir seri oluşturarak psikoloji bilimine eşsiz bir katkıda bulunan Allan Schore, ayrıca güvenli bağlanma ilişkilerinin psikonörobiyolojik mekanizmalarını tanımlamakta ve bu mekanizmaların psikoterapi sürecine nasıl uygulanacağını anlatmaktadır.

Klinik Uygulamada Zihinselleştirme
Jon G. Allen - Peter Fonagy
Anthony W. Bateman

Biz zihinselleştirmenin - kişinin kendisinin ya da diğerlerinin zihinsel durumlarına dikkat etmesinin - tüm psikoterapi tedaviler arasında en temel faktör olduğu ve dolayısıyla tüm ruh sağlığı uzmanlarının zihinselleştirme anlayışından ve pratik uygulamalarından faydalanacakları kanısındayız.

Borderline Kişilik Bozukluğunda Zihinselleştirmeye Dayalı Tedavi
Anthony W. Bateman
Peter Fonagy

Borderline kişilik bozukluğunun tedavisinde klinik olarak etkisi kanıtlanmış bir tedavi olan zihinselleştirmeye dayalı tedaviye pragmatik ve yapısal bir yaklaşım sunan bu pratik rehber, gerçek yaşamdan örneklerle birebir klinik uygulamaya odaklanmaktadır.

 0262 653 66 99 **yayin.psikoterapi.com**
www.psikoterapi.com / www.psikoterapi.org / www.hipnoz.com

PSİKOTERAPİ ENSTİTÜSÜ YAYINLARI / ÖZNELERARASILIK SERİSİ

Psikanaliz ve Güdülenme

Joseph D. Lichtenberg

Güdülenmeye, psikanalizin temel kuramlarındaki sağlam köklerini kaybetmeden, bütün yeni araştırmaları da kapsayan çok yönlü bir yaklaşım sunan Lichtenberg, birbiriyle yarışan bütün psikanalitik görüşler için hem kuram hem de uygulamada uygun bir yer buluyor.

Kendilik ve Güdülenme Sistemleri

Joseph D. Lichtenberg - Frank M. Lachmann - James L. Fosshage

Bütün ruh sağlığı profesyonelleri için ilham kaynağı olacak bu kitapta, güdülenme kuramı, birlikte çalıştığımız gerçek insanlarla örtüşecek şekilde yeniden bir çerçeveye oturtuluyor. Kişisel olanla kişilerarası olan arasında tatmin edici bir denge kuran yazarlar, terapi müdahalelerimiz için hassas bir pusula yaratmışlar.

Psikanalizde İletişim
Araştırma Ruhu

Joseph D. Lichtenberg - Frank M. Lachmann - James L.Fosshage

Güdülenme sistemleri kuramcıları Lichtenberg, Lachmann ve Fosshage bu kitapta seans odasındaki iletişimlerin derinlemesine araştırılmasıyla kurulan terapi ilişkisine odaklanıyor. Çağdaş gelişimsel araştırmalara yaslanan yazarlar, analitik tedavide ortaya çıkan çeşitli iletişimsel boyutları bir arada sunuyor.

İrdeleyici Psikoterapi Rehberi
Araştırma Ruhu ve Mahareti

Joseph D. Lichtenberg

Terapide Araştırma Ruhu kitabının devamı olan bu aydınlatıcı rehberde, irdeleyici ve derinliğine araştırıcı psikoterapi yaklaşımını benimseyen terapistlerin sahip olması gereken yaratıcı beceriler anlatılmaktadır.

Klinik Etkileşimler

Joseph D. Lichtenberg - Frank M. Lachmann - James L.Fosshage

Psikanalistler ve psikoterapistler için yazılmış olan bu kitapta, dokuz yıllık analiz çalışmasını içeren tek bir vaka ele alınmıştır. Önerilen on terapi tekniği, iki yıllık aralıklarla birer haftalık görüşme kayıtları üzerinden aktarım, duygulanım, rüya yorumları, cinsel taciz ve terapötik müdahale şekillerine uygulanmıştır.

Öznelerarası Bakış Açısı

Robert Stolorow - George Atwood Bernard Brandchaft

Psikanalitik kuramda son yıllarda ilişkisel ve etkileşimsel kavramlar açısından ne gibi değişiklikler olduğunu en kapsamlı ve açık şekilde işleyen bu kitap, ruh sağlığı uzmanlarının okumadan geçmemesi gereken bir eserdir.

Öznelliğin Yapıları
Psikanalitik Görüngübilim İncelemeleri

George E. Atwood - Robert D. Stolorow

Bu kitapta, psikanalitik kuramın kavramsal ve yöntemsel temellerini yeniden ve etraflıca ele almaya yönelik bazı girişimler bir araya getirilmiştir. Bu girişimlere rehberlik eden hususlardan ilki, sunulacak yeni bir çerçevenin, klasik analitik kuramcıların katkılarını korumasi ve bunları ortak bir kavramsal dile dökmesi gerektiği düşüncesidir.

Varoluşun Bağlamları
Ruhsal Yaşamın Öznelerarası Temelleri

George E. Atwood - Robert D. Stolorow

34 yaşında hayata gözlerini yuman Daphne Stolorow'un düşüncelerinin yaşadığı pek çok bölümün olan bu kitap sanki Robert Stolorow'un Daphne ile bağı gibidir. Öznellik kuramı alanının temel kitapları "Psychoanalytic Inquiry Book Series" içerisinde çıkmıştır.

Psikanalitik Tedavi
Öznelerarası Bir Yaklaşım

Robert D. Stolorow - Bernard Brandchaft - George E. Atwood

"Psychoanalytic Inquiry" serisinin 8. eseri olan bu kitap, kendilik psikolojisinin kurucusu Heinz Kohut anısına sunulmuştur. Öznelerarası alan yaklaşımı; psikanalizden kendilik psikolojisine, kendilik psikolojisinden de günümüze ulaşan bir gelişimin ve değişimin hikayesini anlatmaktadır.

Öznelerarası Alanda Çalışmak
Psikanalitik Uygulamada Bağlamsalcılık

Donna M. Orange - George E. Atwood Robert D. Stolorow

Bu kitapta ilk olarak öznelerarasılık kuramının temel ilkelerini gözden geçiren yazarlar, psikanalitik teknik kavramının ve analitik yansızlık mitinin bağlamsalcı eleştirisini ortaya koyuyorlar.

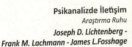

0262 653 66 99 **yayin.psikoterapi.com**

www.psikoterapi.com / www.psikoterapi.org / www.hipnoz.com

PSİKOTERAPİ ENSTİTÜSÜ YAYINLARI

Buluttaki Yüzler
Kişilik Kuramında Öznelerarasılık
George E. Atwood - Robert D. Stolorow

... hep merak konusu olmuş olan insan, sürekli değişen bir bulut gibidir, psikologlarsa bulutta yüzler gören insanlar gibi. Bir psikolog üst kısımda bir burun ve dudağın hatlarını görür, sonra mucizevi bir şekilde bulutun diğer kısımları da buna göre şekillenir ve ileriye bakan bir süpermenin hatları görünür.

Psikanaliz Nasıl Sağaltır?
Heinz Kohut

Heinz Kohut'un son kitabı olan bu çalışma, psikanalizin gelişiminde açılmış bir sayfa ve psikanalitik kendilik psikolojisine ilişkin kavramların gelişimini gösteriyor. Kohut'la yapılan pek çok tartışmanın sonunda ortaya çıktı ve kısmen de olsa Kendiliğin Yeniden Yapılanması'nın ardından gelen bazı soruları cevaplıyor.

Duygu Odaklı Terapi
Leslie S. Greenberg

Duygu Odaklı Terapi, duygu merkezli hümanist yaklaşımın kuramı, tarihçesi, araştırmaları ve uygulamasına bir giriş sunmaktadır. İnsan işlevselliğine dair bütünlüklü bir kuram olan duygu odaklı terapi, duygunun adaptif rolüne ve kalıcı değişim için duygusal değişimin temel olduğu fikri üzerine kurulan bir terapi uygulamasına dayalıdır.

Duygu Odaklı Terapi
I-II Atölye Çalışması
Leslie S. Greenberg

Bilişsel şemalardan çok daha köklü olan duygusal şemaları anlayıp çözmeden derinlemesine değişim mümkün olmayıp ancak yüzeysel değişime ulaşılabilmektedir. Bu kuramsal yaklaşıma otuz yıldır emek veren saygıdeğer Leslie Greenberg'in bütünleştirici Duygu Odaklı Terapi yaklaşımının bireysel terapilere katkısı vazgeçilmezdir.

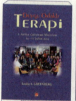

Duygu Odaklı Çift Terapisi
I-II Atölye Çalışmaları
Leslie S. Greenberg

Bu kitap, Duygu Odaklı Çift Terapisi: Teori ve araştırma, Çiftler yaklaşımına genel bakış, İttifak kurulması, Maladaptif döngülerin tespiti, Bağlanmayla ilişkili döngüler, Etkileşimi ve bağı yeniden yapılandırma gibi konuların ele alındığı atölye çalışmasının malzemelerini içermektedir.

Bilişsel Davranışçı Çift ve Aile Terapisi
Klinisyenler için Kapsamlı Bir Rehber
Frank M. Dattilio

Elinizdeki kitap, çiftlere ve ailelere uygulanan bilişsel terapinin gelişimine dair güncellenmiş bir bakış sunmaktadır. Özetle, bu kitap benimsediği terapi yaklaşımı ne olursa olsun bütün ruh sağlığı uzmanları için mükemmel bir kaynaktır.

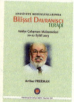

Anksiyete Bozukluklarında Bilişsel Davranışçı Terapi
Atölye Çalışması
Arthur Freeman

Anksiyete Bozukluklarında Bilişsel Davranışçı Terapi uygulamalarına ilişkin teorik ve metodolojik bilgilerin paylaşılması ve vaka süpervizyonları yoluyla Bilişsel Davranışçı Terapinin kuramsal temelinin ve uygulama becerilerinin pekiştirilmesi.

0262 653 66 99   **yayin.psikoterapi.com**

www.psikoterapi.com / www.psikoterapi.org / www.hipnoz.com

PSİKOTERAPİ ENSTİTÜSÜ YAYINLARI

HİPNOZ SERİSİ

Kaygı Bozuklukları Tedavisinde Bütüncül BDT

Assen Alladin

Dr. Alladin klinik hipnoz alanındaki en üretken araştırmacılardan biri olmanın yanı sıra öncelikle klinisyen olduğu için kitabında ağırlıklı olarak klinisyenlere hitap ederek kaygı bozukluklarını daha iyi anlamamızı sağlayan, gerçek anlamda bütüncül bir tedavi modeli sunuyor. Bu modelin kaygı bozukluklarının tedavisi için en etkili psikoterapi yöntemlerini öğrenmek isteyenlere çok değerli bir kaynak teşkil edeceğine inanıyorum.

HİPNOZ

Kuram, Araştırma, Uygulama

Michael R. NASH-Amanda J. BARNIER

Bugüne kadar hipnoz üzerine yazılmış en kapsamlı çalışmadır. Dünya çapında hipnozun önde gelen isimlerinin katkılarıyla hazırlanmış zengin metinlerden oluşan bu eşsiz başvuru kaynağı, hipnozu anlamak isteyen herkes için olmazsa olmaz bir kitaptır.

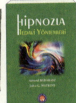

Hipnozla Tedavi Yöntemleri

Arreed Barabasz - John G. Watkins

Yazarların yıllara dayanan birikimlerini aktardıkları bu kitap zengin içeriği, bilimsel yaklaşımı ve derli toplu anlatımı ile gerek yeni başlayanlar için gerek bu alanda yıllardır çalışan hipnoz dostları için bir kaynak olacaktır. Bilişsel davranışçı ekolun yanı sıra ego-state terapi, dinamik ve hipnoanalitik yaklaşımlı teknikleri de içeren bilgilerle bütüncül bir yaklaşım sunmaktadır.

Hipnoterapi ve Hipnoanaliz

Daniel P. Brown - Erika Fromm

Deneyimli klinik hipnozcular tarafından yazılmış olan bu kitap, hem klinik uygulamalarında hipnozu tercih edenler, hem de lisans üstü öğrencileri için son derece faydalı bir eserdir. Kitapta mevcut yöntemler derinlemesine araştırılmış ve kapsamlı bir şekilde özetlenmiş, ayrıca yazarların deneyimlerinden faydalanılarak uygulama tavsiyeleri verilmiştir.

Açıklamalı Hipnoterapi

Assen Alladin

Hipnoterapi üzerine hazırlanmış bu istisnai kılavuz, hipnoterapi uygulamasına başlama, hipnozun psikoterapi ve tıbbi müdahalelerde güçlü yardımcı olarak kullanılması konularında okura zengin fikirler vermektedir. Hipnozun net bir tanımı sağlandığında, belli bozukluklarda hipnoterapi kullanılmasının arkasında yatan mantık anlaşılabilecektir.

Klinik Hipnozun Esasları
Kanıta Dayalı Bir Yaklaşım

Steven Jay Lynn - Irving Kirsch

Bu çalışmada okurlar, hipnozun tarihi, hipnoz üzerine farklı teorik perspektiflerin incelenmesi, ampirik olarak desteklenmiş tedaviler hakkındaki günümüz literatürünün gözden geçirilmesi ve hafızanın geri kazanılması bakımından hipnozun kullanılması da dahil bazı zorlu sorunların tartışıldığını görecekler.

Gerçeğin Dirilişine Kapı HİPNOZ 1-2

Tahir Özakkaş

Uz. Dr. Tahir Özakkaş'ın bu eseri, insan ve insan ötesini araştırmak isteyenlere ilginç, esrarengiz bir yöntem ve sonsuz sayıda imkan sunmaktadır. Bu kitap, insan gibi bilinmezlik boyutları olan bir varlığı, hipnoz gibi güçlü bir projektörle incelemek ve anlamaya çalışmak isteyen her bireyin merakla okuyacağı eşsiz bir kaynaktır.

Hipnotik Beyin
Atölye Çalışması

Giuseppe De Benedittis

Hipnoz, nörobilim ve psikoterapinin kesiştiği alandaki önde gelen psikoterapist ve eğitmenlerden biri olan Giuseppe De Benedittis ile hipnozun nörobiyolojik temelleri, hipnozda imajinasyon ve yaratıcılık, ağrı, hipnoz ve güncel araştırmaları konu alan atölye çalışması kapsamlı olarak bu kitapta yer almaktadır.

Duygusal Bozuklukların Tedavisinde Kanıta Dayalı Bilişsel Hipnoterapi
Atölye Çalışması

Assen Alladin

Dr. Alladin ile düzenlenen iki günlük atölye çalışması, anksiyete, depresyon ve travmada hipnoterapinin kullanımına eğilen atölye çalışmasının metinlerini içeren bu kitap, bu katkıyı kalıcı hale dönüştürme çabalarımızın bir parçasıdır.

0262 653 66 99   **yayin.psikoterapi.com**

www.psikoterapi.com / www.psikoterapi.org / www.hipnoz.com

PSİKOTERAPİ ENSTİTÜSÜ YAYINLARI

Haydi Hipnoz Yapalım
7. Hipnoz Eğitimi Eylül 2012 Ders Notları

Tahir Özakkaş

Bu ders notlarında hipnoza giriş, hipnozun kelime anlamı ve tarihçesi, hipnoz seansı, hipnoza yatkınlık, hipnozun seviyeleri ve aşamaları, ağrısız doğum vakası ve hipnoz seans uygulaması konuları ele alınmaktadır.

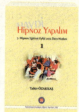

Cinler, Korkular, Çoğul Kişilik ve Hipnoterapi
7. Hipnoz Eğitimi Ekim 2012 Ders Notları

Tahir Özakkaş
Ahmet Çorak

Bu ders notlarında hipnotik fenomenler, hipnoz kuramları, çoklu fobiler, korku kontrolü ve dayanaklılığın artırılması konuları ele alınmaktadır.

Hipnoz ve Uygulama Alanları
7. Hipnoz Eğitimi Kasım 2012 Ders Notları

Tahir Özakkaş

Bu ders notlarında hipnoz uygulamaları, obezite tedavisinde hipnoz, hipnoz ve ağrı ilişkisi, doğumda hipnoz kullanımı konuları ele alınmaktadır.

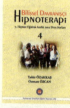

Bilişsel Davranışçı Hipnoterapi
7. Hipnoz Eğitimi Aralık 2012 Ders Notları

Tahir Özakkaş
Osman Özcan

Bu ders notlarında telkin kalıplarına giriş, hipnoz endüksiyon yöntemleri ve vakalar üzerinden hipnoterapi konuları ele alınmaktadır.

Hipnoz Nedir ve Tedaviye Nasıl Yardımcı Olur?
8. Hipnoz Eğitimi Eylül 2013 Ders Notları

Tahir Özakkaş

Bu ders notlarında hipnoz yöntemleri ve uygulamaları, transa girişin nörobiyolojik arka planı, hipnozda metaforlarla çalışmak, hipnozu derinleştirme teknikleri konuları ele alınmaktadır.

Hipnoz ile Fobiler, Yas, Travma ve Çoklu Kişiliğin Terapisi
8. Hipnoz Eğitimi Kasım 2013 Ders Notları

Tahir Özakkaş
Ahmet Çorak
Osman Özcan

Bu ders notlarında travma, yas ve fobilerde hipnodrama, çoklu kişilikte hipnoterapi ve modifiye hipnotik indüksiyon profili konuları ele alınmaktadır.

Kaynağın Keşfinden Tedavinin Sonuna Hipnoterapi
8. Hipnoz Eğitimi Aralık 2013 Ders Notları

Tahir Özakkaş

Bu ders notlarında bağımlılık ve hipnoterapi, hipnodrama ve hipnozda terapistin sorumluluğu konuları ele alınmaktadır.

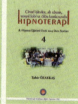

Cinsel İşlevler, Alt Islatma, Sosyal Fobi ve Ölüm Korkusunda Hipnoterapi
8. Hipnoz Eğitimi Ocak 2014 Ders Notları

Tahir Özakkaş

Bu ders notlarında cinsel problemlerde hipnoterapi, çocuklarla hipnoz, katarsis, hipnoz fenomenleri ve posthipnotik telkin konuları ele alınmaktadır.

Gençlere Yönelik Hipnoz ve Ruh Sağlığı Konferansları
Tahir Özakkaş

Sakarya Üniversitesi, 19 Mayıs Üniversitesi, Işık Üniversitesi, İstanbul Üniversitesi, Lions Gençlik Kulübü ve Gelişim Noktası Derneği tarafından düzenlenen bu konferanslarda ağırlıklı olarak psikoterapide hipnoz, kültürün etkisi, kimlik ve ergenlik dönemi konuları tartışılmıştır.

Ruh Sağlığı Profesyonellere Yönelik Hipnoz Eğitim Konferansları
Tahir Özakkaş

Bu kitapta hipnoterapi, hipnodrama, hipnozun tarihçesi ve hipnozun genel tıpta, psikoterapide ve psikiyatride kullanımı üzerine çeşitli etkinlik ve organizasyonlarda yaptığım sunumların, konuşmaların ve tartışmaların metinlerini bulabilirsiniz.

0262 653 66 99   **yayin.psikoterapi.com**

www.psikoterapi.com / www.psikoterapi.org / www.hipnoz.com

PSİKOTERAPİ ENSTİTÜSÜ YAYINLARI

İşletmelerdeki Ruhsal Kavganın ve Korkunun Özü
Tahir Özakkaş

Bu kitapta, özel sektörden kamuya çeşitli kurumların çalışanlarının özgül çalışma koşullarını gözeterek uyum, iletişim ve sorun çözümüne dair yaptığım sunumların, konuşmaların ve tartışmaların metinlerini bulabilirsiniz.

Rehberlikte Uygulamalı Bütüncül Psikoterapi
Tahir Özakkaş

Ruh sağlığı alanının önemli bir halkasını oluşturan rehber öğretmenlere ve psikolojik danışmanlara yönelik olarak hazırlanan bu metinler, kişinin ruhsal yapısından iletişim tekniklerine, ergenlik döneminden davranış patolojisine, ilk görüşme tekniklerinden bütüncül danışmanlık hizmetlerine pek çok konuda bilgi paylaşımını amaçlamaktadır.

JUNG'un Öznelliğinde Kuramlar Arası Bir Gezinti
Tahir Özakkaş

Bu kitapta, Bütüncül Psikoterapi Süpervizyon Eğitmi 10. grubunun dersinden gerçekleştirdiğimiz öznelerarasılık eksenli tartışmalar yer almaktadır.

Terapilerin Özeti
Bütüncül Psikoterapi Kısa Eğitim Notları
Tahir Özakkaş

Adana Empati Psikolojik Hizmetler'de verilen kısa bütüncül psikoterapi eğitim metinlerinin sunulduğu bu kitapta, dünyadaki psikoterapi ekolleri ve bakış açıları, kendilik psikolojisi, varoluşçuluk, haset ve şükran, yas ve çift terapisi gibi konuları ele alınmaktadır.

Psikolojik Sohbetler
Tahir Özakkaş

Bu kitapta çeşitli kurum ve kuruluşlarca düzenlenmiş etkinlik ve organizasyonlarda yaptığım sunumların, konuşmaların dönüştüğü kitaplar bulabilirsiniz. Kimlik, kişilik gelişimi, genel ruh sağlığı ve hastalıkları gibi konularda akıcı ve etkileşimli genel anlatımların yanı sıra, anne-baba-çocuk ilişkileri, psikoterapide hipnoz kullanımı, engellilere bakım gibi özel konulara da odaklanıyoruz.

"Vallahi Hekimler De İnsan!"
Hasta-Hekim İlişkileri Konferansları
Tahir Özakkaş

Sağlık alanında hastalar ile uzmanlar arasındaki ilişkilere geniş bir mercekten bakarak, toplumsal yapıdaki dönüşümlerden iletişim becerilerine, kişilik yapılarından psikolojik gelişim süreçlerine birbiriyle yakından ilişkili birçok konuda bilgi ve deneyimlerimiz harmanlanmıştır.

Ruhsal Aygıt
Tahir Özakkaş

Bu konferansta tartışılan konuların, hipnoz konusuna ilgi duyan başlangıç aşamasındaki meslektaşlarımızın yanı sıra ileri düzeyde hipnoz eğitim ve çalışmalarına devam eden psikoterapist ve hipnoterapistler için de son derece öğretici ve ufuk açıcı olacağına inanıyoruz...

Anksiyete Bozuklukları ve Tedavisi
Tahir Özakkaş

Bu çalışma 1994-96 yılları arasında Azerbaycan Devlet Tıp Üniversitesi Psikiyatri Ana Bilim Dalı ile İstanbul Özel Psikolojik Danışmanlık Merkezi'ne başvuran anksiyete bozuklukları grubundan teşhis almış hastalar üzerinde yapılmış olan tez çalışmasının özetlenmiş şeklidir.

Halk Konferansları
Tahir Özakkaş

2005 yılından bu yana İstanbul Büyükşehir Belediyesi'nin düzenlediği Kültür Günleri'nde psikoterapi nedir sorusuyla başlayan konferans serimizde kişilik oluşumu, kültürün etkileri, ergenlik, kişilik tipleri ve kişilik bozuklukları, varoluşçuluk, hipnoterapi ve sosyal mühendislik konularını bulacaksınız.

Terapistliğe Giriş ve İlk Adım Konferansları
Tahir Özakkaş

Bu kitapta Psikoloji Enstitüsü, CİTEB, TED Üniversitesi, Mevlana Üniversitesi, Ay Psikoloji Derneği ve Ankara Halk Sağlığı Müdürlüğü tarafından düzenlenen çeşitli etkinlik ve organizasyonlarda yaptığım sunumların, konuşmaların ve tartışmaların metinlerini bulabilirsiniz.

0262 653 66 99 — **yayin.psikoterapi.com**

www.psikoterapi.com / www.psikoterapi.org / www.hipnoz.com

PSİKOTERAPİ ENSTİTÜSÜ YAYINLARI

Hipnoz Ne Yapar?
Yeditepe Ünivesitesi Diş Hekimliği Fakültesi

Tahir Özakkaş

Bu kitapta, Yeditepe Üniversitesi Diş Hekimliği Fakültesi'nde yaptığım hipnoz ve hipnoterapi konulu sunumların metinlerini bulabilirsiniz. Konferanslara katılmış olan meslektaşlarıma bilgilerini tazelemek, katılamamış olan meslektaşlarıma ise yararlanmak isteyecekleri bir kaynak sunmak isterim.

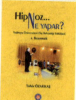

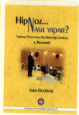

Hipnoz Nasıl Yapar?
Yeditepe Ünivesitesi Diş Hekimliği Fakültesi

Tahir Özakkaş

Bu kitapta, Yeditepe Üniversitesi Diş Hekimliği Fakültesi'nde yaptığım hipnoz ve hipnoterapi konulu sunumların metinlerini bulabilirsiniz. Konferanslara katılmış olan meslektaşlarıma bilgilerini tazelemek, katılamamış olan meslektaşlarıma ise yararlanmak isteyecekleri bir kaynak sunmak isterim.

Hipnoz Neden Yapar?
Yeditepe Ünivesitesi Diş Hekimliği Fakültesi

Tahir Özakkaş

Bu kitapta, Yeditepe Üniversitesi Diş Hekimliği Fakültesi'nde yaptığım hipnoz ve hipnoterapi konulu sunumların metinlerini bulabilirsiniz. Konferanslara katılmış olan meslektaşlarıma bilgilerini tazelemek, katılamamış olan meslektaşlarıma ise yararlanmak isteyecekleri bir kaynak sunmak isterim.

Aile Danışmanlığında Uygulamalı Bütüncül Psikoterapi -I-

Tahir Özakkaş

Erciyes Üniversitesi Sürekli Eğitim Merkezi (ERSEM) tarafından düzenlenen Aile Danışmanlığı Sertifika Programı kapsamında yer alan bu eğitimlerde bütüncül yaklaşımla aile danışmanlığı uygulamaları ve aile terapisi bağlamında insanın psikolojik yapılanması, kişilik bozuklukları, savunma düzenekleri konuları ele alınmaktadır.

Aile Danışmanlığında Uygulamalı Bütüncül Psikoterapi -II-

Tahir Özakkaş

Erciyes Üniversitesi Sürekli Eğitim Merkezi (ERSEM) tarafından düzenlenen Aile Danışmanlığı Sertifika Programı kapsamında yer alan bu eğitimlerde bütüncül yaklaşımla aile danışmanlığı uygulamaları ve aile terapisi bağlamında insanın psikolojik yapılanması, kişilik bozuklukları, savunma düzenekleri konuları ele alınmaktadır.

Bütüncül Psikoterapide Rüyalarla Çalışmak
I. Dönem Serisi

Tahir Özakkaş

Rüya Eğitimi I. Dönemi Mart ayı ders notlarının sunulduğu bu kitap, eğitim deşifresinin derlemesi olma özelliğiyle dünyada eşi benzeri görülmemiş bir yayın niteliği de taşımaktadır. Bu ders notlarında rüya oluşumu, rüyanın fluluk, figür değiştirme gibi ilkeleri ve rüya analizi uygulamaları ele alınmaktadır.

Bütüncül Psikoterapide Rüyalarla Çalışmak
I. Dönem Serisi

Tahir Özakkaş

Rüya Eğitimi I. Dönemi Nisan ayı ders notlarının sunulduğu bu kitap, eğitim deşifresinin derlemesi olma özelliğiyle dünyada eşi benzeri görülmemiş bir yayın niteliği de taşımaktadır. Bu ders notlarında kuramcılara göre rüya analizi, danışanın rüya analizi, rüyaların özü ve yorumu, güdülenme sistemleri ve Fosshage'nin örgütlenme modeli ele alınmaktadır.

Bütüncül Psikoterapide Rüyalarla Çalışmak
I. Dönem Serisi

Tahir Özakkaş

Rüya Eğitimi I. Dönemi Mayıs ayı ders notlarının sunulduğu bu kitap, eğitim deşifresinin derlemesi olma özelliğiyle dünyada eşi benzeri görülmemiş bir yayın niteliği de taşımaktadır. Bu ders notlarında fraktal geometri ve kaos teorisi üzerinden rüya analizi, hipnoz-hipnoanaliz ve rüya yorumlama konuları ele alınmaktadır.

0262 653 66 99 **yayin.psikoterapi.com**

www.psikoterapi.com / www.psikoterapi.org / www.hipnoz.com

PSİKOTERAPİ ENSTİTÜSÜ YAYINLARI / BPT SERİSİ

PSİKOTERAPİSTİN BAŞUCU KİTAPLARI / 7. Dönem

Bütüncül Psikoterapiye Giriş
7. Dönem Serisi

Tahir Özakkaş

Bu kitapta Bütüncül Psikoterapi Teorik Eğitimi 7. Grubunun Haziran ayı deşifrelerine yer almaktadır. Bu ders notları, hücum terapisine giriş, ruhsal aygıt (topogra-fik kuram), bütüncül psikoterapiye giriş konularını içermektedir.

Psişik Yapı
7. Dönem Serisi

Tahir Özakkaş

Bu ders notlarında, insanın nörobiyolojik ve ruhsal yapısı, Dinamik Kuram, ruhsal aygıt, egonun savunma mekanizmaları konuları ele alınmaktadır.

Ruhsal Savunma Mekanizmaları ve Gelişim Evreleri
7. Dönem Serisi

Tahir Özakkaş

7. grubunun Ağustos ayı ders notlarında; insanın ruhsal ge-lişim dönemleri, ödipal çatışma, anksiyete çeşitleri, ödipus kompleksi, süperego anksiyetesi konuları ele alınmaktadır.

Davranışçı ve Bilişsel Kuram
7. Dönem Serisi

Tahir Özakkaş

Bütüncül Psikoterapi Teorik Eğitimi 7. Grubunun Eylül ayı deşifrelerinin sunulduğu bu ders notlarında, davranışçı kuram, bilişsel yaklaşımlar, relaksasyon, davra-nışçı ve bilişsel terapi teknikleri ele alınmaktadır.

Dinamik Psikoterapi Dürtü - Çatışma Kuramı
7. Dönem Serisi

Tahir Özakkaş

Bu ders notlarında, dürtü çatışma kuramı, ruhsal aygıt, direnç, sekonder kazanç, lapsus, dil sürçmeleri ve içgörü, rüya yorumlamasının terapideki yerini ele alınmaktadır.

Nesne İlişkileri
7. Dönem Serisi

Tahir Özakkaş

Nesne ilişkileri kuramı, içe alınmış nesne ilişkileri kuramına göre çocuğun psikolojik ge-lişimi, insanın psikolojik evrele-ri, ilkel inkar ve yadsıma mekanizmaları, nesne ilişkileri kuramının psikoterapötik strateji ve yöntemleri konuları ele alınmaktadır.

Psikanalitik Psikoterapi Masterson Yaklaşımı
7. Dönem Serisi

Tahir Özakkaş

Masterson terk depresyonu kuramı, borderline, narsisistik, şizoid kendilik bozuklukları ve alt tipleri, Masterson'ın kabul ettiği ve ilgilendiği kuramlar, Masterson'ın terk depresyonu kuramının psikoterapötik strateji ve yöntemleri konuları ele alınmaktadır.

Kendilik Psikolojisi
7. Dönem Serisi

Tahir Özakkaş

Bu ders notlarında, kendilik psikolojisi, Kohut ve narsisizm, telafi edici ve savunucu sistemler, terapistin özellikleri ve aktarım, pre-ödipal ve ödipal dönemin aktarımda canlanması konuları ele alınmaktadır.

Ego Durumları Psikoterapisi
7. Dönem Serisi

Tahir Özakkaş

Bu ders notlarında, John Watkins'in ego durumları terapisine giriş, bilinç ve bilinçsizlik, özne ve nesne kateksi kavramları, ego durumunun gelişimi, amnezinin tedavi prensipleri, bilinçsiz süreçler ve psikodinamik anlayış konuları ele alınmaktadır.

Ego Psikolojisi Yaklaşımları
7. Dönem Serisi

Tahir Özakkaş

Bu ders notlarında, Ruhsal aygıt, bütüncül psikoterapi, ego psikolojisi, savunma mekanizmaları ve Erik Erikson kuramı konuları ele alınmaktadır.ele alınmaktadır.

Psikoterapistin Başucu Kitaplarını Set Olarak Satın Alanlara

☎ 0262 653 66 99   **🌐 yayin.psikoterapi.com**

www.psikoterapi.com / www.psikoterapi.org / www.hipnoz.com

PSİKOTERAPİ ENSTİTÜSÜ YAYINLARI — BPT SERİSİ

PSİKOTERAPİSTİN BAŞUCU KİTAPLARI / 8. Dönem

Bütüncül Psikoterapiye Giriş
8. Dönem Serisi
Tahir Özakkaş
Bu ders notlarında, terapistin temel özellikleri, ilk randevusuna gelen hasta ile görüşme şekli, soy ağacı, psikoterapide kurallar, ruhsal harita, Erik Erikson'un psikotoplumsal yaklaşımı, bütüncül psikoterapi teknikleri konuları ele alınmaktadır.

İnsanın Ruhsal Varoluşu
8. Dönem Serisi
Tahir Özakkaş
Bu kitapta Bütüncül Psikoterapi Teorik Eğitimi 8. grubunun Temmuz ayı deşifrelerini sunulmaktadır. Bu ders notlarında ruhsal aygıt ve egonun savunma mekanizmaları ayrıntılı olarak ele alınmaktadır.

Vakalarla Psikodinamik Gelişimsel Dönemler
8. Dönem Serisi
Tahir Özakkaş
Bu kitapta Bütüncül Psikoterapi Teorik Eğitimi 8. Grubunun Ağustos ayı deşifreleri sunulmaktadır. Bu ders notlarında psikoseksüel gelişim evreleri ayrıntılı olarak ele alınmaktadır.

Psikoterapi Modelleri ve Formülasyon Farklılıkları
8. Dönem Serisi
Tahir Özakkaş
Bu kitapta Bütüncül Psikoterapi Teorik Eğitimi 8. grubunun Eylül ayı deşifrelerini sunulmaktadır. Bu ders notlarında çeşitli terapi modellerinde vaka formülasyonu ayrıntılı olarak ele alınmaktadır.

Davranıştan Bilişe Etki - Tepki Sistemleri
8. Dönem Serisi
Tahir Özakkaş
Zekeriya Kökrek
Bu ders notlarında Bilişsel Davranışçı Kuram ve ek olarak DSM-IV ayrıntılı olarak ele alınmaktadır.

Uygulamalı Rüya Yorumu ve Dinamik Kuram
8. Dönem Serisi
Tahir Özakkaş
Ahmet Çorak
Bu ders notlarında Bütüncül Psikoterapi Teorik Eğitimi 8. Grubunun Kasım ayı deşifrelerini sunulmaktadır.

Kimlik - Kendilik Ego Durumları ve Çoklu Kişilik
8. Dönem Serisi
Tahir Özakkaş
Bu kitapta Bütüncül Psikoterapi Teorik Eğitimi 8. grubunun Aralık ayı deşifrelerini sunulmaktadır. Bu ders notlarında Ego Psikolojisi ve Ego Durumları Teorisi ayrıntılı olarak ele alınmaktadır.

Kernberg-Kohut-Masterson-Volkan'a göre
Nesne İlişkileri
8. Dönem Serisi
Tahir Özakkaş
Ahmet Çorak
Bu kitapta Bütüncül Psikoterapi Teorik Eğitimi 8. grubunun Ocak ayı deşifrelerini sunulmaktadır. Bu ders notlarında Psikoterapide Nesne İlişkileri ayrıntılı olarak ele alınmaktadır.

Kendilik Nesnesi ve Narsisizm
8. Dönem Serisi
Tahir Özakkaş
Bu kitapta Bütüncül Psikoterapi Teorik Eğitimi 8. Grubunun Şubat ayı deşifrelerini sunulmaktadır. Bu ders notlarında kendilik psikolojisi ve narsisizm ayrıntılı olarak ele alınmaktadır.

Şizoid-Narsisist-Borderline Kendilik Bozuklukları
8. Dönem Serisi
Tahir Özakkaş
Bu kitapta Bütüncül Psikoterapi Teorik Eğitimi 8. grubunun Mart ayı deşifrelerini sunulmaktadır. Bu ders notlarında Masterson Yaklaşımı ve Kendilik Bozuklukları ayrıntılı olarak ele alınmaktadır.

Hayatın Anlamı Nedir? Varoluşçuluk
8. Dönem Serisi
Tahir Özakkaş
Bu kitapta Bütüncül Psikoterapi Teorik Eğitimi 8. grubunun Nisan ayı deşifrelerini sunulmaktadır. Bu ders notlarında varoluşçuluk anlam arayışı, varoluşçu kaygı ve transaksiyonel analiz ayrıntılı olarak ele alınmaktadır.

Bütüncül Psikoterapide Hipnoz
8. Dönem Serisi
Tahir Özakkaş
Bu kitapta Bütüncül Psikoterapi Teorik Eğitimi 8. grubunun Mayıs ayı deşifreleri sunulmaktadır. Bu ders notlarında Hipnoz ve Uygulamaları ayrıntılı olarak ele alınmaktadır.

Psikoterapistin Başucu Kitaplarını Set Olarak Satın Alanlara **%35 İNDİRİM**

📞 0262 653 66 99   🌐 yayin.psikoterapi.com
www.psikoterapi.com / www.psikoterapi.org / www.hipnoz.com

PSİKOTERAPİ ENSTİTÜSÜ YAYINLARI | BPT SERİSİ

PSİKOTERAPİSTİN BAŞUCU KİTAPLARI / 9. Dönem

Terapinin Özü ve İlk Tanışmanın Sırları
9. Dönem Serisi

Tahir Özakkaş

Bu ders notlarında tanışma, ilk görüşme ve muayene formunun doldurulması, bozuklukları sınıflandırma, dinamik kuram ve ekoller konuları ayrıntılı olarak ele alınmaktadır.

Ruhsal Rahime Düşüş ve Doğuş Süreci
9. Dönem Serisi

**Tahir Özakkaş
Ahmet Çorak**

Bu ders notlarında, ruhsal aygıt nörobiyoloji, egonun oluşumu ve ego savunma düzenekleri ayrıntılı olarak ele alınmaktadır.

Ya Öbür Yarım!.. Ruhumuzun Olgunlaşma Hikayesi
9. Dönem Serisi

**Tahir Özakkaş
Ahmet Çorak**

Bu ders notlarında idealizasyon, bölme, yansıtmalı özdeşim, akilleştirme ve diğer savunma mekanizmaları konuları ayrıntılı olarak ele alınmaktadır.

Nasıl Değerli Olabilirim? Davranışcı Bilişsel Psikoterapi
9. Dönem Serisi

Tahir Özakkaş

Bu kitapta Bütüncül Psikoterapi Teorik Eğitimi 9. Grubunun Eylül ayı deşifrelerini sunulmaktadır. Bu ders notlarında Davranışcı Bilişsel Psikoterapi konuları ayrıntılı olarak ele alınmaktadır.

Freud'un Kuramı Serbest Çağrışım ve Rüyalar
9. Dönem Serisi

**Tahir Özakkaş
Ahmet Çorak**

Bu ders notlarında psikoseksüel gelişim aşamaları, topografik kuram, serbest çağrışım, ödipal çatışma, elektra kompleksi, rüya analizi ve rüyanın ilkeleri ayrıntılı olarak ele alınmaktadır.

Çoğul Kişilik
Nesne ve Kendilik Tasarımları Bağlantı ve Geçiş Nesnesi
9. Dönem Serisi

**Tahir Özakkaş
Ahmet Çorak**

Bu ders notlarında nesne ilişkileri kuramı ayrıntılı olarak ele alınmaktadır.

Terk Depresyonunu Anlamak
9. Dönem Serisi

Tahir Özakkaş

Bu ders notlarında Masterson kuramı, kişilik bozukluklarına giriş, aktarım-karşı aktarım ve Bion'un kuramı ayrıntılı olarak ele alınmaktadır.

Hamdım Piştim Yandım Kendilik Psikolojisi
9. Dönem Serisi

Tahir Özakkaş

Bu kitapta, Heinz Kohut, ruhsal aygıtın parçaları, kendiliknesnesi ve işlevleri, kendiliğin çözümlenmesi ve Bay F vakası, Kohut'a narsisizm ve terapisi ayrıntılı olarak ele alınmaktadır.

**İçe Atımdan Tam Özdeşime Ruhsal Gelişim
Ego Durumları ve Kimlik Oluşumu**
9. Dönem Serisi

Tahir Özakkaş

Bu ders notlarında ego durumları teorisi, çift enerji teorisi, özne kateksi-nesne kateksi, çoklu kişilik, kimlik gelişimi ve insanın sekiz çağı ayrıntılı olarak ele alınmaktadır.

Varoluşçuluk ve Bütüncül Vak'a Formülasyonları
9. Dönem Serisi

Tahir Özakkaş

Bu ders notlarında varoluşçu psikoterapi, psikoterapide vaka formülasyonu ve psikopatoloji modelleri ayrıntılı olarak ele alınmaktadır.

Üç Günde Hipnoz Yapabilirsiniz
9. Dönem Serisi

Tahir Özakkaş

Bu kitapta hipnoza giriş, disosiyasyon, davranış kalıpları, hipnoz uygulaması, hipnoz seansları gösterimi ve analizi, hipnozun tarihçesi, hipnozu kolaylaştıran faktörler, hipnozun devreleri ayrıntılı olarak ele alınmaktadır.

Zihinselleştirme ve Psikoterapide Formülasyon

Tahir Özakkaş

Bu kitapta Bütüncül Psikoterapi Teorik Eğitimi 9. Grubunun Mayıs ayı deşifrelerini sunulmaktadır. Bu ders notlarında zihinselleştirme ve psikoterapide formülasyon konuları ayrın-tılı olarak ele alınmaktadır.

*Psikoterapistin Başucu Kitaplarını
Set Olarak Satın Alanlara*

%35 İNDİRİM

📞 **0262 653 66 99** **yayin.psikoterapi.com**
www.psikoterapi.com / www.psikoterapi.org / www.hipnoz.com

PSİKOTERAPİ ENSTİTÜSÜ YAYINLARI | **BPT SERİSİ**

PSİKOTERAPİSTİN BAŞUCU KİTAPLARI / 10. Dönem

Hücum Tedavisi Psikoterapiye Genel Bakış
10. Dönem Serisi

Tahir Özakkaş

Bu ders notlarında bütüncül psikoterapiye giriş, hücum tedavisi, ilk görüşme ve soy ağacı çıkarma örneği konuları ele alınmaktadır.

Savunma Düzenekleri & Nörobiyoloji
10. Dönem Serisi

Tahir Özakkaş

Bu ders notlarında Nörobiyolojiye Giriş, Ruhsal Aygıt ve Savunma Düzenekleri konuları ele alınmaktadır.

Otohipnoz-Hipnotik Tran İlkel ve Orta Düzey Savunma Düzenekleri
10. Dönem Serisi

Tahir Özakkaş

Bu ders notlarında savunm düzenekleri, hipnotik tran savunma düzeneklerinin pekiştirilmesi ruhsal gelişim evreleri konuları ayrıntılı olar ele alınmaktadır.

Bütüncül Psikoterapide Davranışçı-Bilişsel Kuram
10. Dönem Serisi

Tahir Özakkaş

Bu ders notları, eğitim deşifresinin derlemesi olma özelliğiyle dünyada eşi benzeri görülmemiş bir yayın niteliği de taşımaktadır. Bu ders notlarında Davranışçı Kuram ve Bilişsel Psikoterapi konuları ele alınmaktadır.

Rüyaların Yorumlanması ve Psikanalitik Kuram
10. Dönem Serisi

Tahir Özakkaş

Bu kitapta Bütüncül Psikoterapi Teorik Eğitimi 10. Grubunun Kasım ayı deşifreleri ni sunulmaktadır. Bu ders notlarında Kendilik Psikolojisi kuramı ayrıntılı olarak ele alınmaktadır.

Kimlik Bocalaması-Kimlik Bunalımı ve Ego Psikolojile
10. Dönem Serisi

Tahir Özakkaş

Bu ders notlarında Ego Ps kolojisi, Egonun İşlevle Klasik Psikanalitik Teori, Er Erickson, Psiko-sosyal Gelişim Kuramı, Kiml Bocalaması konuları ele alınmaktadır.

Ayrışma ve Bireyleşme Süreçleri Paylaşılmış Paranoya
10. Dönem Serisi

Tahir Özakkaş

Bu kitapta Bütüncül Psikoterapi Teorik Eğitimi 10. Grubunun ocak ayı deşifrelerini sunulmaktadır. Bu ders notlarında nesne ilişkileri kuramı ayrıntılı olarak ele alınmaktadır.

İlkelden Olgun Narsisizme Geçişte
Kendilik Psikolojisi
10. Dönem Serisi

Tahir Özakkaş

Bu kitapta Bütüncül Psikoterapi Teorik Eğitimi 10. Grubunun Şubat ayı deşifrelerini sunulmaktadır. Bu ders notlarında Kendilik Psikolojisi kuramı ayrıntılı olarak ele alınmaktadır.

Borderline Narsisist ve Şizoid Kişilikler
10. Dönem Serisi

Tahir Özakkaş

Bu kitapta Bütüncül Psikote rapi Teorik Eğitimi 10. Gru bunun Mart ayı deşifreleri sunulmaktadır. Bu ders notlarında Masterso kuramı ayrıntılı olarak ele alınmaktadır.

Sağ Beyinden Sağ Beyine Nörobiyolojik Gelişimimiz
10. Dönem Serisi

Tahir Özakkaş

Bu ders notlarında beynin anatomisi, anne-çocuk ilişkisinin nörobiyolojisi, duygulanımın düzenlenmesi ve kişiliğin temelleri, sağ beyinden sağ beyine aktarımın terapide seansında ortaya çıkması ve sosyoduygusal gelişim ayrıntılı olarak ele alınmaktadır.

Aktarım Odaklı Terapi ve Tedavi Teknikleri
10. Dönem Serisi

Tahir Özakkaş

Bu ders notlarında Aktarım Odaklı Psikoterapi, Psikanalitik Nesne İlişkileri Kuramı, Borderline Patolojinin Tedavisi ve Teknik Tarafsız-lık konuları ele alınmaktadır.

İlişkisel Psikoterapi ve Paul Watchel'in Döngüsel Bağlamsal Modeli
10. Dönem Serisi

Tahir Özakkaş

Bu ders notlarında ilişkise psikoterapi, ilişkisel kuram ve döngüsel bağ lamsal model ayrıntılı olarak ele alınmaktadı

Psikoterapistin Başucu Kitaplarını
Set Olarak Satın Alanlara

 📞 **0262 653 66 99**   🌐 **yayin.psikoterapi.com**
www.psikoterapi.com / www.psikoterapi.org / www.hipnoz.com

PSİKOTERAPİ ENSTİTÜSÜ YAYINLARI

BPT SERİSİ

PSİKOTERAPİSTİN BAŞUCU KİTAPLARI / 11. Dönem

Rölatif Bütüncül Psikoterapi
Hoş Geldiniz Hayata ve Terapiye Giriş
11. Dönem Serisi
Tahir Özakkaş

Bu kitapta bütüncül psikoterapiye giriş, psikoterapinin tanı-ilk muayene ve ilk muayene sonrası değerlendirme konuları ayrıntılı olarak ele alınmaktadır.

DSM, ICD
Ruhsal Hastalıkların Sınıflandırılması
11. Dönem Serisi
Tahir Özakkaş

Bu ders notlarında DSM, anksiyete bozuklukları, obsesif-kompulsif bozukluk, somatoform bozuklukları, dissosiyatif bozukluklar ve cinsel işlev bozuklukları ayrıntılı olarak ele alınmaktadır.

Erik Homburger Erikson ve Ego Psikolojileri
11. Dönem Serisi
Tahir Özakkaş - Ahmet Çorak

Bu kitapta Bütüncül Psikoterapi Teorik Eğitimi 11. Grubunun Aralık ayı deşifrelerini sunulmaktadır.

Ayrışma Bireyleşmede
Masterson Yaklaşımı ve Psikoterapisi
11. Dönem Serisi
Tahir Özakkaş - Ahmet Çorak

Bu ders notlarında Masterson Yaklaşımı ve Kendilik uklukları ayrıntılı olarak ele alınmaktadır.

Ruhun Somutlaşma Yolları
Öznelerarası Alan
Tahir Özakkaş

Bu kitapta, Bütüncül Psikoterapi Süpervizyon Eğitimi 11. grubunun dersinden gerçekleştirdiğimiz öznelerarasılık eksenli tartışmalar yer almaktadır.

Rölatif Bütüncül Psikoterapide
Bedenim Nasıl Ruh Oldu?
11. Dönem Serisi
Tahir Özakkaş

Bu kitapta, insan beyninin biyolojik ve psikolojik yapısı, ruhsal aygıt, ego, süperego, anal, oral ve ödipal dönem, normalden patolojiye gelişim hattı konuları ayrıntılı olarak ele alınmaktadır.

Rölatif Bütüncül Psikoterapide
Davranış, Biliş ve Nörobiyoloji
11. Dönem Serisi
Tahir Özakkaş
Ahmet Çorak

Bu ders notlarında davranışçı kuram, davranışçı kişilik modelleri, bilişsel terapiler ve bilişsel terapilerin bütüncül psikoterapiye entegrasyonu ayrıntılı olarak ele alınmaktadır.

Rölatif Bütüncül Psikoterapide
Nesne İlişkileri
11. Dönem Serisi
Tahir Özakkaş
Ahmet Çorak

Bu ders notlarında Psikoterapide Nesne İlişkileri ayrıntılı olarak ele alınmaktadır.

Narsisizm ve Terapisi
Kendilik Psikolojisi ve Diğer Yaklaşımlar
11. Dönem Serisi
Tahir Özakkaş
Ahmet Çorak

Bu kitapta kendilik psikolojisi, ayna aktarımı ve narsisist psikopatoloji ayrıntılı olarak ele alınmaktadır.

Rölatif Bütüncül Psikoterapide
Ruhsal Savunmalarımız
11. Dönem Serisi
Tahir Özakkaş
Ahmet Çorak

Bu ders notlarında savunma düzenekleri ve nörobiyolojiye giriş ayrıntılı olarak ele alınmaktadır.

Rüya Analizi
Freud'un Kuramı ve Nörobiyoloji
11. Dönem Serisi
Tahir Özakkaş
Ahmet Çorak

Bu ders notlarında dürtü çatışma kuramı, psikanaliz ve serbest çağrışım ve rüya analizleri ayrıntılı olarak ele alınmaktadır.

Mahler ve Kernberg'in Gelişim Kuramları
11. Dönem Serisi
Tahir Özakkaş, Ahmet Çorak, Betül Sezgin, İhsan Yamlı

Bu ders notlarında aktarım odaklı psikoterapi, nesne ilişkileri, Mahler ve Kernberg'in gelişim kuramları ve terapi çerçevesi ayrıntılı olarak ele alınmaktadır.

Her Nesne'nin Bir Bitimi Var Ama Aşka Hudut Çizilmiyor
Varoluşçuluk
11. Dönem Serisi
Tahir Özakkaş

Bu ders notlarında anksiyete çeşitleri, varoluşsal psikoterapi, transaksiyonel analiz yapısı ile diğer kuramların benzerliği, rol yapma ile vaka analizi ve duygu odaklı terapiye giriş ayrıntılı olarak ele alınmaktadır.

Psikoterapistin Başucu Kitaplarını
Set Olarak Satın Alanlara

📞 **0262 653 66 99**   🌐 **yayin.psikoterapi.com**
www.psikoterapi.com / www.psikoterapi.org / www.hipnoz.com

PSİKOTERAPİ ENSTİTÜSÜ YAYINLARI — BPT SERİSİ

PSİKOTERAPİSTİN BAŞUCU KİTAPLARI / 12. Dönem

Terapistliğe İlk Adım Nasıl Terapist Olunur?
Rölatif Bütüncül Psikoterapi
12. Dönem Serisi
Tahir Özakkaş

Bu ders notlarında tanışma, ilk muayenenin yapılması, öngörüşme teknikleri ve danışanın önbilgilerinin analizi konuları ayrıntılı olarak ele alınmaktadır.

Hücum Terapisi ve Uygulaması
Rölatif Bütüncül Psikoterapi
12. Dönem Serisi
Tahir Özakkaş

Bu ders notlarında terapötik çerçeve, hücum tedavisi, soy ağacının çıkarılması ve analizi, bireysel hayat hikâyesinin alınması, ruhsal aygıt ve savunma düzenekleri konuları ayrıntılı olarak ele alınmaktadır.

Bebeklikten Erişkinliğe Ruhsal Yolculuğumuz
Rölatif Bütüncül Psikoter
12. Dönem Serisi
Tahir Özakkaş

Bu ders notlarında psikoseksüel gelişim evreleri, oral, anal ve ödipal dönemler ayrıntılı olarak ele alınmaktadır.

Rölatif Bütüncül Psikoterapide Formülasyon
12. Dönem Serisi
Tahir Özakkaş

Bu ders notlarında bütüncül psikoterapi formülasyonları, çekirdek çatışma kuramı ve kısa dinamik psikoterapi konuları ayrıntılı olarak ele alınmaktadır.

Çingene Sobası ve Psikiyatrik Bozukluklar
Rölatif Bütüncül Psikoterapi
12. Dönem Serisi
Tahir Özakkaş

Bu ders notlarında kişilik bozukluklarının incelenmesi, DSM, ICD, psikiyatrik bozukluklar, cinsel sapkınlıklar ve cinsel saplantılar konuları ayrıntılı olarak ele alınmaktadır.

Olayları, Verdiğin Anlam Belirler
Rölatif Bütüncül Psikoter
12. Dönem Serisi
Tahir Özakkaş - Ahmet Çorak

Bu ders notlarında davranışçı terapi, alıştırma ve fobilerde hipnoz uygulaması, cinsel kimlik karmaşasının davranışçı-bilişsel terapisi, davranışçı ve nörobiyoloji konuları ayrıntılı olarak ele alınmaktadır.

Bir Ben Var Ben'de, Ben'den İçerü
Rölatif Bütüncül Psikoterapi
12. Dönem Serisi
Tahir Özakkaş
Ahmet Çorak

Bu ders notlarında dörtü çatışma kuramı, rüyalar ve rüya analizi, kişilik bozukluklarında döngülerin incelenmesi konuları ayrıntılı olarak ele alınmaktadır.

Ben Kimim? Ben Neyim? Bütüncül Bir Model: Rölatif Psikoterapi
12. Dönem Serisi
Tahir Özakkaş
Ahmet Çorak

Bu ders notlarında davranışçılık, nesne ilişkileri kuramı, kişilik bozukluklarının psikoterapisinde kullanılan yöntemler konuları ayrıntılı olarak ele alınmaktadır.

Kendim Olmama, Engel Olma
Rölatif Bütüncül Psikoter
12. Dönem Serisi
Tahir Özakkaş
Ahmet Çorak

Bu kitapta davranışçılık, bilişsel kuram, nesne ilişkileri kuramı, kişilik bozuklularının psikoterapisinde kullanılan yöntemler konuları ayrıntılı olarak ele alınmaktadır.

"Ben Kimim?" Sahtelikten Gerçekliğe, Kabuktan Öze Yolculuk
Rölatif Bütüncül Psikoterapi
12. Dönem Serisi
Tahir Özakkaş
Ahmet Çorak

Bu ders notlarında Masterson yaklaşımında borderline, narsissistik ve şizoid kişilik bozuklukları, nesne kalıcılığı ve nesne sürekliliği konuları ayrıntılı olarak ele alınmaktadır.

Olgunlaşmanın Yolu Dönüştürerek İçselleştirme
Rölatif Bütüncül Psikoterapi
12. Dönem Serisi
Tahir Özakkaş
Ahmet Çorak

Bu ders notlarında kendilik psikolojisi, psikanalitik psikoterapilerin karşılaştırılması, aktarım çeşitleri ve klinik tablolar konuları ayrıntılı olarak ele almaktadır..

"Öleceksin... O Halde... (Varoluşçuluk)
Rölatif Bütüncül Psikoter
12. Dönem Serisi
Tahir Özakkaş
Ahmet Çorak

Bu ders notlarında varoluşçuluk, varoluşçuluğun diğer psikoterapilerle karşılıkları ve başlıca alternatifler: varoluşçu-hümanist, logoterapi, gerçeklik terapisi konuları ayrıntılı olarak ele alınmaktadır.

Psikoterapistin Başucu Kitaplarını Set Olarak Satın Alanlara

📞 **0262 653 66 99** 🌐 **yayin.psikoterapi.com**
www.psikoterapi.com / www.psikoterapi.org / www.hipnoz.com